Teorias da administração pública

Dados Internacionais de Catalogação na Publicação (CIP)
(Câmara Brasileira do Livro, SP, Brasil)

```
        Denhardt, Robert B.
D393t   Teorias da administração pública / Robert B.
        Denhardt e Thomas J. Catlaw ; tradução: Noveritis do
        Brasil ; revisão técnica: Luiz Fernando Abrucio. - 2.
        ed. - São Paulo, SP : Cengage Learning, 2017.
            408 p. ; 23 cm.

            Inclui bibliografia, índice e apêndice.
            Tradução de: Theories of public organization (7.
        ed.).
            ISBN 978-85-221-2562-3

            1. Administração pública. I. Catlaw, Thomas J. II.
        Abrucio, Luiz Fernando. III. Título.

                                                CDU 35
                                                CDD 350
```

Índice para catálogo sistemático:
1. Administração pública 35

(Bibliotecária responsável: Sabrina Leal Araújo - CRB 10/1507)

Robert B. Denhardt
University of Southern California

e

Thomas J. Catlaw
Arizona State University

Teorias da administração pública

Tradução da 7ª edição norte-americana

Tradução: Noveritis do Brasil
Revisão técnica: Marcus Vinícius Gomes

Professor da University of Exeter Business School e pesquisador do Centro de Estudos em Administração Pública da Escola de Administração de Empresas de São Paulo da Fundação Getulio Vargas (FGV/EAESP), no qual obteve o título de doutor em Administração Pública e Governo.

Austrália • Brasil • Japão • Coreia • México • Cingapura • Espanha • Reino Unido • Estados Unidos

**Teorias da administração pública –
Tradução da 7ª edição norte-americana**

2ª edição brasileira

Robert B. Denhardt e Thomas J. Catlaw

Gerente editorial: Noelma Brocanelli

Editora de desenvolvimento: Viviane Akemi Uemura

Supervisora de produção gráfica: Fabiana Alencar Albuquerque

Título original: Theories of public organization –
7th edition

(ISBN 13: 978-1-285-43633-3;

ISBN 10: 1-285-43633-4)

Tradução da 1ª edição: Francisco Gabriel Heidemann

Tradução desta edição: Noveritis do Brasil

Revisão técnica: Marcus Vinícius Gomes

Copidesque: Raquel Benchimol de Oliveira Rosenthal

Revisão: Maria Dolores D. Sierra Mata e
Amélia Kassis Ward

Diagramação: PC Editorial Ltda.

Indexação: Maria Dolores D. Sierra Mata

Capa: Buono Disegno

Imagem da capa: Nakorn/Sutterstock

Especialista em direitos autorais: Jenis Oh

Editora de aquisições: Guacira Simonelli

© 2015, 2011, 2008 Cengage Learning
© 2017 Cengage Learning Edições Ltda.

Todos os direitos reservados. Nenhuma parte deste livro poderá ser reproduzida, sejam quais forem os meios empregados, sem a permissão, por escrito, da Editora. Aos infratores aplicam-se as sanções previstas nos artigos 102, 104, 106 e 107 da Lei nº 9.610, de 19 de fevereiro de 1998.

Esta editora empenhou-se em contatar os responsáveis pelos direitos autorais de todas as imagens e de outros materiais utilizados neste livro. Se porventura for constatada a omissão involuntária na identificação de alguns deles, dispomo-nos a efetuar, futuramente, os possíveis acertos.

A Editora não se responsabiliza pelo funcionamento dos sites contidos neste livro que possam estar suspensos.

> Para informações sobre nossos produtos, entre em contato pelo telefone **0800 11 19 39**
>
> Para permissão de uso de material desta obra, envie seu pedido para
> **direitosautorais@cengage.com**

© 2017 Cengage Learning. Todos os direitos reservados.

ISBN-13: 978-85-221-2562-3
ISBN-10: 85-221-2562-7

Cengage Learning
Condomínio E-Business Park
Rua Werner Siemens, 111 – Prédio 11 – Torre A – Conjunto 12
Lapa de Baixo – CEP 05069-900 – São Paulo – SP
Tel.: (11) 3665-9900 – Fax: (11) 3665-9901
SAC: 0800 11 19 39

Para suas soluções de curso e aprendizado, visite
www.cengage.com.br

Impresso no Brasil.
Printed in Brazil.
1 2 3   16 15 14

Sumário

Prefácio, xi
Apresentação, xix
Sobre os autores, xxiii

Capítulo 1
Organização pública como objeto de aprendizagem 1

    Em busca do conhecimento 3
    Abordagens diferentes 6
    Teorias formais de organização pública 14
    Construção de teorias da organização pública 17
    Mapeamento de abordagens anteriores da organização pública 19
    Outras limitações da teoria 24
    Organizações públicas democráticas 26
    Conclusão 29
    Questões para debate 30
    Referências 30

Capítulo 2
Herança intelectual: Marx, Weber e Freud 33

    Karl Marx 34
    Max Weber 41

Racionalização da teoria social: a noção do "tipo ideal" 43
Sigmund Freud 49
O que podemos aprender 55
Conclusão 60
Questões para debate 61
Casos 61
Referências 62

Capítulo 3
Herança política: de Wilson a Waldo 63

Primórdios da teoria da administração pública 64
Administração política 70
Influência persistente da separação entre política e administração 75
Adoção de técnicas da gestão de negócios 78
Abordagens científicas à gestão 80
Gestão administrativa e estrutura organizacional 88
Centralização e integração 89
Eficiência: a medida-chave do sucesso 96
Administração democrática 100
Conclusão 104
Questões para debate 105
Casos 106
Referências 106

Capítulo 4
Modelo racional de organização 111

Ciência do comportamento humano 111
Abordagem genérica da administração 113
Provérbios da administração 114
Modelo racional de administração 119
Tomada de decisão e formulação de políticas 126
Sistemas fechados *versus* sistemas abertos 133

Desenvolvimentos contemporâneos 139
Conclusão 143
Questões para debate 144
Casos 144
Referências 144

Capítulo 5
O humanismo organizacional e a nova administração pública 147

Temas no humanismo organizacional 148
Personalidade e organização 154
Nota sobre motivação e humanismo organizacional 159
Desenvolvimento organizacional no setor público 160
A nova administração pública 167
Conclusão 177
Questões para debate 178
Casos 178
Referências 179

Capítulo 6
Ênfase em política pública e a nova gestão pública 181

Desenvolvimento da orientação para a política pública 183
Responsividade na política pública 187
Eficácia na política pública 200
A descoberta da implementação de políticas 204
Métodos para a análise de políticas 209
A crise intelectual 211
A nova gestão pública 216
Conclusão 226
Questões para debate 227
Casos 227
Referências 228

Capítulo 7
Além do modelo racional: em direção à teoria democrática da organização pública 235

Crítica do modelo racional 237
Teoria interpretativa ou da ação 247
Teoria social crítica 253
Discurso e administração pública pós-tradicional 261
O novo serviço público 278
Esboço do novo serviço público 286
Governança, redes e democracia 290
Conclusão 299
Questões para debate 300
Casos 301
Referências 301

Capítulo 8
O profissional como teórico 311

A teoria de quem? Qual prática? 312
Teoria, prática e vida organizacional pública 316
Aprendizado pessoal e formulação de teoria 319
Em busca de teorias da organização pública 324
Novo papel para os teóricos 328
Conclusão 329
Questões para debate 331
Casos 331
Referências 332

Apêndice
O diário do administrador 335

Formato do diário 337

O autor do diário em ação 342
Exemplos de anotações no diário 344

Índice onomástico 347
Índice temático 353
Anexo
Questionários 367

Prefácio

A sétima edição de Teorias da Organização Pública dá continuidade aos temas importantes discutidos nas edições anteriores, mas também traz melhorias e acréscimos significativos. A adição mais notável e visível é a introdução de Thomas J. Catlaw como colaborador e coautor deste livro. Catlaw é professor de Administração Pública na Escola de Negócios Públicos da Arizona State University, tem feito contribuições importantes ao desenvolvimento da teoria de administração pública e, particularmente, ao nosso entendimento de práticas distintas e democráticas nas organizações modernas. Com a chegada do Professor Catlaw, aproveitamos a oportunidade para examinar o livro com novos olhos e entusiasmo, e trazer uma clareza renovada ao interesse do livro pelo aprendizado pessoal e organizacional, a prática democrática e a necessidade de reconsiderar o relacionamento entre teoria e prática de forma mais construtiva. Estamos convencidos de que estes temas são mais importantes do que nunca para organização pública e o mundo em que vivemos atualmente. Contudo, à medida que exploramos considerações atualizadas da teoria contemporânea, o pensamento sobre organizações públicas permanece limitado de formas que continuam a restringir nossa prática e, consequentemente, nosso bem-estar individual e coletivo.

TEMAS CENTRAIS E PROPÓSITOS PERMANENTES

Fundamentalmente, porém, os acréscimos e melhorias a esta edição continuam com os temas importantes estabelecidos nas edições anteriores. Este é um livro sobre teoria, mas também sobre prática. Ele foi escrito para apresentar teorias sobre a organização pública aos estudantes de administração pública e aos que estão fora do campo de estudo que pretendem se envolver em organizações comprometidas com desígnios públicos. Ainda mais importante, este livro é uma tentativa de desenvolver uma crítica da bibliografia vigente sobre a teoria da administração pública, por sua incapacidade de se relacionar às experiências reais daqueles que trabalham em organizações públicas, ou com elas.

Nos últimos anos, a separação tradicional entre teoria e prática no campo da administração pública se tornou ainda mais evidente. Os acadêmicos e os profissionais, que sempre se olharam com certo ceticismo, parecem estar agora ainda mais divididos. Essa é uma situação extremamente infeliz, que limita não só o entendimento das organizações públicas, mas também as ações dentro delas. A principal intenção deste livro é compreender mais claramente a separação entre teoria e prática e começar a reconciliar ou resolver suas diferenças por meio do aprendizado e da ação pessoal.

Para lograr este propósito, faço inicialmente uma revisão dos vários estudos anteriores sobre o campo, não com o intuito de apresentar uma análise histórica ampla das teorias de organizações públicas, mas para examinar trabalhos representativos que encarnam os compromissos e as visões dos vários grupos e das várias épocas. Com base nesta revisão, tomamos, então, em consideração estudos contemporâneos de organizações públicas e sugerimos formas para melhor entender o mundo da administração pública. Foram incluídos também vários teóricos mais genéricos de organizações que deram contribuições sólidas ao campo da administração pública.

Em nosso envolvimento com essas obras, descobrimos que há mais consistência entre os diversos teóricos do que se imaginava encontrar. Esta descoberta me levou às seguintes conclusões, implícitas em tudo que segue:

1. Embora tenham-se criado muitas teorias distintas de organização pública, o trabalho dominante na teoria da administração pública centrou-se na elaboração de um chamado modelo racional de administração e de uma visão de *accountability* democrática baseada implicitamente na dicotomia entre política e administração.
2. Enquanto teoria de aprendizagem, a abordagem referida limitou-se a um entendimento positivista da aquisição de conhecimento, deixando de reconhe-

cer ou de promover formas alternativas de enxergar as organizações públicas. Em termos específicos, tal abordagem não conseguiu integrar explicação, compreensão e crítica nas teorias de organização pública.
3. Enquanto teoria organizacional, essa abordagem limitou-se aos interesses instrumentais expressos nas estruturas hierárquicas, não reconhecendo ou promovendo a busca de *designs* organizacionais alternativos. Em termos específicos, esta abordagem não conseguiu integrar as questões de controle, consenso e comunicação.
4. Por consequência, os profissionais tiveram a impressão de que as teorias de organização pública não tratavam de seus interesses, pois não lhes ofereciam especificamente um contexto moral para a ação pessoal no processo de governança.
5. Apesar do predomínio da visão convencional, sempre houve argumentos importantes de contraponto no campo.
6. Esses desafios se tornam ainda mais importantes na medida em que nos deslocamos de um foco exclusivo no governo para um foco mais abrangente na governança, especialmente na governança democrática em rede.

Para cumprir a promessa da teoria da administração pública, precisamos agora de um redirecionamento na maneira como enxergamos o campo, uma guinada que nos leve a uma preocupação não meramente com a administração governamental, mas também com o processo mais abrangente de governança, relacionamentos humanos e administração da mudança, que tem por objetivo alcançar valores societários publicamente definidos. Seguindo essa perspectiva, elaborada no Capítulo 1, somos levados a um interesse mais amplo pela natureza do trabalho da administração nas organizações públicas, um interesse que incorpora não apenas as demandas por eficiência e eficácia, mas também a noção da responsabilidade democrática. Um novo direcionamento que tem implicações para o campo da governança e da administração pública e também para o campo mais amplo da gestão. Na medida em que várias instituições de governança dominam o panorama social e político, faz todo o sentido nos perguntarmos se todas essas organizações devem ser governadas de maneira a manterem firmes os nossos compromissos com a liberdade, a justiça e a igualdade entre as pessoas. A questão não é como devemos ver as operações dos órgãos de governo, mas, antes, como podemos tornar mais públicas as organizações – e os relacionamentos – de todo tipo, como elas poderão nos ajudar a expressar os valores de nossa sociedade.

Durante mais ou menos um século, a administração privada, ou administração de negócios, serviu de modelo para a administração pública. Neste livro, sugerimos que os órgãos públicos – e as teorias e abordagens que lhes dão sustentação – tornem-se modelos para a reconstrução de organizações de todo tipo segundo linhas mais democráticas. A tradição da administração pública contém elementos de reforma organizacional que são importantes para todas as nossas instituições. Se quisermos que a democracia sobreviva em nossa sociedade, ela não deve ser atropelada pelas falsas promessas de uma hierarquia e de um governo autoritário. *Resultados democráticos exigem processos democráticos.*

A conexão entre teoria e prática será muito importante para se alcançar esse objetivo. Uma teoria que se aparta da prática e dos valores e sentidos implícitos nesta jamais será capaz de fazer com que modifiquemos nossa atitude, a não ser de forma incremental. Ela não permitirá o tipo de compromisso amplo com a noção da governança democrática que a nossa sociedade exige. No entanto, a conexão entre teoria e prática só pode ocorrer mediante um processo de aprendizagem pessoal. Somente na medida em que os indivíduos refletirem sobre suas experiências e fizerem generalizações a partir delas é que desenvolverão teorias de ação. E somente dessa maneira conseguirão incorporar suas ideias a uma filosofia pessoal e prática de administração pública.

De modo consistente com essa visão, este livro incorpora vários elementos pedagógicos importantes, inclusive questões para debate e estudos de caso curtos, mas pertinentes e pontuais, ao fim de cada capítulo. Mas o mais importante é o apêndice sobre o uso de um Diário do Administrador. O Diário oferece uma forma de ligar teoria e prática, por meio do exame das experiências administrativas de cada um, a partir de quatro perspectivas distintas. O uso diligente do Diário do Administrador fará o material incluído no texto tomar vida para o leitor. O leitor é instado, num certo sentido, a desenvolver os próprios estudos de caso, com o uso das anotações que fizer em seu Diário do Administrador. A simples leitura ou reflexão das teorias, sem conexão com a prática, por si só, não terá qualquer efeito substancial sobre nossas ações. Para que ocorra alguma aprendizagem verdadeiramente significativa, é preciso demonstrar para nós mesmos a relevância e o sentido da teoria em nossas vidas diárias. A teoria, como veremos, é, no fim das contas, um assunto muito pessoal, e o Diário do Administrador nos ajuda a fazer essa conexão.

MUDANÇAS CAPÍTULO POR CAPÍTULO

Para avançar a contribuição deste livro, novas leituras sugeridas e questões para discussão foram incluídas. Basicamente, as seguintes mudanças realizadas feitas nesta nova edição:

O Capítulo 1 foi reestruturado e revisado de forma significativa para mostrar com mais clareza a abordagem distinta à questão do relacionamento entre teoria e prática e as relações entre as várias perspectivas e abordagens apresentadas neste livro. Insistimos para que os teóricos e profissionais considerem alternativas à "aplicação" da teoria à prática e pensem de forma diferente sobre as expectativas e demandas que têm uns para os outros.

No Capítulo 2, fazemos revisões importantes das seções sobre Karl Marx e Sigmund Freud para reafirmar e tornar mais acessível sua importância para a organização pública e, em particular, pensando de forma crítica sobre a organização pública democrática e as possibilidades de aquisição de conhecimento.

O Capítulo 3 inclui uma nova discussão preliminar que situa o desenvolvimento das teorias da administração pública em um contexto histórico mais detalhado. Ele também traz uma nova seção sobre o papel do gênero no desenvolvimento das primeiras teorias da administração pública e como o gênero condicionou e limitou a forma na qual acadêmicos e profissionais passaram a pensar a "ciência." Esse esforço destaca a contribuição de Camilla Stivers e sua análise da importância do Movimento de Assentamento (e as mulheres dos assentamentos) para a administração pública. O capítulo inclui agora uma discussão mais ampla sobre os primeiros teóricos do campo que ofereceram alternativas à abordagem científica e racional, como Mary Follett e Ordway Tead.

O Capítulo 4 inclui uma extensa nova seção sobre sistemas adaptativos complexos e as novas teorias institucionalistas. Focamos especificamente no relacionamento entre sistemas e pensamento institucionalista e as suposições básicas do modelo racionalista.

O Capítulo 5 acrescenta uma nova seção às teorias contemporâneas sobre motivação, incluindo a motivação no serviço público, e sua implicação para as expectativas da perspectiva organizacional humanista.

O Capítulo 6 foi completamente reestruturado e reorientado. Agora, o objetivo deste capítulo é localizar o advento da perspectiva de políticas e a nova gestão pública na busca geral por novas teorias e práticas governamentais que surgiram no final do século XX diante de considerável instabilidade política e social e, mais tarde, crises fiscais. O capítulo inclui seções novas e atualizadas sobre a literatura em implementação de políticas e a nova gestão pública. Estas seções destacam não só os objetivos destas abordagens, mas mostra algumas das consequências inesperadas – e indesejáveis – destes esforços.

O Capítulo 7 amplia significativamente sua discussão sobre gênero e organização pública e acrescenta importantes materiais novos sobre questões raciais, orientação sexual e condição física. Ele ilustra como as teorias feministas e da homossexualidade, em particular, proporcionam perspectivas singulares e úteis por meio das quais podemos entender como as diferenças e identidades influenciam a vida organizacional pública. A discussão sobre a governança democrática de rede foi revisada de forma significativa para incorporar as ideias centrais de Eva Sorensen e Jacob Torfing sobre como "ancorar" democraticamente estas redes, e seguimos discutindo o caso da necessidade de fazer da dinâmica organizacional interna parte do dialogo sobre governança democrática e da reconsideração do relacionamento entre política e administração.

Finalmente, o Capítulo 8, que também foi consideravelmente reestruturado e revisado, reúne muitos dos principais temas do livro para mostrar uma forma diferente de abordar a relação teoria-prática. Destacamos novamente como as diversas formas de aquisição de conhecimento implicam diferentes tipos de relações da teoria com a prática e, assim, com dimensões essenciais das organizações públicas. Sugerimos que a abordagem dominante a esta questão apresenta uma descrição enganosa da prática e, portanto, do que podemos esperar da teoria e da pesquisa acadêmica. Mostramos que pode haver lugar para todas as formas de aquisição do conhecimento, mas só quando o aprendizado pessoal e a criação individual de sentidos em contextos organizacionais específicos são nosso principal objetivo.

Em todo este trabalho, chegamos a uma convicção mais firme de que as ideias fazem a diferença. A ação humana requer reflexão e, sem o ato de pensar, nossas ações são cegas. Mas, na medida em que nos damos conta de que o pensamento leva à ação, temos também que reconhecer a responsabilidade de quem faz teoria. A conexão entre pensamento e ação, entre teoria e prática, exige de quem pensa e de quem escreve que compartilhem uma obrigação moral com quem atua nas organizações públicas. Na maioria das vezes tem-se dado muito pouca importância a tal responsabilidade – a responsabilidade do teórico – em nosso campo. É preciso que haja uma compreensão mais integral da vocação e da obrigação dos teóricos em nossa área – e, na verdade, em todas as ciências sociais.

AGRADECIMENTOS E RECONHECIMENTOS

Devemos uma palavra de apreço especial àqueles que foram extremamente importantes ao nosso aprendizado sobre organizações públicas e àqueles que nos ofereceram ajuda e apoio na realização deste projeto, nas versões original e revistas. Em primeiro lugar, entre eles, gostaríamos de reconhecer colegas – passados e presentes – na Universidade de Missouri – Colúmbia, na Universidade de Colorado – Denver, na Universidade de Delaware, Universidade de Southern California e na Universidade Estadual do Arizona. Também nos beneficiamos muito de nossa associação com uma rede de outros teóricos da adminsitração pública ao redor do mundo, incluindo amigos como John Nalbandian, Orion White, Cynthia McSwain, George Frederickson, Bob Backoff, Sloane Dugan, Barry Hammond, Astrid Merget, Larry Kirkhart, Michael Harmon, Naomi Lynn, Brint Milward, Frank Marini, Bayard Catron, Guy Adams, Jim Wolf, Frank Sherwood, George Frederickson, John Forester, Cam Stivers, Cheryl King, David Farmer, Ralph Hummel, Hugh Miller, Jos Raadschelders, Patricia Mooney Nickel, Angela Eikenberry, Jen Eagan, Louis Howe, Sandra Kensen, Peter Bogason, Eva Sorensen, Jacob Torfing, Richard Box, Kym Thorne, Alex Kouzmin, Margaret Stout, Richard Box e Kelly Campbell Rawlings. Também queremos agradecer aos profissionais administrativos e estudantes que contribuíram muito para o engrandecimento do nosso trabalho nos últimos anos.

Finalmente, a um nível pessoal, os agradecimentos devem ser dados àqueles que nos apoiaram e encorajaram durante todo este projeto. Bob agradece especialmente à Janet, e sempre ao Michael e à Cari. Tom agradece à Suzanne e aos gatos.

Apresentação

É com alegria que o mercado editorial brasileiro recebe a tradução da 7ª edição norte-americana de *Teorias da administração pública* de Robert B. Denhardt, que agora conta com a coautoria de Thomas J. Catlaw. Ambos dispensam apresentações para os estudiosos da administração pública, uma vez que são professores proeminentes que muito vêm contribuindo para o avanço do conhecimento sobre as organizações públicas. A tradução desta obra se junta ao crescente número de trabalhos[*] de cunho didático voltados à análise, reflexão e contribuição à prática que o "campo de públicas" vem construindo ao longo dos anos e que também está se materializando na formação de profissionais capacitados por meio do aumento da oferta de cursos de graduação e de pós-graduação *lato sensu*, como os mestrados profissionais, voltados à Gestão e Administração de Políticas Públicas.

Com mais disciplinas e profissionais dedicados à temática da pública, maior também é a necessidade de material didático. Esta nova edição de *Teorias da administração pública* se destaca por duas razões: (i) discutir a aparente tensão entre teoria e prática da administração pública; e (ii) destacar a contribuição dos estudos organizacionais para o campo de públicas que, muitas vezes, dá maior predominância à contribuição da ciência política. É, nesse sentido, que esta obra também contribui para a consolidação de nossa jovem democracia e para a pro-

---

[*] Vale destacar outras duas publicações da Cengage Learning: o recém-lançado *Análise de políticas públicas:* diagnóstico de problemas, recomendação de soluções e *Políticas públicas:* conceitos, esquemas de análises, casos práticos (2ª edição), ambos de Leonardo Secchi.

moção da equidade, questão premente em um país como o Brasil, marcado pela desigualdade social.

Neste contexto, é necessário suprirmos a carência por profissionais qualificados para atuarem na área pública para que possamos desenvolver e implantar políticas públicas adequadas à nossa realidade, de maneira eficiente, com transparência e que promovam a equidade. Como é possível imaginar, esta necessidade não é um tema recente em nosso país. O primeiro curso de Administração Pública foi criado em 1952 pela Fundação Getulio Vargas (FGV) ao criar a Escola Brasileira de Administração Pública (EBAPE), que manteve seu curso de graduação em Administração Pública até o início da década de 1980. Durante as décadas de 1950 e 1960, pelo menos 28 cursos foram criados. Entretanto, após o golpe de 1964, durante a ditadura militar, a ideia de uma formação específica de Administração Pública caiu em descrédito, uma vez que o pensamento dominante era que a gestão do Estado estava muito próxima à gestão de uma empresa. Com esse cenário, o único curso de Administração Pública oferecido no país durante a década de 1980 foi o da Escola de Administração de Empresas de São Paulo (EAESP) da FGV, graças a um convênio com o governo do Estado de São Paulo.*

Embora a discussão sobre a proximidade entre a administração de empresas e a administração pública seja um tema recorrente à formação do campo de administração pública enquanto área de conhecimento, como bem retratam Denhardt e Catlaw nos capítulos 3, 4 e 5, a distinção entre estes campos também se consolida na medida em que as relações entre Estado e sociedade se modificam. Não é diferente no contexto brasileiro. O movimento pela redemocratização do final da década de 1970, expressado pelo movimento "Diretas Já", e o desejo de passar o autoritarismo a limpo culminaram no desenvolvimento da Constituição de 1988, também conhecida como a Constituição Cidadã, pois não apenas redefine o pacto federativo por meio da descentralização da gestão pública, mas institucionaliza mecanismos para a participação da sociedade na gestão pública e, principalmen-

---

* Ao longo desta apresentação recomendarei outros textos sobre o movimento do "campo de públicas", mas para aqueles leitores que desejarem uma rápida leitura sobre a história da consolidação dos cursos de administração pública no país, recomendamos o texto de Mauricio Puls, *A educação do poder*, publicado pela Revista Brasileiros em 4 de setembro de 2016, disponível em: <http://brasileiros.com.br/qsmKI>. Acesso em: 20 set. 2016.

te, institucionaliza direitos, tanto coletivos como difusos, trazendo a importância da construção da cidadania para o cotidiano das políticas públicas*.

Esta redefinição da esfera pública altera o perfil do profissional do setor público, bem como sua prática, seu ensino e a pesquisa da administração pública. Por meio dessas transformações é que se consolida o movimento "campo de públicas", uma comunidade científica, constituída por docentes, discentes, pesquisadores, coordenadores de cursos e profissionais, voltada para o desenvolvimento da gestão pública, tanto no desenvolvimento do ensino e da pesquisa como na melhoria da prática da gestão pública, incluindo a promoção da democracia.**

Se durante o regime militar houve uma escassez de cursos voltados à área pública, a partir dos anos 1990, o cenário se alterou e, atualmente, existem mais de 180 cursos dedicados à formação de profissionais em Administração Pública, Gestão Pública, Políticas Públicas, Gestão de Políticas Públicas ou Gestão Social. Um grande avanço do campo de públicas, e que também marca a diferença do campo em relação à administração de empresas no Brasil, é a articulação em promoção da constituição de Diretrizes Curriculares Nacionais (DCNs) únicas para os cursos da área, isso não apenas garante a identidade da área de administração pública, mas também fortalece a qualidade na formação de profissionais.

No que diz respeito à separação entre teoria e prática, tão evidente na área de administração pública como Denhardt e Catlaw mostram, o campo de públi-

---

* O livro *A Constituição Federal de 1988*: avanços e desafios, organizado por Francisco Fonseca; Gabriela de Brelàz e Marcus Vinícius Peinado Gomes, publicado pela Hucitec em 2010, analisa as conquistas e mudanças em diversas áreas da sociedade que foram promovidas pela Constituição de 1988.

** Para os leitores interessados na constituição e trajetória do campo de públicas, bem como a formação histórica dos cursos na área de administração pública, recomendamos os seguintes artigos: (i) COELHO, Fernando; NICOLINI, Alexandre M. Revisitando as origens do ensino de graduação em administração pública no Brasil (1854-1952). *Revista de Administração Pública*, Rio de Janeiro, v. 48, n. 2, p. 367-388, mar.-abr., 2014; (ii) COELHO, Fernando; NICOLINI, Alexandre M. Do auge à retração: análise de um dos estágios de construção do ensino de administração pública no Brasil (1966-1982). *Organizações & Sociedade*, v. 20, n. 66, 2013; (iii) PIRES, Valdemir; MIDLEJ, Suylan de A.; SILVA, Sérgio Azevedo Fonseca; VENDRAMINI, Patrícia; COELHO, Fernando Souza. Dossiê – Campo de Públicas no Brasil: definição, movimento constitutivo e desafios atuais. *Administração Pública e Gestão Social*, Viçosa, v. 6, n. 3, p. 109-167, jul.-set., 2014; (iv) KEINERT, T. M. M. O movimento "campo de públicas": construindo uma comunidade científica dedicada ao interesse público e aos valores republicanos. *Administração Pública e Gestão Social*, Viçosa, v. 6, n. 4, p. 169-176, 2014.

cas também procura promover maior alinhamento entre pesquisa e produção do conhecimento. Denhardt e Catlaw evidenciam que a separação tradicional entre prática e teoria traz como consequência a crença em uma neutralidade técnica, garantida pelo pressuposto da dicotomia entre política e administração, assim como na consolidação de uma visão tradicional racional sobre a administração. Esse modelo racional traz a eficiência como único meio para se avaliar as políticas públicas e principal motor gerador de conhecimento sobre a área pública.

Denhardt e Catlaw, retomando a trajetória do campo de administração pública, mostram as diferentes abordagens e críticas a este modelo, destacando, principalmente, a contribuição dos estudos organizacionais para evidenciar que, em princípio, a racionalidade é limitada, portanto, os atores, sejam profissionais ou acadêmicos, têm sua interpretação e capacidade de resolução de problemas limitados por questões individuais e organizacionais. Ademais, mostram que técnica e política andam em paralelo e que toda decisão é política, mesmo que seja embasada tecnicamente. Por exemplo, ao avaliar uma política pública, escolhemos determinados indicadores, que priorizam certas questões, mas que também deixam outros aspectos, consequências e atores de lado.

Como alertam os autores no Capítulo 7, a racionalização intensa da sociedade tem como consequência que as medidas de eficiência sejam as únicas a serem discutidas, assim sendo, outras dimensões da vida social das organizações públicas, como justiça, liberdade e igualdade perdem importância como critérios de julgamento, já que o cálculo de custos e benefícios tem primazia desproporcional.

Portanto, *Teorias da administração pública*, de Denhardt e Catlaw, é uma obra extremamente bem-vinda como literatura para os cursos do campo de públicas, justamente porque, além de mapearem o desenvolvimento da área de administração pública como um campo do conhecimento, os autores destacam os limites e os pontos em que precisamos nos desvencilhar das armadilhas da racionalização da sociedade para promovermos a equidade e a democracia, dimensões fundamentais para uma boa vida em sociedade e tão prementes no Brasil contemporâneo.

Professor Doutor Marcus Vinícius Peinado Gomes
São Paulo, agosto de 2016.

Sobre os autores

Robert B. Denhardt é Professor e Diretor de Desenvolvimento de Liderança na *Sol Price School of Public Policy* da Universidade do Sul da Califórnia, Professor Emérito e Regente da Universidade Estadual do Arizona, e Acadêmico Visitante Ilustre na Universidade de Delaware. Ex-presidente da Sociedade Americana para Administração Pública e membro da Academia Nacional de Administração Pública. Dr. Denhardt publicou 22 livros, incluindo *The Dance of Leadership, The New Public Service, Managing Human Behavior in Public e Nonprofit Organizations, Theories of Public Organization, Public Administration: An Action Orientation, In the Shadow of Organization, e The Pursuit of Significance*.

Thomas J. Catlaw é o Titular da Cadeira da Frank and June Sackton de Administração Pública e Professor Adjunto na Escola de Negócios Públicos da Universidade Estadual do Arizona no campus Downtown Phoenix. Sua pesquisa se concentra na aplicação da teoria política e social aos problemas de governança e mudança social. Ele é autor de Fabricating the People: Politics and Administration in the Biopolitical State e publicou diversos trabalhos sobre questões relativas à administração pública e à participação democrática. Dr. Catlaw foi editor do Administrative Theory & Praxis, uma publicação acadêmica internacional dedicada à análise inovadora e crítica da prática governamental, e já trabalhou no Departamento de Gestão e Orçamento dos EUA em Washington, DC, em questões sobre a política federal de auditoria.

O bem-estar, a felicidade e a própria vida de todos nós dependem, em medida significativa, do desempenho dos mecanismos administrativos que nos cercam e dão apoio. A qualidade da administração na sociedade moderna toca nossa vida diária, desde as questões primárias de alimentação e abrigo até a periferia de nossa atividade intelectual. Hoje, a vida de uma pessoa pode depender da administração dos controles de pureza numa farmácia; amanhã, ela pode depender das decisões de um departamento estadual de trânsito; na próxima semana, ela pode estar à mercê da sabedoria administrativa de um alto funcionário do Departamento de Estado. Querendo ou não, a administração é uma preocupação de todo mundo. Se quisermos sobreviver, convém que o façamos com inteligência.

Dwight Waldo (1955, p. 70)

Fonte: WALDO, Dwight. *Public administration – Study and teaching.*
Garden City, NY: Doubleday, 1955.

Livre e não livre; controlando e controlado; escolhendo e sendo escolhido; induzindo e sendo incapaz de resistir à indução; fonte de autoridade e incapaz de negá-la; independente e dependente; personalidade nutrida, mas despersonalizado; dando forma aos propósitos e sendo forçado a mudá-los; estabelecendo restrições, com o objetivo de tomar decisões; perseguindo o particular, mas preocupado com o todo; descobrindo líderes, mas negando sua liderança; esperando dominar a terra, mas sendo dominado pelo invisível – esta é a história do homem e da sociedade contada nestas páginas.

Chester Barnard (1948, p. 296)

Fonte: BARNARD, C.I. *Organization and management selected papers.*
Cambridge, MA: Oxford University Press, 1948.

capítulo 1

Organização pública como objeto de aprendizagem

A apreciação feita por Dwight Waldo* sobre a importância das organizações públicas em nosso cotidiano é até mais importante hoje do que o foi no tempo em que ele escreveu a esse respeito, há mais de 50 anos (WALDO, 1955). Naquela época, as organizações públicas, nos níveis federal, estadual e municipal, cresceram de uma maneira estupenda, de tal forma que existem hoje mais de 22 milhões de pessoas empregadas por governos nos Estados Unidos. Além disso, há milhões de outras trabalhando em organizações com e sem fins lucrativos que desempenham papel essencial no processo de governança. Mais importante ainda é que a amplitude e complexidade das questões tratadas pelo governo e por agentes correlatos aumentaram muito mais do que se poderia imaginar há alguns poucos anos. Em virtude do sério impacto que as organizações públicas causam em nossa vida, quando falamos de administração, como diz Waldo, é bom que o façamos com inteligência.

Mas, como ressalta Chester Barnard (1948), temos também que manter um sentido de qualidade de vida nas organizações. Embora, muitas vezes, pen-

---

* Dwight Waldo foi um renomado cientista político norte-americano, influente na constituição do campo (tanto acadêmico como da prática) de administração pública, apontando a importância de incorporação da ideia de política pública pela administração pública. Para um debate sobre a constituição do campo da administração pública no Brasil e uma comparação com o caso norte-americano, recomenda-se a leitura de: "Administração pública e política pública", de Marta Ferreira Santos Farah, publicado na Revista de Administração Pública, v. 45, n. 3, p. 813-836. (N.R.T.)

semos a burocracia pública como um mecanismo impessoal, na realidade, em cada contato nosso com organizações públicas, há uma longa e complexa cadeia de eventos, percepções e comportamentos humanos que se desenvolveram no cotidiano de pessoas muito parecidas conosco. As organizações são, na verdade, produtos de ações humanas individuais – ações com sentido e significado especiais para quem nelas atua. A organização supostamente impessoal é o pano de fundo de um mundo muito pessoal.

Por essa razão, as organizações públicas podem parecer bem diferentes, dependendo de nossa perspectiva particular. Por exemplo, muitas vezes falamos sobre o labirinto de confusão decorrente do excesso de burocracia (*red tape*)* decorrente do excesso de burocracia que parece caracterizar as organizações públicas. Alguns órgãos, apesar de seu alegado interesse por eficiência e serviço, parecem ter por objetivo evitar soluções satisfatórias para nossos problemas. Por um lado, a burocracia se mostra tão rotinizada que parece insensível; por outro, ela se revela tão arbitrária que parece cruel. Por consequência, não devemos nos surpreender que tanta gente tenha uma opinião tão melancólica a respeito da burocracia pública.

Esse quadro muda na medida em que nos familiarizamos mais com a burocracia e as pessoas que a integram. Na maioria, estes indivíduos são altamente interessados e competentes, trabalhando para ganhar a vida e procurando lidar de forma efetiva com os problemas complexos com que se deparam. Para a maioria, a velha noção do serviço público não está morta. Trabalhar para o governo não é, apenas, mais um trabalho qualquer; é uma oportunidade de participar da solução de problemas públicos difíceis. É o "mundo real", em que as pessoas vivenciam sofrimento e orgulho, alegria e desapontamento. É um lugar muito pessoal.

O relacionamento entre o pessoal e o impessoal em organizações públicas tem outro aspecto relacionado à qualidade da vida organizacional. Normalmente, quando as pessoas pensam sobre o relacionamento entre política e administração, isso se dá em termos de fins e meios. A burocracia pública é vista como um meio ou instrumento para transformar as metas públicas ou políticas em realidade; administração é implementação. Porém, não podemos separar os fins dos meios porque o significado e a relevância do que fazer é substantivamente reve-

---

* O termo em inglês "red tape" se refere às regras ou leis que parecem mais complicar e impedir a resolução rápida. (N.R.T.)

lada no modo como fazemos (Harmon, 2008). Quando nos esquecemos disso, corremos o risco de ver os servidores públicos implementarem políticas como simples instrumentos ou ferramentas ao invés de verdadeiros seres humanos. Isso compromete a qualidade da vida organizacional e ameaça transformar as burocracias em lugares desumanos tanto para os cidadãos quanto para os funcionários. Como escreveu Harmon (2008 p. 72), "Uma aceitação desinformada do dualismo fins/meios encobre uma tendência ideológica que não só perpetua as disparidades de poder político e organizacional, mas também exclui uma visão alternativa do desenvolvimento pessoal e relacionamento social sobre os quais uma concepção mais humana e prática da governança pode ser baseada". O desafio e a oportunidade para profissionais e teóricos da administração pública, portanto, é entender como o avanço democrático de metas públicas amplas está ligado à administração democrática destas organizações e às aspirações pessoais daqueles que trabalham nelas.

Por isso, apesar deste livro discutir o que significa lidar com organizações públicas de forma inteligente, ele também está interessado em como nosso conhecimento pode ser usado para lidar de forma mais compassiva com os problemas humanos e o mundo ao nosso redor. Estaremos interessados em um conjunto bem básico de questões: De que modo podemos desenvolver um entendimento mais amplo e sistemático das organizações públicas? O que precisamos saber para que as organizações públicas correspondam melhor aos anseios públicos e sejam mais democráticas? Como podemos usar o conhecimento que adquirimos para melhorar nosso próprio bem-estar, e o bem-estar da comunidade a que servimos?

Em busca do conhecimento

As pessoas, obviamente, adquirem conhecimentos de maneiras diversas. O nosso entendimento das organizações públicas é claramente influenciado por eventos que aconteceram mesmo antes de entrarmos em contato regular com elas. Nossas experiências na vida familiar nos ensinam muita coisa sobre poder, autoridade e comunicação, ao passo que nossas experiências na igreja e na escola nos dão informações sobre organizações mais estruturadas. Quando começamos a interagir com organizações públicas de expressão, como membros ou usuários, já estamos inteiramente socializados, em termos de alguns padrões básicos esperados de comportamento e ação. Mas existe ainda uma vasta quantidade de informações que precisamos aprender e diferentes formas pelas quais podemos obtê-las. Podemos confiar em rumores ou em "conversas casuais", podemos pesquisar as práticas passadas da organização, podemos ouvir e aprender com os conselhos de outros integrantes da organização, podemos estar abertos a experiências e conhecimentos do órgão público ou dos acionistas a quem servimos, ou podemos nos deixar guiar por *experts* em eficiência e especialistas em desenvolvimento organizacional.

Derivando a teoria da prática

Em cada uma dessas formas, construímos nossa própria abordagem ou teoria pessoal de organização pública; estamos procurando explicações ou entendimentos que nos permitirão ver, de forma sistemática, as organizações públicas, seus membros e seus usuários. Pode-se dizer que, em seu conjunto, as observações e avaliações feitas por nós são teorias implícitas de organizações públicas, no sentido de que, embora raramente sejam articuladas ou mesmo consideradas de modo consciente, elas constituem um conjunto de proposições sobre a maneira como as organizações públicas funcionam. É de extrema importância saber que essas teorias não existem separadas da prática; elas se relacionam integralmente à maneira como atuamos enquanto membros ou usuários das organizações públicas. Cada uma de nossas ações acontece dentro do quadro referencial de teorias que sustentamos, ou, mais precisamente, como uma expressão de nossas posições teóricas. No campo da ação, teoria e prática são indissociáveis. Essa afirmação parece bastante simples, mas, de fato, o que se ouve com mais frequência, nas discussões sobre administração pública, é exatamente a caracterização contrária, isso é, de que a teoria e a prática não estão ligadas uma à outra. Os profissionais de administração muitas vezes se queixam de que os teóricos, desde os "fundadores da república" até os acadêmicos atuais, vivem e trabalham em torres de marfim tão distantes do mundo da prática que seus princípios e enunciados mal correspondem à vida no mundo real. Enquanto isso, os acadêmicos, mesmo aqueles mais interessados na relevância dos estudos de administração, se queixam de que os profissionais nos órgãos públicos estão tão preocupados com os elementos operacionais do cotidiano da administração que não conseguem sustentar uma visão teórica geral. O fosso entre teoria e prática parece grande demais para se fazer uma ponte entre elas.

No entanto, assim como o relacionamento entre fins e meios, esta forma de enquadrar o relacionamento entre teoria e prática é ilusória. A razão para isso é que, mesmo os teóricos acadêmicos são, na realidade, profissionais. Assim como os administradores públicos têm teorias implícitas em uso, teóricos e pesquisadores acadêmicos buscam afiar suas habilidades e se esforçam para desenvolver a capacidade profissional e compreender o mundo em que vivem. Voltaremos a discutir este tema com mais detalhes no Capítulo 8.

Por ora, no entanto, podemos dizer que o *campo de atuação* (Bourdieu, 1994) específico em que teóricos acadêmicos trabalham é diferente do campo em que administradores e analistas em organizações públicas atuam. É, normalmente, uma universidade ou outro ambiente de pesquisa. Trabalhar em campos de atuação diferentes significa que a sabedoria prática que desenvolvemos ao teorizar sobre organizações públicas é diferente da sabedoria prática que outros profissionais desenvolvem. Este tipo de raciocínio pode ser estendido, por exemplo, para outras áreas de trabalho existentes em organizações públicas, como advocacia, engenharia, medicina, assistência social, ou contabilidade. Todas essas profissões têm um corpo de conhecimento específico associado a elas, além de formas distintas de ver o mundo e pensar sobre os problemas públicos. Esta abordagem também pode nos ajudar a pensar de uma forma diferente sobre a distância que parece separar as organizações públicas dos clientes a que elas servem. Todos os indivíduos, incluindo cidadãos e usuários, desenvolvem conhecimento e entendimento específicos nos campos de atuação em que mais vivem e trabalham. Pessoas comuns são especialistas em suas próprias vidas, embora essa experiência pessoal seja diferente do conhecimento adquirido por meio de pesquisa acadêmica e da experiência profissional.

Quando reconhecemos que grupos diferentes de pessoas se engajam em campos de atuação diferentes e que existem tipos diferentes de conhecimento, podemos projetar uma nova direção para a distinção "teoria-prática" (Catlaw, 2008). O objetivo agora não é como *aplicar* as teorias à *prática*, mas como comunicar e traduzir pelos diferentes campos de atuação e corpos de conhecimento por meio de um processo de *reflexão pessoal* e *aprendizado mútuo*. Nosso foco deixa de ser qual teórico acadêmico ou profissional tem a explicação final e definitiva do verdadeiro mundo das organizações públicas, e passa a ser uma questão do que podemos aprender com o conhecimento acadêmico, profissional e pessoal uns dos outros, e como este aprendizado pode contribuir para que sejamos participantes mais competentes e compassivos nas áreas em que atuamos. Nesse sentido, o relacionamento entre teoria e prática pode ser reconstruído com base no conceito de *ação pessoal*.

Por essa razão, o propósito central deste livro é desenvolver um entendimento das organizações públicas que nos torne capazes de integrar teoria e prática, reflexão e ação. Com tal finalidade, os capítulos subsequentes apresentam um quadro geral sobre as teorias do indivíduo, da organização e da sociedade, desenvolvidas a título de diretrizes para a compreensão das ações de organizações públicas, destacando-se a questão específica de como as teorias e os argumentos que alicerçaram sua construção informam nossos próprios processos de construção teórica – processos que levam a nossas teorias implícitas de administração. No curso da revisão dessas obras, examinaremos de forma crítica a relação entre teoria e prática, e esta relação será no fim reconstruída em torno do conceito de ação pessoal.

> O propósito central deste livro é desenvolver um entendimento das organizações públicas que nos torne capazes de integrar teoria e prática, reflexão e ação.

Abordagens diferentes

Como discutido anteriormente, teóricos e profissionais se engajam tanto na prática *quanto* na teorização. O que ocorre, porém, é que não só seus campos de atuação são diferentes, como as teorias que utilizam e criam também são distintas. Para ilustrar isso, consideramos dois casos que ilustram alguns dos tópicos centrais na teoria da organização pública, mas o fazem a partir da perspectiva da rotina diária da organização. A próxima seção considera a questão das teorias formais da organização pública que tentam sistematicamente explicar e compreender aquela experiência.

Em cada um dos casos, na condição de observador, você pode começar se perguntando como caracterizaria os vários atores e como analisaria as relações entre eles. Que tipo de informações – completas ou incompletas, objetivas ou subjetivas etc. – você tem? Porventura o fato de pedir informação adicional sugere que você já tem certa visão das organizações e que esta visão se tornaria mais completa com o acréscimo da informação requisitada? Se suas perguntas refletirem um conjunto de pressupostos sobre a vida nas organizações públicas, de que maneira você caracterizaria estes pressupostos?

É muito comum ouvir de quem avalia casos como os incluídos nesse capítulo (e em outras partes deste livro) que é preciso mais informação, que o caso não fornece informações suficientes. Obviamente, os participantes envolvidos nos casos diriam a mesma coisa – parece mesmo que nunca há informação suficiente. Dito isso, você poderia abordar todo e qualquer caso a partir do ponto de vista das partes envolvidas. Tente entender, a partir do ponto de vista delas, o que estava exatamente acontecendo em seu campo de atuação. Você pode tentar reconstruir, em termos específicos, a análise da situação feita por elas. Com base em que conhecimento ou compreensão da vida organizacional elas agiram? Que informações elas tinham? Que informações lhes faziam falta? De que maneira haviam caracterizado sua abordagem geral à vida nas organizações públicas? Que expectativas tinham a respeito do comportamento humano? Como viam as tarefas básicas de sua organização? Qual era o entendimento delas sobre o papel dos órgãos de governo e sobre as pessoas que neles atuavam? Qual era a relação entre seu quadro teórico e seu comportamento?

Caso 1

Nosso primeiro caso ilustra a relação existente entre a maneira como vemos a vida organizacional e a maneira como atuamos nas organizações públicas. Ken Welch era um estagiário temporário na divisão de serviços de gestão de uma grande repartição federal. Durante seu estágio de três meses, ele deveria se engajar em vários projetos relacionados a interesses de gestão nos diversos laboratórios de seu centro. A divisão de serviços de gestão fazia parte do departamento pessoal, mas, na divisão, os funcionários muitas vezes atuavam como "desarmadores de problemas" para a alta gerência, de forma que a unidade gozava de grande prestígio dentro do departamento e, por consequência, recebia atenção especial de seu diretor.

Depois de um período de mais ou menos duas semanas, durante o qual Ken recebeu informações gerais sobre as tarefas da divisão, do departamento e do centro, um dos analistas permanentes, Rick Arnold, pediu a Ken que o ajudasse num estudo sobre o processo de recrutamento em um dos laboratórios de informática. Este era exatamente o tipo de projeto que Ken esperava que surgisse naquele momento, e ele, rapidamente, agarrou a oportunidade de participar. Ken estava especialmente satisfeito por Rick lhe ter pedido que o auxiliasse, já que Rick claramente era um dos funcionários preferidos do chefe da divisão e também conhecido como "superanalista", uma referência um tanto engraçada, mas respeitosa. Além de ganhar alguma experiência pessoal, Ken teria a oportunidade de observar um analista de gestão altamente competente em plena ação. Além disso, como estava claro que Rick gozava das boas graças do chefe da divisão, havia possibilidades reais de Ken observar pelo menos algumas interações naquele nível, talvez até de participar de reuniões nos níveis mais elevados de gestão do centro. Em suma, tratava-se de um trabalho atrativo, ao qual ele de imediato se lançou.

Entretanto, pelo modo como as coisas se desenrolaram, Ken não pôde fazer muita coisa. Na condição de analista principal, Rick desejava claramente liderar o projeto, o que Ken achava perfeitamente normal. Mas como Rick tinha vários outros projetos em andamento, havia períodos consideráveis em que Ken não tinha muito o que fazer no projeto de recrutamento. Por isso, ele ficou mais do que feliz em colaborar quando Eddie Barth, um dos membros mais antigos do *staff*, lhe pediu que o ajudasse a montar alguns organogramas solicitados pela alta gerência. Eddie fazia parte de um pequeno grupo de técnicos vindos de uma das duas unidades fundidas há vários anos para formar a atual divisão de serviços de gestão. Ken logo descobriu que a montagem de um organograma, especialmente nas mãos desses técnicos, se tornara um processo altamente especializado, envolvendo não apenas aprovações sem fim, mas também problemas complicados de *design* gráfico e reprodução muito além do que se poderia imaginar. Ken certamente estava menos interessado nesse trabalho do que nos problemas mais humanos que ele encontrava no projeto de recrutamento, mas Eddie sempre se mostrara cordial e parecia feliz em contar com alguma ajuda. E, assim, Ken continuou a desenvolver organogramas. Depois de trabalhar algumas semanas nos dois projetos, Ken começou a perceber sinais de que nem tudo estava bem com seu trabalho. Outro estagiário do escritório ouviu comentários nos corredores sobre estagiários superativos que haviam sido contratados recentemente. Uma das secretárias comentou que esperava que Ken tivesse condições de "suportar a pressão". Como Ken não se sentia superativo nem sob qualquer pressão, os comentários lhe pareciam curiosos. Era provável que estivessem falando de outra pessoa, pensou ele.

Alguns dias mais tarde, porém, Ken foi chamado ao gabinete de Jim Pierson. Jim, outro dos membros mais antigos do *staff* – o qual, pensou Ken, até já dirigira a unidade técnica por algum tempo –, havia se mostrado um pouco distante, mas não inamistoso, durante as primeiras semanas de Ken no centro. Enquanto outros tinham sido muito simpáticos, convidando Ken para festas e para participar do time de *softball* do departamento pessoal, Jim parecia um tanto reservado. Mas, por outro lado, Ken e Jim haviam tido muito pouco contato no trabalho; por isso, raciocinou Ken, talvez seu comportamento não fosse, afinal de contas, tão estranho assim. Ken via no encontro um gesto amistoso da parte de Jim e aguardava com ansiedade a hora de se conhecerem melhor. Qualquer esperança de uma conversa amistosa foi, porém, imediatamente por água abaixo: tão logo Ken chegou, Jim foi lhe dando uma preleção sobre como se deve administrar o próprio tempo, ressaltando especificamente que o envolvimento em projetos demais significava que nenhum deles seria bem feito. Embora não houvesse menções específicas, Jim se referia aos dois projetos em que Ken estava trabalhando.

Ken saiu zonzo do encontro. Ninguém havia questionado, ainda que minimamente, a qualidade de seu trabalho. Não havia conflitos de tempo entre os dois projetos. E mesmo que tivesse havido, imaginou Ken, por que teria Jim assumido a responsabilidade de lhe aplicar essa reprimenda? No final daquela tarde, Ken compartilhou sua conversa com outro estagiário, o qual comentou que Jim sempre se ressentira por não ter sido nomeado diretor, por ocasião da fusão das duas unidades. No dia seguinte, Ken fez menção à controvérsia, numa conversa com Rick, mas recebeu como resposta apenas uma observação casual sobre os membros *démodés* da divisão. Ken começou a se sentir vítima de uma espécie de luta de poder dentro do escritório e imediatamente resolveu tentar sair desse meio. Tão logo teve chance de se encontrar com o chefe da divisão, explicou-lhe toda a situação, inclusive seu sentimento de que não havia de fato problemas reais e que ele estava sendo usado. O chefe ouviu-o com atenção, mas não lhe deu sugestões concretas. Disse apenas que ficaria atento à situação.

Mais tarde naquela semana, em uma cervejada após uma partida de *softball*, o diretor do departamento pessoal perguntou como estava indo o estágio. Na conversa que se seguiu ele lhe contou o que aconteceu. O diretor iniciou um longo discurso sobre as dificuldades que vivera quando reorganizou as unidades dentro de seu departamento. Mas também salientou como a fusão das duas unidades na divisão diminuíra sua amplitude de controle e lhe facilitara consideravelmente a operação do departamento. Estava claro que ele preferia a abordagem mais analítica dos serviços de gestão representada pelo chefe e pelo superanalista. Em parte, ele disse que a reorganização havia enterrado um de seus principais problemas, ou, pensou Ken mais tarde, talvez ele tenha dito que, em breve, o enterraria.

Este caso ilustra uma ampla gama de questões que enfrentam aqueles que desejam saber mais sobre organizações públicas. O que motiva as pessoas que trabalham em organizações públicas? Como podemos explicar padrões deficientes de comunicação em órgãos públicos? Qual é a melhor maneira de entendermos a relação entre burocracias e burocratas? Como podemos lidar com a mudança organizacional, ou talvez até comandá-la? Mas – o que é ainda mais importante para nossos propósitos – este caso indica o papel central da aquisição de conhecimento como base para as nossas ações. Cada uma das pessoas envolvidas nesse caso enfrentou o problema de acumular conhecimento sobre as circunstâncias específicas; depois teve que determinar como aquela informação se ajustaria a (ou exigiria que ela modificasse) seu próprio quadro de referência, suas próprias teorias a respeito de como as pessoas e as organizações se comportam. Cada uma dessas pessoas teve que resolver três questões básicas sobre seu entendimento das organizações públicas: (1) Que conhecimento se faz necessário como base para a ação? (2) Quais são as melhores fontes possíveis para se obter esse conhecimento? (3) De que modo esse conhecimento pode ser aplicado à situação enfrentada? Somente depois de resolver essas questões (pelo menos implicitamente), cada pessoa estaria preparada a agir.

Tome-se como exemplo o personagem central de nosso caso, Ken Welch. Entre as muitas categorias que ele poderia ter usado para ajudá-lo a entender o que estava acontecendo à sua volta, Ken optou por dar ênfase àquelas que tratam de poder e autoridade. Sua preocupação (talvez até obsessão) com poder e autoridade lhe deu uma lente especial através da qual ele via o mundo, uma lente que realçava alguns eventos e embaçava ou ocultava outros. Depois de obter certa quantidade de informações, Ken concluiu que era vítima de uma 'luta de poder dentro do escritório' e tentou resolver as coisas apelando para aqueles que detinham autoridade dentro da organização. Se, por outro lado, Ken tivesse dado ênfase a outros tópicos – por exemplo, ao colapso das comunicações que muitas vezes acomete organizações complexas, apesar das tentativas de cooperação –, ele teria agido de forma bem diferente, provavelmente tentando descobrir a causa da confusão e procurando criar uma relação mais efetiva com seus colegas de trabalho. De qualquer modo, está claro que a perspectiva pessoal de Ken sobre vida organizacional, sua própria teoria implícita de organização, foi fundamental para orientar suas ações.

Caso 2

Vamos examinar outro caso, um que ilustre de novo a conexão entre as teorias que as pessoas acalentam e as ações que elas empreendem, mas que também esclareça vários outros temas centrais ao estudo das organizações públicas. John Taylor e Carol Langley trabalhavam para uma agência de desenvolvimento local. Depois de uma reestruturação drástica do órgão, em que vários novos programas foram a ele incorporados, John foi convidado a supervisionar um novo programa de financiamento habitacional e Carol, para ser sua assistente. O programa se destinava a oferecer empréstimos com juros baixos para ajudar pessoas de algumas partes da cidade a reformar suas casas. Embora John e Carol tivessem experiências em áreas afins, nenhum dos dois tinha familiaridade com este programa em particular. Para tornar as coisas ainda mais difíceis, fazia apenas alguns meses que haviam sido oferecidos alguns seminários para ajudar na implantação de programas como este. John e Carol apenas receberam um manual e a ordem de iniciar, imediatamente, a tarefa.

O programa envolvia várias atividades novas e exigia tempo considerável para começar a funcionar. Por exemplo, era preciso treinar novos inspetores habitacionais para coordenar as atividades do programa em harmonia com as ações realizadas pela prefeitura, e era necessário estabelecer relações com os vários órgãos que ofereciam informações sobre os requerentes dos empréstimos sendo processados.

John começou logo a receber grande pressão para concluir o processamento da primeira batelada de requerimentos em um período muito curto. Para começar, o primeiro grupo de requerentes era composto por mais ou menos 40 pessoas que haviam se candidatado originariamente para outros programas, mas foram preteridas. Como seus requerimentos já estavam há pelo menos um ano nos arquivos da repartição, eles estavam muito ansiosos para vê-los processados rapidamente. Visitas intempestivas e chamadas telefônicas de vários requerentes deixaram John bem consciente dos sentimentos deles. No entanto, John também sabia que este programa de empréstimo em particular teria impacto significativo na comunidade e que, consequentemente, seu desempenho eficiente, sob circunstâncias tão difíceis, seria importante para a repartição e, por sua vez, também para o seu próprio futuro no serviço público.

Carol reconhecia a necessidade de se fazer o trabalho o mais rapidamente possível, mas também sentia uma obrigação especial com os próprios requerentes. Ela levou a sério o comentário de seu diretor de que a repartição poderia usar esta oportunidade para ajudar a "educar" os candidatos aos empréstimos sobre os procedimentos envolvidos nos projetos. Ela achava que era muito importante fazer contatos periódicos com eles para deixá-los a par do que estava acontecendo, por exemplo, com as inspeções, as estimativas de custos, os montantes, as informações financeiras e os termos e condições dos empréstimos. Diferentemente de John, que gastava a maior parte de seu tempo no escritório, ela conversava com frequência com os requerentes, muitos dos quais conhecia pessoalmente em virtude de sua posição anterior na repartição.

John e Carol deviam montar uma pasta completa com informações sobre a posição financeira e o projeto de reforma de cada requerente. A pasta devia ser recebida e assinada pelo candidato e depois encaminhada ao escritório regional do ministério da habitação e desenvolvimento urbano do governo federal para processamento.

John achava que o processo poderia ser completado mais rapidamente se Carol simplesmente conseguisse fazer os candidatos assinarem em branco um conjunto de formulários que ficariam guardados à disposição no escritório.

Quando as informações sobre os empréstimos estivessem disponíveis, os itens correspondentes poderiam ser preenchidos nos formulários assinados, encurtando o tempo consumido com a revisão de cada formulário com o respectivo candidato a empréstimo. Esse procedimento também eliminaria o processo muitas vezes longo de coordenar várias visitas do escritório aos requerentes para discutir papéis.

Quando John solicitou a Carol que obtivesse a assinatura dos requerentes nos formulários, ela recusou. Ela não somente achava que os candidatos deveriam ver e entender os papéis antes de assiná-los, como também temia que fosse ilegal solicitar às pessoas que assinassem formulários em branco. Quando conversou com o supervisor de John sobre a solicitação, ela foi informada que o procedimento não era ilegal e que até já havia sido usado anteriormente no escritório regional.

John e Carol, obviamente, tinham orientações diferentes em relação ao papel da administração pública na sociedade moderna. Da mesma forma, eles tinham entendimentos diferentes sobre como alguém poderia ser eficaz como administrador. Consequentemente, quando se depararam com esta situação em particular, imediatamente enquadraram as circunstâncias dadas em seus quadros administrativos de referência, que se tornaram a base para suas ações. Enquanto John parecia acima de tudo interessado no cumprimento eficiente da tarefa que lhe havia sido confiada, Carol parecia mais preocupada em corresponder prontamente aos membros do grupo de requerentes e a ajudá-los a compreender o processo de empréstimo.

Como veremos, as questões que parecem colocar John e Carol em lados opostos não são incomuns; de fato, elas estão no cerne da teoria da administração pública. Por um lado, os órgãos governamentais são instados a atingir a maior eficiência possível em sua prestação de serviços – eliminando o excesso de burocracia (*red tape*) sempre que possível. Por outro, como se presume que as repartições públicas devem operar em prol do interesse público, elas devem corresponder às necessidades e aos desejos daqueles para quem e com quem trabalham. Além disso, poder-se-ia argumentar que os órgãos públicos têm a responsabilidade especial de contribuir para a educação dos cidadãos, no sentido de capacitá-los a lidar com os problemas sociais, por iniciativa própria e de modo mais eficaz.

> Por um lado, as repartições governamentais são instadas a alcançar a máxima eficiência possível na prestação dos serviços. Por outro, elas precisam corresponder às necessidades e aos anseios daqueles para e com quem trabalham.

Este caso também enseja um comentário interessante sobre outra questão com que iremos nos deparar em nosso estudo das organizações públicas: onde nos encontramos em nosso campo de atuação influencia consideravelmente o que vemos. Especificamente, as ações de uma pessoa muitas vezes parecem um tanto diferentes quando vistas de dentro e quando vistas de fora. Poderíamos, por exemplo, caracterizar as ações de John como interesseiras, como se ele estivesse preocupado apenas em impressionar aqueles que poderiam vir a influenciar sua promoção futura; mas também, de forma mais benevolente, poderíamos caracterizar John como altamente preocupado com os clientes da repartição, ansioso por ajudá-los a obter suas aprovações de empréstimo o mais rapidamente possível, com o intuito de amenizar suas dificuldades financeiras. O próprio John poderia descrever suas ações de uma maneira ou de outra, ou poderia falar de sua situação em termos totalmente diferentes. Por exemplo, ele poderia dizer que se sentia tremendamente pressionado, tanto por pessoas de dentro quanto de fora da organização, para terminar seu trabalho; por conseguinte, ele vivenciava toda esta situação, em especial o conflito com Carol, como uma fonte de angústia pessoal. Embora possamos descrever o comportamento dos indivíduos nas organizações de maneira assaz apressada, será muito mais difícil, porém, avaliar o que suas atividades de fato significam para eles. Mas as duas coisas são necessárias, ao procurarmos compreender as organizações públicas com inteligência e compaixão.

Teorias formais de organização pública

Mencionamos as fontes acadêmicas, profissionais e pessoais das quais derivamos o nosso entendimento das organizações públicas. Independentemente de tentarmos desenvolver, de forma consciente, nossas perspectivas, elas efetivamente se desenvolvem e nos guiam. Se desejamos refinar nossa habilidade de dar respostas, com mais inteligência e compaixão, às situações que enfrentamos enquanto membros ou usuários de organizações públicas, precisamos considerar com mais cuidado as teorias implícitas que sustentamos. Uma maneira de fazer isso, evidentemente, é comparar nossas próprias teorias implícitas de organização pública com as teorias mais explícitas desenvolvidas pelos teóricos e profissionais, numa tentativa de compreender melhor o mundo organizacional em que vivemos. Curiosamente, ao lermos teorias formais, é comum percebermos pela primeira vez que temos teorias implícitas que nos direcionam e informam nossas ações. Estas teorias podem nos capacitar de algumas formas, mas podem limitar nossas possibilidades de outras. Ao ler e refletir sobre teorias formais da organização pública e compará-las às nossas próprias perspectivas, é possível fazer ajustes ou melhorias que nos permitiriam compreender com mais clareza nossas ações e as ações dos outros.

Por que estudar teorias formais?

Há, obviamente, vantagens em examinar as teorias formais. Muito embora aqueles que criam essas teorias tratem essencialmente das mesmas questões que os outros que procuram ter uma melhor compreensão da vida organizacional, eles o fazem com muito mais cuidado, rigor e sofisticação. Não que sejam mais brilhantes ou mais perspicazes que os outros – eles simplesmente têm mais tempo para se dedicar à prática da teorização. Visto que as teorias formais são desenvolvidas com mais diligência, elas refletem tanto uma variedade de tópicos mais ampla do que normalmente se poderia levar em conta quanto uma agenda que dá ênfase aos itens que parecem mais importantes. Por essa razão, as teorias formais fornecem um marco de referência contra o qual podemos medir nossas próprias abordagens à vida organizacional, e a rica pluralidade das teorias formais, por sua vez, nos fornece várias formas de avaliar e considerar nossas ações. Ao tentarmos aperfeiçoar nosso próprio entendimento, somos aconselhados a estudar de que modo os outros teóricos e profissionais procuraram construir suas próprias teorias. Ao fazê-lo, desenvolvemos uma ideia da gama de problemas que devemos levar em consideração, um quadro geral de questões que são intermitentemente debatidas (e entre as quais teremos que inevitavelmente escolher) e um senso de posicionamento pessoal em relação aos problemas centrais que enfrentam as pessoas envolvidas na administração pública.

Como sugerimos, teóricos divergem quanto à base teórica que serve para se entender as organizações públicas; entretanto, em um nível bem amplo, a maioria deles concorda que, em termos gerais, o propósito da teoria é oferecer uma compreensão mais coerente e integrada de nosso mundo do que conseguiríamos obter de outra forma. A teoria procura ir além da simples observação dos fatos ou da adesão cega a certos valores, tentando fornecer interpretações mais gerais. Ela não apenas reúne ou aglutina fatos, mas também extrai conclusões deles; ela não apenas reconhece valores, mas também os reordena. Uma teoria não é apenas um arranjo de fatos ou valores, mas uma reconstrução mental de como nos vemos e vemos o mundo à nossa volta. É uma maneira de dar sentido a uma situação. As teorias podem então ser avaliadas em termos de sua capacidade de nos ajudar a ver o nosso mundo com mais clareza e de agir nele com mais eficácia.

Como já vimos, os profissionais da administração têm que decidir sobre os tipos de conhecimento de que necessitam, como estes conhecimentos podem ser efetivamente obtidos e como podem ser aplicados. Os teóricos têm que fazer o mesmo – eles devem se perguntar que tipos de conhecimento desejam produzir, como podem garantir que os resultados obtidos sejam completos e precisos e como o conhecimento recém-descoberto pode ser aplicado. Os teóricos têm que fazer algumas escolhas sobre o que estudar e como fazê-lo. E, tendo-as feito, eles e suas teorias tornam-se reféns delas.

Por isso, devemos cultivar certo ceticismo em relação às teorias da organização pública (e também em relação às outras teorias). Devemos perceber que essas teorias da organização pública, assim como as próprias organizações, resultam da atividade humana realizada nos campos de atuação – construções específicas que podem ser mais ou menos apropriadas para diversos fins. Todas as teorias enfatizam certas coisas e dão menos importância a outras. Teorias refletem a história pessoal e o campo de atuação do teórico, mas também o contexto histórico no qual a teoria foi produzida. Por isso, à medida que consideramos várias teorias, veremos a vida refletida – tanto pessoal quanto culturalmente. No entanto, é importante percebermos que esta reflexão é, novamente, limitada e parcial, filtrada através das lentes da história e das escolhas específicas feitas pelo teórico.

O papel dos modelos

Esse fato pode ser ilustrado pela consideração dos papéis que exercem os modelos na transmissão do conhecimento. Os teóricos de administração pública muitas vezes falam de seu trabalho como se ele consistisse na tarefa de desenvolver modelos de organização ou modelos de administração. Nesse sentido, a palavra *modelo* não significa uma forma ideal de organização ou tipo de administração, mas antes uma representação da vida real (nesse caso, uma representação na linguagem). Poderíamos, por exemplo, pensar sobre organizações como se fossem semelhantes aos modelos das estruturas moleculares encontrados na física, com as bolas representando os vários escritórios e os filamentos de ligação representando as linhas de autoridade. De todo modo, os modelos desenvolvidos pelos teóricos das organizações públicas têm em comum algumas das características dos modelos em geral.

Considere, por um momento, o modelo do carro. Esse carro em miniatura tem por objetivo representar um carro real, em tamanho normal, completo. Ele tem a mesma forma geral do carro maior, tem para-choques, janelas e até rodas para girar e rolar. Nesses aspectos, o modelo reflete muito bem a realidade. Mas, em outro sentido, o carro em miniatura é drasticamente diferente do carro real – ele tem motor de borracha, em vez de motor de combustão a gasolina. Portanto, o modelo distorce a realidade, em vez de refleti-la, espelhá-la. No entanto, a distorção é intencional. O fabricante do modelo desejava ilustrar o fato de que o automóvel se desloca sobre o solo e pensou que era mais importante ilustrar o desempenho do carro real do que representar com precisão o artifício pelo qual ele é movido. O modelo resultante é, pois, tanto um reflexo preciso quanto uma distorção da realidade. Para que o modelo signifique alguma coisa para nós, temos que reconhecer o que é o quê.

Ao estudarmos as teorias da organização pública, portanto, devemos sempre estar conscientes das escolhas que os teóricos fizeram quando construíram suas teorias, e das distorções a que essas teorias podem ter levado. Em termos de linguagem, devemos sempre nos perguntar o que se diz, o que se deixa de dizer e o que se deve dizer na sequência. Este último ponto é particularmente importante, porque, como se viu em discussão anterior, a teoria convida à ação. Assim, não devemos nos perguntar apenas como as teorias expressam quem somos e o que são nossas organizações, mas também em quem ou em que nós e nossas organizações poderíamos nos transformar.

Construção de teorias da organização pública

Voltemo-nos agora para as escolhas que os teóricos tiveram que fazer em relação à construção das teorias da organização pública. Em termos específicos, argumentamos aqui que as escolhas feitas pelos teóricos não são suficientes para o nosso entendimento da vida nas organizações públicas; mesmo assim, embora uma teoria abrangente e integrada da organização pública não possa ser desenvolvida pelas razões discutidas acima, inúmeros temas muito importantes para aquele estudo foram explorados em grande detalhe. Isso pode nos ajudar a compreender nosso envolvimento nas organizações públicas e, por sua vez, melhorar a qualidade geral do serviço público. Embora esse argumento seja desenvolvido em todo o livro, cabe rever algumas das formas pelas quais se viu a questão da construção da teoria da administração pública no passado e esboçar algumas formas pelas quais se poderia desenvolver uma abordagem mais integrada.

Antes de fazer isso, um conselho. Como Jos Raadschelders (2011) expôs, há sérios desafios no desenvolvimento de qualquer coisa como uma teoria única e abrangente da organização pública. De fato, tal teoria é provavelmente impossível por vários motivos. Primeiro, praticamente toda disciplina nas ciências sociais estuda assuntos relevantes para a vida e o trabalho nas organizações públicas. O conhecimento sobre as organizações públicas também é altamente fragmentado através de milhares de agências e escritórios. Ninguém pode coletar, ou muito menos aperfeiçoar, todo este conhecimento. Em segundo lugar, e conforme sugerido anteriormente, pesquisadores acadêmicos não possuem o monopólio da definição de seu tema de estudo, isso é, a organização pública. Decisores políticos, profissionais administrativos, cidadãos e grupos empresariais e não governamentais têm todos um papel na definição do escopo e da qualidade das organizações. Finalmente, como veremos nesse livro, há uma substancial, e frequentemente fundamental, discordância entre os próprios teóricos acadêmicos sobre o tema. Assim como todas as perspectivas e teorias isoladas são limitadas, também o são todos os esforços para integrar estas teorias.

Em nossa visão, o que os livros como este podem fazer é oferecer formas de "mapear" ou integrar as várias fontes de conhecimento e teorias da organização pública (RAADSCHELDERS, 2011). Há várias formas de fazer isso, e é importante saber com clareza como e por que tal mapeamento é feito. Nossa abordagem tem, mais uma vez, a intenção de destacar a centralidade da *reflexão pessoal* e *aprendizado mútuo* para que cada um de nós possa ser um ator mais competente e compassivo. Esta reflexão e aprendizado também devem ocorrer diante de considerável incerteza e da aceitação de que a unificação do conhecimento sobre organizações públicas é impossível. Em nossa visão, é finalmente por meio da *ação pessoal* que teorias e formas de saber diferentes podem ser integradas para que sejam úteis para o avanço dos objetivos públicos. Na próxima seção, acrescentamos a preocupação com a *qualidade* específica daquela ação pessoal e enfatizamos a importância da prática *democrática* nas e por meio das organizações públicas.

Mapeamento de abordagens anteriores da organização pública

Com relação ao escopo das teorias da administração pública, pelo menos três orientações ao estudo das organizações públicas podem ser identificadas. Em primeiro lugar, a administração pública tem sido vista como parte do processo governamental e, portanto, relativa a outros estudos nas ciências políticas. Nesta visão, uma teoria da *organização pública é simplesmente parte de uma teoria política maior*. Em seguida, as organizações públicas têm sido vistas mais ou menos da mesma forma que as organizações privadas. Nesta visão, uma teoria da *organização pública é simplesmente parte de uma teoria maior das organizações*. Em terceiro lugar, já foi discutido que a *administração pública é um campo profissional*, muito semelhante ao direito ou à medicina, que se baseia em várias perspectivas teóricas para produzir resultados práticos. De acordo com essa visão, uma teoria da organização pública é inalcançável e também indesejável. Como sugeriremos, essas três abordagens apresentam obstáculos significativos para o reconhecimento das possibilidades de ação pessoal, como o local para a integração de diferentes formas de saber, e restringem de forma problemática nosso entendimento da organização pública.

Administração pública e governo

A visão de que a administração pública se distingue por sua relação com o processo de governo foi sustentada por muitos dos primeiros autores do campo e continua a atrair inúmeros seguidores. Deste ponto de vista, a organização pública – tipicamente a burocracia pública – não é reconhecida apenas como um braço do governo, mas também exerce papel significativo no processo governamental.

Diz-se que as organizações públicas afetam o desenvolvimento e a implementação das políticas públicas de várias maneiras e, por consequência, influenciam a alocação de valores na sociedade. Se este for o caso, porém, essas organizações devem se sujeitar aos mesmos critérios de avaliação a que se submetem os outros atores que participam do processo político. Termos como *liberdade, igualdade, justiça, responsividade* e assim por diante são tão apropriadamente aplicáveis à administração pública quanto se aplicam ao executivo central, ao legislativo ou ao judiciário. Portanto, o corpo teórico mais adequado para informar as operações da organização pública é a teoria política, e as recomendações mais importantes que os teóricos políticos poderiam fazer são as que servem para orientar a formulação e a implementação de políticas públicas.

A compreensão da organização pública como elemento central para o processo político foi sustentada por muitos dos primeiros teóricos, em especial da ciência política. (Curiosamente, a relação entre os subcampos da administração pública e da teoria política é marcada por grande ambivalência. Embora tenham sido vistas muitas vezes como os polos prático e filosófico da disciplina, a administração pública e a teoria política têm importantes heranças em comum que se baseiam em seu interesse por uma efetiva governança democrática.) Apesar de essas raízes da administração pública na teoria política terem sido muitas vezes negligenciadas, mormente por conta de interesses técnicos mais imediatos, alguns teóricos mantiveram interesse pela teoria política das organizações públicas – um interesse que, conforme veremos mais adiante, está especialmente presente no "novo serviço público" e em certos aspectos da ênfase recente em política pública. Esta questão se torna especialmente crítica na medida em que explorarmos a emergência da governança democrática em rede.

Administração pública e organizações privadas

Contrastando com essa posição, outros autores argumentam que o comportamento dos indivíduos dentro das organizações e o comportamento das próprias organizações são muito parecidos, independentemente do tipo de organização sob análise. A abordagem genérica à análise organizacional também atraiu muitos seguidores e de fato criou uma área de estudo interdisciplinar que se aproveita do trabalho nos campos da gestão de negócios, administração pública, sociologia organizacional, psicologia industrial e vários outros. Os proponentes desta perspectiva argumentam que os interesses básicos da gestão são os mesmos, quer se trate de administrar uma empresa privada ou um órgão público. Isso é, nos dois casos o administrador terá que lidar com questões de poder e autoridade, com questões de comunicação e assim por diante. Se esse fosse o caso, deveríamos esperar que as lições aprendidas em um setor pudessem ser facilmente transferidas para outro. Mais importante ainda é a ideia de que as lições aprendidas em um e outro contexto poderiam contribuir para uma teoria geral das organizações. Por exemplo, uma pesquisa sobre a motivação dos trabalhadores de uma linha de montagem da indústria automobilística e sobre os efeitos de um novo padrão de incentivo no setor público poderia contribuir para oferecer uma explicação mais geral sobre a motivação dos empregados.

É típica a associação que se faz entre a visão de que se deve promover o estudo genérico da administração e a visão de que o interesse principal desse estudo deve ser a eficiência. Em parte, esse interesse vem da relação existente, no início, entre ciência e negócio, que claramente enfatizava o uso de princípios científicos para aumentar a produtividade do negócio. Logo esse interesse também se fez ouvir no setor público; de fato, em um artigo que é frequentemente citado como o marco inaugural do campo da administração pública, o então futuro presidente dos Estados Unidos da América Woodrow Wilson (1887) argumentou que este estudo poderia permitir lograr os mesmos ganhos de eficiência produzidos no setor privado. De todo modo, o ponto de vista que propõe que o estudo genérico das organizações se estruture em torno do interesse de tornar as organizações mais eficientes continua a ser importante, e talvez até predominante, entre os estudiosos da administração pública, como Herbert Simon e James Thompson.

Críticos da visão geral da organização argumentam que, apesar das implicações da teoria política democrática, há diferenças importantes entre as organizações públicas e privadas (ALLISON, 1997; BOZEMAN, 1987; RAINEY, 2003, Cap. 3; STILLMAN, 1996). Por exemplo, eles notam que as agências governamentais estão tipicamente mais interessadas em serviço do que em produção ou lucro e dependem das apropriações legislativas ao invés dos mercados para financiamento. Consequentemente, eles argumentam que os propósitos das agências governamentais são consideravelmente mais ambíguos que aqueles da indústria privada e são geralmente definidos em termos de serviço ao invés de lucro ou produção. Com objetivos que são mais difíceis de medir, eles defendem, as agências governamentais são fundamentalmente limitadas no grau de eficiência que podem alcançar. Além disso, profissionais apontam que o processo de tomada de decisão nas agências públicas é pluralístico e que o pessoal das agências deve não só estar atento a outros fatores no ambiente, mas também sua capacidade de agir pode ser prejudicada por decisões feitas em outro lugar no sistema de governança. A exigência de que o governo e suas organizações relacionadas respondam aos interesses dos cidadãos impõe restrições óbvias, embora certamente adequadas, sobre o processo de tomada de decisão. Finalmente, profissionais notam que suas ações ocorrem muito mais abertamente que aquelas de seus colegas na indústria. Como se diz, administradores públicos vivem em um aquário, cada movimento que fazem é avaliado pelo público, normalmente crítico.

Como vamos explorar no Capítulo 7, os desenvolvimentos contemporâneos no serviço público e governança acrescentam um aspecto interessante ao relacionamento entre a teoria política e as abordagens genéricas da administração. À medida que mais organizações não governamentais, como empresas, organizações sem fins lucrativos e grupos de cidadãos se envolvem não só na formulação de políticas, mas também na prestação de serviços, as fronteiras tradicionais entre organizações públicas e privadas vão enfraquecendo. Isso levanta questões sobre o papel das organizações privadas no processo político e as implicações da teoria política democrática para elas. Por isso, enquanto as organizações públicas podem aprender com o estudo genérico das organizações e da administração, as preocupações da teoria política democrática são profundamente relevantes, hoje, para a teoria genérica das organizações e da administração.

Ademais, conceitualmente, o relacionamento complexo de fins e meios, discutido anteriormente, também complica o relacionamento entre administração e teoria política. Em outras palavras, desde que não haja uma distinção apressada e rígida entre objetivos políticos (*o que* queremos fazer) e as técnicas de administração (*como* o fazemos), a administração e a teoria política também estão ligadas e não podem funcionar uma sem a outra. Conforme já dito, quando nos esquecemos disso, corremos o risco de ver os servidores públicos implementarem políticas como simples instrumentos ou ferramentas ao invés de verdadeiros seres humanos. Isso compromete a qualidade da vida organizacional e ameaça transformar as organizações públicas em campos desumanos de interação tanto para os cidadãos quanto para os funcionários.

Administração pública como profissão

Finalmente, existe a visão de que se pode compreender melhor a administração pública se a virmos como uma profissão, semelhante ao direito ou à medicina, que se fundamenta em múltiplas perspectivas teóricas. Dwight Waldo, um dos mais respeitados teóricos de administração pública, foi especialmente eloquente em promover esse ponto de vista, traçando uma analogia com o campo da medicina:

> Não existe uma teoria única, unificada, de doença ou de saúde; as teorias e as tecnologias que nelas se baseiam estão mudando constantemente; há muita coisa desconhecida; há controvérsias acirradas sobre questões médicas de importância vital; o elemento de arte continua a ser expressivo e importante. Sob escrutínio rigoroso, a saúde se mostra tão indefinível quanto a "boa administração". (WALDO, 1975, p. 223-224)

Entretanto, apesar da aparente falta de coerência, as escolas de medicina se propõem a formar profissionais no campo da medicina e o fazem recorrendo a perspectivas teóricas de um sem número de disciplinas distintas. De maneira semelhante, poder-se-ia argumentar que a formação para as carreiras na administração pública deveria seguir uma estratégia equivalente, porém menos preocupada com o fundamento disciplinar de algumas ideias e técnicas do que com a sua aplicabilidade aos problemas que os administradores efetivamente enfrentam na realidade. Já que nenhuma disciplina isolada pode atualmente prover o tipo de conhecimento necessário aos administradores no setor público, poderíamos esperar que todas as disciplinas contribuíssem com o que pudessem.

Enquanto a percepção da administração pública como uma profissão é uma abordagem muito pragmática à questão, infelizmente esta visão, talvez ainda mais que as outras visões apresentadas aqui, enfraquece a possibilidade de que a teoria da organização pública possa satisfazer completamente os interesses e preocupações dos profissionais. A afirmação de que os administradores públicos devam se valer apenas das perspectivas teóricas desenvolvidas no contexto de uma disciplina acadêmica tradicional, como a análise organizacional ou a ciência política, equivale a dizer que os administradores públicos devem depender da orientação de teorias não diretamente calibradas por seus interesses. Segundo o administrador, a teoria política continua incompleta porque deixa de fora os interesses essenciais da gestão; de maneira semelhante, a análise organizacional é incompleta, pois não contempla a preocupação com a responsabilidade democrática. De qualquer maneira, o administrador fica com o problema teórico de reconciliar as duas perspectivas, uma tarefa que nem os mais talentosos teóricos conseguiram ainda realizar.

Outras limitações da teoria

Antes que o escopo das teorias da organização pública possa ser examinado com mais detalhes, notamos duas outras tendências na teoria da administração pública que limitaram a amplitude das questões apreciadas pela área, apesar de já as termos citado.

Foco em organizações grandes e complexas

Primeiramente, a maioria dos – embora certamente nem todos os – teóricos da administração pública têm focado seu trabalho principalmente em organizações grandes e complexas. Assim, as definições do termo *organização* têm girado em torno de características mais claramente associadas com estruturas burocráticas tradicionais. Organizações são definidas como grupos de pessoas que se reúnem para alcançar algum objetivo; elas são vistas como responsáveis por direcionar as atividades de muitos indivíduos para que algum objetivo específico seja conquistado. Além disso, a direção destas atividades ocorre por meio de uma série de relacionamentos de autoridade por meio dos quais os superiores e subordinados interagem. Caracteristicamente, nestes relacionamentos a autoridade flui principalmente de cima para baixo. Organizações burocráticas também são definidas por sua estrutura, ou hierarquia, o que resulta da divisão do trabalho e do esclarecimento dos relacionamentos de autoridade (para que cada pessoa tenha um chefe).

Embora a maioria das definições de *organização* desenvolvida pelas pessoas que estudam organizações grandes e complexas envolva alguma combinação destes elementos, é possível definir *organização* de uma forma mais flexível. Por exemplo, Chester Barnard (1948, p. 73) descreveu uma organização como "um sistema de atividades ou forças conscientemente coordenadas de duas ou mais pessoas." Note que a definição de Barnard não só expande a gama de grupos que podemos considerar como organizações, mas também sugere que concentremos nas atividades coordenadas ao invés dos mecanismos formais. Embora a maior parte das teorias revisadas nesse livro se concentrem em organizações grandes e complexas, a grande variedade de agências públicas, assim como as profundas mudanças na natureza contemporânea da governança sugerem que estejamos abertos a uma definição menos restritiva de nosso tema de estudo. Além disso, devemos estar cientes de que, ao tomar os atributos de grandes estruturas burocráticas como características definidoras das organizações públicas, corremos o risco de nos comprometermos inconscientemente com a continuação de tais estruturas. Se profissionais e teóricos da administração pública optam por estudar apenas organizações burocráticas, eles estão menos propensos a considerar modos alternativos de organização. Na verdade, eles podem tentar encaixar outras organizações no modelo. (Como veremos mais adiante, há uma grande vantagem em ser mais flexível quanto a esta questão.)

Equiparando administração pública à administração governamental

Em segundo lugar, a maioria dos teóricos de administração pública (mas não todos) equipararam, ou confundiram, em grande parte, a administração pública com a administração governamental – isso é, com a realização dos mandatos de governo. Os estudiosos da administração pública se concentram nas organizações que fazem parte formal do governo: departamentos, conselhos, diretorias e comissões de nível local, estadual e federal. Paul Appleby (1945, cap. 1) argumentou que já que o "governo é diferente" da empresa privada, a administração pública é diferente da gestão de negócios. Como já discutimos, com certeza, há razões para se pensar que o campo da administração pública pode ser diferenciado de outros campos, semelhantes a ele, mas deve-se isso ao simples fato de ele estar associado a governo? Quando os integrantes dos órgãos de governo são indagados sobre o que torna distinto seu trabalho, eles tendem a distinguir claramente a sua percepção sobre o próprio trabalho em relação à sua percepção sobre o trabalho na empresa privada. Para muitos administradores, essas oportunidades e restrições de fato colocam a administração pública em um mundo à parte. Entretanto, há sinais de que tais características não resultam simplesmente do fato de o governo estar envolvido. Poder-se-ia, certamente, argumentar que sistemas políticos menos democráticos talvez sejam mais precisos em seus objetivos, menos pluralísticos em seus processos de tomada de decisão e mais negligentes em termos de abertura ou *accountability*. Pode-se muito bem imaginar sistemas totalitários com atividades administrativas que aparentemente não têm quaisquer dessas características distintivas. Além disso, muitas das chamadas empresas privadas estão hoje cada vez mais se lançando na arena pública em decorrência de um processo de governança e considerando modificar suas práticas tradicionais de gestão. Muitas organizações privadas e semipúblicas estão se voltando para objetivos de serviço. Elas realizam seus esforços com uma preocupação crescente pelo impacto de fatores ambientais incertos e suas operações estão sujeitas ao diligente e zeloso escrutínio tanto do governo quanto do público.

Esse desenvolvimento não sugere que o governo e os negócios estão se tornando cada vez mais parecidos – embora talvez até estejam –, mas *que o grau de democratização com o qual a organização está comprometida determina o caráter público de seus processos de gestão*. As organizações comprometidas com um processo aberto e público na formação e execução de suas políticas encontrarão as oportunidades e restrições especiais que associamos a organizações públicas.

Organizações públicas democráticas

À luz destas questões, nosso ponto de vista é de que uma abordagem para desenvolver uma teoria integrada das organizações públicas deve conquistar muitos objetivos.

Em primeiro lugar, ela deve esclarecer as perspectivas das primeiras abordagens do campo – a política, a genérica, e a profissional. A teoria política democrática, como normalmente descrita, está preocupada com a forma pela qual as organizações públicas promovem valores sociais que foram definidos e usados com um alto grau de envolvimento do cidadão e responsividade às necessidades e interesses dos cidadãos. A teoria democrática foca, então, em tais questões como liberdade, justiça, e igualdade. As teorias das organizações, ao contrário, estão interessadas em como os indivíduos podem administrar processos de mudanças para o seu próprio benefício, ou da organização, especialmente em grandes sistemas. Tais teorias focam em questões de poder e autoridade, liderança e motivação, e a dinâmica de grupos em ação. Este livro reúne estas perspectivas e, ao fazer isso, complica o pensamento tradicional sobre o relacionamento entre política e administração, meios e fins, e a realidade interna e externa da vida organizacional.

Em segundo lugar, uma teoria integrada da organização pública deve esclarecer e dar sentido às diferentes formas de aquisição de conhecimento nas e sobre as organizações públicas. Este livro descreve três modelos principais para a aquisição de conhecimento – o racional, o interpretativo, e o crítico. Cada abordagem considera fontes de conhecimento e o relacionamento entre teoria e prática de forma distinta, e estas diferenças têm implicações importantes para os processos organizacionais. Apesar de vermos um papel para todas as formas de conhecimento, levantamos questões aqui sobre o modelo dominante de aquisição de conhecimento e exploramos como ele limita o aprendizado humano e organizacional. Ao invés disso, oferecemos uma forma diferente de pensar sobre como conectar formas diferentes de conhecimento pessoal e profissional.

Em terceiro, uma teoria integrada da organização pública deve identificar a administração pública como um *processo* ao invés de algo que ocorre dentro de um tipo específico de estrutura (hierarquia, por exemplo), forma organizacional, ou setor societário (governo, por exemplo). Esta ênfase na administração pública como um *processo* em vez de um trabalho específico de um setor específico ou instituição complica a divisão societária tradicional do trabalho entre governo, mercado e sociedade civil. É possível ver a administração pública envolvendo diferentes tipos de organizações e setores.

Em quarto e último lugar, tal teoria deve enfatizar a *qualidade pública daquele processo*. Este é um ponto significativo. Como visto anteriormente, é fácil imaginar muitos sistemas políticos que não procuram incorporar práticas democráticas em seu trabalho. Também não é difícil imaginar vários tipos de organizações – empresas, organizações não governamentais e governos – em sistemas políticos *democráticos* envolvidos no trabalho de governança contemporânea com relacionamentos mútuos que carecem de abertura e transparência e cujos próprios processos organizacionais agem de forma desrespeitosa e insatisfatória com seus funcionários e clientes. Este terceiro ponto enfatiza a centralidade da qualidade pública e democrática do relacionamento entre os diversos atores na administração pública – entre colaboradores no serviço público e entre fronteiras organizacionais.

Considerando tudo isso, argumentamos que a administração pública está preocupada com a gestão de processos de mudança na busca por valores sociais definidos publicamente. Tal definição da área sugere que a administração pública é mais que a simples conjunção de várias abordagens diferentes para estudo e prática – que ela contém uma coerência essencial e, de fato, distintiva da matéria. Esta formulação permitiria o desenvolvimento de teorias da administração pública ao invés de teorias relacionadas à administração pública. À medida que formos capazes de definir nossa matéria de forma distinta, poderemos nos concentrar no desenvolvimento de uma teoria coerente e integrada da organização pública, uma que responda às tendências emergentes no processo de governança. Além disso, à medida que nossa definição for relevante para a prática administrativa contemporânea, ela será consideravelmente mais útil para aqueles que estão ativos na área que outras teorias propostas até aqui. Ela irá, de fato, reconhecer a complexidade incômoda que caracteriza o trabalho daqueles no serviço público e a necessidade de abertura e aprendizado mútuo que caracteriza o contexto da governança hoje.

> A administração pública se interessa pela gestão dos processos de mudança que visam lograr valores societários publicamente definidos.

A visão do profissional sugerida aqui aponta para um indivíduo sensível ao impacto dos relacionamentos interpessoais e estruturais no desenvolvimento de padrões organizacionais estáveis ou instáveis – alguém capaz de reconhecer e responder às sutilezas dos processos de mudança organizacional. Ela também reconhece que estes profissionais mantêm um relacionamento especial com a formulação e elaboração de valores sociais – um relacionamento que fornece uma base ética para a gestão organizacional pública. "O [profissional] vive no contexto de um mundo político e administrativo e, portanto, não é nem um ator independente, nem apenas um instrumento do sistema político. Nesta posição singular, [ele] aceita, interpreta e influencia os valores que orientam a aplicação de habilidades e conhecimento." (Denhardt & Nalbandian, 1980)

Conclusão

Com essas considerações em mente, podemos nos voltar agora para algumas das forças que deram forma à nossa compreensão do papel das organizações públicas na sociedade moderna. Como já vimos, todos nós construímos teorias implícitas que direcionam nossas ações em organizações públicas, e uma forma mais clara de pensar sobre nossas teorias e melhorar sua efetividade como diretrizes de ação é estudar as teorias formais da administração pública. Ao fazer isso, podemos testar e refletir sobre nossas teorias pessoais, comparando-as àquelas de outras pessoas, e ponderar sobre como nossas teorias podem nos ajudar como membros ou clientes de organizações públicas. Também podemos aspirar por um melhor entendimento das várias formas pelas quais as outras pessoas teorizam sobre suas próprias experiências em organizações públicas.

> Todos nós construímos teorias implícitas que guiam nossas ações em organizações públicas.

Nos vários capítulos que se seguem, examinaremos como os teóricos e profissionais da administração pública procuraram desenvolver perspectivas mais formais de organização e gestão pública. O propósito não é apenas apresentar um panorama histórico do desenvolvimento da teoria de administração pública, mas, antes, examinar ideias que poderão ser de extrema valia para a eventual construção de uma teoria cabal e integrada de organização pública. Embora se reconheça a contribuição de disciplinas como a ciência política e a análise organizacional, o foco é dirigido às obras dos teóricos que, de forma consciente, enfatizaram o estudo das organizações públicas e, ao fazê-lo, formaram a base para o moderno estudo da administração pública.

Nossa discussão começa com uma consideração sobre o amplo significado que o estudo das organizações públicas tem para os indivíduos na sociedade moderna. Como ficou claro nas discussões deste capítulo, a construção de uma teoria da organização pública não é simplesmente uma questão de acumular um conjunto de técnicas aplicáveis a situações particulares. Falar sobre o sentido de nossas experiências ou do impacto que elas têm sobre os valores da sociedade significa começar um estudo muito mais complexo – um esforço que sugere que estejamos atentos, não somente às questões empíricas associadas à gestão da mudança em sistemas complexos, mas também aos contextos social, político e ético mais amplos que envolvem a administração pública.

Questões para debate

1. Que estratégias você poderia empregar para aprender algo sobre organizações públicas em uma sociedade democrática?
2. Que perguntas você poderia fazer para aprender alguma coisa a partir de estudos de caso ou das experiências de outras pessoas?
3. Qual é o papel da teoria formal para o aprendizado sobre organizações formais e governança democrática?
4. Em que o trabalho em organizações públicas é diferente do trabalho no setor privado?
5. Como as definições de administração pública poderiam variar – e que diferença fariam essas mudanças no modo pelo qual entendemos o trabalho nas organizações públicas?

Referências

ALLISON, Graham T. Public and private management: Are they fundamentally alike in all unimportant respects? In: SHAFRITZ, Jay M.; HYDE, Albert O. (Eds.). *Classics of public administration*. 4. ed. New York: Harcourt Brace & Company, 1997. (Originalmente publicado em 1983.)

APPLEBY, Paul. *Big democracy*. Nova York: Knopf, 1945.

BARNARD, Chester. *The functions of the executive*. Cambridge: Harvard University Press, 1948.

BOURDIEU, Pierre. *The logic of practice*. Trad. Richard Nice. Stanford, CA: Stanford University Press, 1994. (Originalmente publicado em 1980.)

BOZEMAN, Barry. *All organizations are public: Bridging public and private organization theories*. São Francisco, CA: Jossey-Bass, 1987.

CATLAW, Thomas J. "What's the use in being practical?" *Administrative Theory & Praxis* 30(4), 2008, p. 515-29.

DENHARDT, Robert B.; NALBANDIAN, John. Teaching public administration as a vocation. *Paper* apresentado no encontro anual da American Society for Public Administration, 1980.

HARMON, Michael M. *Public administration's final exam: A pragmatist restructuring of the profession and the discipline*. Tuscaloosa, AL: University of Alabama Press, 2008.

RAADSCHELDERS, Jos C. N. *Public administration: The interdisciplinary study of government*. New York: Oxford University Press, 2011.

RAINEY, Hal R. *Understanding and managing in the public sector*. 3. ed. São Francisco, CA: Jossey-Bass, 2003.

STILLMAN, Richard J. *The American beureaucracy*. Chicago: Nelson-Hall, 1996.

WALDO, Dwight. *The study of public administration*. Nova York: Doubleday, 1955.

WALDO, Dwight. Education in the seventies. In: MOSHER, Frederick C. (org.). *American public administration*. Tuscaloosa: University of Alabama Press, 1975. p. 181-232.

WILSON, Woodrow. "The study of administration", *Political Science Quarterly*, v. 2, p. 197-222, jun. 1887.

capítulo 2

Herança intelectual: Marx, Weber e Freud

Os teóricos da organização pública, à semelhança de outros teóricos sociais, devem dar atenção a uma tradição particular de discurso que, pelo menos em parte, defina a natureza de seu trabalho. As questões consideradas pelos autores anteriores têm que ser aceitas, reformuladas ou comprovadas irrelevantes – e as omissões cometidas por eles devem ser apontadas e corrigidas. De todo modo, as teorias têm que ser adaptadas às circunstâncias sociais e culturais cambiantes dos tempos. Somente dessa maneira podem elas ter a pretensão de melhorar a nossa compreensão da vida – nas organizações públicas ou em outros lugares.

É óbvio que os teóricos que enfocam organizações públicas devem levar em conta os estudos anteriores sobre a teoria da administração pública. Mas eles também precisam relacionar seu trabalho às tradições culturais e intelectuais mais amplas de que esse trabalho faz parte. Se não por outra razão além de justificar a importância de seu estudo para lidar com questões humanas cruciais, os teóricos de organizações públicas devem resistir à tentação de assumir uma visão muito estreita ou mecânica de seu campo de estudo. À semelhança dos outros teóricos sociais, eles devem indagar como seu trabalho se coaduna com os outros esforços culturais e intelectuais de seu tempo e como trata as questões mais amplas relativas à condição humana. A omissão de fazê-lo, por si só, pode garantir de antemão que seus estudos terão pouca relevância para o avanço geral da humanidade.

Este capítulo, portanto, toma a iniciativa um tanto incomum, mas importante, de examinar as obras de três teóricos – Karl Marx, Max Weber e Sigmund Freud – cujo pensamento definiu a orientação intelectual do mundo ocidental e cujos escritos apresentaram os enunciados mais importantes e influentes sobre qualidade de vida na moderna sociedade industrial. Tomados em conjunto, os esforços desses três teóricos influenciaram de forma substancial a trajetória da teoria social ao longo do século passado e, embora suas obras não tenham obviamente influenciado diretamente o desenvolvimento inicial do campo da administração pública, eles estabeleceram uma agenda que todos os teóricos sociais estão presos – estejam eles conscientes disso ou não. Para os teóricos e profissionais no campo da administração pública, a demanda por relevância requer que eles estejam atentos não só à técnica, mas também às amplas condições sociais e culturais. Assim, antes de examinarmos as teorias mais explícitas de organização pública, vamos rever as orientações básicas dos três pensadores e como elas influenciaram o desenvolvimento da moderna teoria social. Além disso, tentamos integrar suas obras em um padrão crítico que, mais tarde, possa servir de referência para a avaliação de trabalhos específicos sobre vida organizacional.

Karl Marx

Karl Marx (1818-1883) é, obviamente, mais conhecido por sua análise crítica da dinâmica do capitalismo e por estabelecer a base teórica para a expansão do socialismo e comunismo no século XX; além disso, seu trabalho fornece uma descrição importante e fundamental das condições de vida na sociedade industrial moderna. Marx expressou uma intensa preocupação com as restrições que o desenvolvimento das instituições modernas impõe ao desenvolvimento das capacidades humanas. Como vimos dramaticamente ilustrado pelos eventos na Europa Ocidental e no antigo bloco comunista durante o início dos anos 90, o trabalho de Marx mostra falhas evidentes como previsão dos desenvolvimentos históricos no século XX. No entanto, sua análise do impacto da organização industrial moderna sobre o desenvolvimento individual continua sendo uma das declarações mais importantes e influentes sobre o tema.

Hegel para Marx

Os esforços de Marx baseiam-se em grande parte na visão de Hegel de que a história consiste no desabrochar da razão e da liberdade que a razão implica.

Assim, deve-se remover as circunstâncias existentes no presente – vistas como etapas transitórias na evolução da liberdade – para garantir a expansão continuada da razão e da liberdade. Mas o presente nos compele, no sentido de que ocupa a nossa atenção, distraindo-nos da tarefa de expandir a liberdade. Por isso, o presente é mais importante pelo que esconde do que pelo que revela.

A tarefa da teoria social é desmascarar as falsas aparências geradas no presente para permitir liberdade maior no futuro. É por meio do ato da crítica que superamos os limites do presente e permitimos que haja possibilidades no futuro. Para mostrar como as ideias contribuiriam para o desenvolvimento da razão, Hegel empregou a abordagem dialética, segundo a qual as ideias são produzidas em um processo contínuo de conflito e reconciliação. Em sua exposição clássica (da qual Hegel, porém, muitas vezes se afastou), a dialética envolve uma ideia original, uma *tese*, contraposta por sua oposição, a *antítese*, ou antítese. A interação entre tese e antítese culmina na *síntese*, que não apenas é uma concessão mútua entre as duas ideias opostas, mas um avanço para além delas. A síntese, por sua vez, se transforma em nova tese, que se contrapõe a uma antítese, e assim por diante. Portanto, o desenvolvimento das ideias ocorre por um processo que contém em seu centro o conflito.

A contribuição específica de Marx foi associar o entendimento dos processos dialéticos de Hegel à análise histórica e empírica de formas diferentes de organização social e econômica, ou "modos de produção." Esta visão é chamada "materialismo histórico". Aqueles modos de produção têm a finalidade de satisfazer necessidades materiais básicas – como alimento, abrigo e vestuário – que são essenciais para a sobrevivência humana, e cada um estabelece um conjunto de relacionamentos sociais para a distribuição e troca de mercadorias e serviços. Com o passar do tempo, tanto a dimensão social quanto a técnica desses modos de produção mudam. Para Marx, essas forças socioeconômicas de produção são fundamentais para o desenvolvimento das sociedades humanas. Elas formam a "base" sobre a qual a sociedade se mantém. Fenômenos jurídicos, artísticos, religiosos e outros são secundários e são, em grande parte, reflexos da "superestrutura" daqueles relacionamentos socioeconômicos primários. Desta forma, a consciência de uma época reflete as forças básicas ou modos de produção que as sustentam. Cada indivíduo e cada sociedade desenvolve seu próprio entendimento do mundo, mas esse entendimento é condicionado pelas circunstâncias sociais e econômicas que caracterizam a época específica e as forças históricas que a deram origem. Como Marx (McLELLAN, 2000, p. 329) colocou em uma de suas citações mais famosas, os serem humanos "fazem sua própria história, mas eles não a fazem como querem; eles não a fazem sob as circunstâncias que escolhem, mas sob as circunstâncias diretamente encontradas, dadas, e transmitidas do passado".*

Divisão do trabalho, conflito de classe e consciência de classe

Marx (TUCKER, 1978, p. 699) via a mudança histórica como uma clara consequência de forças econômicas antagônicas que resultam em conflitos entre classes econômicas: "Toda história é a história da luta de classes".

A possibilidade de relacionamentos de classe e conflitos de classe surge quando as atividades de produção começam a ser divididas entre os trabalhadores e a especialização têm início. Para Marx, a primeira divisão de trabalho ocorreu entre o trabalho manual e intelectual, embora ele enfatize a importância, também, da divisão sexual do trabalho entre homens e mulheres dentro de casa. Com a divisão do trabalho, indivíduos precisam fazer apenas um tipo de trabalho para sobreviver. Um tipo de trabalho é dado a um grupo de pessoas, e outro tipo para outro grupo. Há uma "fixação da atividade social" (McLELLAN, 2000, p. 185), e as classes sociais formam estes variados tipos de trabalho. Enquanto a mente moderna vê a divisão do trabalho como natural e produtora de "eficiências" na economia, Marx argumenta que tal especialização encoraja as pessoas – especialmente aquelas engajadas no trabalho intelectual, administrativo e artístico – a negligenciar sua ligação com as realidades materiais socioeconômicas e a distribuir de forma desigual estas atividades significativas e criativas. Invariavelmente, um grupo de trabalhadores torna-se dominante, e um tipo de trabalho carrega desmerecido prestígio social e vantagem material.

Porque Marx via uma íntima relação entre a condição humana e o processo de produção, o desenvolvimento da divisão de trabalho foi desconcertante, embora ele concordou com Adam Smith (1976) ao reconhecer as forças econômicas impressionantes que ela desencadeou. Marx concebia cada indivíduo como possuidor de certas capacidades naturais, "poderes naturais, poderes vitais", com-

---

* Trecho publicado em "O 18 de brumário de Luís Bonaparte". Neste célebre texto Marx analisa as circunstâncias que conduziram a Revolução de 1848 ao golpe de Estado de 1851. (N.R.T.)

paráveis aos instintos. Ao mesmo tempo, porém, ele via o indivíduo como uma "criatura sofredora, condicionada e limitada", dependente de forças externas para a subsistência (TUCKER, 1978, p. 115). Uma vez que os objetos de nossos instintos são externos, devemos, de acordo com Marx, nos engajar em uma tentativa de controlar o mundo exterior de tal forma que ele sirva aos nossos interesses – "O primeiro ato histórico é, assim, a produção de meios para satisfazer [nossas] necessidades" (TUCKER, 1978, p. 156). Dessa forma, no sentido mais básico, as pessoas são definidas pelo trabalho que fazem. Então, à medida que nos tornamos "fixados" em atividades limitadas e restritas, limitamos o que podemos ser e as vidas que somos capazes de levar.

O problema da mudança

Marx também estava interessado em compreender porque as pessoas parecem aceitar essas condições. Ele ofereceu uma resposta bastante importante e influente a esta pergunta. Aqueles nas posições econômicas dominantes procuram reproduzir e sustentar suas posições. Significativamente para este propósito, os grupos que controlam os meios de produção também têm grande influência sobre a disseminação do conhecimento nesta sociedade (por meio da superestrutura e, por exemplo, a mídia) e, em virtude desta influência, podem ser acusados de direcionar a consciência da sociedade. Aquelas ideias consistentes com os interesses e as perspectivas da classe dominante serão dominantes: "As ideias da classe governante são em todas as épocas as ideias governantes ...". (McLELLAN, 2000, p. 192). Como resultado, muitos membros da sociedade adotam uma consciência ou visão de mundo que pode ser contraditória a seus próprios interesses materiais e que serve para reforçar sua posição de classe subordinada. Trabalhadores, por exemplo, podem vir a acreditar que seu trabalho deve contribuir para o acúmulo de propriedade privada por outros, a quem eles podem ver como mais afortunados e até mesmo mais merecedores. Como tal, grupos dominantes são capazes de reproduzir sua dominação em formas sutis.

Capitalismo, organização industrial e desenvolvimento individual

Embora Marx estivesse interessado em entender o desenvolvimento histórico das sociedades humanas, como indicamos anteriormente, ele estava especialmente preocupado em aplicar essa visão materialista da história a uma análise das condições do capitalismo moderno.

Para Marx, as sociedades capitalistas se baseiam em um relacionamento volátil e dominador entre duas classes, os capitalistas, ou a burguesia, e os trabalhadores, ou proletariado. Aqui, um grupo minoritário, os capitalistas, possui os meios de produção e é capaz de acumular lucros a partir de excedentes de produção da massa do proletariado. O acúmulo de lucro pelos proprietários ocorre apenas com o empobrecimento correspondente dos trabalhadores. Aqueles que possuem terra e capital estão interessados no lucro pessoal e dão aos trabalhadores somente aqueles salários necessários para continuar sua produção. A contribuição individual do trabalhador ao processo produtivo é expropriada por aqueles na posição de dominância, para aumentar seu próprio ganho. A luta entre o capitalista e o trabalhador sobre salários e lucros é, obviamente, uma na qual os donos do capital possuem uma vantagem distinta.

No movimento dialético dos processos econômicos na sociedade moderna, as forças de produção capitalista parecem exigir um modo de organização cada vez mais complexo e opressor para se sustentarem e reproduzirem. Isto é simbolizado no capitalismo burocrático. No capitalismo burocrático, a divisão do trabalho é levada ao extremo. O trabalho do indivíduo é assimilado pela produção de unidades padrão, que não carregam mais o selo do indivíduo. Diferentemente do artesão, que pode apontar com orgulho para o produto de seu trabalho e considerá-lo uma contribuição única, o trabalhador da linha de montagem trata um objeto deslizante apenas de forma rotineira. Neste processo, a qualidade do trabalho deixa de ser importante; apenas a quantidade importa, e, para aquela produção quantificada, o trabalho do indivíduo acrescenta poucas alterações.

Dadas estas condições, Marx fez duas observações fundamentais sobre a natureza da divisão do trabalho no capitalismo. Primeiro, enquanto a própria especialização não é, de forma alguma, única ao capitalismo, o capitalismo limita o poder criativo da capacidade humana de coordenar suas atividades de trabalho e o coloca sob a dominação de um único grupo, os capitalistas. A inovação na produção econômica e a divisão do trabalho se tornam simplesmente novas formas de dominar o trabalho: "[Todos] os métodos para elevar a produtividade social do trabalho são desenvolvidos às custas do trabalhador individual ..." (McLELLAN, 2000, p. 520). Em segundo lugar, não vemos mais o produto de nosso trabalho como uma expressão de nossa própria criatividade, nossa própria personalidade; ao contrário, vemos o produto como um simples objeto que existe independentemente de nós, e passamos a ver o próprio processo de trabalho de forma objetiva, como exterior a nós mesmos. Ao fazer isso, ficamos *alienados* ou afastados de nosso trabalho da forma como Marx (TUCKER, 1978, p. 74) descreve:

> ao fato de que o trabalho é *externo* ao trabalhador, isto é, ele não pertence ao seu ser essencial; [ao fato] de que, no trabalho, portanto, o trabalhador não se afirma, mas se nega; não se sente contente, mas infeliz; não desenvolve livremente a energia física e mental, mas mortifica o corpo e arruína a mente. O trabalhador, portanto, sente-se nada mais que fora do trabalho e, no trabalho, fora de si. Ele está em casa, quando não está trabalhando; e quando está trabalhando, não está em casa.

Mas o que é ainda mais importante é que, se somos definidos pelo trabalho que fazemos e, no entanto, este trabalho nos é subtraído e torna-se um objeto, então nos separamos de nosso próprio senso de individualidade (*self*). Alienamo-nos não só dos processos específicos de trabalho em que estamos engajados, mas também de nosso próprio caráter básico de seres humanos. Já não trabalhamos mais para satisfazer a nossa necessidade humana mais elementar de produzir. Em vez disso, vemos o trabalho como algo a ser evitado sempre que possível. Nós só trabalhamos porque somos obrigados – porque precisamos do dinheiro ou porque somos compelidos a trabalhar. Nosso trabalho assalariado é involuntário. Acabamos lidando com o trabalho como algo que fazemos para nos dar outras satisfações. O trabalho não é mais um fim em si, mas apenas um meio para um fim.

Somos alienados de nosso trabalho e de nós mesmos, e porque trabalho é inerentemente um processo *social*, também estamos alienados uns dos outros. Na medida em que o nosso trabalho se torna cada vez mais separado e objetificado, na medida em que acabamos vendo nosso trabalho em termos instrumentais, nessa mesma medida também reconhecemos os outros como meros objetos em nosso mundo instrumental. Na medida em que esta orientação afeta um número cada vez maior de interações, essas interações se tornam destituídas de qualidades humanas e são mais bem descritas de acordo com a linguagem da máquina, a metáfora principal dos processos industriais. Na medida em que nos vemos como objetos num sistema de produção, da mesma forma também vemos os outros, e a distância entre nós e os outros só aumenta. Em suma, o capitalismo burocrático cria condições tais que nossa alienação do trabalho, de nós mesmos e dos outros se torna inevitável.

Nossa submissão contínua a essa situação se deve à dominação que sofremos de outros, daqueles que controlam os meios de produção e os meios de reprodução cultural. Por razões muito práticas, o escravo deve se sujeitar ao mestre, e o empregado, ao gestor. Mas, como sugerido acima, a nossa submissão pode ser ainda mais sutil. Nossa condição de confinamento e alienação é acompanhada por uma forma particular de justificação ideológica que descreve a situação existente como se supõe que ela deva ser, como uma ordem natural em que alguns devem liderar e outros devem servir, alguns devem ser ricos e outros, pobres. Na medida em que nos tornamos cativos dessa ideologia ou consciência, já não questionamos mais as condições sob as quais vivemos. Embora possamos ocasionalmente nos queixar das condições de trabalho ou do valor de nosso salário, na verdade talvez não prestemos a devida atenção à condição que está por trás da dominação e da exploração, a base de nosso sofrimento.

> Segundo Karl Marx, as forças de produção parecem cobrar um modo de organização cada vez mais complexo e opressivo, em que os indivíduos sofrem alienação e despersonalização cada vez maiores.

Teoria social como impulso à ação

Ainda assim, nós sofremos. Ocasionalmente, nosso sofrimento é revelado a nós tão claramente que somos compelidos a agir, e a teoria social deve ser uma força que inspire essa ação. O papel da teoria social, Marx sugere, é nos revelar como a nossa compreensão das condições em que vivemos foram obscurecidas pela ideologia e outras formas de mistificação, ilustrar as condições de dominação que nos limitam, e apontar o caminho para mais liberdade individual e coletiva e oportunidades. Estas condições são examinadas à luz dos grandes processos históricos e o potencial do indivíduo para maior autonomia e responsabilidade no futuro. A crítica leva à ação.

Este último ponto tem uma importância particular. A teoria social crítica que Marx imaginou – em uma tentativa de nos ajudar a entender os limites das liberdades pessoal e social na sociedade burocrática complexa – também exige que recorramos à ação para mudar nossa situação. A conexão entre reflexão e ação, entre teoria e prática, é muito íntima. O conhecimento teórico das verdadeiras condições sob as quais vivemos nos revela tantas coisas que somos compelidos a agir para melhorar nossas circunstâncias. O conhecimento dos limites que nos foram impostos pela sociedade nos atinge de maneira tão forte que precisamos dar uma resposta. A teoria e a prática se tornam uma coisa só, uma conexão que Marx descreveu com o termo grego *praxis*. Por meio da práxis, nos envolvemos numa reflexão crítica sobre a nossa própria situação e a de nossa sociedade, para desvendar o fundamento da dominação social e o sofrimento que ela promove; depois, reconhecendo a realidade da nossa situação (superando nossa falsa consciência), somos forçados a agir para aumentar nosso senso de autonomia e responsabilidade, em proveito tanto nosso quanto de nossa sociedade.

Max Weber

O sociólogo alemão Max Weber (1864-1920) – embora mais conhecido pelos estudiosos da administração pública por sua análise da burocracia racional – teve amplo e profundo impacto nas ciências sociais. Weber concebeu uma sociologia que combinaria o interesse por objetividade com a compreensão do significado da ação humana para os envolvidos – uma combinação extremamente difícil de alcançar. De fato, Weber lutou com essa questão em muitas de suas obras, e seus intérpretes tomaram posições amplamente diferentes, dependendo de seus entendimentos da matéria. De todo modo, dos três autores cujas obras são examinadas neste capítulo, Weber teve claramente o impacto mais direto sobre as teorias de organizações públicas, apesar de sua influência só ter sido sentida com um imenso atraso no desenvolvimento do campo. Por esta razão, sua obra e suas extensões são estudadas aqui com algum detalhe.

Capitalismo e ética protestante

O livro mais famoso de Weber, *A ética protestante e o espírito do capitalismo* (1930), examina a relação existente entre o pensamento social e a ação econômica, especificamente no que tange ao protestantismo calvinista e à vida econômica capitalista. Diferente da ênfase dada por Marx à relação entre condições econômicas e padrões de mudança social, Weber reconheceu que a mudança poderia ser impulsionada por outras forças – por exemplo, pela tradição ou pela crença. Importa ressaltar que essas forças não estavam necessariamente associadas à posição de classe do indivíduo; na verdade, poder-se-ia argumentar que elas atravessam ou perpassam as relações de classe. Portanto, segundo Weber, os interesses expressos nas sociedades que sofrem mudança não são meramente econômicos; eles se relacionam também com o mundo das ideias e dos ideais.

Como exemplo, Weber argumentou que a crença na predestinação era tão desconcertante para os seguidores de Calvino que eles tentaram encontrar uma espécie de brecha em seu destino, uma maneira de se certificarem de que eles estariam entre os eleitos, com entrada assegurada no reino da graça. A brecha concebida foi o "sucesso terreno", que eles viam como um sinal de favor e garantia celestiais do seu lugar entre os eleitos de Deus; e, por consequência, se empenharam diligentemente em aumentar suas posses materiais. A partir daí se verificou, segundo Weber, uma acumulação de capital e um fortalecimento do sistema capitalista sem paralelo em outros lugares. Nesse caso, um sistema de crença impulsionou um sistema econômico, e não vice-versa.

Embora Weber, como cientista social, não tenha endossado um ou outro sistema econômico, ele teve o cuidado de mostrar que, do ponto de vista da racionalidade técnica (isto é, da eficiência formal), havia uma clara vantagem em depender da propriedade privada, em submeter os meios de produção ao controle gerencial e confiar na formação competitiva dos preços no mercado. Especialmente em contraste com os sistemas socialistas de planejamento, Weber via que o capitalismo tinha a capacidade de determinar, em termos formais, qual seria a organização mais racional (isto é, eficiente) de mecanismo produtivo. Não que Weber tenha atenuado, ou mascarado, os possíveis efeitos prejudiciais desse sistema, especialmente com respeito à criatividade individual e ao desenvolvimento pessoal – o capitalismo e o tipo de racionalidade representado por ele eram uma bênção mista, pois era capaz de propiciar tremendos avanços materiais, mas também entrava em choque com o interesse pela prerrogativa individual.

Racionalização da teoria social: a noção do "tipo ideal"

Há uma conexão interessante entre o trabalho de Weber sobre a moral protestante e seu trabalho posterior sobre burocracia racional. Weber contrastava a abordagem ascética à vida, que parecia caracterizar a era moderna – e que ele particularmente parecia preferir –, ao espírito místico que ele vira em outros lugares. Para o asceta, as experiências em geral eram vistas como meios para um fim; por exemplo, os calvinistas trabalhavam para garantir sua salvação. Já o místico parecia apreciar as experiências como fins em si mesmos. No coração da análise de Weber sobre a racionalização da sociedade está a seguinte questão: será que a melhor maneira de conceber a ação humana, aí incluído o trabalho humano, é imaginá-la em termos instrumentais como um meio para um fim?

Mas para entender a formulação dessa questão por Weber, precisamos compreender sua abordagem para o desenvolvimento da teoria social. Embora Weber estivesse interessado em estabelecer a legitimidade científica de uma ciência social objetiva, ele também estava muito familiarizado com as considerações especiais que distinguiam o trabalho do cientista social em relação ao trabalho do cientista natural. Ele achava que poderia se alcançar objetividade na ciência social com procedimentos destinados a eliminar o viés pessoal no processo de pesquisa. Embora a ciência possa nos dizer o que é e o que existe, ela não pode, na visão de Weber, nos dizer o que deve ser. Embora a ciência possa determinar a probabilidade que certas ações nos conduzam de maneira eficiente a nossos objetivos, ela não pode nos dizer quais devem ser esses objetivos. Tais questões devem ser tratadas num foro muito diferente e cuidadosamente eliminadas da pesquisa. Mas Weber também reconhecia que os valores exercem influência na ciência social, tanto no modo como os valores dos atores sociais individuais influenciam as relações sociais quanto na maneira como o cientista social seleciona os tópicos que têm maior interesse e significado para ele. É claro que, em suas interações com os outros, todos os atores têm ou trazem consigo preferências e interesses que afetam seu comportamento; é inútil tentar entender uma ação sem fazer referência aos significados que lhes atribuem os atores envolvidos. O cientista social, diferente do cientista natural, deve, pois, estar sempre consciente do modo como os valores culturais se manifestam nas atividades dos indivíduos. Além disso, visto que o cientista social é também um ator social, seus próprios valores influenciam tanto o tópico a ser estudado quanto as fronteiras do próprio estudo. Em grande medida, o cientista social toma essas decisões com base em um cálculo do significado cultural do objeto particular a ser estudado. O mais provável é que os cientistas dirigirão sua atenção para os temas que são mais importantes a uma determinada sociedade. De acordo com Weber, a sociologia é "uma ciência que se interessa pelo entendimento interpretativo da ação social e, dessa forma, pela explicação causal de seu curso e suas consequências" (GIDDENS, 1947, p. 328). O sociólogo está interessado no modo como sujeitos em interação constituem estruturas de significado, que, por sua vez, norteiam a ação futura.

Essa questão tem implicações importantes para a condução da ciência social, porque – embora o cientista social busque explicações objetivas dos fenômenos que ele estuda – tais explicações não precisam ser da mesma ordem que as do cientista natural. De fato, o que distingue a busca por explicações no domínio social não é a amplitude da perspectiva teórica de alguém, mas a capacidade de as explicações ajudarem-no a entender o caráter singular dos empreendimentos humanos. Procuramos compreender os aspectos de nossa vida que, de alguma maneira, nos parecem fora do comum. Mesmo quando buscamos marcos teóricos gerais, o fazemos para entender o que é singular, único.

Este ponto nos leva diretamente à noção weberiana do "tipo ideal" como um modo de formular entendimento social. Por intermédio da elaboração de tipos ideais, segundo Weber, os cientistas sociais podem oferecer uma análise objetiva do impacto dos eventos sociais sobre os indivíduos e as sociedades. O tipo ideal não é ideal no sentido normativo; ele não sugere que uma determinada configuração social em particular é desejável e que ela deveria ser alvo de busca. O tipo ideal é, antes, uma abstração e elaboração de um conjunto particular de elementos cuja combinação revela um significado cultural especial. Enquanto tal, o tipo ideal é mais que uma simples descrição de um conjunto de eventos; na verdade, ele talvez jamais tenha existido, no sentido empírico. No entanto, ele tem importância conceitual no sentido de que contém explicação e interpretação de um componente relevante da realidade social. De forma significativa, porém, o tipo ideal surge de um interesse por problemas específicos e definíveis.

Burocracia de tipo ideal

Mais familiar aos estudantes de administração pública, obviamente, é a análise feita por Weber da burocracia de tipo ideal, uma discussão que ocorre no contexto de um exame mais amplo dos padrões de dominação social. Weber argumenta que todo sistema de autoridade deve estabelecer e assegurar uma crença em sua legitimidade, mas que isso pode ser feito de muitas maneiras diferentes. Variações ocorrerão em relação ao tipo de legitimidade reclamado, ao tipo de obediência requerido, ao tipo de *staff* administrativo que dá suporte à autoridade e ao modo como a autoridade é exercida. Em termos específicos, Weber identifica três "tipos puros" de autoridade, ou dominação, legítima: (1) autoridade legal, fundada sobre a crença na legalidade de certos padrões ou regras e no direito dos que detêm posições de autoridade legal para dar ordens; (2) autoridade tradicional, baseada na crença da importância de tradições duradouras e dos que governam dentro dessas tradições; e (3) autoridade carismática, baseada no afeto emocional ou na devoção a um indivíduo específico.

A autoridade legal – que depende da criação de normas legais no seio de um grupo e do acordo celebrado entre os membros do grupo visando sujeitá-los ao império do sistema legal – é exercida por um *staff* administrativo burocrático. A discussão de Weber (1947) a respeito do tipo puro de autoridade legal, com o emprego de um *staff* administrativo burocrático, esboça as características centrais da organização burocrática. Desse modo, os funcionários operam de acordo com os seguintes critérios:

1. Pessoalmente, eles são livres; e estão sujeitos à autoridade somente em relação a suas obrigações oficiais impessoais.
2. Estão organizados em uma hierarquia claramente definida de cargos.
3. Todo cargo tem uma esfera claramente definida de competência, no sentido legal.
4. O cargo é preenchido por meio de uma relação contratual livre. Assim, em princípio, a seleção é livre.
5. Os candidatos são selecionados com base em qualificações técnicas. No caso mais racional, essas qualificações são aferidas por exames, garantidas por di-

plomas que certificam formação técnica ou asseguradas por ambos os procedimentos. Os candidatos são nomeados, não eleitos.

6. Eles são remunerados com salário fixo em dinheiro e, na maioria das vezes, têm direito à pensão. Somente sob certas condições, a autoridade empregadora, especialmente em organizações privadas, tem o direito de anular uma nomeação; mas, além desse critério, pode-se levar em conta a responsabilidade da posição e as demandas do *status* social do ocupante do cargo.
7. O cargo é tratado como a única, ou pelo menos a principal, ocupação de seu titular.
8. O cargo constitui uma carreira. A promoção baseia-se em senioridade, desempenho ou em ambos os critérios, e depende de julgamento dos superiores.
9. Os funcionários desempenham o trabalho de modo totalmente dissociado da propriedade dos meios de administração e sem a apropriação de suas posições.
10. Eles estão sujeitos à disciplina e aos controles estritos e sistemáticos na condução de seu cargo (p. 328).

Weber mostrou que se pode aplicar igualmente a organização burocrática a muitos contextos diferentes. Embora o termo *burocracia* se aplique quase sempre a órgãos do governo, esta forma de organização também é encontrada em empresas de negócios, associações voluntárias e até em instituições religiosas. A organização burocrática é tão atrativa porque parece ser a abordagem mais eficiente para o controle do trabalho de um grande número de pessoas em busca de objetivos predeterminados. Weber (1947, p. 333-34) refere-se a isso nos seguintes termos:

> A experiência tende a mostrar, em termos universais, que o tipo puramente burocrático de administração (...) é, de um ponto de vista exclusivamente técnico, capaz de atingir o grau mais elevado de eficiência e é, nesse sentido, formalmente, o meio mais racional conhecido de exercer controle imperativo sobre seres humanos.

Visto que a organização burocrática provê estruturas de autoridade rigorosas – dentro das quais é possível transmitir ordens –, ela permite certo grau de "calculabilidade dos resultados" a quem ocupa posições de autoridade (p. 337).

> A experiência tende a mostrar, em termos universais, que o tipo puramente burocrático de administração é, de um ponto de vista exclusivamente técnico, capaz de lograr o mais alto grau de eficiência e é (...) o meio mais racional conhecido de exercer controle imperativo sobre seres humanos.
>
> Max Weber

Expansão da burocracia

Dada a complexidade da sociedade moderna, Weber viu a expansão dos sistemas burocráticos por todas as esferas da atividade humana como o desenvolvimento singular mais importante no mundo moderno. Os negócios, os governos, as igrejas, todos parecem se organizar em torno dos mesmos princípios que enfatizam o exercício da autoridade, por meio de estruturas hierárquicas. Esse desenvolvimento, segundo Weber, embora estimulado pela ascensão de sistemas capitalistas, não se restringe a esses sistemas. De fato, Weber observou que os sistemas socialistas podem exigir um grau de burocratização ainda maior do que os sistemas capitalistas para assegurar uma vida econômica estável.

> Do ponto de vista formal, técnico, a administração burocrática é o tipo mais racional, desde que os demais fatores não variem. Para as necessidades da administração de massa de hoje, ela é totalmente indispensável. No campo da administração, não há escolha senão entre burocracia e diletantismo. (WEBER, 1947, p. 337)

É difícil determinar se a análise de Weber sobre a administração burocrática é um endosso desse modo de organização ou se sua exposição é antes uma advertência sobre as consequências inevitáveis da crescente burocratização. Herbert Marcuse (1968, p. 223-224) preferiu a primeira opção – de que a análise crítica de Weber acaba se tornando uma apologia particularmente favorável à expansão da dominação capitalista por meio de mecanismos burocráticos. Marcuse vê em Weber uma fusão de racionalidade formal e substantiva, no sentido de que os requisitos técnicos da expansão capitalista contínua acabam por deslocar a preocupação com um conceito mais amplo de razão – como o associado a noções de liberdade, justiça e igualdade. É de máxima importância o argumento de Marcuse de que Weber vê a crescente racionalização da vida moderna como a "sina" do homem moderno, dando assim a entender que ela é inevitável. Esse ponto de vista impressiona Marcuse, por parecer-lhe excessivamente determinístico e não reconhecer que as condições social e historicamente construídas podem ser reconstruídas por uma ação humana de base racional e combativa. O argumento de Weber de que o futuro inevitável da humanidade está em nossa submissão a ordens burocráticas rígidas e disciplinadas dificilmente estimula esforços no sentido de se trabalhar uma relação mais satisfatória entre o indivíduo e a organização.

Weber, porém, não estava desatento às consequências negativas da organização burocrática, como as queixas sobre *red tape* e ineficiência, ou os efeitos sociológicos mais persistentes da impessoalidade formalística, agora generalizada. A formulação de Weber pode ser lida como um tipo ideal que destaca os aspectos do panorama social que influenciam de forma singular o desenvolvimento da sociedade, seja em termos positivos ou negativos. A esse respeito, pelo menos segundo alguns analistas, Weber tratava, essencialmente, da mesma questão que ocupara Marx: a crescente limitação do espírito humano sob as condições de uma regulamentação burocrática em rápida expansão. No entanto, Wolfgang J. Mommsen (1974), um observador mais simpático a Weber, argumenta que Weber estava profundamente interessado nas implicações do capitalismo industrial moderno e sua burocrática "jaula de ferro." Esta jaula limitaria drasticamente o potencial humano, e sua penetração e poder em todos os setores da vida social deixam aos indivíduos pouco espaço e esperança para mudar as coisas.

Na obra de Weber, a única forma possível de escapar ao padrão de regulação social crescente está em sua esperança de que surgissem líderes carismáticos com poder para controlar os sistemas de administração burocrática, que, de outra forma, se tornariam permanentes. O líder carismático é aquele a quem os seguidores devotam afeto emocional, é aquele que tem certa presença ou habilidade para inspirar seguidores em prol de causas mais sublimes. Mas a liderança carismática não é apenas inspiradora; ela também é criativa. Essa liderança provê uma centelha que permite que as sociedades cresçam e se desenvolvam. Na verdade, Weber alimentava o sonho de que, pela escolha democrática direta de líderes carismáticos, as sociedades conseguissem, finalmente, transcender as limitações da regulamentação burocrática.

Sigmund Freud

Sigmund Freud (1856-1939) esteve entre os primeiros, e certamente o mais conhecido, teóricos a enfatizar a noção do inconsciente na busca de uma atitude mental mais saudável. Mas Freud fez muito mais que isso: ele desenvolveu um entendimento sobre a vida de grupos, organizações e sociedades. Aqui damos foco a essa interpretação mais global da obra de Freud; no entanto, para compreendê-la, devemos começar com alguns conceitos básicos de psicoterapia individual.

As mentes conscientes e inconscientes

Há pouco vimos como Marx demonstrou que o mundo pode ser mais complexo do que pode parecer. Processos sociais complexos podem ser motivados por relações econômicas que não são visíveis ou, devido à influência das ideias dominantes, são imperceptíveis. Sem compreender estas relações subjacentes, não somos capazes de entender nossas condições tão bem quanto poderíamos e estamos em uma posição de fraqueza para mudá-las. A descoberta do inconsciente por Freud defende uma posição semelhante: Embora pensemos que nossa mente consciente, o ego, está no comando, de fato, a vida que conhecemos é guiada pelos desejos inconscientes e memórias reprimidas que são, como a base econômica de Marx, fora do alcance da visão e da mente consciente.

A teoria psicanalítica de Freud começa com a suposição direta de que o indivíduo busca certos prazeres ou gratificações, mas que relativamente poucos destes desejos podem ser realizados. Os indivíduos normalmente afastam memórias ruins ou desagradáveis de suas mentes conscientes. Há muitas coisas sobre as quais preferimos não pensar. Quando os desejos não realizados e pensamentos desagradáveis do indivíduo são negados, eles são reprimidos no inconsciente, onde permanecem ocultos e irreconhecíveis, mas capazes de exercer grande influência sobre o desenvolvimento e a vida cotidiana do indivíduo.

A repressão dos desejos que não podem ser realizados cria o maior desconforto para nós, e eles frequentemente ameaçam nossos próprios desejos conscientes de levar vidas felizes e gratificantes. Freud (1955) escreveu:

Chegamos à conclusão, depois de trabalhar com pacientes histéricos e outros neuróticos, de que eles não conseguiam recalcar totalmente a ideia à qual está associado o desejo incompatível. De fato, eles a expulsavam da consciência e da memória e, aparentemente, evitavam uma grande dose de sofrimento psíquico, mas, no inconsciente, o desejo reprimido continua a existir – aguardando apenas uma chance para se tornar ativo – e, finalmente, consegue mandar para o consciente não a ideia recalcada, mas uma criação-sucedânea, disfarçada e irreconhecível, à qual estão associadas as mesmas sensações dolorosas. (p. 27)

O ponto defendido por Freud nesta passagem merece mais atenção. Ele está dizendo que os desejos e pensamentos que, reprimimos na mente inconsciente, retornam às nossas vidas, mas eles voltam em formas diferentes, portanto não os reconhecemos pelo que são.

A psicanálise freudiana identifica várias formas pelas quais a mente consciente, o ego, evita ou se defende destes desejos inconscientes e os torna difíceis de reconhecer. O ego pode engajar-se no *deslocamento*, que envolve a variação da escolha objetiva substituindo a escolha original por uma nova escolha. Por exemplo, se você acabou de ter uma discussão com sua supervisora que pediu que você assumisse um novo projeto, você pode estar zangado com ela sem perceber, pensando que ela não sabe o quanto trabalho você já tem para fazer. Quando o telefone toca e seu cônjuge pede para você comprar o jantar no caminho para a casa, você fica zangado(a). Aqui, você "pegou" ou deslocou a raiva que sentia de sua supervisora para seu cônjuge. Outra forma do ego se relacionar é através da *projeção*. Isto ocorre quando externamos uma vontade, desejo ou sentimento interno. Um exemplo comum de projeção é quando colocamos nossos sentimentos ou atitudes negativas sobre nós mesmos em outra pessoa de que "simplesmente não gostamos." Frequentemente, a vida organizacional e pública é organizada com base nos "outros" ou nos inimigos. Apesar destas projeções serem capazes de ajudar a aliviar a ansiedade individual ou coletiva, elas podem levar com frequência a consequências trágicas (ADAMS & BALFOUR, 2009, p. 24-25).

Uma terceira técnica é a formação de reação, na qual substituímos um objeto desejado pelo seu oposto. Isso é evidente nas pessoas que ocasionalmente demonstram um comportamento claramente hipócrita, por exemplo, oficiais públicos que possuem um histórico de serem contra o comportamento homossexual, mas que depois podem revelar que se engajaram precisamente naquele comportamento. Finalmente, há a fixação ou regressão. Trata-se de parar o desenvolvimento em um estágio em particular ou, de fato, a regredir a um estágio anterior em nosso desenvolvimento pessoal. Uma forma comum de regressão é voltar à posição de "criança", que é frequentemente expressa como impotência ou desejo por outra pessoa, como um parente, para resolver ou cuidar de situações difíceis.

Embora o inconsciente não seja visível ou diretamente acessível, ele deixa muitas pistas para que possamos investigar mais, se estivermos alertas o suficiente para identificá-las. Distinguir e interpretá-las é em grande parte o que envolve o processo da terapia psicanalítica – a investigação de pistas reveladas por meio da interação entre paciente e terapeuta. A relação entre o terapeuta e o paciente é iniciado porque o paciente reconhece vagamente algum problema pessoal. Muitas vezes, eles estão em algum tipo de dor emocional ou acreditam que sua vida precisa é afetivamente plana e insatisfatória. Mas nem o terapeuta nem o paciente sabe exatamente qual é o problema, muito menos sua fonte ou sua provável cura. No entanto, ambos podem utilizar determinadas pistas para começar a recuperar e discutir uma parte da história de vida do paciente que tenha sido anteriormente escondida. Outros indícios podem surgir conforme o terapeuta desenvolve uma interpretação dos símbolos fornecidos nos sonhos do paciente ou em associação livre. Ainda, outras pistas podem revelar-se em peculiaridades pessoais – comportamentos do paciente, tais como esquecimentos e lapsos de linguagem. Estas pistas podem ser consideradas como um sintoma de algumas condições que se encontram abaixo da superfície do comportamento e das intenções conscientes do paciente.

O papel do terapeuta é seguir o caminho dos sintomas revelados no mundo exterior até os recalques que eles representam no mundo interior; em seguida, trabalhar com o paciente em busca de uma solução mais satisfatória do que a oferecida pelo mecanismo do recalque. A interpretação fornecida pelo terapeuta, portanto, destina-se a restaurar parte da história reprimida do indivíduo – para ligar os pontos, por assim dizer, entre a mente consciente e o inconsciente – de tal forma que permita que o paciente viva a sua vida de uma forma pessoalmente e interpessoalmente menos destrutiva.

Compreensão do comportamento e do impacto da psicologia de grupo

Embora tenha se concentrado, inicialmente, no papel terapêutico da psicanálise, mais tarde em sua vida Freud começou a examinar mais detidamente as implicações de seu trabalho para o entendimento dos grupos sociais e mesmo de sistemas culturais inteiros. Em seu trabalho sobre psicologia de grupo, Freud discutiu a "vida inconsciente do grupo" – os padrões ou relações que jazem ocultos sob a superfície da vida de um grupo, mas que exercem influência sobre o trabalho desse grupo de maneira direta, embora muitas vezes não explicável. Ele começou a observar que o comportamento do grupo com muita frequência entra em choque com o comportamento que se poderia esperar de um conjunto de adultos racionais, parecendo se basear mais em impulsos regressivos de tipo infantil. Algum tipo de força primitiva ou pulsional parece conduzir o grupo para além dos limites normais de uma lógica ou explicação. A "mente" do grupo pode ser errática, impulsiva, caótica e confusa. "O grupo é extraordinariamente crédulo e aberto à influência, não tem capacidade crítica, e, para ele, o improvável não existe", escreveu Freud (1955, p. 28). "Ele pensa em imagens, que são evocadas por associação (...) e cuja congruência com a realidade nunca é checada por uma função razoável. Os sentimentos do grupo são sempre muito simples e muito exagerados, de modo que o grupo não conhece dúvida ou incerteza."

Em nenhuma circunstância a confusão do grupo é mais visível do que na relação entre o grupo e seu líder. Os membros dos grupos desejam muito ter uma liderança, esperando encontrar alguém que os ajude a conseguir a satisfação de seus desejos; o líder é visto como alguém que pode realizar a fantasia do grupo. Mas os líderes e os grupos funcionam em um ambiente sobre o qual eles não têm controle, de modo que o líder será inevitavelmente forçado – pela realidade de sua própria situação – a propor coisas que estarão tanto além quanto aquém dos desejos do grupo. Além disso, muitas vezes os líderes têm suas próprias ideias sobre a orientação que o trabalho do grupo deve seguir, que podem estar em total desacordo com os desejos dos membros do grupo. De um jeito ou de outro, o líder inevitavelmente falha aos olhos do grupo e, assim, atrai (pelo menos simbolicamente) o seu ódio. Os líderes devem então viver com a culpa especial que o grupo lhes impinge, sendo ao mesmo tempo alvo de sua inveja e de seu desprezo.

O próprio Freud ilustrou a relação entre o líder e o grupo com o "mito científico" da horda original. Esse mito retrata uma época em que um pai governava vários irmãos, que ao mesmo tempo o respeitavam e temiam. Quando seu temor e ódio ao pai se tornaram insuportáveis, eles se uniram para assassiná-lo, ato que lhes rendeu uma culpa extraordinária. Depois de viver por algum tempo no mundo sem o pai, sem o líder, um dos irmãos emergiu como líder, mas somente depois de assumir a responsabilidade pelo assassinato do pai e de assumir, por consequência, um pesado ônus de culpa.

Evidentemente, esse mito contém uma analogia com a luta que o indivíduo trava para superar a influência da figura do pai, a autoridade que o desperta para a realidade dura da vida. Mas nós também podemos especular que os grupos e as organizações sociais se desenvolvem de maneira semelhante. Visto que os grupos se formam como tentativa de controlar parte do mundo à sua volta, quer seja o mundo natural ou o social, eles causam, de forma inevitável, algum dano a esse mundo, pelo que devem assumir algum grau de culpa. Mas como o líder começa a falar em nome do grupo e a se identificar com ele, os membros do grupo podem transferir a própria culpa a ele. Então, reconhecendo o mal do líder e a culpa que ele carrega, o grupo não pode senão sentir-se acuado diante dele, criando assim uma tensão inevitável entre o líder e o grupo. Como essa tensão é recalcada para dentro da mente inconsciente do grupo, ela cria padrões que são aparentemente inexplicáveis, mas que, não obstante, controlam o comportamento do grupo.

Segundo essa visão, os grupos e as organizações parecem muito mais importantes para o desenvolvimento pessoal e psicológico do indivíduo do que se poderia imaginar inicialmente. Os indivíduos usam os grupos e as organizações não somente para alcançar fins preestabelecidos, mas também para servir como fontes diretas de satisfação de necessidades – para oferecer senso de segurança, defesa contra os caprichos de um mundo incerto. "Muitas das organizações que inventamos, dos controles que aceitamos na vida diária – mais do que tentativas construtivas de resolver nossos problemas – são, na verdade, defesas contra nossos próprios impulsos primitivos mal sepultados sob a superfície" (RICE, 1965, p. 84).

Esse ponto é extremamente importante, porque sugere que as organizações complexas jamais devem ser vistas como dissociadas de seu papel no desenvolvimento do indivíduo. A organização não é simplesmente um instrumento ou técnica a ser usada por um indivíduo ou grupo e depois passada adiante para outro indivíduo; pelo contrário, a organização é integralmente necessária ao desenvolvimento da pessoa como provedora direta de influência e valores, de esperanças e aspirações, sonhos e desejos. Por outro lado, os processos de desenvolvimento do indivíduo estão integrados ao desenvolvimento do grupo e da organização. Negligenciar um é negligenciar o outro. A relação do indivíduo com o grupo, com a organização e, enfim, com a própria sociedade, é crítica para o entendimento da condição humana.

Autonomia individual e restrições culturais

Freud estava muito consciente disso e, na obra *Civilization and its discontents* (1961), ele dirigiu seus *insights* críticos ao exame do impacto da civilização sobre as possibilidades relativas à satisfação humana. Em sua base, a civilização implica restrição, a exigência de que os indivíduos abdiquem de parte da própria autonomia e se submetam às restrições do grupo. Embora reconheçamos que não podemos jamais ser totalmente felizes vivendo uma vida social, sentimo-nos atraídos pelo senso de segurança e solidariedade que a cultura parece nos oferecer. Isso cria uma tensão básica entre os esforços dos indivíduos que se destinam a dar expressão à sua individualidade e os esforços da cultura que visam obter conformidade e ordem. Freud (1961, p. 43) apontou a onipresença dessa tensão:

> Boa parte das lutas da humanidade gira em torno da tarefa única de encontrar uma acomodação vantajosa... entre esse desejo [por autonomia] do indivíduo e as demandas culturais do grupo.
>
> Sigmund Freud

Enquanto vivemos e trabalhamos juntos, não conseguimos evitar a ambivalência de nossa relação com nossa cultura. De novo, encontramos as justaposições de amor e ódio, atração e repulsão, que Freud discutiu em termos de pulsão pela vida e pulsão por destruição e autodestruição. Por meio da civilização, buscamos a vida e a unidade e continuidade que ela representa; mas também devemos aceitar nossa pulsão pela morte. Freud (1961, p. 69) observou que nossa "propensão para a agressão é uma disposição original, pulsional e autossustentada no homem, e (...) constitui o maior impedimento para a civilização". Somos deixados com a conclusão de que a civilização representa uma grande luta entre forças conflitantes na condição humana.

Podemos observar, assim, que essa vida social e organizacional apresenta um paradoxo fundamental. Como disse Marx, somos "criaturas sofredoras, condicionadas e limitadas", que dependem do mundo exterior para a satisfação de seus desejos (TUCKER, 1978, p. 115). Além disso, nosso sentido primário do "eu" e seu lugar no mundo não são livremente escolhidos, mas também vêm de fora por meio de nossos pais, professores, e das primeiras experiências da infância. De forma básica, portanto, quem somos e o que desejamos são, na verdade, apresentados a nós por outros. E, ao mesmo tempo, ansiamos por algo que é unicamente e especificamente nosso. Mas, como mostrou Freud, parece que nossa cultura somente pode frustrar esses desejos pela limitação de nossa liberdade e independência. Consequentemente, enfrentamos um mundo social cada vez mais restritivo, um mundo que provê os símbolos externos de *status* e recompensa, mas que ao mesmo tempo impede as expressões de nossa individualidade. Para que possamos crescer como indivíduos, precisamos agir de forma criativa para moldar o mundo de acordo com nossos desejos e, finalmente, transcender as limitações daquele mundo e as identidades impostas a nós. Mas a expressão criativa da personalidade individual é exatamente o que nossa sociedade organizacional parece mais temer. E, como sugere a discussão de Freud sobre o desenvolvimento dos grupos, não é apenas o indivíduo que sofre neste processo, mas também nossas organizações e a sociedade como um todo.

Nós também devemos tentar compreender o relacionamento crucial do indivíduo, da organização e da sociedade.

O que podemos aprender

Como podemos nos orientar, em nosso estudo sobre as organizações públicas, pelos *insights* de Marx, Weber e Freud? Quaisquer comentários que suas obras pudessem nos propiciar certamente seriam indiretos, pois nenhum dos três teve, sequer remotamente, o estudo das organizações públicas como sua tarefa central. Entretanto, de seu trabalho coletivo pode-se derivar alguns *insights* que nos facultarão desenvolver um entendimento mais completo do papel das organizações públicas em nossas vidas. Na obra de Marx, Weber e Freud, começamos a ver alguns temas comuns que podem guiar nosso próprio estudo da vida em organizações públicas – alguns indícios sobre a visão de organizações públicas que colocam em perspectiva nosso envolvimento nessas organizações.

Os três teóricos claramente veem que a tarefa principal do homem moderno é encontrar uma relação efetiva entre o indivíduo e a sociedade. Mais especificamente, dada a complexidade e consequente racionalização da sociedade, Marx, Weber e Freud mostram que o indivíduo está engajado em uma luta contra as forças da organização na sociedade, em especial contra as forças representadas pelas grandes e complexas burocracias, sejam elas públicas ou privadas. O estudo das organizações públicas, neste livro, envolve uma análise semelhante, embora possamos usar diferentes termos para descrever a relação entre o indivíduo e a organização – termos como *estilos de gestão* e *relacionamentos com clientes*. Devemos também tentar colocar em perspectiva a relação crucial entre o indivíduo, a organização e a sociedade.

A mensagem central de Marx, Weber e Freud para o nosso estudo, mais do que qualquer outra coisa, hoje, é talvez a de que precisamos de uma perspectiva para entender o mundo e o nosso lugar nele – uma perspectiva que esteja atenta, mas não se limite, ao impacto que as organizações complexas têm em nossa vida. Talvez eles tenham tentado argumentar exatamente isso – que a nossa sobrevivência pessoal e coletiva depende de que desenvolvamos, ao mesmo tempo, inteligência básica e senso de compaixão, enquanto vivemos e trabalhamos numa sociedade de organizações de tamanho grande e complexas.

> Nossa sobrevivência pessoal e coletiva depende de desenvolvermos tanto uma inteligência básica quanto um senso de compaixão, enquanto vivermos e trabalharmos em uma sociedade de organizações grandes e complexas.

Controle do nosso ambiente

Por que desejaríamos desenvolver essa perspectiva? A que propósito serviria a aquisição desse conhecimento? Uma das razões poderia ser: controlar nosso ambiente físico ou social em proveito próprio. Por exemplo, procuramos conhecer as fontes de energia para que nos proporcionem calor, para que nos protejam contra uma das ameaças que nosso meio ambiente nos apresenta. Procuramos conhecer as condições do tempo e os padrões de drenagem em áreas de baixo relevo para nos proteger contra outra ameaça. De maneira semelhante, se soubermos como as pessoas reagirão a determinadas situações suscetíveis a mudanças, poderemos começar a alterar seu comportamento. Por exemplo, se soubermos que a motivação de um indivíduo para trabalhar é influenciada pelo aumento de seu prestígio, poderemos nos comportar de maneira a produzir certo resultado. Nesse caso, buscamos conhecimento para explicar relações causais, prever consequências e controlar comportamentos. De fato, este tipo de controle pode nos trazer satisfação tanto material quanto psicológica.

A busca de conhecimento para fins de controle significa que estamos sobremaneira interessados em proposições ou enunciados *instrumentais* – enunciados que sugerem os meios necessários ao alcance de um determinado fim. Se nosso objetivo é alcançar maior produção, queremos saber que passos poderemos dar para chegar a esse resultado. Esse conhecimento, obviamente, nos diz pouco sobre os objetivos que deveríamos perseguir, a não ser que tais objetivos sejam concebidos simplesmente como sendo eles mesmos os meios para um fim maior; mas esse conhecimento pode efetivamente ser usado para se avançar nas metas ou nos objetivos já estabelecidos.

Finalmente, as análises de Marx e Freud levantam importantes questões para o relacionamento entre conhecimento e controle. Como ambos argumentam, o que parecem ser objetivos evidentes e "racionais", podem ser frequentemente obtidos no avanço de algum outro propósito. As pessoas nas organizações, por exemplo, normalmente perseguem desejos inconscientes, mesmo quando parecem agir racionalmente, e, como iremos discutir no Capítulo 5, abordagens humanísticas da vida organizacional que procuram aumentar a satisfação do trabalhador também podem servir aos propósitos de um controle administrativo e técnico mais sutil. Por sua vez, isso motiva cada um de nós, novamente, a indagar sobre *quais* objetivos somos solicitados a buscar nas organizações e *como* estes objetivos foram definidos.

Interpretação das intenções dos outros

Mas o controle não é o único propósito servido pelo conhecimento. Também podemos buscar conhecimento com o fim de compreender ou interpretar as intenções de outras pessoas. Conforme essa visão, entendemos que as ações dos indivíduos têm sentidos específicos para eles e se baseiam nesses sentidos – isto é, descobrimos que toda ação ocorre dentro do quadro de intenções dos atores individuais. Para entender o que está acontecendo em uma dada situação, devemos não só observar o comportamento do indivíduo, mas também compreender os motivos ou as intenções que estão por trás de sua ação. Alguns teóricos usam o termo *comportamento* para se referir ao que se pode observar de fora, e o termo *ação*, para se referir à intenção do indivíduo. Numa formulação como essa, é claro que o comportamento de um indivíduo, como os outros o veem, pode ser muito diferente da sua intenção. Recordemos nossa discussão sobre John e Carol no Capítulo 1, em que observamos que nossa perspectiva afeta de maneira profunda nossas percepções.

Se desejarmos entender as intenções dos outros e os significados que eles conferem a determinadas atividades, temos que fazer mais do que apenas descrever seus comportamentos. Temos que interpretar suas ações; isto é, temos que procurar entender as intenções associadas à sua ação. Procuramos enunciados *interpretativos*, enunciados ou asserções que nos permitam comentar o sentido e o significado que as pessoas atribuem a suas ações. Perguntamos: qual era a questão? O que ele estava tentando fazer? Pelo ato da interpretação, conseguiremos compreendê-lo. A interpretação nos permite reconstruir a própria visão de mundo do indivíduo. Compreender uma pessoa é saber o sentido ou o significado que ela associa aos eventos, e tal compreensão não é possível sem que haja conversação e diálogo com aquela pessoa. Nesse sentido, o conhecimento exige abertura às visões e interpretações dos outros, assim como um esforço para entender os campos de atuação em que outros vivem e compreender o trabalho que fazem.

Autolibertação de perspectivas restritivas

Podemos também buscar conhecimento por outra razão – para nos libertar dos padrões de pensamento e ação que acabamos aceitando, ou dos quais acabamos talvez até dependendo, mesmo que esses padrões não reflitam nossas verdadeiras necessidades ou interesses. Um conhecimento desse tipo nos permite superar as limitações que a realidade nos impõe e ver as oportunidades que o futuro nos oferece. Segundo essa visão, vê-se que nossas vidas dependem da aceitação de uma visão particular de mundo, uma realidade que aceitamos como natural e invariável, mas que de fato é resultado de um processo social através do qual acabamos acreditando em sua verdade. Agora, se esse processo for de algum modo influenciado por um viés, de modo que enfocamos um conjunto de eventos ou interpretações em detrimento de outro, podemos sofrer restrições em nosso leque de ações possíveis e abertas à nossa consideração. Em particular, se alguma definição da realidade nos for imposta por quem detém poder – isto é, se simplesmente assumimos a visão dominante (de quem domina) –, seremos, de fato, enganados. Veremos que nossas possibilidades estão muito limitadas, quando na verdade elas podem ser muito amplas. Podemos ser tão enganados por nossas crenças que já não as reconhecemos como crenças, ou já não reconhecemos sua fonte, e, portanto, ficamos sujeitos à forma mais extrema de controle – o controle que nem sequer é reconhecido por quem é controlado.

O livro de Ralph Hummel, *The bureaucratic experience* (2008), nos oferece uma visão geral especialmente útil e acessível dos problemas levantados por uma "sociedade reduzida à organização, uma cultura reduzida à economia, uma psicologia reduzida à identidade, uma linguagem reduzida à informação, um pensamento reduzido à lógica e uma política reduzida à administração" (p. xx). Numa sociedade cada vez mais dominada pelas estruturas burocráticas instrumentais, seja no governo, nos negócios ou em outros lugares, levamos a vida como meros atores restringidos pelas forças da racionalidade e do instrumentalismo. Achamos cada vez mais difícil que a liberdade e a razão prevaleçam. Além disso, os cidadãos não estão apenas limitados na capacidade de influenciar uma mudança positiva, eles estão sujeitos a um novo modo de pensar, uma nova *psique*, que coloca restrições às possibilidades humanas. É particularmente instigante a discussão de Hummel sobre a maneira como a burocracia destrói a linguagem humana, limitando de novo a possibilidade de explorar novos modos de expressão política e até mesmo rotas de fuga na possibilidade eventual de maior opressão. Em uma expressão eloquente, escreve Hummel, "a burocracia nos deixa sem fala" (p. 236).

Em seu livro, *Unmasking Administrative Evil* (2009, p. 33-34), Adams e Balfour defendem a posição relacionada de que a ênfase moderna na racionalidade instrumental "agrava as tendências à conformidade – e ao mal administrativo – em grupos e organizações...", socializando os seres humanos para que usem seu conhecimento para questões técnicas e limitadas e deixem as questões sobre o que estamos fazendo e por que estamos fazendo para as pessoas em posições de autoridade. Nesta cultura, torna-se permissível prejudicar os outros se alguém na posição de autoridade assume a responsabilidade. Eles apontam para os abusos no presídio de Abu Ghraib no Iraque e o uso de tortura pelos Estados Unidos na "guerra ao terror" como expressões contemporâneas desta cultura. Assim como Hummel, Adams e Balfour veem este conhecimento estreito, preocupado com os propósitos do controle instrumental, como uma base medíocre e até mesmo perigosa para o serviço público profissional que nos deixa perplexos.

O conhecimento *crítico*, por outro lado, nos permite alargar nossas perspectivas, enxergar mais da complexidade das condições que nos limitam, e, em troca, explorar as possibilidades de expressar nosso próprio potencial. Como nos mostra Freud, esse conhecimento permite uma autocompreensão mais integral – a base para a autotransformação; como Marx nos ensina, esse conhecimento permite uma compreensão mais clara das condições sociais e abre a possibilidade de mudança social. Em ambos os casos, o conhecimento que adquirimos pela autorreflexão crítica não só permite, mas nos instiga à ação, no sentido de haver mais autonomia e responsabilidade.

Conclusão

Existem, portanto, várias razões pelas quais poderíamos desejar adquirir conhecimentos e vários usos que poderíamos fazer dos estudos instrumentais, interpretativos e críticos. Em capítulos posteriores descobriremos que cada uma dessas três perspectivas é refletida em uma das abordagens ao entendimento prático e científico e que essas abordagens orientam nossa atenção de diferentes maneiras. Por enquanto, aprendemos de Marx, Weber e Freud a lição de que as aparências mascaram as realidades não menos do que as realidades mascaram ou dissimulam as aparências. O que parece ser uma realidade objetiva pode ser uma ilusão, uma vez devassada, talvez revele condições que julgamos extremamente restritivas, tanto para nós mesmos como para nossa sociedade. Mais importante que isso é aprendermos que as sociedades modernas nos estimulam a ver o mundo em termos instrumentais e a ver os seres humanos como simples meios para fins organizacionais ou políticos. Resistir a essa visão é muito difícil, mas ao mesmo tempo, muito importante. Sob essas condições, que orientações gostaríamos de receber das teorias da organização pública?

Questões para debate

1. Por que é importante que as pessoas interessadas em administração pública abordem questões sociais e culturais amplas como as que levantaram Marx, Weber e Freud?
2. No Capítulo 1, apresentamos o caso do estagiário Ken Welsh. Como você analisaria esse caso a partir de uma perspectiva marxista?
3. De que modo você analisaria o mesmo caso por uma perspectiva weberiana?
4. Como você analisaria o mesmo caso por um ponto de vista freudiano?
5. As ideias fazem a diferença no modo como vemos e interpretamos o mundo. Quais são algumas das questões sociais e culturais contemporâneas que influenciam o nosso entendimento da administração pública?
6. Alguns estudiosos das organizações argumentam hoje que entramos em um mundo "pós-burocrático" dominado por redes e pela colaboração. Como as ideias de Marx, Freud e Weber podem ser aplicadas a esta visão?

Casos

1. Sam Maxwell aceitou emprego como gestor de um departamento de recursos humanos em um órgão do governo federal. Uma das primeiras coisas que ele faz é rever o organograma do órgão. Depois de três meses, ele retoma o organograma e se dá conta de que o funcionamento do órgão, conforme previsto no organograma, tem pouco a ver com o modo como ele de fato funciona. Como ele pode reconciliar essas impressões tão diferentes?
2. Amiko Sanders experimentou muita frustração desde que assumiu seu emprego como analista de gestão no Departamento de Estado. Tudo parece tão estruturado e disposto de cima para baixo que resta pouco espaço para a criatividade – e os problemas que ela enfrenta poderiam muito bem usar grande dose de criatividade. Ela conversou com seu chefe, que lhe disse apenas: "Aquiete-se aí! Não se preocupe!". Diante de seu compromisso com o serviço público, Amiko está começando a se perguntar se trabalhar em uma

grande organização é a coisa certa a fazer para ela. Que conselho você daria a ela? Que conselhos você acha que Marx, Weber e Freud lhe dariam?

Referências

ADAMS, Guy B.; BALFOUR, Danny L. *Unmasking administrative evil.* 3. ed. Armonk, NY: ME Sharpe, 2009.

FREUD, Sigmund. *The origin and development of psychoanalysis.* Chicago: Regnery, 1955. Obra originalmente publicada em 1910.

FREUD, Sigmund. *Civilization and its discontents.* Trad. James Strachey. Nova York: Norton, 1961. Originalmente publicado em 1930.

GIDDENS, Anthony. *Capitalism and modern social theory.* Cambridge, UK: Cambridge University Press, 1947.

HIRSHHORN, Larry. *Reworking authority: Leading and following in the post-modern organization.* Cambridge, MA: The MIT Press, 1997.

HUMMEL, Ralph. *The bureaucratic experience: The post modern challenge.* 5. ed. Armonk: M. E. Sharpe, 2007.

MARCUSE, Herbert. Industrialism and capitalism in the work of Max Weber. In: *Negations:* essays in critical theory. Trad. Jeremy J. Shapiro. Boston: Beacon, 1968. p. 201-226.

McLELLAN, David (Ed.). *Karl Marx: Selected writings.* 2. ed. New York: Oxford University Press, 2000.

MOMMSEN, Wolfgang J. *The age of bureaucracy.* Nova York: Harper & Row, 1974.

RICE, A. K. *Learning for leadership.* Londres: Tavistock, 1965.

SMITH, Adam. *An inquiry into the nature and causes of the wealth of nations.* Chicago: Chicago University of Chicago Press, 1976. (Originalmente publicado em 1776.)

STIVERS, Camilla. *Governance in dark times: Practical philosophy for public service.* Washington, DC: Georgetown University Press, 2008.

TUCKER, Robert C. (org.) *The Marx-Engels reader.* Nova York: Norton, 1978.

WEBER, Max. *The protestant ethic and the spirit of capitalism.* Trad. Talcott Parsons. Londres: Allen & Unwin, 1930. Originalmente publicado em 1905.

WEBER, Max. *The theory of social and economic organization.* Trad. Talcott Parsons. Nova York: Oxford University Press, 1947. Originalmente publicado em 1915.

WEBER, Max. *The theory of social and economic organization.* Trad. A M Henderson e Talcott Parsons. New York: The Free Press, 1947.

capítulo 3

Herança política: de Wilson a Waldo

Se as organizações públicas estão, por definição, comprometidas com a busca de valores societários publicamente definidos, seus membros carregam um fardo especial que os outros não carregam: de que devem sempre agir em conformidade com normas democráticas. Quer dando apoio ao desenvolvimento dos propósitos públicos ou facilitando seu alcance, os funcionários devem estar sempre atentos aos valores que emprestam aos órgãos públicos seu caráter distintivo. Segundo essa visão, os administradores públicos devem ajudar a garantir que os compromissos políticos centrais da sociedade sejam expandidos, e eles devem fazê-lo, em parte, com o exemplo de seu próprio trabalho. Por essas razões, o estudo da administração pública deve compreender não apenas a teoria social, mas também a teoria política, em um esforço para ajudar a entender como as organizações públicas contribuem para o crescimento de uma sociedade democrática.

Por incrível que possa parecer – embora essa teoria política das organizações públicas devesse, aparentemente, ser o tópico singular mais importante a ser levado em conta pelos estudiosos de organizações públicas –, historicamente deu-se preferência a assuntos estranhos aos que normalmente associamos a uma teoria política democrática. Os tópicos de liberdade e justiça, igualdade e participação com frequência ficaram em segundo plano, ante os tópicos de eficiência, técnica e controle. Mesmo assim, construiu-se, efetivamente, uma teoria política de organizações públicas, talvez mais por omissão do que por desígnio ou por projeto.

Foi esta a mensagem significativa deixada por Dwight Waldo em sua perceptiva obra *The administrative state* (1948). Nesse livro, Waldo propôs traçar o desenvolvimento do campo da administração pública a partir da perspectiva da teoria política e da história das ideias. Posteriormente, ele ampliou sua reflexão:

> Observando de perto a literatura sobre administração pública através das lentes da teoria política pareceu-me totalmente verdadeiro que, por mais paradoxal que possa parecer, ela continha uma matriz de teoria política. É paradoxal porque aqueles que produziram a literatura muitas vezes presumiam ou afirmavam, em termos característicos, que estavam se afastando de uma mera observação deleitável das nuvens e voltando a atenção diretamente para o mundo dos fatos e dos difíceis e importantes assuntos de como atua e deve atuar o governo moderno na realização de suas funções. (WALDO, 1965, p. 6)

Waldo observou que os primeiros autores de administração pública trataram, em seus comentários, de questões altamente teóricas, como a boa vida, os critérios para a ação pública e sobre quem deveria governar. Eles se depararam com questões que tinham implicações teóricas importantes, e suas respostas constituíram uma forma de teoria política – uma teoria política de organizações públicas. Na realidade, como argumentou Waldo, essa teoria política talvez seja a mais importante de nossa época, porquanto especifica os compromissos que estamos dispostos a fazer na condução dos negócios públicos em uma sociedade de organizações.

Os primeiros escritos sobre administração pública não somente constituíram uma teoria política de organizações públicas, mas também serviram de referência para os trabalhos subsequentes nesse campo. A administração pública e sua relação com o sistema político mais amplo foram definidas em função do que os primeiros autores do campo incluíram ou deixaram de fora em seus estudos. Por essa razão, a análise dos trabalhos dos primeiros autores e de sua influência sobre a teoria e prática de administração nos dará condições de compreender melhor as metáforas centrais que continuam a orientar o nosso entendimento dessas organizações.

Primórdios da teoria da administração pública

Como Jos Raadschelders (2003, p. 3) habilmente escreveu, "governo e governança são tão velhos quanto a raça humana". Provavelmente pelo mesmo período de tempo, as pessoas envolvidas nas questões de governança têm refletido sobre seu trabalho e oferecido opiniões sobre como governar melhor (FARAZMAND, 2002; GLADDEN, 1972). Isso foi particularmente verdade para as cidades-estado da Grécia e os vastos impérios dos romanos, bizantinos, hans, dos califados omíadas, dos maias e dos persas, para citar alguns. Essas culturas desenvolveram um entendimento extenso e sofisticado de como governar instituições e sociedades complexas. A emergência de uma investigação mais formal e sistemática da administração ainda era uma realidade distante. Essa investigação sistemática não surgiu até a segunda metade do século XVI na Europa e por volta da mesma época em que a concepção moderna do estado territorialmente unificado e centralizado começou a se solidificar (DEAN, 2010, p. 102-116; RAADSCHELDERS, 2011, p. 13-19). O estudo formal e sistemático da administração – com aspirações a fazer dela uma "ciência" – promoveu outros avanços no final do século XIX, à medida que um novo tipo de governo evoluiu para lidar com os desafios singulares da sociedade industrial moderna (RAADSCHELDERS, 2003).

No contexto do desenvolvimento das organizações públicas nos Estados Unidos, mesmo antes da introdução do estudo formal da administração pública, muitos teóricos e profissionais também comentaram sobre o papel das agências administrativas no desempenho do trabalho do Estado norte-americano. Mais relevantes nos primórdios da história americana foram as perspectivas expressadas por Alexander Hamilton e Thomas Jefferson. A teoria administrativa de Hamilton, como se lê nos *Federalist papers* e é exemplificada, mais tarde, em sua própria carreira como integrante do poder executivo, advogava um governo nacional forte, com poder considerável concentrado no executivo. Leonard White (1948a) descreve que esta posição teve sua origem, de forma direta, em certas tendências elitistas presentes entre os pensadores federalistas em geral:

> A preferência federalista pelo poder executivo era reflexo fiel da desconfiança do povo. Segundo sua visão, somente dos homens de negócios com sólida educação, dos homens com formação intelectual e experiência ampla – em suma, dos homens de classe superior –, é que se poderia esperar uma percepção inteligente sobre uma boa política pública. (p. 510)

Mas Hamilton também deu preferência à prerrogativa executiva por uma questão de princípio administrativo. Em sua visão, para ser eficaz, a ação deve ter uma orientação clara, que somente pode vir de um recurso – de um executivo unificado. Enquanto a dissensão e o debate são importantes nas deliberações legislativas, o poder executivo não pode funcionar de forma efetiva sem unidade de comando – sem um árbitro cujas decisões sejam acatadas por todos. Além disso, um executivo único pode ser responsabilizado por suas ações; um centro único de poder significa um centro único de responsabilidade. A preferência por um executivo nacional forte não impediu que Hamilton imaginasse alguma descentralização nos níveis estadual e local de governo; no entanto, ele apontou claramente uma certa estrutura de administração para o nível nacional (OSTROM, 1973, p. 81-88).

Contrariamente a Hamilton, Jefferson observa que o problema da administração e da organização estava diretamente ligado ao problema da extensão da noção de democracia. Lynton Cadwell (1944) destaca dois princípios fundamentais que são centrais à teoria administrativa de Jefferson: "O governo deve ser descentralizado, a ponto de permitir que cada cidadão possa participar pessoalmente na administração dos assuntos públicos e (...) o governo deve servir para educar o povo em sabedoria política e formar uma cidadania que dependa de si mesma" (p. 23-30). Em oposição à discrição ampla do executivo, proposta por Hamilton, Jefferson argumenta em favor de limites legais e constitucionais rigorosos para o poder exercido pelo órgão executivo – limites que garantissem a responsabilidade dos funcionários públicos. Embora, certamente, se possa descrever os jeffersonianos como sendo, na prática, mais favoráveis que contrários à visão dos federalistas sobre o sistema administrativo nacional, é também verdade que as visões de Jefferson deram o exemplo que viria a influenciar de modo significativo o desenvolvimento das organizações públicas ao longo dos anos. Na realidade, pode-se argumentar que, em sua essência, as visões dos hamiltonianos e jeffersonianos estão na base dos importantes conflitos existentes na teoria de administração pública de hoje.

Extensão da democracia

Embora certamente tenha havido importantes desenvolvimentos na administração pública à medida que o Estado e a sociedade norte-americana se transformavam no decorrer do século seguinte pelas forças da industrialização, democratização e os conflitos militares (BENSEL, 1990, 2000; LARSON, 2001; NOVAK, 2008; SKOWRONEK, 1982). Porém, o estudo moderno, disciplinar e autoconsciente da administração pública não existiu antes do final do século XIX – e, quando apareceu, refletiu claramente o caráter particular do sistema político vigente na época. Durante esse período, o compromisso jeffersoniano com a democracia era bastante forte, talvez até mais forte do que teriam desejado os próprios "fundadores da pátria" (Hamilton, certamente). Em consequência, desenvolveu-se uma visão muito descentralizada de governo. Embora normalmente sujeitos à política instável das legislaturas do estado que os viam como unidades administrativas (GOODNOW, 1895), os governos locais – incluindo cidades, países, e distritos especiais – retinham considerável autonomia em suas operações. Os vários poderes da república também estavam separados uns dos outros – por exemplo, pela eleição de autoridades judiciais, em vez de sua nomeação – e podiam, portanto, atuar com certa independência. Embora, por muitas razões, essa fosse uma visão sedutora, ela também gerava problemas. Com muita frequência, a autonomia virava arrogância, o isolamento se tornava solidão e a independência se convertia em capricho. Lubrificado pela influência remanescente da "prática política da pilhagem de cargos públicos", o governo não apenas estava disperso, mas também era desorganizado e, por vezes, francamente desonesto.

Os primeiros estudiosos da administração pública norte-americana foram basicamente reformadores movidos pela disposição de restabelecer algum senso de decência no governo público. Mas, em um sentido mais amplo, eles viam que sua missão consistia na extensão ou expansão da democracia, na demonstração de que era possível manter a democracia no contexto da modernidade. Esses autores, explícita ou implicitamente, eram teóricos políticos, engajados na tarefa hipotética de esboçar um sistema democrático que funcionasse. Por essa razão, muitas das primeiras proposições se referem à importância das questões normativas no estudo da administração pública. Por exemplo, Leonard D. White (1948b) – cujo livro *Introduction to the study of public administration* serviu, durante muitos anos, como texto de referência no campo – observou que "o estudo da administração pública (...) precisa ter relação com as amplas generalizações da teoria política que tratam de matérias como justiça, liberdade, obediência e o papel do Estado nos problemas humanos" (p. 10). Ao mesmo tempo, esses autores eram pessoas práticas e preocupadas com a criação de mecanismos específicos que os tornassem aptos a dar respostas à sociedade tecnológica cada vez mais urbanizada em que viviam. Uma forma de se atingir esse objetivo poderia ser o engajamento no estudo mais formal das crescentes operações administrativas do governo.

Abordagem do governo "como negócio", segundo Wilson

O conteúdo geral deste estudo da administração pública foi estabelecido em um ensaio de Woodrow Wilson (1887). Wilson argumentou que os estudiosos da política anteriores ao seu tempo preocuparam-se demais com questões constitucionais e ignoraram as operações práticas dos órgãos governamentais. Entretanto, especialmente com o crescimento do governo, estas operações estavam se tornando ao mesmo tempo visíveis e problemáticas. Por essa razão, argumentava Wilson, "está se tornando mais difícil administrar do que elaborar uma constituição" (p. 200). Como parte do novo estudo da administração pública, que ele endossava, Wilson sugeriu que as operações dos órgãos públicos fossem orientadas por princípios estáveis de gestão administrativa semelhantes aos praticados no mundo dos negócios. "O campo da administração é um campo de negócios" (p. 209). Segundo o autor, para lograr alguma medida de eficiência nas operações do governo, deveríamos olhar para o setor privado em busca de modelos de gestão administrativa.

Essa última suposição surgiu, em grande medida, a partir da experiência das organizações de negócios durante esse período e do esforço generalizado de pesquisa sobre sua gestão científica. O estudo da gestão de negócios havia se desenvolvido um pouco mais cedo em uma sociedade de negócios e corporações em rápida expansão, caracterizada por prerrogativas gerenciais extremas e ampla influência social. Além disso, em consonância com a crescente confiança na ciência que se estabelecia na época, o mundo dos negócios abraçou amplamente a tecnologia, aplicando-a não somente às máquinas, mas também aos seres humanos. O desenvolvimento de uma rede ferroviária ampla e transcontinental, por exemplo, representou para muitos um milagre tanto tecnológico quanto administrativo. Com isso, não é por acaso que as primeiras organizações de negócios foram construídas à imagem e semelhança das máquinas; a máquina é a personificação da eficiência e foi por isso considerada o modelo apropriado tanto para as organizações humanas como para a produção. Tais características foram facilmente transpostas para o setor público.

Do campo dos negócios, Wilson tirou a lição de que a eficiência e a responsabilidade administrativas alcançariam patamar superior com a criação de centros únicos de poder, que, basicamente, controlariam estruturas hierárquicas. Na visão de Wilson, como também na de muitos outros autores do período inicial, o poder governamental precisava assumir uma estrutura mais integrada e centralizada. Segundo Wilson, a responsabilidade pela ação pública deveria estar centrada em uma única autoridade, de forma a garantir confiabilidade e operações eficientes. Wilson não via problema na possível inconsistência de sua visão com as normas democráticas de descentralização e participação pública. Pelo contrário, de acordo com ele, "não há perigo no poder, desde que ele não seja irresponsável; se estiver centrado nos chefes de serviço e nos chefes das divisões de serviço, pode-se facilmente vigiá-lo e chamá-lo a dar explicações" (p. 213-214).

Pode-se, obviamente, questionar se o interesse tradicional dos negócios pela eficiência produtiva, alcançada por intermédio da organização hierárquica, seria tão facilmente transferido para o setor público – levando-se em conta que este se distingue por propósitos mais ambíguos, por processos de tomada de decisão mais pluralísticos e pela necessidade de supervisão pública. No entanto, a visão de Wilson era clara: na busca pela democracia, o governo deve seguir o modelo dos negócios, mesmo onde isso não pareça ser um procedimento democrático. Conforme Waldo (1948, p. 200) resumiria mais tarde, a ortodoxia que se desenvolveu no período subsequente à obra de Wilson era: "Havia um forte discurso e sentimento de que os meios e as medidas de eficiência eram os mesmos para todo tipo de administração: se a democracia devesse sobreviver, ela não poderia se dar ao luxo de ignorar as lições da centralização, da hierarquia e da disciplina".

Para que os órgãos administrativos funcionassem com eficiência e à semelhança dos negócios, era necessário isolá-los dos caprichos ou da imprevisibilidade do processo político. Essa visão constituiu a base para a famosa distinção que Wilson (1887) estabeleceu entre política e administração: "A administração está fora da esfera própria da política. Questões administrativas não são questões políticas. Embora a política determine as tarefas para a administração, não se deve tolerar que ela manipule seus cargos" (p. 210). No domínio político, devia-se debater questões e tomar decisões sobre os rumos da política pública; no domínio da administração, devia-se implementar políticas por meio de uma burocracia neutra e profissional. Wilson achava que, com essa distinção, poderíamos obter um equilíbrio adequado entre responsividade democrática e competência administrativa. Em seu trabalho, encontramos dois temas proeminentes que serviram de foco para o estudo da administração pública durante a maior parte de sua história: a suposta distinção entre política (*politics* ou *policy*)* e administração e a busca por princípios científicos de gestão administrativa que auxiliassem o alcance à eficiência organizacional. Conforme veremos, ainda hoje essas questões continuam centrais para a interpretação dominante ou ortodoxa da administração pública.**

> A administração se encontra fora da esfera própria da política. Questões administrativas não são questões políticas. Embora a política determine as tarefas para a administração, não se deve tolerar que ela manipule seus cargos.
>
> Woodrow Wilson

Administração política

Um exame das tendências iniciais no estudo da administração pública revela duas correntes de pensamento interessantes, embora um tanto contraditórias. Há a visão de que a administração pública se diferencia por sua relação com o processo governamental e que esta relação requer que se dê atenção especial a interesses normativos como justiça, liberdade e responsabilidade. Há também a visão de que, após tomadas as decisões de forma democrática, a implementação dessas decisões depende das mesmas técnicas usadas na empresa privada. O predomínio eventual do segundo ponto de vista sobre o primeiro é representado pela dicotomia entre política e administração, cuja importância simbólica nunca será por demais ressaltada.

---

* Cabe distinguir *políticas* e *policy*, ambas traduzidas para o português como política, porém com diferentes acepções. O "política" no sentido de *policy* é um plano/orientação para ação. Já "política" enquanto *políticas*, refere-se ao processo de negociação para obtenção e manutenção de recursos. Para saber mais sobre esta distinção, bem como sobre as implicações da abordagem de políticas públicas no contexto brasileiro, recomendamos Secchi, Leonardo. "Política pública: conceitos, esquemas de análise, casos práticos". 2. ed. São Paulo. Cengage Learning, 2013. (N.R.T.)

** Novamente o texto de Farah (2011) é pertinente para contextualizar o leitor sobre o surgimento da administração pública enquanto disciplina especialmente sobre a dicotomia entre administração e política, ao contexto brasileiro. Farah, Marta. Administração pública e políticas públicas. *Revista de Administração Pública*, v. 45(3), 813-836, 2011. (N.R.T.)

Com frequência, entretanto, o símbolo de certo modo excede a realidade. Muitos daqueles que publicaram comentários sobre os escritos mais antigos dedicados à administração pública colocaram ênfase exagerada na dicotomia entre política e administração, como se ela representasse a chave para se compreender os primeiros escritos teóricos. Por exemplo, Howard McCurdy (1977, p. 19) a descreve como a "sagrada escritura da administração pública americana". É bem verdade que a dicotomia entre política e administração foi mencionada por um grande número de autores mais antigos. No entanto, dificilmente chegaria a ser uma "sagrada escritura". Além disso, a dicotomia nunca foi delineada com tanta nitidez quanto gostariam de acreditar muitos comentaristas posteriores.

Especialmente no caso do nível local – em que o governo configurado na forma de câmara e administrador municipal designava o papel da política à câmara e o papel da gestão ao administrador –, parecia haver uma distinção bem nítida. Mas, mesmo nesse caso, muitas vezes ocorria superposição de áreas de responsabilidade. De modo surpreendente, a interação de política e administração, de fato, caracteriza dois trabalhos formais em geral citados em defesa de uma dicotomia rigorosa entre política e administração: *Policy and administration* (1900), de Frank Goodnow, e *The government of modern states* (1936), de W. F. Willoughby; mas os dois autores tinham uma posição mais cuidadosamente articulada do que em geral se lhes credita. Para o bem da verdade, pode-se ler o argumento de Goodnow como fundamentalmente contrário à divisão das funções governamentais entre os poderes executivo, legislativo e judiciário.

Reconciliação entre teoria e realidade

O livro de Goodnow é, antes de tudo, uma crítica à visão formalista do governo, segundo a qual o estudo da Constituição ou de outros estatutos legais seria suficiente para se compreender as operações dos atores governamentais. Pelo contrário, argumentava ele, a separação estrita dos poderes, contida na Constituição dos Estados Unidos, foi violada muitas vezes, e por boas razões e, além disso, algumas das instituições mais importantes do governo americano não aparecem na Constituição. Especificamente, a teoria de atribuir à legislatura o papel de formulador de políticas e ao executivo o papel de executor não está refletida na verdadeira prática do governo. O poder de revisão jurídica dos partidos políticos e do Supremo Tribunal Federal não estão descritos em lugar algum na Constituição.

Portanto, convém repensar a teoria formal dessa separação, de modo que a teoria possa corresponder mais de perto à prática e, realmente, fornecer os meios para abordar os problemas urgentes da sociedade industrial moderna.

Em verdade, como mostra Goodnow, é possível distinguir, para fins analíticos, as operações do Estado que são essenciais à expressão de sua vontade das que são necessárias à execução dessa vontade (p. 15). A política está preocupada com a expressão da vontade do Estado nas políticas; a administração está preocupada com a execução dessa vontade. Porém, "enquanto, por um lado, as duas funções primárias de governo são passíveis de distinção, por outro, não se consegue definir com tanta clareza os órgãos do governo aos quais se confia o cumprimento dessas funções" (p. 16). Embora um órgão do governo, o legislativo, esteja primordialmente interessado na expressão da vontade do Estado, esse não é o único órgão do governo a fazê-lo, como também tal atividade não impede que sua ação influencie igualmente a execução dessa vontade. De maneira semelhante, os agentes do governo encarregados de executar a vontade do Estado frequentemente possuem tanto poder discricionário que se pode dizer que expressam o desejo estatal.

Os comentários de Goodnow sobre a relação entre as responsabilidades dos governos central e local também são esclarecedores. Ele observa que a centralização legislativa é, muitas vezes, seguida por uma descentralização administrativa. Nesses casos, o órgão administrativo local pode "mudar a vontade do Estado, na forma em que esta foi expressa pelo corpo representativo de todo o Estado, e, dessa forma, adaptá-la ao que se acredita serem as necessidades da comunidade local" (p. 50). Muito embora Goodnow recomende, especificamente, uma centralização administrativa um pouco maior (seguida por maior autonomia legislativa para os governos locais), sua análise deste ponto novamente se coloca diretamente contra a separação estrita de política e administração. Seu ponto de vista é claro: as bases legais formais para a divisão das responsabilidades governamentais, tanto em termos horizontais quanto verticais, são substancialmente alteradas pela prática governamental.

Ampliando as divisões do governo

Muitos dos mesmos comentários se aplicam à análise feita por W. F. Willoughby sobre as várias funções do governo. Em um livro anterior (WILLOUGHBY e

WILLOUGHBY, 1891, p. 42), ele comentara que "as obrigações do executivo consistem em fazer cumprir e aplicar as leis da nação, depois que elas foram criadas pelo legislativo e interpretadas pelos tribunais". Mas, à época de seu texto de 1919 (revisto em 1936), Willoughby reconhece algumas dificuldades nessa posição. Aqui ele argumenta que não há apenas três poderes ou três divisões do governo, como em geral se pensa, mas cinco classes de poderes governamentais: as divisões legislativa, judiciária, executiva, eleitoral e administrativa. Em adição às três divisões tradicionais, argumenta Willoughby, deve-se reconhecer o poder eleitoral, porque a fonte de autoridade em uma democracia muda do governante para o povo. O eleitorado também tem suas próprias "funções definidas e passíveis de distinção" (1936, p. 217). De maneira análoga, deve-se reconhecer a divisão ou poder administrativo, já que há "diferença entre a função de supervisionar o cumprimento das leis e a função de efetivamente executar aquilo que é ordenado pelas leis" (p. 219). Para Willoughby, "a função executiva é essencialmente política, [e] a função administrativa se volta para a implementação (...) das políticas definidas por outros órgãos" (p. 220). Se, por um lado, Willoughby argumenta contra a separação tradicional de poderes, por outro, ele, de fato, reconhece que há uma distinção entre as atividades de formulação de políticas (*policy-making*) e as de execução de políticas, embora ela não seja absoluta.

"Teia inconsútil de discrição e ação"

Um reconhecimento semelhante da dificuldade de se separar política e administração, ainda que em um tom muito diferente, é encontrado no ensaio de Luther Gulick, "Politics, administration and the New Deal" (1933). Gulick baseia seu argumento na amplitude de discrição de que dispõem os administradores para a execução das ordens legislativas. Para Gulick, "todo ato [do empregado público] é uma teia inconsútil de discrição e ação" (p. 561). Apesar de a quantidade de discrição variar dentro dos órgãos, a discrição é exercida do topo à base da organização. Mesmo aqueles que lidam diretamente com o público devem, por vezes, exercer discrição considerável, embora Gulick observe que essa situação ocorra com frequência em "unidades administrativas mal organizadas e dirigidas de forma precária" (p. 562). Em todo caso, segundo Gulick, a flexibilidade administrativa é cada vez mais importante.

> Todo ato [do empregado público] é uma teia inconsútil de discrição e ação.
> Luther Gulick

Após a era da política de pilhagem dos cargos públicos, quando eram cabíveis os esforços para isolar ou distanciar a administração da corrupção e a ineficiência da política, Gulick acredita que o governo do futuro assumirá novos papéis importantes. O governo nacional se transformará em uma grande *holding*, "criando e estabelecendo um plano global consistente para a vida nacional" (p. 566). Uma sociedade tão altamente organizada daria pouca chance ao envolvimento do cidadão. De acordo com Gulick, "não se deve exigir que o sucesso operacional da democracia dependa da atividade política extensa ou contínua dos cidadãos nem da inteligência ou conhecimentos incomuns ou requeridos apenas de alguém às voltas com problemas de difícil solução" (p. 558). Aparentemente, no mundo organizado e administrado do futuro, a dicotomia entre política e administração será resolvida dando-se aos administradores o poder antes detido pelos cidadãos.

Interação entre política e administração

Um entendimento teórico e prático mais convincente da política e da administração é apresentado no texto clássico de Leonard White, *Introduction to the study of public administration* (1948b). Embora reconheça que há uma certa separação implícita entre política e administração, White igualmente admite, em sua definição de administração pública, que há interação entre as duas esferas. Ele acha particularmente notável a crescente tendência favorável à iniciativa do executivo na política pública, que ocorre tanto por conta da discrição exercida pelos administradores quando implementam legislação de conteúdo vago ou genérico, quanto pela busca de aconselhamento e assessoria junto a servidores públicos permanentes, com vistas ao desenvolvimento de políticas almejadas. De modo importante, White mostra a vantagem especial de se empregar pessoal administrativo na formulação de políticas, reconhecendo que sua imparcialidade e competência técnica podem equipá-los para produzir recomendações particularmente positivas. A certa altura, White chega a sugerir que os burocratas talvez ocupem a melhor posição para a produção de políticas: "A administração talvez seja o poder mais bem equipado do governo para se produzir genuinamente a política pública por estar livre da temível propensão de favorecer determinados grupos de pressão" (p. 13). Embora este ponto não seja elaborado, e não se tenha explorado mecanismos específicos para aperfeiçoar o potencial político da burocracia, White abre, de fato, a possibilidade de se fazer um paralelo entre administração democrática e política democrática, com a presunção de elas se sobreporem em muitas instâncias.

Administradores como importantes atores políticos

De qualquer forma, a ortodoxia emergente – de que os administradores estão inteiramente envolvidos no processo político – foi resumida, no final da década de 1940, em uma série de palestras proferidas por Paul H. Appleby. Appleby (1949) começa observando a tendência de muitos acadêmicos e profissionais que veem a política e a administração como atividades separadas e, por sua vez, veem os administradores com pouco ou nenhum papel na formulação de políticas (*policy-making*). Ao contrário, argumenta Appleby, os administradores são atores políticos relevantes, que influenciam o processo de elaboração de políticas (*policy-making*) de diversas maneiras e, de modo mais significativo, no exercício da discrição administrativa: "Os administradores estão continuamente estabelecendo regras para o futuro e sempre interpretando a lei, esclarecendo seu sentido em termos de ação" (p. 7). Além disso, os administradores também influenciam as políticas por meio de recomendações que fazem ao legislativo. Como resultado, de acordo com Appleby, a "administração pública é a formulação de políticas (*policy-making*)" (p. 170). O que é talvez mais característico a respeito da proposição de Appleby, no entanto, é seu tom filosófico: o fato de os administradores estarem envolvidos na formulação de políticas (*policy-making*) está em total consonância com uma sociedade democrática, na qual "sempre há mais política" (p. 27). Numa sociedade democrática é de se esperar esse envolvimento, mas ele levanta outra vez a necessidade de se examinar a relação entre ação administrativa e governança democrática.

Influência persistente da separação entre política e administração

Uma leitura das proposições originais de Goodnow e Willoughby sobre a distinção de política e administração indica que o seu tratamento é muito menos rígido do que muitos admitem, mesmo atualmente. Os dois autores, de fato, argumentam contra a visão legal e formal de que as operações governamentais seguem a separação constitucional de poderes nas divisões legislativa, executiva e judiciária. Ao contrário, Goodnow e Willoughby argumentam que a relação entre funções governamentais como formulação de políticas (*policy-making*) e execução de políticas é muito mais complexa do que se havia pensado anteriormente. Eles estão realmente interessados na relação entre política e administração, mas não na distinção entre elas. Em todo o processo de formulação de políticas (*policy-making*), o papel da burocracia rapidamente foi não somente reconhecido, mas ressaltado. Pode-se muito bem perguntar, então, como a dicotomia entre administração e política ganhou sua notável força simbólica, e ainda, mais pontualmente, como ela continua a nortear o estudo da administração pública.

Limitação do campo

Entendemos que existem três razões para que persista a influência da distinção entre política e administração. As duas primeiras derivam de um redirecionamento interessante e muito importante ocorrido nos estudos de administração com a publicação do livro *Principles of public administration*, de Willoughby, em 1927. Enquanto os estudos iniciais viam a administração como uma função que ocorre dentro de vários contextos governamentais, incluindo o legislativo e o judiciário, Willoughby define que o estudo da administração pública se interessa "apenas pelas operações do poder administrativo" (p. 1). Esta distinção é extremamente importante, pelo menos por dois motivos. Em primeiro lugar, associar a administração a uma instituição particular, a uma das divisões ou poderes do governo, implica, de fato, na existência de uma dicotomia entre política e administração, pelo menos ao ponto de se dizer que se pode estudar a administração à parte do processo político. Em segundo lugar, como Marshall Dimock (1936a, 1936b) não tardou a assinalar, essa abordagem confirma uma interpretação de estudos administrativos segundo a qual esses estudos estão interessados somente no aumento da eficiência gerencial de organizações altamente estruturadas.

Apesar (ou talvez em virtude) desses aspectos – examinados mais de perto ainda neste capítulo –, a mudança da administração pública de um processo ou definição funcional para uma visão institucional logo se confirmou. Um texto muito influente de Simon, Smithburg e Thompson (1950) contém a seguinte afirmação: "Por administração pública, no uso comum, se entende as atividades do poder executivo nos níveis nacional, estadual e local de governo; os órgãos colegiados e comissões independentes criados pelo Congresso e pelas assembleias legislativas estaduais; as empresas públicas; e alguns outros órgãos de caráter especializado" (p. 7). Os textos subsequentes não enfocaram de forma tão distinta o poder executivo, mas deixaram claro que os empregados ou os órgãos do governo constituíam sua preocupação central. Para quase todos os fins, a administração pública veio a ser entendida como administração governamental, principalmente as operações do poder executivo.

Começando com a definição institucional de administração pública de Willoughby, encontramos uma confirmação da dicotomia entre política e administração, sem discussão alguma sobre ela. Todos os debates acadêmicos e profissionais que trataram dessa questão durante a primeira metade do século XX assinalaram a interdependência da política pública e da administração. Muitos escritos representaram ataques sérios e constantes à suposta dicotomia. Enquanto questão teórica, a separação entre política e administração logo deixaria de existir (embora talvez fosse mais acertado dizer que ela sequer chegara a existir). Já enquanto questão prática, porém, a dicotomia entre política e administração encontrou sobrevida em uma definição institucional de administração pública depois que Willoughby e outros estudiosos posteriores voltaram seus estudos para os problemas práticos de um público muito específico: o pessoal administrativo. E, na medida em que a administração pública é ainda definida em termos institucionais, a dicotomia sobrevive e persiste como questão de debate e disputa.

Em um desses debates, James Svara (2001) defende uma interpretação alternativa à dicotomia entre política e administração, recorrendo ao conceito de "complementaridade". Esta ideia sugere que os políticos e os administradores têm que trabalhar juntos em busca da boa governança. "A complementaridade reconhece a interdependência e a influência recíproca entre funcionários eleitos e administradores (...), (que) mantêm papéis distintos, com base em suas perspectivas e valores singulares e nas diferenças em suas funções formais, mas as funções exercidas por eles necessariamente se sobrepõem." (p. 179). Michael Harmon (2006) discorda, advogando que essa dicotomia não decorre simplesmente das diferentes perspectivas sustentadas pelos funcionários eleitos e administradores, mas contém falha teórica, uma dependência excessiva dos "dualismos" (isto é, valor e fato, teoria e prática, pensamento e ação, etc.), que deve ser corrigida para que o campo de estudo progrida. Para Harmon, a questão de quem está envolvido na política e na formulação de políticas não é o problema. Todos concordam que os administradores estão envolvidos na política e na formulação de políticas. Em vez disso, a questão central é se a política/o trabalho político é funcionalmente distinta da administração e tem autoridade normativa sobre ela. O resultado dessa posição é que a administração ou implementação ocorre, sequencialmente, depois da política e, como tal, é ou deveria ser apolítica. Harmon argumenta que, para afastar esta visão, o campo de estudo precisa superar as suposições dualísticas que mantém. Isso abriria a possibilidade de um modo "unitário" de governança colaborativo e experimental. Este debate continua.

Adoção de técnicas da gestão de negócios

O desejo de se obter a simpatia de uma plateia específica – seja ele de oficiais eleitos ou administradores públicos profissionais – não é a única razão para que a dicotomia entre política e administração continue a influenciar o campo. Como escreveu Dimock (1936a, p. 7), a definição institucional do campo proposta por Willoughby teve o efeito de confirmar a visão mais antiga, de Wilson e outros, segundo a qual a administração do governo se equipara, perfeitamente, com a gestão de assuntos organizacionais em qualquer esfera e tem a eficiência como seu interesse primordial. Por sua vez, sentia-se que o campo da administração pública poderia aprender muito com o da gestão de negócios. O próprio Willoughby adotou exatamente essa perspectiva em seu texto de 1927, ao usar uma analogia de negócios segundo a qual os legisladores operavam como um "conselho diretor de governo, à semelhança do que ocorre em qualquer empresa em funcionamento" (p. 2). Esta visão certamente era consistente com os comentários anteriores de Wilson sobre o paralelo entre administração governamental e gestão privada, mas seguia de forma ainda mais direta o argumento de Frederick A. Cleveland de que "as instituições da democracia são praticamente moldadas sobre as mesmas linhas pelas quais se moldam as instituições privadas de negócios (...). Adotou-se praticamente a mesma organização, tomando o cidadão o lugar do acionista" (1913, p. 452).

Como veremos a seguir, foi justamente essa visão – segundo a qual a administração pública e a privada são essencialmente semelhantes – que adotaram, durante as décadas de 1920 e 1930, os autores empenhados em estudar as questões da organização e da gestão. (E, como veremos no Capítulo 6, a advertência para se tocar o governo como se toca um negócio ressurgiu na abordagem contemporânea conhecida como Nova Gestão Pública, ou Administração Pública Gerencial – *New Public Management*.) Claramente, esse interesse por questões estruturais, gestão científica e eficiência organizacional – que caracterizou a teoria da administração pública durante este período – somente foi possível em função de uma definição institucional da administração pública e do pressuposto de que a política (ou valores) ficasse de fora. Somente com o surgimento da visão de que a administração poderia ser estudada separadamente da política se tornou possível a adoção das técnicas e abordagens da gestão de negócios.

Papel das organizações públicas em uma democracia

Uma terceira razão básica para a persistente importância simbólica da política e da administração para o estudo de administração pública é que a relação (não a separação) entre política e administração é de fato importante para os estudiosos e profissionais do campo da administração pública. De fato, em última análise, toda a questão de saber se existe algo de especial na administração pública ou, como escreveu Appleby (1945, cap. 1), de saber se "o governo é diferente", pode, enfim, estar neste ponto. Mais pontualmente, a relação entre política e administração passou a simbolizar a questão do papel próprio das organizações públicas na sociedade democrática. Há, ou deveria haver, especificamente, alguma diferença entre a administração pública na sociedade democrática e a administração pública na sociedade autoritária?

Frederick Cleveland (1920, p. 15) certamente expressou a visão dominante de que "a diferença entre autocracia e democracia está não na organização administrativa, mas na ausência ou presença de um eleitorado ou corpo de representantes externo à administração que tenha o poder de determinar a vontade de seus membros e de impor esta vontade à administração". Assim, as demandas de um governo democrático são logradas pela condução e revisão legislativas de um serviço público neutro e competente, organizado de acordo com os melhores princípios de negócios. Mas, como veremos, os melhores princípios da gestão de negócios nem sempre são consistentes com as normas da democracia; na verdade, não raro, entram em choque com as normas democráticas.

Dwight Waldo se destacou entre os que questionaram se a democracia poderia sobreviver na presença de organizações públicas não democráticas. Ele também observou que a visão afirmativa começou com a separação entre os interesses políticos democráticos e os de uma administração eficiente. Ao rever o desenvolvimento da teoria da administração pública, até o início da década de 1950, Waldo (1952) escreveu: "Tanto a administração pública como a privada foram ambas, em um importante (...) sentido, falsas em relação ao ideal da democracia. Falsas porque insistiram que a democracia, por melhor e mais desejável que seja, é, no entanto, periférica à administração" (p. 7). A maioria dos primeiros autores lidou com a relação entre democracia política e organizações públicas defendendo uma separação estrita entre elas, admitindo que seria necessário haver autocracia nas organizações públicas para que se lograsse de forma efetiva uma sociedade democrática. Em contraste, uma perspectiva contrária – sobre a relação entre política e administração, democracia e burocracia – poderia sustentar que, independentemente de a política e a administração estarem separadas, a administração dos assuntos em uma democracia deverá sempre aderir a princípios e normas democráticas. Mas, antes de se desenvolver tal ponto de vista, é preciso examinar de forma clara e específica os princípios da gestão de negócios que influenciaram as teorias da organização pública.

Abordagens científicas à gestão

Se fosse possível separar política de administração, seria apenas lógico supor que as lições aprendidas pelos estudiosos de gestão do setor privado pudessem também ser aplicadas à administração do setor público. Assim, além de dar início a uma longa tradição de estudos sobre a relação entre política e administração, o ensaio pioneiro de Wilson (1887) implicava uma abordagem genérica à gestão, que consideraria que o estudo da gestão seria o mesmo, independente de seu contexto de aplicação. Por sua vez, os estudiosos da administração pública adotariam essencialmente a mesma agenda dos estudiosos dos negócios – buscar princípios científicos de gestão administrativa que os ajudassem a atingir eficiência organizacional. De novo, estabeleceu-se um exemplo para muitas das pesquisas sobre organizações públicas que logo se seguiriam, uma orientação que ainda hoje se reflete nas teorias de organização pública.

Princípios científicos

A pedra angular do estudo emergente da gestão foi a tentativa de derivar princípios científicos que guiassem os gestores em seus esforços e ações para projetar ou modificar estruturas organizacionais. A ênfase na ciência era total, embora no começo fosse algo um pouco mais simbólico que real. Os estudiosos da gestão, assim como os cientistas sociais em geral, se sentiam um tanto temerosos e perplexos diante da ciência, especialmente na medida em que testemunhavam o impacto incrível da ciência e da tecnologia nos processos industriais. A física, a química e, em menor escala, a biologia representavam modelos para o tipo de atividade acadêmico-científica que resultariam em benefícios para os indivíduos e a sociedade. Mas à medida que os estudiosos da gestão procuravam imitar as ciências naturais, seu trabalho quase se convertia em paródia de ciência "real".

Em parte, o problema era que os cientistas sociais ainda não tinham resolvido claramente a questão do que significava ser científico em relação à compreensão da vida social. Para muitos, ser científico significava simplesmente ser rigoroso e preciso na coleta e interpretação dos dados; para outros, na verdade para um grupo cada vez mais dominante, ser científico significava aderir a um certo ponto de vista epistemológico e filosófico. Os primeiros autores de administração pública podem, certamente, ser acusados de terem sido ingênuos e pouco sofisticados em seu entendimento da ciência, mas seus críticos posteriores também não deixaram de errar. Especificamente, a própria concepção particular de ciência que veio a dominar o estudo da gestão, na metade do século XX, era limitada em sua compreensão da vida organizacional. Mas, de qualquer modo, o interesse pelo desenvolvimento de uma ciência da administração foi e continua sendo um interesse particular dos estudiosos de administração pública.

The one best way, segundo Taylor

A ingenuidade dos primeiros cientistas da gestão está refletida no superinfluente trabalho de Frederick W. Taylor. Em termos específicos, Taylor (1923, p. 7) achava que "a melhor gestão é uma verdadeira ciência, que se baseia em leis, regras e princípios claramente definidos". Na base desta ciência está o estudo cuidadoso do comportamento dos trabalhadores individuais, movido pelo interesse de aumentar, de forma substancial, sua eficiência; mas, além disso, a gestão científica implica a extensão ou aplicação desses princípios científicos a todos os domínios da atividade produtiva. A ciência de Taylor representou, portanto, ao mesmo tempo uma técnica (ou mecanismo de produção) e uma filosofia de vida social.

No nível técnico, argumentava Taylor, os trabalhadores mais especializados de qualquer época sabiam como se poderia executar melhor as tarefas; sua sabedoria popular, em grande parte derivada da experiência, permitia que desenvolvessem os processos de trabalho mais eficientes. Para qualquer tarefa particular existia "uma melhor maneira" (*one best way*, em inglês) de executá-la – uma maneira que poderia ser descoberta (por meio de pesquisa científica) e aplicada por outros. O que Taylor propunha era pesquisar os vários componentes do trabalho de uma maneira completa e rigorosa (ou seja, científica) e, em seguida, tornar conhecidos seus resultados, para que todos os trabalhadores pudessem utilizar o que antes fora o método exclusivo de poucos. Ao engajar-se no estudo detalhado dos tempos e movimentos necessários até para as tarefas mais comuns, Taylor procurou demonstrar que a gestão poderia melhorar enormemente a eficiência do processo produtivo.

> A melhor gestão é uma verdadeira ciência, que se baseia em leis, regras e princípios claramente definidos.
>
> Frederick Taylor

Para demonstrar, a título de exemplo, que "todo ato singular de qualquer trabalhador pode ser reduzido a uma ciência", Taylor estudou a "ciência do padejamento", do trabalho com pá (p. 64). A pesquisa baseou-se na premissa de que, para todo padejador de alto desempenho, a maior produtividade diária resultaria de um determinado "volume de pazadas". Para descobrir essa "única melhor maneira" de padejar, Taylor planejou um experimento bem cuidadoso, em que as "pazadas" de cada um dos diferentes "padejadores de alto desempenho" – que concordaram em participar do experimento – tinham um peso diferente. Descobriu-se que esses trabalhadores removeriam a maior tonelagem de material por dia se o peso médio de cada "pazada" oscilasse em torno de 9,50 kg.

Obviamente, a gestão científica recomenda aos gestores uma visão dos trabalhadores como máquinas a serem programadas para eficiência máxima e uma intensificação da divisão do trabalho discutida no Capítulo 2. A abordagem de Taylor pretende desmembrar o processo de trabalho em suas menores partes componentes e, então, disciplinar trabalhadores a desempenhar aquela única tarefa da forma mais eficiente possível. Taylor também recomenda, mais positivamente, um novo papel para os próprios gestores, não distante da divisão entre trabalho mental e físico percebida por Marx. Os gestores, que até então tinham a tarefa de tornar a organização mais eficiente, se tornavam agora necessários em números cada vez maiores e, assim, ganhavam um novo lugar na produção.

É possível admitir que havia uma certa benevolência, ou humanismo, que impulsionava os esforços de Taylor. Ao insistir que a "ciência" seja trazida ao processo de trabalho, ele esperava melhorar o relacionamento entre trabalhadores e gestores através da inibição do exercício arbitrário de gestão e forçando a gerência a dividir a responsabilidade pelo desempenho. A autoridade estaria baseada no conhecimento real e seria usada para ajudar os trabalhadores a fazerem seus trabalhos. Além disso, a ampla distribuição deste conhecimento aprimoraria as condições gerais de trabalho e contribuiria para o melhoramento social geral. Ao mesmo tempo, o desenvolvimento deste conhecimento científico é a intenção da gestão. Trabalhadores apenas executam os planos dos gestores. Gestores pensam, trabalhadores fazem. E o objetivo destes planos, no final, é extrair a quantidade máxima de trabalho dos trabalhadores.

Definição de ciência

Neste ponto, deve-se tentar esclarecer que havia uma abordagem implícita de ciência na gestão científica. O próprio Taylor ofereceu a seguinte explicação para este uso do termo *ciência*, em testemunho a uma Comissão do Congresso norte-americano:

> Levantou-se uma objeção muito séria ao uso da palavra "ciência" em relação a este assunto. Sinto-me particularmente intrigado por verificar que esta objeção vem principalmente de professores deste país. Eles se ressentem do uso da palavra *ciência* para coisas tão triviais quanto os assuntos comuns do dia a dia. Acho que, como resposta

> adequada a essas críticas, posso invocar a definição dada recentemente por um professor (muito reconhecido) (...) de que a ciência é um "conhecimento classificado ou organizado de qualquer espécie". E, com certeza, a reunião do conhecimento que já existia anteriormente, mas que se encontrava em situação não classificada nas mentes dos trabalhadores, e a posterior redução desse conhecimento a leis, regras e fórmulas (...) representam a reclamada organização e classificação do conhecimento, mesmo que não recebam a chancela de algumas pessoas no sentido de lhe reconhecer o nome de ciência. (p. 41-42)

Essa definição de *ciência*, obviamente, não tem o rigor e a sofisticação das definições usadas nas ciências naturais ou sociais. Ela provê a base para o exame cuidadoso dos processos de trabalho e a organização sistemática desses dados, mas dificilmente contribui para um entendimento teórico mais amplo da vida organizacional. Além disso, ela continua um tanto frouxa para que possa lidar não apenas com descrições, mas também com recomendações sobre o modo como se deve conduzir organizações – recomendações que parecem então ter o endosso ou a sanção da ciência.

As implicações filosóficas do trabalho de Taylor são muito significativas para os estudiosos da administração pública. Embora o primarismo da ciência de Taylor nos possa deixar intrigados, não se pode ignorar o impulso dado por ele à ideia de se aplicar um senso científico rigoroso ao estudo das organizações – uma abordagem que logo viria a ter domínio na ciência da gestão. Além disso, no início, os princípios científicos foram aplicados ao nível da produção, mas depois foram estendidos, "para cima e para fora", a níveis mais elevados da organização, quiçá a toda a sociedade. "Sente-se uma impulsão no sentido de se estender a abordagem objetiva, positivista, a um conjunto cada vez mais amplo de fenômenos; na verdade, depois de se embarcar neste curso, parece que, de um ponto de vista lógico e prático, se deve sempre avançar ainda mais" (WALDO, 1948, p. 57). Finalmente, à medida que a filosofia taylorista implicou a concentração de atividades de planejamento na gestão e a intensificação da divisão do trabalho, a vida organizacional moderna passaria a estar sujeita às influências limitadoras e alienantes descritas por Weber e Marx.

Ciência aplicada à administração pública

Um dos domínios sobre o qual avançou o interesse pelos princípios científicos foi o novo campo da administração pública. Desde o início, os "administracionistas" públicos, como outros cientistas sociais, discorreram sobre a possibilidade de se realizar um estudo científico de seu campo. Em quase todos os primeiros escritos sobre administração pública, o termo *ciência* – ou outros termos, como *princípios*, que faziam as vezes de ciência – era usado de uma maneira muito frouxa e mal definida. Antes do livro *Administrative behavior* (1957), de Herbert A. Simon, não havia uma formulação explícita de ciência, com base em uma epistemologia cuidadosamente fundamentada. Não obstante, não se questionava a reverência pela abordagem científica e sua busca.

Entretanto, uma importante transição na literatura sobre administração pública preparou o caminho para o trabalho de Simon. De novo, o estrago parece ter sido perpetrado por Willoughby. No prefácio de seu livro, apropriadamente intitulado *Principles of public administration* (1927), Willoughby escreve:

> Pode-se fazer objeção a que a administração seja considerada uma ciência. Independentemente de a objeção ser válida ou não, aqui se toma a posição de que, em administração, existem certos princípios fundamentais de aplicação geral, semelhantes aos que caracterizam toda e qualquer ciência, que devem ser observados – caso se deva garantir a finalidade da administração, isto é, a eficiência das operações – e de que se impõe determinar estes princípios e tornar conhecida sua importância tão somente por meio da aplicação rigorosa do método científico à sua investigação. (p. ix)

Segundo esta perspectiva, a ciência pode produzir princípios, guias para ação e explicações, com o intuito de auxiliar o administrador a melhorar a eficiência organizacional.

Formulações pioneiras: Leonard White

As primeiras tentativas de formular princípios concentraram-se, principalmente, na estrutura organizacional e trataram de questões como a divisão do trabalho e a cadeia de comando. Essa abordagem foi duramente combatida, mas, de uma maneira significativa, permaneceram intactos os elementos centrais da proposição de Willoughby – de que (1) o método científico pode ser utilizado no estudo da administração, (2) a ciência pode produzir guias para ação e (3) essas orientações ou diretrizes irão melhorar a eficiência organizacional, o principal critério para a avaliação do trabalho das organizações. Poucos argumentaram que a ciência, ou qualquer interpretação particular dela, fosse imprópria para o estudo das organizações humanas; poucos questionaram se os resultados da pesquisa científica poderiam ser aplicados na prática; poucos observaram que o objetivo das organizações públicas poderia ir além da eficiência (por exemplo, a democracia). O que, eventualmente, ocorreu foi uma reconceituação da abordagem dos "princípios", no sentido de uma ciência social mais aceitável e legítima.

O primeiro passo nessa transição foi tomado por Leonard D. White, no ensaio intitulado "The meaning of principles in public administration" (1936). Ao descrever o termo *princípio* – na forma em que é usado na administração pública – como uma "palavra mágica", que supostamente contém poderes ocultos, White sugere que esse termo talvez já não seja mais adequado para desenvolver estudos científicos (p. 13). Por exemplo, os físicos já não usam mais a expressão; não se tenta mais descobrir princípios de física ou de química. Além disso, a ambiguidade que acompanha a utilização do termo na administração pública limita o desenvolvimento tanto de enunciados que indiquem relações causais quanto de proposições que poderiam ser guias adequados para a ação administrativa. Uma forma de conciliar esses dois propósitos é pensar sobre princípios em termos de hipótese e verificação, "restringir o uso do termo para que signifique uma hipótese ou proposição tão adequadamente testada por observação e/ou experimento que possa ser, de forma inteligente, proposta como guia para ação ou como meio de compreensão" (p. 18). (Uma *hipótese* é um enunciado formal de uma relação sujeita à verificação.)

Formulações pioneiras: Edwin O. Stene

Claramente, essa interpretação alinhou, de forma mais estreita, o estudo da administração pública a outros esforços voltados ao desenvolvimento do estudo científico do comportamento humano. Outro passo foi tomado por Edwin O. Stene, alguns anos mais tarde, no ensaio intitulado "An approach to a science of administration" (1940). Stene argumentou que o que se chamava de *princípios* na literatura de administração pública significava pouco mais que especulação ou opinião e, como tal, dificilmente constituía a ciência da administração pública tão sonhada por muita gente. Em contraste, Stene propôs a "determinação de relações causais" como fundamento para a ciência da administração (p. 425). Mediante uma série de definições preliminares, axiomas e proposições, Stene buscou uma base racional para a pesquisa empírica sobre a qual se pudesse construir a ciência da administração. Dessa forma, se poderia chegar a uma ciência da administração. Por exemplo, uma hipótese estabelecia: "A coordenação de atividades dentro de uma organização tende a variar em proporção direta ao grau com que funções essenciais e recorrentes se tornam parte integrante da rotina organizacional" (p. 1129). (Pode-se observar a notável similaridade desta proposição com a discussão feita por James Thompson (1967), mais ou menos 25 anos depois, com o propósito de assegurar "o núcleo técnico" das organizações.)

Stene encaminhou, claramente, o estudo da administração pública para uma abordagem mais formal, científica. Mas, em termos significativos, ele também deu continuidade a tendências já estabelecidas. Por exemplo, houve um esforço científico no sentido de proporcionar guias de ação para a busca de eficiência organizacional. O que se deixou de fora também foi importante – a questão da democracia somente entrou como instrumento para garantir plena disseminação de informações importantes: "Os princípios envolvidos sugerem a importância de determinados processos democráticos dentro da administração, como a consulta a funcionários subalternos encarregados de atividades que serão afetadas por uma decisão contemplada" (STENE, 1940, p. 1137).

Advertência de Waldo

Embora a terminologia e as abordagens variassem, havia pouca dúvida de que a compreensão científica das organizações poderia proporcionar guias para ações que levassem a uma eficiência maior. Mas, no processo, descartavam-se cada vez mais outros interesses. No final da década de 1940, a ciência política estava se afastando de seu interesse anterior pela filosofia moral e a economia política e voltando-se para o que se considerava a verdadeira ciência da política. Conforme descreveu Waldo, quando a nova ciência da política fundiu-se com a ideologia progressista da eficiência administrativa, os resultados tornaram-se um tanto quanto preocupantes.

> Eles [os cientistas políticos que escreviam sobre administração pública] se afastaram tanto da antiga crença – segundo a qual o problema do bom governo era um problema de homens morais – que chegaram à posição contrária: de que a moralidade é irrelevante e de que as instituições certas e o pessoal especializado são determinantes. (1948, p. 23)

Em retrospectiva, a advertência de Waldo se mostrou, quando muito, algo por demais incerto, hesitante, embora mal parecesse assim à época. A nova ciência da eficiência administrativa perseguida pelos primeiros escritores serviu não para expandir as instituições democráticas, mas para restringi-las, não para nos livrar da responsabilidade moral, mas simplesmente para pôr um véu entre nós e ela.

Gestão administrativa e estrutura organizacional

Quando os estudiosos da administração pública se voltaram para o estudo da gestão de negócios em busca de orientação, descobriram não apenas a gestão científica, mas também um forte interesse entre os acadêmicos e profissionais pelas questões da gestão administrativa. Foram especialmente importantes os escritos sobre estrutura organizacional. A questão que ocupava muitos autores da gestão de negócios referia-se à melhor maneira de projetar ou imaginar organizações, em particular grandes e complexas, que garantissem operações eficientes. Aparentemente partia-se do pressuposto de que era possível desenvolver princípios de *design* organizacional aplicáveis a todas as organizações, públicas ou privadas. Não é surpresa, pois, que imediatamente tenha vindo à mente o modelo hierárquico da instituição militar e da igreja católica.

> Quando os primeiros estudiosos de administração pública foram em busca de orientação no estudo da gestão de negócios, descobriram não só a gestão científica, mas também um forte interesse, entre os acadêmicos e profissionais, pelas questões da gestão administrativa.

No início da década de 1930, os ex-executivos da GM, James Mooney e Alan C. Reiley (1939), ofereceram conselhos sobre os princípios abstratos segundo os quais se deveriam estruturar as organizações. Na visão deles, havia quatro princípios. O primeiro – coordenação por meio da unidade de comando – enfatizava a importância de uma forte liderança executiva, exercida pela cadeia hierárquica de comando. Nessa estrutura, em que cada pessoa teria apenas um chefe e cada chefe supervisionaria um número limitado de subordinados, não haveria confusão a respeito das ordens de quem se deveria obedecer. Na análise de Mooney e Reiley, vinha em segundo lugar o princípio escalar, ou a divisão vertical do trabalho entre os vários níveis organizacionais. Por exemplo, no meio militar, a diferença entre um general e um soldado raso reflete o princípio escalar. O terceiro – o princípio funcional, segundo o qual várias funções da organização poderiam ser agrupadas – referia-se à divisão horizontal do trabalho. Em termos militares novamente, a diferença entre infantaria e artilharia representava o princípio funcional. De acordo com o quarto princípio – a relação entre linha e *staff*, discutida por Mooney e Reiley –, os cargos de linha representam a cadeia direta de comando, a estrutura pela qual flui a autoridade, enquanto que aos cargos de *staff*, como o pessoal de recursos humanos ou de finanças, cabe o papel de assessores do executivo principal, mas não lhes compete exercer autoridade direta sobre os cargos de linha. A linha representa autoridade; o *staff* representa ideias e conselhos.

Centralização e integração

Os interesses de Mooney e Reiley pela estrutura organizacional encontraram eco em vários trabalhos importantes do campo da administração pública. Entre os primeiros estava o livro de White, *Introduction to the study of public administration* (1948b), em que ele examinou diversas tendências importantes na teoria e na prática da organização pública. Dois tópicos pareciam ser extremamente importantes – centralização e integração: a centralização crescente, a partir do governo local para o estadual e o nacional, e a concentração cada vez maior do poder administrativo exclusivamente no executivo de cada um dos níveis.

A primeira preocupação – o movimento no sentido da centralização no nível nacional – parecia a White estar baseada no maior grau de competência administrativa disponível àquele nível, bem como na necessidade de proporcionar tratamento e serviços uniformes aos cidadãos. A tendência favorável ao "princípio da supervisão administrativa e da liderança unificada" parecia ganhar impulso principal do nascente estudo científico da gestão, em especial de como se expressava nos vários *bureaus* universitários que atuavam no movimento da reorganização (p. 475). Apesar dessas tendências, White tratou logo de mostrar os perigos potenciais da centralização em uma sociedade democrática. Quanto mais altamente centralizada se torna uma máquina administrativa, mais ela tende a se converter em um centro independente de autoridade e mais provável se torna que ela tente interferir nos processos pelos quais as democracias procuram controlar seus funcionários públicos.

White (1948b) adiantou três argumentos contra a maior centralização: (1) alguns assuntos, de fato, podem ser mais bem administrados no nível local e ali devem ficar; (2) os funcionários administrativos podem atuar de forma arbitrária e caprichosa, em um contexto centralizado; e, de grande importância, (3) a centralização não permitirá que os cidadãos ganhem a experiência de assumir sua responsabilidade cívica. "Se a administração é um trabalho que compete a uma burocracia altamente centralizada, não se pode esperar senso de responsabilidade pessoal em prol de um bom governo", o que se adquire da melhor forma pelo envolvimento em órgãos públicos locais (p. 96).

White descreveu a segunda questão básica – a integração – como a tendência de se fazer com que muitos órgãos governamentais cooperem por uma grande unidade, controlada por um único executivo. White observou que essa tendência baseia-se na presunção de que a melhor forma de se lograr um governo responsável é colocar o poder executivo em um único cargo, permitir que o ocupante desse cargo exerça poder administrativo considerável sobre os subordinados e responsabilizá-lo pelo resultado. Segundo argumentam seus proponentes, com esse plano consegue-se suplantar a multiplicação de serviços que se sobrepõem, a independência e falta de coordenação entre os órgãos e a ausência de restrições ou salvaguardas. Aqueles que se opõem a esses movimentos por maior integração, no entanto, argumentam que a centralização de poder abre a possibilidade para o abuso político, na medida em que limita as oportunidades de controle político. A posição pessoal de White tenta abrir um caminho intermediário, concentrando-se nos mecanismos de *accountability* e controle que permitiriam ao executivo central supervisionar, de forma eficaz, as operações dos órgãos públicos responsáveis.

Por uma maior eficiência: W. F. Willoughby

Para White, as questões da centralização e da integração estão claramente associadas a um interesse de manter a responsabilidade democrática. Já Willoughby e Gulick, por contraste, enfocam de forma mais estrita o desenvolvimento de princípios para orientar as ações dos administradores que buscam maior eficiência. Em seu trabalho, as preocupações em prol da responsabilidade democrática, embora não de todo ausentes, ficou em posição secundária, para dar lugar a preocupações com estrutura, controle e eficiência.

Willoughby, por exemplo, começa caracterizando o legislativo como o poder que dirige, supervisiona e controla o trabalho do poder administrativo do governo. O legislativo funciona como um conselho de diretores que supervisiona os trabalhos da administração. Mas isso pode ser feito de várias maneiras, seja com a especificação prévia e detalhada daquilo que deve ser feito e de como deve ser feito, ou com a ampliação do poder de discrição, sem se dispensar, porém, neste caso, a respectiva necessidade de relatórios detalhados. De acordo com Willoughby, os bons princípios de gestão recomendam a segunda opção, a qual remete à questão de quem será o responsável pela execução das políticas: deve-se dar essa responsabilidade aos diversos funcionários administrativos ou ao executivo central? Willoughby responde que, sem dúvida, a autoridade administrativa deve estar investida no executivo central, a quem se deve dar as incumbências e os poderes necessários à realização do trabalho designado. Esse é o primeiro passo para tornar o poder administrativo "uma peça única e integrada da máquina administrativa"; fazê-lo de outra forma seria deixar de conformar-se aos "princípios corretos que tratam do exercício da autoridade administrativa" (1927, p. 37 e 51).

Segundo Willoughby, o passo seguinte – na criação do sistema administrativo prescrito pelos princípios da gestão administrativa – é integrar os vários departamentos e atividades no poder executivo, de modo que os grupos com missões semelhantes e frequentes relações de trabalho estejam estreitamente agrupados. Esta técnica garante simplicidade, evita conflitos de jurisdição e permite economia e eficiência bem maiores ao governo. Mas a tarefa de agrupar unidades organizacionais exige que "o princípio de agrupação (...) seja o correto (...) Quanto a qual deve ser este princípio, não pode haver dúvida: deve ser aquele que reconcilia, em departamentos distintos, todos os serviços e somente os serviços que têm a mesma função geral em relação ao trabalho a ser executado por eles" (1927, p. 26). O conteúdo da obra de Willoughby é visível: obedecendo aos princípios científicos da gestão administrativa, o poder administrativo pode operar com muito mais eficiência. E os princípios a serem seguidos são essencialmente os da organização privada ou de negócios – unidade de comando, autoridade hierárquica e divisão do trabalho. Nesse debate, a questão do envolvimento dos cidadãos e prática democrática simplesmente não aparecem.

Por uma maior eficiência: Luther Gulick

Pode-se dizer quase a mesma coisa sobre o famoso ensaio de Gulick, "Notes on the theory of organization" (1937a), que surgiu em decorrência do trabalho da Comissão Presidencial de Gestão Administrativa, realizado em 1937. Gulick via o problema da organização governamental – nada diferente dos problemas das organizações em geral – como um desafio que diz respeito "à estrutura de coordenação imposta às unidades divisionais do trabalho de uma empresa" (p. 3). Em outras palavras, trata-se do problema de conseguir uma divisão satisfatória do trabalho e, em seguida, de desenvolver os meios adequados de coordenação e controle. Por exemplo, ao descrever a criação de novos órgãos criados para executar novos programas, Gulick sugeriu quatro passos: (1) definir a tarefa a ser executada, (2) selecionar diretor(es), (3) determinar a natureza e o número de unidades necessárias e (4) estabelecer estrutura de autoridade por meio da qual o diretor possa coordenar e controlar as atividades das unidades (p. 7). A tensão, no *design* organizacional, está entre a necessidade de especialização e divisão do trabalho, por um lado, e a coordenação via estrutura de autoridade, por outro. "É graças a seus próprios esforços de divisão do trabalho e organização integrada que a humanidade avança em seu processo de civilização." (p. 44)

A divisão do trabalho é necessária pela própria natureza dos processos de trabalho – as pessoas diferem em seus conhecimentos e aptidões e, por causa das limitações de espaço e tempo, nenhuma pessoa é capaz de fazer tudo o que é necessário à realização das tarefas de uma organização moderna. Mas o trabalho pode ser dividido de várias maneiras diferentes e por diversas razões. Por isso, Gulick propõe uma série de "princípios de departamentalização", que poderiam ser usados por qualquer pessoa que procure analisar o trabalho de uma unidade e chegar a uma divisão do trabalho que seja apropriada (1937a, p. 21-29). Especificamente, Gulick sugere que se pode dividir o trabalho de acordo com as seguintes bases:

1. **Propósito**. Pode-se organizar o trabalho com base no propósito principal a que o órgão se dedica, como oferecer educação ou controlar o crime, por exemplo. Embora essa abordagem tenha o benefício de dar à atenção pública um foco, ela tem a desvantagem da dificuldade de se distinguir com nitidez os propósitos governamentais. Além disso, vários especialistas dentro do órgão tenderão a seguir abordagens diferentes e conflitantes.
2. **Processo**. Pode-se organizar o trabalho com base no principal processo empregado pela unidade, como engenharia, direito ou medicina. Neste caso, o departamento jurídico teria todos os advogados, o departamento de engenharia teria todos os engenheiros e assim por diante. Esta forma de organizar dará ênfase às habilidades técnicas, mas pode, ocasionalmente, tornar obscuro o propósito principal perseguido pela organização.
3. **Pessoas ou coisas**. Pode-se também organizar o trabalho com base nas pessoas ou coisas com quem ou com que lida a unidade – por exemplo, a Administração dos Veteranos de Guerra lida com todos os problemas dos veteranos, incluindo os problemas médicos, legais e outros. Embora essa forma de organizar tenha a vantagem de proporcionar contato simples e direto com o usuário ou consumidor, ela tende a minimizar as vantagens da especialização. Além disso, quando se considera o governo em sua totalidade, fica claro que nenhum cidadão se enquadra, perfeitamente, em uma categoria ou outra (por exemplo, alguns veteranos são também criminosos).
4. **Lugar**. Finalmente, pode-se organizar o trabalho de acordo com a localização geográfica dos beneficiários ou usuários do órgão. Este procedimento tem vantagens por facilitar a coordenação dos serviços em uma área particular e por tornar flexível a adaptação das regras gerais às condições locais; no entanto, a administração pode desenvolver uma visão míope e paroquial, negligenciando, assim, a importância do tratamento uniforme.

Coordenação da divisão do trabalho

Independentemente da base utilizada para a divisão do trabalho, as várias divisões precisam de coordenação. Quanto mais intensa a divisão, mais urgente a coordenação do desafio de integrar os vários aspectos do processo de trabalho. Como a maioria de seus contemporâneos, Gulick via necessidade de uma autoridade diretora única, que supervisionasse o trabalho da organização. O princípio da unidade de comando determinava que nenhum trabalhador estivesse sob as ordens de mais de uma pessoa. Além disso, Gulick (1937a, p. 13) achava que era necessário um movimento geral no sentido de se alcançar uma concentração maior de poder nas áreas administrativas e, em especial, no executivo central. "Em períodos de mudança, o governo deve fortalecer os órgãos que lidam com gestão administrativa, isto é, com coordenação, planejamento, pessoal, controle fiscal e pesquisa. Estes serviços são o cérebro e a vontade de qualquer empresa."

Nesse caso, é interessante o debate de Gulick sobre a noção de governo como empresa *holding*. Anteriormente, observamos o uso que o próprio Gulick fez da analogia da empresa *holding* para descrever a crescente amplitude das funções a serem exercidas pelo governo em decorrência do *New Deal*. Mas aqui Gulick parece ter-se dado conta de que esta analogia poderia implicar uma coordenação um tanto frouxa, em que cada unidade seria uma subsidiária independente, com autonomia considerável. Esta implicação, obviamente, estava longe da intenção de Gulick, que era enfatizar a necessidade de coordenação no centro.

Por essa razão, após criticar a analogia da empresa *holding*, Gulick conduz a discussão rapidamente para a importância de se livrar o executivo da necessidade de exercer tarefas triviais e da excessiva interferência do legislativo, para que ele possa se concentrar na efetiva coordenação e planejamento da empresa. O trabalho do executivo central não envolve o trabalho propriamente dito do órgão, mas as atividades que são necessárias à coordenação efetiva do trabalho dos outros. Na parte de seu ensaio que talvez seja a mais famosa – mas, provavelmente, a menos importante –, Gulick (1937a, p. 13) identifica o trabalho do executivo central com o acrônimo POSDCORB – planejamento, organização, *staffing* (preenchimento de cargos), direção, coordenação, relatórios e *budgeting* (orçamento).

De novo, importa lembrar que, embora Gulick estivesse escrevendo sobre teoria das organizações, e não sobre teoria da organização pública, seu propósito era lançar o que ele entendia ser uma gestão mais eficiente e eficaz dos órgãos governamentais. Por essa razão, Gulick viu-se obrigado a mencionar questões como responsabilidade democrática. No entanto, seu tratamento dessas questões confirma mais uma vez que seu interesse primordial era expandir o poder da gestão administrativa. Por exemplo, ele observa que "a democracia é uma forma de governo em que o homem comum é o juiz final do que é bom para ele" e, já na próxima sentença, ele prescreve a eficiência como "uma das coisas que é boa para ele" (p. 11). Os cidadãos, aparentemente, podem escolher – desde que sua escolha seja por uma gestão administrativa eficiente, da forma como Gulick optou por descrever.

Autocracia: o preço da democracia?

É nos estudos de Willoughby e Gulick, muito mais do que na obra de White, que vemos a emergência do ponto de vista da gestão administrativa na teoria da administração pública. Aqui a teoria é reduzida a um conjunto de linhas gerais que visam a delinear estruturas administrativas. Os problemas das organizações públicas são vistos como se fossem, essencialmente, os mesmos das organizações privadas; consequentemente, a solução também seria muito parecida: a criação de estruturas hierárquicas de autoridade, sobrepostas a uma cuidadosa divisão do trabalho e coordenadas por uma única autoridade dirigente. Os órgãos devem ser governados pelos princípios da gestão administrativa – muito diferentes dos princípios de um governo democrático, e há pouca consideração sobre qual pode ser a extensão das ideias democráticas para a gestão. Mas o conflito potencial entre os dois, que já fora detectado, foi minimizado, se é que chegou a ser, pelo menos, considerado. Como posteriormente observou Waldo (1948, p. 75), a visão predominante entre os pensadores sobre a administração pública era de que "a 'Autocracia' em ação é o preço inevitável para a 'Democracia' adiada".

Estamos dando ênfase exagerada a este ponto? Não estariam esses autores simplesmente prescrevendo soluções para os problemas imediatos dos gestores do setor público? Cremos que não. Intencionalmente ou não, as implicações do movimento da gestão administrativa foram muito além de uma concentração sobre detalhes da administração. Ao contrário, esses autores pareciam unidos por uma filosofia e visão de mundo particular, uma filosofia que se originou, em parte, da experiência de um governo federal em rápida expansão e assumindo muitas funções novas e, em parte, da transposição dos valores dos negócios privados para o setor público. É provável que vejamos melhor a expansão do governo ao levantarmos as questões de mudança: como podem os integrantes do governo lidar com as condições sociais que mudam de forma tão rápida e como podem eles alterar e expandir as estruturas institucionais para enfrentar os problemas que essas circunstâncias prenunciam? A solução do governo, em geral, tomava a forma de maior centralização e rápida expansão de suas atividades; já para os estudiosos da gestão administrativa, a solução consistia em procurar descobrir linhas claras de responsabilidade e controle administrativos. A filosofia implícita nesse ponto de vista representava uma guinada da abordagem aos problemas pela via da política para uma abordagem aos problemas pela via da administração. Devia-se criar um novo *design* para a sociedade por meio das funções executivas do planejamento, da organização, dos recursos humanos (*staffing*) e da direção. A abordagem integrada levaria a planos mais racionais e controlados e a tomadas de decisão em nome dos cidadãos (não por nem tampouco *com* eles). Não por acaso, levaria também ao que Gulick certa vez descreveu como o "auge de eminência para os administradores de topo". Mas essa filosofia tinha outro aspecto: a adoção de certos valores dos negócios, sobretudo o critério de eficiência.

Eficiência: a medida-chave do sucesso

A separação entre política e administração e a visão concomitante de que a administração pública e a administração privada são essencialmente a mesma coisa facilitaram a transferência das teorias de gestão administrativa para o estudo das organizações públicas. Em nenhum outro lugar ficou tão clara, ainda que talvez menos compreendida, esta transferência de abordagens e valores, do que na adoção do critério da eficiência como medida-chave para o sucesso das organizações públicas. É importante lembrar que os primeiros autores de administração pública faziam parte de uma cultura que passava por uma transformação tecnológica – uma cultura fascinada pelos ganhos expressivos proporcionados pela ciência e pela indústria. Novas ideias e invenções, associadas a novas técnicas usadas para sua produção e distribuição, estavam mudando a sociedade da noite para o dia. Da mesma forma que eram valorizados os bens resultantes, também o eram os instrumentos e processos que os tornavam possíveis. A máquina tornou-se a metáfora norteadora do desenvolvimento da ciência e da tecnologia – um modelo preciso, mecânico, racional e eficiente para se conseguir fazer as coisas. Não causa surpresa que se tenha recorrido à mesma metáfora quando a atenção voltou-se aos processos organizacionais humanos por intermédio dos quais se poderia orientar a indústria. A tentativa de descobrir modelos organizacionais que refletissem os atributos principais da máquina – modelos que valorizassem a eficiência acima de tudo – parecia apenas uma questão de conveniência.

Entretanto, não se deu impulso ao critério da eficiência em nossa sociedade somente por causa da sua vinculação com a visão popular da tecnologia mecanizada, mas também por sua nítida associação com os valores do negócio na sociedade capitalista. O objetivo da acumulação de capital proporcionava um claro padrão para a avaliação de seu sucesso ou insucesso no mercado; o demonstrativo de lucros e perdas oferecia base para cálculos precisos de ganhos e perdas econômicos e a motivação do lucro propiciava o incentivo necessário para fazer tudo funcionar. Portanto, a eficiência era mais que um valor cultural nascido da ciência e da tecnologia, era um assunto muito pessoal. A discussão de Weber sobre a ética protestante do trabalho não deixa qualquer dúvida: na medida em que uma cultura de negócio implicava que quem fosse mais eficiente também seria mais bem-sucedido, pouquíssimos valores seriam mais pessoais ou mais importantes.

Adoção inicial

Mal causa surpresa, portanto, que os primeiros autores de administração pública tenham aceitado os critérios da eficiência para a avaliação do trabalho nas organizações públicas. As teorias de organizações públicas eram simplesmente teorias que tornavam as organizações mais eficientes. Por exemplo, White (1948b, p. 2) escreveu: "O objetivo da administração pública é a utilização com máxima eficiência dos recursos colocados à disposição dos dirigentes e funcionários". E Luther Gulick (1937b, p. 192) apontou no mesmo sentido: "Na ciência da administração, pública ou privada, o bem primordial é a eficiência". A eficiência era, claramente, o objetivo e o critério da administração pública.

> Na ciência da administração, quer pública ou privada, o "bem" primordial é a eficiência.
>
> Luther Gulick

Levantaram-se questões sobre a busca da eficiência, mas de pronto elas foram totalmente descartadas. Marshall Dimock (1936) desafiou a aceitação sem crítica da eficiência, especialmente em sua aplicação mais mecânica. Dimock pintou a gestão como algo muito mais intuitivo e compassivo. Enquanto a eficiência mecânica é "friamente calculista e desumana", sustentou Dimock, "uma administração bem-sucedida é calorosa e vibrante. Ela é humana" (p. 120). Segundo esta ótica, a necessidade de um entendimento mais sensível da gestão em termos humanos é especialmente importante quando se lida com administração pública. Para os integrantes do governo, "a satisfação dos anseios comunais é o teste último de todas as suas atividades". Nessa visão, a administração pública é "mais que algo sem vida. Ela planeja, esquematiza, filosofa, educa, constrói para a comunidade toda" (p. 133).

> Para os integrantes da administração pública, "a satisfação dos anseios da comunidade é o teste último de todas as suas atividades".
>
> Marshall Dimock

De forma mais explícita, o critério da eficiência poderia entrar em choque com outros critérios que poderíamos usar para avaliar o trabalho das organizações públicas – por exemplo, as medidas de justiça e participação. Obviamente, este conflito potencial foi reconhecido por diversos autores, dos quais alguns tentaram ampliar a noção da eficiência para ajustá-la aos interesses sociais mais gerais. Mas, para os defensores da gestão administrativa, como Gulick, não poderia haver mais dúvida sobre qual seria a palavra final. "Existem, por exemplo, arranjos altamente ineficientes, como os conselhos de cidadãos e os pequenos governos locais, que *podem* ser necessários em uma democracia", mas não se deve, de modo algum, assumir essas "interferências na eficiência" com o intuito de eliminar a eficiência como "o valor fundamental sobre o qual se pode construir a ciência da administração" (1937b, p. 193).

Eficiência como valor

A linguagem de Gulick é interessante. Diferente de outros autores, tanto anteriores como posteriores, que veem a eficiência como um conceito neutro, uma medida imparcial e objetiva do desempenho de uma sociedade, Gulick reconhece que a eficiência é um valor, um valor que pode entrar em conflito com outros valores e ao qual, nesse caso, deve-se dar precedência. Ao contrário, Dwight Waldo (1948) assegura que a eficiência em si não pode ser um valor, ela tem que ser sempre definida em termos do propósito particular a que serve. O que é eficiente para um propósito pode ser muito ineficiente para outro. "Para o propósito de matar um urso, por exemplo, uma arma de grosso calibre é mais eficiente que uma sacola de comida; mas, para o propósito de mantê-lo vivo, o contrário é verdadeiro" (p. 202). Dar destaque proeminente à eficiência significa não tomar em conta a substância do que se faz – o que, na realidade, é uma consideração muito mais importante.

Gênero, ciência e eficiência

Uma importante contribuição para nosso entendimento do contexto histórico no qual a administração pública se desenvolveu, e as formas pelas quais os valores da ciência e eficiência se tornaram dominantes é o livro de Camilla Stivers (2000), *Bureau men, settlement women*: constructing public administration in the progressive era. Stivers lembra os leitores do ambiente político conturbado no qual ocorreram os primeiros movimentos de reforma e argumenta de forma convincente que o gênero foi um elemento importante na configuração do desenvolvimento da administração pública.

Os reformistas, ela mostra, eram comumente denegridos por meio de conteúdos baseados em gênero, pois eram críticos da falta de polimento da política. Os reformistas foram depreciados como "bons governantes" e desonrados como "efeminados, fúteis e sedutores". Para responder a essas críticas, os reformistas foram buscar proteção na retórica da ciência. Ela escreve que "os homens reformistas esperavam ignorar tais insinuações envolvendo suas atividades com uma vestimenta inequivocamente masculina – ciência, eficiência, e comando executivo e controle – um movimento que, em última análise, unificou as noções tradicionais de masculinidade, como virilidade e agressividade, com a notória respeitabilidade da classe média" (p. 28). Este movimento, ela argumenta, suprimiu uma tendência alternativa à administração pública que enfatizava o envolvimento democrático local na administração, exemplificado por Jane Adams e as casas de assentamento. Stivers também destacou claramente as contribuições das mulheres em uma história e campo dominado por homens.

Administração democrática

Dois pontos, portanto, precisam ainda ser considerados: em primeiro lugar, o de que a visão expressa pelos primeiros autores constitui uma prescrição mais abrangente do que em geral se reconhece, uma filosofia política que o estado administrativo impõe a seus cidadãos; em segundo lugar, o ponto de que, embora a abordagem da gestão administrativa tenha dominado a literatura inicial de administração pública (e, de fato, continua a dominar o campo), outros pontos de vista, opiniões de minorias, também estavam sendo expressos, como aqueles de Jane Adams e o movimento de assentamento. Pode-se ilustrar esses dois pontos no livro de Dwight Waldo, *The administrative state* (1948), e em seu ensaio posterior, "The development of a theory of democratic administration" (1952). Como já se mencionou, Waldo argumentava que os primeiros autores escreveram comentários sobre teoria política, talvez até de forma inconsciente, mas o seu próprio trabalho tinha um conteúdo explícita e indisfarçadamente teórico, aplicando-se um entendimento filosófico de teoria democrática ao estudo das organizações públicas.

Teoria administrativa e governança democrática

Embora muitos autores tenham tentado restringir o foco da administração pública a questões técnicas imediatas, Waldo argumentou que tal tentativa era em vão. É inevitável que surjam questões de valores, questões de relação entre práticas administrativas e teoria democrática. Às vezes, essas questões são tratadas de forma explícita; o mais comum é que sejam tratadas com negligência. Nos dois casos, porém, o resultado é o mesmo – sustenta-se uma teoria política de organizações públicas. Uma vez formulada essa teoria, o próximo passo óbvio é perguntar de que modo ela se relaciona com questões mais amplas de governança democrática.

A visão ortodoxa da administração pública que acabamos de descrever – de que a administração não tem conexão com o processo político e se respalda em princípios científicos de gestão administrativa – é justamente esta teoria política. De fato, Waldo propõe uma versão desta teoria no livro *The administrative state*, argumentando que a aceitação sem crítica de uma visão administrativa significa rejeição da teoria democrática e que este é um problema societário, não simplesmente um problema de gestão administrativa. Em outras palavras, quando é lido ou entendido como teoria política, o pensamento administrativo deixa muito a desejar.

David Rosenbloom e Howard McCurdy (2006, p. 2-4) argumentam que a crítica de Waldo à ortodoxia na administração pública produzira quatro conclusões principais. Em primeiro lugar, como já observamos, Waldo demonstrara que o foco dado pela administração pública a matérias técnicas escondia uma teoria política com importantes consequências para a teoria democrática. Em segundo lugar, Waldo argumentara que mudanças nos princípios de administração pública refletiam mudanças nas condições materiais e ideológicas, como urbanização, depressão etc. A teoria da administração pública não estava "inscrita em pedra", não era imutável, invariável. Em terceiro lugar, Waldo deixara claro que a teoria política implicada nas teorias de organização pública estivera até esse ponto em desacordo com a cultura política e o *design* da constituição de seu país. Na administração pública ortodoxa da época, muitas vezes se considerava que os processos democráticos e as instituições democráticas não estavam em harmonia com interesses administrativos como a eficiência. Em quarto lugar, a crítica de Waldo apresentara um desafio para o campo: abordar seriamente a possibilidade de uma teoria de administração democrática. Como veremos, este desafio continuou a desconcertar os acadêmicos de administração pública até os dias de hoje.

O desafio de Waldo (1948) foi ainda mais profundo ao observar as tendências messiânicas do pensamento da gestão, em especial da gestão científica – a tendência de "estender a abordagem objetiva e positivista a um complexo de fenômenos cada vez mais abarcante" (p. 57). Como vimos, essa mesma expansão de poder e responsabilidade aparece nos teóricos da administração pública interessados em gestão administrativa. Eles também parecem achar que é inevitável a criação de uma nova classe de gestores públicos que, à moda de guardiães, deve dirigir a sociedade por meio de estruturas administrativas centralizadas. Mas em nenhum dos casos é patente ou explícita a extensão da ideologia, a acumulação de poder; pelo contrário, a filosofia da dominação gerencial atua pelas bordas, de maneira insidiosa, sutil, incremental.

Está claro que era justamente esta a possibilidade temida por Marx, Weber e Freud – que essa filosofia se disseminasse por toda a sociedade, racionalizando setores cada vez maiores da vida em grupo, até restar pouco espaço para a escolha individual e a responsabilidade democrática. Certamente, ninguém precisa ser marxista, weberiano ou freudiano para reconhecer a intromissão das organizações complexas em nossa vida pessoal e política, ou para repudiar o excesso de controle e a objetificação que esta intromissão implica. A extensão do pensamento gerencialista solapa o senso de autonomia e responsabilidade, tanto do indivíduo como de toda a sociedade. Nesse sentido, a visão ortodoxa da administração pública carrega consigo uma teoria ao mesmo tempo social e política, que é, porém, uma teoria negativa, antipolítica, uma tentativa de transformar os problemas de política em problemas de administração. Ironicamente, diríamos que nenhuma teoria é mais política ou ideológica que a teoria que diz ser o contrário.

O "outro lado da reforma": rumo a uma administração democrática

Havia, ou há, alternativa? Possivelmente sim. Como a pesquisa de Stivers mostra, havia "outro lado da reforma" que enfatizava práticas diferentes, relacionamentos diferentes e valores diferentes. Elas não estavam sozinhas, embora essas mulheres admiráveis sejam frequentemente negligenciadas pela história da administração pública. Além das mulheres dos assentamentos, entre os primeiros autores, houve diversos que teriam aceitado o argumento de David M. Levitan (1943, p. 359) de que "o estado democrático não deve apenas basear-se em princípios democráticos, mas deve, igualmente, ser administrado em termos democráticos, com a filosofia democrática perpassando sua máquina administrativa". Margaret Stout (2013) chama isso de "tradição colaborativa" na administração pública.

Muitos seguiram o brilhante trabalho de Mary Parker Follett (METCALF, URWICK, 1940, p. 9), que acreditava que uma administração dinâmica deve se fundamentar no "reconhecimento dos anseios que movem o indivíduo e o grupo". Follett, que apresentou um notável contraponto ao taylorismo, achava que a dinâmica de grupo era a chave para se compreender tanto a vida organizacional como a vida política. Nos dois campos, o problema-chave estava na coordenação, que era a força propulsora na vida do grupo, uma força mais importante que a autoridade ou o controle. Por isso, torna-se essencial compreender os pontos de vista de todos os integrantes do grupo ou da organização. Portanto, não se exerce liderança apenas pela expedição de ordens e pela expectativa de que elas sejam obedecidas; pelo contrário, o líder tem que articular o propósito da organização e, em seguida, criar mecanismos por cujo intermédio se possa coordenar as várias atividades dos integrantes da organização. Seu livro, The New State (1998), faz um relato sofisticado de como estas ideias podem ser ampliadas para que possam desenvolver um entendimento alternativo dos conceitos de individualismo, relacionamento social e governança federal.

Outro exemplar deste lado da reforma é Ordway Tead. Hoje tristemente esquecido, em seu tempo Tead foi um teórico famoso e prolífico e teve uma longa, e por vezes controversa, carreira na vida pública como membro do Conselho de Educação da Cidade de Nova Iorque. Ele trabalhou na Central de Pesquisa Industrial e, durante a Primeira Guerra Mundial, lecionou os cursos de gestão do Departamento de Guerra para o Departamento de Guerra da Universidade de Columbia. Tead (1933, p. 102) expressou uma grande preocupação de que a democracia estivesse sendo "ignorada", enquanto a sociedade americana buscava resolver os problemas econômicos da Grande Depressão. Assim como Follett, ele argumentou que "os interesses pessoais corretos da generalidade das pessoas estão garantidos apenas quando os indivíduos descobrem que seu bem-estar depende intimamente do bem-estar de seus pares". Isso exige que pensemos a "democracia" não só como um quadro político, mas fundamentalmente como "um processo que serve ao desenvolvimento e enriquecimento da personalidade de cada cidadão" e que procura fazer isso "através de todos os setores da vida" (p. 104).

Para esse fim, Tead (1937) enfatizou a qualidade singular do que chamou de "liderança democrática" no serviço público. Ele via a liderança democrática como algo que ocorre quando "os propósitos do bem público são economicamente atendidos, ao mesmo tempo que todos os membros participantes da organização são considerados e incluídos como cidadãos e parceiros criativos no empreendimento" (p. 44). Líderes devem levar em consideração os pontos de vista de seus seguidores e explorar como os objetivos organizacionais também podem servir aos melhores interesses destes seguidores. Tead também não via os "líderes" como aqueles no topo da hierarquia organizacional, mas via oportunidades de liderança em "cada nível administrativo, onde executivos são cobrados pela responsabilidade pelo direcionamento do trabalho dos outros" (p. 45). A liderança poderia ser a "força criativa", um "processo de educação" e, finalmente, um "processo democrático".

Assim que as guerras mundiais acabaram e o país emergiu da Depressão, o herdeiro mais óbvio da tradição representada por Addams, Follett, Levitan e Tead era Dwight Waldo. Seu livro The Administrative State manteve em pauta as questões pertinentes à democracia na administração pública no campo de estudo que passou a se preocupar com a ciência e a racionalização. Com relação à expectativa de uma administração democrática, ele era cautelosamente otimista.

Apesar dos obstáculos que, em sua visão, restringiram o desenvolvimento de uma administração democrática – especificamente o viés autoritário do pensamento organizacional, com ênfase na hierarquia, no controle e na disciplina –, Waldo discorria, com tímida confiança, sobre uma alternativa democrática que significasse "renúncia substancial aos padrões de pensamento expressos nos binômios autoridade-submissão e supervisão-subordinação, que tendem a dominar nossa teoria administrativa". Seu apelo era de lamento:

> São raros os momentos de otimismo em que alguém se pode dar ao luxo de sonhar uma sociedade do futuro com educação e cultura geral em profunda consonância com o mundo real, com todos participando ao mesmo tempo como líderes e seguidores, segundo regras do jogo conhecidas por todos. Esta seria uma sociedade pós-burocrática. (1952, p. 103)

Conclusão

Do primeiro ensaio de Woodrow Wilson (1887) emergem dois temas importantes para o estudo da administração pública: primeiro, a tensão entre política e administração e, segundo, a busca por princípios científicos de gestão administrativa que melhorariam a eficiência das organizações governamentais. Como já vimos, a dicotomia entre política e administração foi logo condenada pelos acadêmicos tanto quanto pelos profissionais, embora restem muitas dúvidas sobre a real importância que ela algum dia teria tido. De maneira semelhante, a busca por princípios de gestão administrativa foi acusada de ser insensata e não científica. Mas outros elementos das primeiras teorias foram mantidos. Os primeiros autores de administração pública concluíram que os problemas das organizações públicas são, em essência, os mesmos das organizações privadas, estando sua solução a depender dos princípios científicos da gestão administrativa. Da mesma forma, eles viam que a democracia seria mais bem preservada pela operação eficiente dos órgãos governamentais e que a eficiência, por sua vez, seria mais bem produzida pela boa gestão de negócios. Deste modo, ao preservarem a essência da dicotomia entre política e administração e o estudo da gestão administrativa, os primeiros autores de administração pública estabeleceram o padrão para o estudo das organizações públicas nas próximas décadas. De fato, pode-se dizer que os fantasmas das teorias passadas continuam a assombrar os estudos da administração pública, com seus contos de política e administração, princípios científicos e eficiência administrativa. Resta saber quando – e se – chegará o dia em que iremos construir e trilhar novos rumos.

Questões para debate

1. Contraste as visões de administração sustentadas por Hamilton e Jefferson e discuta sua relevância para a administração pública de hoje.
2. Discuta as origens da separação entre política (*politics*) ou política pública (*policy*) e administração. Faz alguma diferença você usar a palavra "política" ou "política pública"? Isso muda o debate?
3. Se vivemos em uma sociedade democrática, por que permitimos que tantas instituições em nossa sociedade – mesmo as governamentais – sejam governadas de maneira hierárquica e até autoritária?
4. Discuta o conceito de eficiência como medida de sucesso em organizações públicas. Que outros conceitos também poderiam ser considerados medidas de sucesso?
5. Discuta a gestão científica e seus críticos. Que efeito persistente tem a gestão científica na administração pública?

6. Discuta os elementos de uma "administração democrática". Como ela se difere de outras abordagens para administração discutidas neste capítulo?

Casos

1. Albert Nuñez é o chefe do executivo de uma grande cidade no sudoeste do país. Ele tem a forte convicção de que o legislativo deveria aprovar uma nova iniciativa de desenvolvimento econômico, mas tem receio de se envolver, enquanto executivo, na formulação dessa política. Ao mesmo tempo, um membro do legislativo sugeriu que a nomeação de um novo chefe de polícia – que, segundo a constituição municipal, caberia ao chefe do executivo – deveria antes ser objeto de debate no legislativo. Como Albert deve proceder?
2. O supervisor de Susan Brett, Alex Baptiste, está preocupado em apressar o desenvolvimento de uma nova forma de processar revisões regulatórias para pequenos negócios. Susan imagina que o trabalho possa ser mais bem encaminhado se ela puder gastar algum tempo conversando com os donos de negócios sobre o que funcionaria melhor para eles, mas isso consumiria mais tempo. O que você acredita que Susan e Alex diriam conversando sobre o assunto? Que justificativas cada um deles traria em apoio a suas respectivas posições?

Referências

APPLEBY, Paul. *Big democracy*. Nova York: Knopf, 1945.

APPLEBY, Paul. *Policy and administration*. Tuscaloosa: University of Alabama Press, 1949.

BENSEL, Richard F. *Yankee leviathan: the origins of central state authority in America, 1859-1877*. Nova York: Cambridge University Press, 1990.

BENSEL, Richard F. *The political economy of American industrialization, 1877-1900*. Nova York: Cambridge University Press, 2000.

BERTELLI, Anthony M.; LYNN, Laurence E., Jr. *Madison's managers*. Baltimore: Johns Hopkins University Press, 2006.

CALDWELL, Lynton. *Administrative theories of Hamilton and Jefferson*. Chicago: University of Chicago Press, 1944.

CLEVELAND, Frederick A. *Organized democracy*. Nova York: Longman, Green, 1913.

CLEVELAND, Frederick A. *The budget and responsible government*. Nova York: Macmillan, 1920.

COOK, Brian J. *Democracy and administration*. Baltimore: Johns Hopkins University Press, 2007.

DEAN, Mitchell. *Governmentality: power and rule in modern society*. 2. ed. Thousand Oaks, CA: Sage Publications, 2010.

DIMOCK, Marshall E. The meaning and scope of public administration. In: GAUS, John M.; WHITE, Leonard D.; DEMOCK, Marshall E. (orgs.). *The frontiers of public administration*. Chicago: University of Chicago Press, 1936a. p. 1-12.

DIMOCK, Marshall E. Criteria and objectives of public administration. In: GAUS, John M.; WHITE, Leonard D.; DEMOCK, Marshall E. (orgs.). *The frontiers of public administration*. Chicago: University of Chicago Press, 1936b. p. 116-134.

FARAZMAND, Ali (Ed.). "Ancient civilization and public administration: contributions to modern administration – A symposium" (2 partes), *Public Administration Quarterly* 26 (3/4), 2002.

FOLLETT, Mary P. *The new state: group organization, the solution of popular government*. University Park, PA: Pennsylvania State University Press, 1998. (Originally published 1918.)

FRY, Brian R.; RADDSCHELDERS, Jos. C. N. *Mastering public administration*. Washington, DC: CQ Press, 2008.

GLADDEN, Edgar N. *History of public administration*. Nova York: Frank Cass Publishers, 1972. 2 v.

GOODNOW, Frank. *Municipal home rule: a study in administration*. Buffalo, NY: William S. Hein & Co., Inc., 1895.

GOODNOW, Frank. *Policy and administration*. Nova York: Macmillan, 1990.

GULICK, Luther. "Politics, administration and the 'New Deal'", *Annals of the American Academy of Political and Social Science*, v. 169, p. 55-66, set. 1933.

GULICK, Luther. Notes on the theory of organization. In: GULICK, Luther; URWICK, L. (orgs.). *Papers on the science of administration*. Nova York: Institute of Public Administration, 1937a. p. 1-46.

GULICK, Luther. Science, values, and public administration. In: Luther GULICK; L. URWICK (orgs.). *Papers on the science of administration*. Nova York: Institute of Public Administration, 1937b. p. 189-195.

HARMON, Michael M. *Public administration's final exam: a pragmatist restructuring of the profession and the discipline*. Tuscaloosa: University of Alabama Press, 2006.

LARSON, John Lauritz. *Internal improvements: national public works and the promise of popular government in the United States*. Chapel Hill, NC: University of North Carolina Press, 2001.

LEVITAN, David M. "Political ends and administrative means", *Public Administration Review*, p. 353-359, 1943.

McCURDY, Howard. *Public administration: a synthesis*. Menlo Park: Cummings, 1977.

METCALF, Henry O.; URWICK, L. (orgs.). *Dynamic administration*: collected papers of Mary Parker Follett. Nova York: Harper & Row, 1940.

MOONEY, James; REILEY, Alan C. *The principles of oganization*. Nova York: Harper & Row, 1939.

NEWBOLD, Stephanie P. *All but forgotten*: Thomas Jefferson and the development of public administration. Albany, NY: SUNY Press, 2010.

NOVAK, William J. "The myth of the 'weak' American state", *American Historical Review* 111(3), p. 752-772, 2008.

OSTROM, Vincent. *The intellectual crisis in American public administration*. Tuscaloosa: University of Alabama Press, 1973.

RAADSCHELDERS, Jos C. N. *Government: a public administration perspective*. Armonk, NY: M.E. Sharpe, 2003.

RAADSCHELDERS, Jos C. N. *Public administration: the interdisciplinary study of government*. Nova York: Oxford University Press, 2011.

ROSENBLOOM, David H.; McCURDY, Howard E. (orgs.). *Revisiting Waldo's administrative state*. Washington: Georgetown University Press, 2006.

SIMON, Herbert A. *Administrative behavior*. Nova York: Macmillan, 1957.

SIMON, Herbert A.; SMITHBURG, Donald W.; THOMPSON, Victor A. *Public administration*. Nova York: Knopf, 1950.

SKOWRONEK, Stephen. *Building a new American state: the expansion of national administrative capacities*, 1877-1920. Nova York: Cambridge University Press, 1982.

STENE, Edwin O. "An approach to a science of administration", *American Political Science Review* 34, p. 1124-1137, dez. 1940.

STIVERS, Camilla. *Bureau men, settlement women: constructing public administration in the progressive era*. Lawrence, KS: University Press of Kansas, 2000.

STOUT, Margaret. *Logics of legitimacy: three traditions of public administration praxis*. Nova York: CRC Press, 2013.

SVARA, James H. "The myth of the dichotomy: complementarities of politics and administration in the past and future of public administration", *Public Administration Review*, v. 61, p. 176-183, 2001.

TAYLOR, Frederick. *Scientific management*. Nova York: Harper & Row, 1923.

TEAD, Ordway. "What is a democratic approach to economic problems?", *Annals of the American Academy Political and Social Science* 165 (Essentials for Prosperity), p. 101-108, 1933.

TEAD, Ordway. "Amateurs versus experts in administration", *Annuals of the American Academy of Political and Social Science* 189 (Improved Personnel in Government Service), p. 42-47, 1937.

THOMPSON, James. *Organizations in action*. Nova York: McGraw-Hill, 1967.

VAUGHN, Jacqueline; OTENYO, Eric. *Managerial discretion in government decision making*. Sudburg: Jones and Bartlett, 2007.

WALDO, Dwight. *The administrative state*. Nova York: Ronald Press, 1948.

WALDO, Dwight. "Development of theory of democratic administration", *American Political Science Review*, v. 46, p. 81-103, mar. 1952.

WALDO, Dwight. "The administrative state revisited", *Public Administration Review*, v. 25, p. 5-30, mar. 1965.

WHITE, Leonard D. The meaning of principles in public administration. In: GAUS, John M.; WHITE, Leonard D.; DEMOCK, Marshall E. (orgs.). *The frontiers of public administration*. Chicago: University of Chicago Press, 1936. p. 13-25.

WHITE, Leonard D. *The federalist*. Nova York: Macmillan, 1948a.

WHITE, Leonard D. *Introduction to the study of public administration*. Nova York: Macmillan, 1948b.

WILLOUGHBY, W. F. *Principles of public administration*. Baltimore: Johns Hopkins University Press, 1927.

WILLOUGHBY, W. F. *The government of modern states*. Nova York: Appleton-Century-Crofts, 1936.

WILLOUGHBY, W. F.; WILLOUGHBY, W. W. *Government and administration of the United States*. Baltimore: Johns Hopkins University Press, 1891.

WILSON, Woodrow. "The study of administration", *Political Science Quarterly*, v. 2, p. 197-222, jun. 1887.

capítulo 4

Modelo racional de organização

Mesmo no auge, a teoria da administração pública descrita por Willoughby, White, Gulick e outros, vinha sendo minada por vários desenvolvimentos importantes nas ciências sociais. Em primeiro lugar, havia crescente interesse na ciência política, como também em muitas outras disciplinas, de que os esforços de pesquisa contribuíssem para uma verdadeira ciência do comportamento humano, um corpo teoricamente coerente de conhecimento produzido de forma semelhante àquele produzido pelas ciências naturais. Em segundo lugar, surgira um movimento, baseado no reconhecimento dos pontos compartilhados entre administração pública e privada, no sentido de se desenvolver uma abordagem genérica para o estudo da administração. Nenhuma dessas duas tendências nasceu dentro da própria administração pública; na verdade, a administração pública mostrou-se um tanto refratária a ambas. No entanto, ao final, essas duas forças tiveram impacto crítico sobre o estudo das organizações públicas. O mais importante é que esses novos pontos de vista deslocariam, de fato, as velhas concepções políticas da organização pública.

Ciência do comportamento humano

A primeira e, de longe, principal tendência a empolgar a ciência política e as disciplinas relacionadas foi o interesse pelo desenvolvimento de uma ciência do comportamento humano. Em consonância ao espírito científico geral do início do século XX, muitos cientistas políticos achavam que seus estudos anteriores sobre instituições governamentais e movimentos políticos careciam do rigor científico (e, portanto, da dignidade) que possuíam as "verdadeiras ciências", como a física e a química. Para corrigir a situação, eles advogavam uma abordagem para a ciência que se baseasse na perspectiva filosófica do *positivismo lógico*. Essa abordagem sustentava que seria possível determinar as regularidades no comportamento humano, assim como no comportamento dos objetos físicos, por meio da observação cuidadosa e objetiva do comportamento externado (ou manifesto) – e que se poderia derivar, logicamente, teorias científicas a partir dessas observações. Da mesma forma que era possível observar o comportamento das estruturas moleculares e, a partir dele, desenvolver teorias sobre a vida física, também argumentava-se que era possível observar o comportamento dos seres humanos *objetivamente* – de fora – e, a partir dele, desenvolver teorias sobre a vida social.

O papel dos valores humanos, no entanto, provou ser um grande problema, tanto com relação aos "objetos" de observação quanto ao próprio processo de observação. Primeiramente, como discutimos no Capítulo 2, seres humanos agem intencionalmente. Nós atribuímos significado, propósito e valores às coisas que fazemos. Para entender completamente a ação humana, precisamos compreender as intenções e valores que a informam do ponto de vista do ator. Qualquer ciência do comportamento humano, assim, está negligenciando algo significativo se focar apenas no comportamento observável. Esta realidade impôs um segundo desafio à nova ciência do comportamento humano, confrontando-a com a possibilidade de que os valores humanos poderiam influenciar o estudo científico do comportamento humano. Mas a resposta diz que os fatos e valores devem ser considerados logicamente distintos. De acordo com esta visão, os fatos da vida administrativa, até mesmo o fato de que certos administradores (e cientistas) exibem certos valores, poderiam ser observados sem a observação que contamina ou é contaminada por valores pessoais. Dessa forma, poder-se-ia manter a integridade (isto é, a objetividade) do processo de pesquisa.

Para garantir ainda mais a objetividade, prescreveu-se uma abordagem particular para a pesquisa científica. Desenvolver-se-ia um problema, levantar-se-iam algumas hipóteses sobre as relações entre as variáveis relevantes e se montaria e realizaria um projeto de pesquisa para testar essas relações. As constatações, ou descobertas, seriam, em seguida, incorporadas ao corpo mais amplo dos conhecimentos teóricos do campo específico em questão. A título de ilustração, se estivéssemos interessados na relação existente entre a tomada de decisão descentralizada e a satisfação auferida no trabalho, poderíamos desenvolver hipóteses sobre esta relação – por exemplo, de que uma participação maior do trabalhador levaria a níveis mais elevados de satisfação – e, em seguida, tentaríamos testar essas hipóteses por meio de experimento controlado ou de estudo de campo.

De qualquer forma, a pesquisa científica devia ser rigorosamente disciplinada, de modo que os cientistas pudessem ter confiança total de que a explicação inferida era a explicação correta (e de que todas as outras poderiam ser excluídas), e devia ser empírica, significando que a pesquisa deveria se basear antes em observações da realidade objetiva do que em crença subjetiva. Em termos ideais, todo cientista que realizasse o mesmo experimento, sob exatamente as mesmas condições, chegaria exatamente ao mesmo resultado, confirmando dessa forma a objetividade do estudo – e do próprio método.

Abordagem genérica da administração

O segundo desenvolvimento crucial que alteraria o curso da teoria da administração pública, no período pós-guerra e além dele, decorreu, em parte, do primeiro. Os cientistas, no seu esforço para encontrar regularidades no comportamento humano, argumentaram que essas regularidades eram independentes do contexto – por exemplo, que o exercício do poder é essencialmente o mesmo, não importando se ele ocorre no contexto familiar, no ambiente de trabalho ou no estado-nação. De maneira semelhante, os estudiosos das organizações começaram a sugerir que o comportamento organizacional é muito parecido, independentemente de ele ocorrer em organizações públicas ou em privadas. Esse argumento era e até certo ponto continua sendo irresistível. Com toda certeza, os processos administrativos básicos – por exemplo, de liderança e autoridade, motivação e tomada de decisão – são muito semelhantes, quer você trabalhe como executivo na GM ou como subsecretário no Departamento de Estado. Portanto, não representou surpresa que um importante artigo sobre administração pública, publicado nessa época, sugerisse que "na administração real, com frequência, há maior diferença entre organizações pequenas e grandes do que entre organizações públicas e privadas" (SIMON, SMITHBURG, THOMPSON, 1950, p. 8).

Surgiu, assim, o estudo genérico da gestão ou da administração. Embora não fosse, originalmente, mais que um amálgama de constatações provenientes de diversas subpartes da ciência política, administração de negócios, sociologia e psicologia social – a análise organizacional não levou tempo para logo assumir identidade própria. Dos negócios veio o interesse pela eficiência e pela tomada de decisão; da sociologia vieram a abordagem sistêmica e a estrutural-funcional; da psicologia social veio a orientação cognitiva ou comportamentalista. Criaram-se escolas genéricas de administração, criaram-se revistas como a *Administrative Science Quarterly*, e muitos acadêmicos de vários departamentos universitários descobriram que compartilhavam os mesmos interesses. Como consequência, os administradores públicos dentro dos departamentos de ciência política não raro constatavam que tinham mais coisas em comum com os analistas organizacionais nas escolas de negócios do que com seus colegas departamentais de estudos governamentais comparados, relações internacionais ou teoria política.

Dessa maneira, ao adotarem a perspectiva das ciências comportamentais, os administracionistas públicos começaram a dar ênfase preferencial aos fatos frente aos valores e aos meios frente aos fins. Ademais, ao se alinhar ao movimento pelo estudo genérico da administração, o campo rompeu seus vínculos tradicionais de longo tempo com o estudo dos valores políticos. Observaram-se essas tendências tanto na rejeição ao trabalho anterior sobre administração pública, alegadamente não científico, como na criação de uma alternativa: o modelo racional de administração. Em ambos os casos, o trabalho de Herbert A. Simon teve profundo impacto.

Provérbios da administração

Embora tenha havido, durante vários anos, um interesse crescente pelo desenvolvimento de uma abordagem mais científica para o estudo da administração pública, os dois apelos à ação de maior expressividade só apareceram no final da década de 1940. Em 1946, Herbert A. Simon, recém-doutor em ciência política pela Universidade de Chicago, publicou o artigo "Os provérbios da administração" em que criticava duramente o trabalho de seus antecessores sobre teoria administrativa, esboçando em seguida uma série de requisitos para uma teoria administrativa de embasamento científico. O artigo de Simon foi republicado, em 1947, como um capítulo de seu livro *Administrative behavior: a study of decision-making processes in administrative organization* (2. ed., 1957a). Nesse livro – um subproduto de sua tese de doutorado –, Simon apresenta, em sua forma agora clássica, o modelo racional de administração, um modelo que teve enorme impacto sobre o estudo das organizações. No mesmo ano, Robert A. Dahl, que recentemente concluíra seu projeto de doutorado na Universidade de Yale, publicou "The science of public administration", outra crítica aos estudos anteriores sobre o campo. O trabalho de Dahl, implicitamente, também criticava a abordagem de Simon e precipitou então uma breve disputa intelectual – uma polêmica que prenunciou discussões acadêmicas sobre organizações públicas por muitos anos a partir daí.

Crítica de Simon às teorias anteriores

A crítica de Simon foi, de longe, a mais cáustica, afirmando que os princípios de administração de Gulick, Urwick e outros não passavam de "provérbios" que tinham em comum com os provérbios um defeito particular – o defeito de se contradizerem muitas vezes uns aos outros. Simon focou seu ataque sobre quatro princípios: especialização, unidade de comando, amplitude de controle e organização por propósito, processo, clientela e lugar. Embora Simon (1946, p. 62) concordasse que essas ideias eram aceitáveis enquanto "critérios para descrever e diagnosticar situações administrativas", ele achava que, quando tratadas como princípios invioláveis, elas entravam muitas vezes em contradição. Ele passou, então, a tratá-las como princípios e a demonstrar as contradições – por exemplo, a manutenção de pequena amplitude de controle poderia impedir baixo número de níveis organizacionais, ou a unidade de comando poderia privar a organização de tirar proveito de uma liderança especializada.

Para resumir sua posição, Simon escreveu:

> Atualmente, a descrição administrativa sofre de superficialidade, simplificação excessiva e falta de realismo. Ela se prendeu muito estreitamente ao mecanismo da autoridade e deixou de trazer para sua órbita as outras formas, igualmente importantes, de influência sobre o comportamento organizacional. Ela se recusou a assumir a tarefa enfadonha de estudar a alocação

efetiva das funções de tomada de decisão. Contentou-se em falar sobre autoridade, centralização, amplitude de controle e função, sem buscar as definições operacionais para estes termos. (1946, p. 63)

Na verdade, as conclusões de Simon representaram uma divergência bem menor em relação à corrente teórica dominante no campo da administração do que daria a entender sua linguagem rude. [Na introdução à 2ª edição de *Administrative behavior*, Simon (1957a, p. xiv), talvez recobrando ímpeto, comentou: "Nós falamos sobre organizações em termos não diferentes dos usados pelo curandeiro africano de Ubangi quando fala de doença. Na melhor das hipóteses, vivemos de acordo com provérbios familiares (...) na pior, vivemos conforme uma pomposa superficialidade".] Simon reconhece, de forma acertada, o interesse dos primeiros teóricos pelas questões da alocação de funções e da estrutura de autoridade e, com propriedade, cobra a expansão do leque de tópicos a serem pesquisados. Mas ele não questiona o interesse do campo em lograr bases sólidas sobre as quais os administradores pudessem fazer julgamentos bem fundamentados a respeito do *design* organizacional; tampouco questiona o interesse central do campo pela eficiência. Na realidade, Simon (1957a, p. 38) faz da seguinte proposição a própria base da teoria administrativa: "A teoria da administração trata da forma como se deve construir e operar uma organização para que ela realize com eficiência seu trabalho".

> A teoria da administração está interessada em como se deve construir e operar uma organização para que ela alcance com eficiência seu trabalho.
> Herbert Simon

Com respeito à tarefa de construir uma teoria de organizações públicas, os esforços de Simon foram muito mais importantes pelas implicações do que pelo que explicitamente enunciaram. Em primeiro lugar, de acordo com a visão do positivismo lógico, Simon sugeriu a possibilidade de separar fatos e valores no estudo do comportamento administrativo e de, em seguida, empreender um rigoroso programa de pesquisa experimental, com vistas a produzir uma teoria cabal da administração. Em segundo lugar, Simon rapidamente se afastou de sua conexão com a ciência política e a administração pública, dando preferência a uma abordagem genérica. Obviamente, enquanto a administração pública se movia nesse sentido – e ela caminhou nesse sentido a passos largos –, cada vez mais os meios seriam privilegiados em relação aos fins e cada vez mais as técnicas administrativas recebiam precedência sobre os princípios políticos. Não é por acaso que era esse o argumento central da crítica de Dahl.

Dahl: Eficiência e o caráter não racional do comportamento humano

Se a crítica de Simon à teoria da administração pública dominante, no período anterior à II Guerra Mundial, foi a mais ferina, a de Dahl foi, em muitos aspectos, a mais radical e, no longo prazo, a mais efetiva. Assim como Simon, Dahl reconheceu o desejo dos estudiosos da administração pública de desenvolver uma verdadeira ciência, mas observou várias dificuldades importantes enfrentadas nesse esforço. Dahl (1947) observou, em primeiro lugar, que a interpretação positivista da ciência sugeria que as ciências sociais, incluindo o estudo das organizações, poderiam e deveriam ser imparciais em relação aos valores. Dahl, no entanto, argumentou que o campo da administração pública, conquanto advogasse ser isento de valor, na verdade baseava-se numa preferência por valores particulares e, de forma muito notável, pelo valor da eficiência. Como acabamos de ver, os primeiros estudiosos de administração, incluindo o próprio Simon, sustentavam que a eficiência era um critério neutro, desprovido de valor, pelo qual se poderia julgar as ações administrativas. O que Dahl sugeria era simplesmente que a própria eficiência era um valor e, como tal, teria que competir com outros valores, tais como a responsabilidade individual e a moralidade democrática.

Nessa competição, de acordo com Dahl, a eficiência nem sempre se saiu muito bem. Por exemplo, como se deve conciliar a necessidade de envolvimento dos cidadãos na tomada de decisão à operação eficiente de um órgão público? Ou, em que termos deve o estudo da administração avaliar os campos de concentração nazistas da II Guerra Mundial, que foram, em sua maioria, aparentemente muito eficientes? Ou, de que modo devemos proceder para desenvolver uma teoria de responsabilidade pessoal, uma teoria em aparente conflito intrínseco com a demanda por eficiência total? Nesses e em muitos outros casos, era visível que os estudiosos da administração pública estavam em contato com fins e ao mesmo tempo com meios, portanto, precisavam tornar mais explícitos seus valores.

A firme adesão à doutrina da eficiência – enquanto dissimulando-a como fato científico – não era apenas desconcertante, mas também moralmente perigosa. Aqui, Dahl estava claramente mais interessado no campo da administração *pública* do que no da administração em geral. Os conflitos de valor mais sérios que Dahl encontrou ocorreram quando o valor da eficiência se chocava com os valores da democracia, especialmente os relacionados com a moralidade democrática. Naturalmente, poder-se-ia também argumentar que o critério da eficiência na empresa privada às vezes corre contra a responsabilidade social do negócio; mas Dahl estava interessado no setor público e no governo, argumentando, finalmente, que o campo da administração pública se distingue por seu envolvimento com questões éticas e valores políticos.

De acordo com o segundo ponto de Dahl, o estudo da administração pública tem que se fundamentar no estudo do comportamento humano. Neste ponto, Dahl simplesmente reconhecia que os problemas centrais da administração pública, na maioria, giram em torno de seres humanos e que eles, consequentemente, não podem ser ignorados nesse estudo. Mas Dahl (1947, p. 4) levou sua análise um passo adiante para sugerir que o capitalismo nos impeliu a "um esforço de organizar o processo produtivo em linhas racionais" e que esta abordagem havia sido aceita por muitos teóricos de organizações, para quem a criação de estruturas lógicas, racionais, era altamente desejável. Mas, segundo Dahl, a adesão a esse modelo racionalista ignora o fato de que os seres humanos nem sempre agem de maneira racional ou mesmo se comportam da forma mais eficiente no contexto de estruturas racionais. Assim, "não podemos lograr uma ciência [da administração] criando no 'homem administrativo' mecanizado um descendente moderno do homem racional do século XVIII, cuja vida existe somente nos livros de administração pública e cuja atividade única é a estrita obediência às 'leis universais da ciência da administração'" (p. 7).

Como era de se esperar, Herbert Simon (1947), que acabava de desenvolver esse conceito, escreveu imediatamente uma réplica ao artigo de Dahl. A base da resposta de Simon foi uma comparação obscura e confusa de ciência pura e aplicada, que tinha por objetivo afastar a ciência pura do culto à eficiência que Dahl criticara. No entanto, este argumento foi pouco eficaz, especialmente à luz da afirmação do próprio Simon, para quem a teoria da administração equivalia à busca por eficiência. Simon negou repetidamente que a ciência pura da administração "fazia prescrições para políticas públicas"; entretanto, ele deixou de reconhecer as implicações político-administrativas constantes na preocupação com a eficiência – de que, de certo modo, a eficiência é uma política (p. 202). Nessa disputa particular, portanto, Simon talvez tenha chegado em segundo lugar. Mas seu modelo racional de administração, que acabava de ser apresentado à comunidade da administração pública, talvez lhe tenha sido mais do que compensador por ter-se tornado padrão para o estudo no campo da administração durante muitos anos no futuro.

Modelo racional de administração

Como mencionamos, o modelo racional de administração alcançou um lugar proeminente na literatura sobre organizações públicas. Expressões como *incentivos--contribuições*, *zonas de aceitação* e *satisfação* tornaram-se termos referenciais no vocabulário dos estudiosos atuais da administração pública. Se não por outra razão, esses termos exigem atenção por causa de seu uso frequente pelos teóricos e profissionais da administração. De forma mais significativa, tais termos e as ideias mais amplas que eles representam tiveram um impacto importante, mesmo que não de todo positivo, sobre o modo como pensamos as organizações públicas. Na medida em que se julga o modelo racional de administração como um modelo para o comportamento humano nos contextos organizacionais, deve-se ponderar com cuidado a orientação que ele nos oferece.

O modelo racional de administração teve sua apresentação inicial e mais vigorosa à literatura sobre organizações públicas no livro *Administrative behavior*, de Herbert A. Simon (1957a). Em seguida, ele recebeu de Simon uma elaboração mais detalhada em uma série de ensaios intitulados *Models of man* (1957b) e em dois trabalhos publicados em coautoria, a saber: no livro *Public administration* (1950), escrito em parceria com Donald W. Smithburg e Victor A. Thompson, e numa revisão detalhada da literatura sobre teoria organizacional intitulada *Organizations* (1958), escrita em parceria com James G. March. No início da década de 1950, o trabalho de Simon passou a voltar-se cada vez mais para a psicologia social da tomada de decisão, e depois para a tecnologia da informação e os processos de desenvolvimento cognitivo. Por consequência, mesmo que tenham diminuído um pouco, nos últimos anos, os esforços de Simon dedicados ao campo da administração pública, a influência de seu trabalho continua tendo valor substancial, sendo que seus trabalhos ocasionais mais recentes na administração pública ainda têm peso considerável.

Esta seção apresenta um esboço do modelo racional de administração na forma proposta por Simon em seus primeiros trabalhos, especialmente no livro *Administrative behavior* (1957a). A seção seguinte examina dois tópicos correlatos: o processo da tomada de decisão humana (como Simon e autores subsequentes o conceberam) e a disputa em torno dos sistemas fechados e dos abertos (que se desenvolveu, pelo menos em parte, em reação ao trabalho de Simon e culminou na síntese de James D. Thompson).

A perspectiva positivista

No livro *Administrative behavior* (1957a), Simon empreende a tarefa de esboçar uma teoria completa da organização administrativa com base na visão positivista da obtenção do conhecimento e na interpretação instrumental da vida organizacional. Nesse livro, Simon argumenta que o papel do cientista é examinar proposições factuais, com base na observação do comportamento manifesto ou proposições logicamente inferidas dessas observações. A objetividade do cientista é de extrema importância e, por essa razão, ele deve ter o cuidado de estabelecer bases factuais para quaisquer conclusões passíveis de serem tiradas. Para impedir que a subjetividade interfira no processo de pesquisa, o cientista deve purgar suas teorias de toda e qualquer intimidade com valores humanos subjetivos. Tanto os valores do cientista como os do ator observado não devem fazer parte da pesquisa e da construção da teoria. Que isso seja até possível, argumenta Simon, é decorrência de os fatos e valores poderem ser separados logicamente. "As proposições factuais são enunciados sobre o mundo observável e sobre o modo como ele funciona" (p. 45). Os enunciados de valor, por outro lado, dizem respeito ao modo como as coisas *devem* ser; eles expressam preferência por eventos desejados. Em contraste com a natureza um tanto evasiva dos valores, os enunciados factuais são precisos. As proposições sobre fatos, de acordo com Simon, podem "ser testadas para se determinar se são verdadeiras ou falsas – se realmente acontece ou não aquilo que elas afirmam a respeito do mundo" (p. 45-6).

Simon observa, no entanto, que, embora os termos *bom* e *ruim* com frequência façam parte das discussões sobre administração, o seu uso não põe em cheque a neutralidade da abordagem científica que ele advoga. Pelo contrário, em termos organizacionais, são boas as coisas que aumentam a capacidade de a organização atingir seus objetivos; más ou ruins são as que não aumentam essa capacidade. Tudo o que aumenta a eficiência é bom; aquilo que não a faz é ruim. E, naturalmente, afirma Simon, essa postura é apenas o que alguém esperaria de uma teoria de administração que vê a eficiência como seu principal alvo.

O conceito de racionalidade

Na base da organização administrativa está o conceito de racionalidade. As organizações são criadas para incrementar a racionalidade humana e estruturar o comportamento humano, de modo que esse comportamento possa se aproximar de uma racionalidade abstrata. Simon começa com o argumento de que os seres humanos individuais são limitados na capacidade de responder aos problemas complexos que enfrentam.

> A capacidade da mente humana para formular e resolver problemas complexos é muito pequena, comparativamente ao tamanho dos problemas que requerem solução. Dificilmente existe no mundo real um comportamento objetivamente racional – ou mesmo algo que se aproxime razoavelmente dessa racionalidade objetiva – que seja capaz de resolver esses problemas. (1957b, p. 198)

Como os indivíduos são limitados, ou, em outras palavras, *confinados* em relação ao grau de racionalidade que podem alcançar, eles julgam necessário reunirem-se em grupos e organizações para lidar de forma efetiva com o mundo à sua volta. Nas organizações encontramos um jeito de moldar o comportamento humano em padrões racionais voltados ao cumprimento de nossos objetivos. Assim, "todo indivíduo racional é, e deve ser, um indivíduo organizado e institucionalizado" (1957a, p. 102).

> O indivíduo racional é, e deve ser, um indivíduo organizado e institucionalizado.
>
> Herbert Simon

Obviamente, falar de racionalidade dessa maneira é dar ao conceito um sentido muito mais restrito e técnico do que ele contém em outros contextos. Em contraste à longa tradição filosófica, que sustenta que a razão humana lida com questões grandiosas como justiça, igualdade e liberdade – a essência da construção das sociedades humanas –, a visão de Simon está essencialmente interessada na relação entre meios e fins, e aqui a organização é o principal meio. A chave para se lograr comportamento racional, de acordo com o filósofo Horkheimer (1974, p. 50), é "calcular as probabilidades e, a partir daí, coordenar os meios certos para o fim dado". Afirmar, portanto (segundo a linguagem do modelo racional), que uma organização em particular é racional não significa dizer que ela serve a propósitos razoáveis de ordem política ou moral, como os mencionados por Dahl, mas, simplesmente, que ela opera com o objetivo de maximizar a eficiência. Nessa visão, a racionalidade se equipara à eficiência. Comportar-se de maneira racional é comportar-se de modo a contribuir para o alcance dos objetivos da organização. Sem meias palavras, para ser racional, o indivíduo deve seguir o projeto dos líderes da organização, o "grupo controle" ou, mais familiarmente, a gestão. Nesse sentido, a organização racional de Simon monitora a trajetória da gestão científica, embora sem o humanismo nominal de Taylor.

Em termos abstratos, a montagem de um sistema racional que visa atingir um dado objetivo não é, obviamente, muito difícil, e é isso, essencialmente, o que o grupo controle faz. O problema aparece quando se tenta incluir seres humanos – com sentimentos, considerações e interesses humanos – no sistema. Se descrevermos que são racionais as atividades consistentes com o alcance de objetivos dados, então fica claro que o único caminho racional que resta é pautar-se pelas regras e executar as funções prescritas.

Assim, escreve Simon (1957a, p. 246): "A estenógrafa exerce sua racionalidade quando transcreve, independentemente de seu conteúdo, uma peça documental em um manuscrito datilografado. Já o empregador exerce a racionalidade quando determina o conteúdo do documento".

O comportamento individual

Este conceito extraordinariamente limitado de racionalidade obscurece um grande número de questões importantes, das quais a responsabilidade moral do indivíduo não é a de menor significado. No entanto, ele permite a formulação muito precisa e bem construída de um método pelo qual os indivíduos racionais (ou quase racionais) atuam em contextos organizacionais. Simon se afasta de seus predecessores da forma mais dramática quando enfoca o comportamento dos indivíduos nas organizações complexas e indaga como eles poderiam ser levados a se identificar de forma mais próxima e estreita com a racionalidade do sistema. Simon argumenta que isso só pode ser alcançado quando os indivíduos começarem a fazer escolhas orientadas pelos interesses da organização e condicionadas e reprimidas pelos processos organizacionais.

A chave para o comportamento individual é a decisão de agir. Enxerga-se a organização, portanto, como um sistema de tomada de decisão, um sistema definido com o objetivo de incluir "processos para alerta ou informação que determinam a oportunidade das decisões, processos para descobrir e projetar possíveis cursos de ação e processos para avaliação e escolha de alternativas" (SIMON, 1965, p. 35-36). Essa formulação apresenta dois problemas um pouco distintos: um se refere às decisões das pessoas quanto a ingressar nas organizações, permanecer nelas ou abandoná-las; e o outro envolve seu comportamento enquanto integram as organizações (SIMON, 1957b, p. 167). Cada um deles é analisado mediante um cálculo racional de custos e benefícios individuais. Por exemplo, com relação à decisão de permanecer como membro de uma organização, Simon escreve: "Pode-se postular que cada membro permanecerá na organização enquanto a satisfação (ou utilidade) que obtiver (...) for maior que a satisfação que ele obteria em caso de abandoná-la. O ponto zero nessa 'função de satisfação' é definido, portanto, em termos do custo de oportunidade da participação" (p. 173). Na medida em que as pessoas julgarem que os benefícios proporcionados pela organização são maiores do que os benefícios que obteriam em outros lugares, elas limitarão suas apostas e permanecerão na organização em que estão.

Cálculo semelhante acontece com relação ao comportamento dos indivíduos que decidem trabalhar em uma organização. Como é do interesse do sistema racional induzir seus membros a contribuir com comportamentos organizacionalmente corretos, isto é, comportamentos ditados de cima, esse ponto está ligado à questão da autoridade. Simon (1957a, p. 133; 1957b, p. 74-75) argumenta que cada membro individual estabelece uma "área de aceitação dentro da qual o subordinado está disposto a aceitar as decisões tomadas a seu respeito por seu superior". Anteriormente, Chester Barnard (1938, p. 168) havia discutido uma "zona de indiferença" semelhante. As ordens que caem dentro dessa zona são acatadas; as que caem fora não o são.

Mas, obviamente, a organização tem todo o interesse de manter bem ampliada esta zona de aceitação; quanto maior a extensão de ordens que o indivíduo vier a aceitar, maior a probabilidade de que ele se torne parte eficiente do sistema administrativo. Portanto, o próximo passo é considerar possíveis maneiras de expandir esta zona. Naturalmente, essa expansão provavelmente ocorreria em resposta a maiores incentivos: mais dinheiro ou maior *status* poderiam levar a mais atividade.

O homem administrativo

Fora isso, os valores da organização podem simplesmente vir a tomar o lugar dos valores do indivíduo. A organização substitui o julgamento do próprio indivíduo, um processo de tomada de decisão organizacional (SIMON, 1957a, Cap. 10). Na medida em que isso acontece, o clássico "homem econômico", caçador de utilidades, é substituído por um "homem administrativo", mais moderno e mais institucionalizado. O homem administrativo aceita os objetivos organizacionais como premissas de valor de suas decisões, é particularmente sensível à influência dos outros membros de sua organização sobre ele, desenvolve expectativas estáveis sobre o próprio papel em relação aos outros e aos papéis dos outros em relação a ele, e mantém moral elevado em relação aos objetivos da organização. O que é, talvez, mais notável e singular a respeito do homem administrativo é que as influências organizacionais não apenas levam-no a fazer certas coisas específicas (por exemplo, apagar incêndio florestal, se esse for seu trabalho), mas incutem nele também um padrão de ação adequado, em cooperação com os outros, para promover os objetivos da organização. Ele desenvolve hábitos de comportamento cooperativo (SIMON, SMITHBURG, THOMPSON, 1950, p. 82).

Esse ponto naturalmente nos remete de volta à questão da racionalidade. Está claro, na formulação de Simon, que o preço cobrado para se lograr racionalidade organizacional é a autonomia individual. Na medida em que os valores organizacionais tomam o lugar dos individuais, torna-se patente que as contribuições dos indivíduos serão de máxima utilidade se forem consistentes com a visão da organização sustentada pelos detentores de seu controle. Por consequência, a obediência às demandas dos que detêm autoridade não é apenas eficiente, mas também racional. Simon (1957a, p. 198) assim se expressa: "Como essas instituições basicamente determinam os estados mentais dos participantes, elas estabelecem as condições para o exercício da docilidade e, portanto, da racionalidade, na sociedade humana".

Elucidação dos termos

Embora se vá fazer uma crítica ao modelo racional mais adiante neste livro, sua linguagem precisa ser esclarecida. Simon sustenta que a teoria científica é neutra e objetiva, não dando preferência a qualquer valor. Se a teoria da administração está interessada em eficiência, então ser eficiente é ser apenas racional. De fato, alguém pode ser racional sendo apenas eficiente. Alguém pode ser extremamente eficiente quando age de acordo com o propósito do sistema, e isso se pode lograr seguindo as diretrizes de quem o projetou. Nesse sentido restrito, a racionalidade rapidamente se traduz em obediência às autoridades hierarquicamente superiores. Racionalidade é conformidade. O que começou como abordagem neutra e objetiva parece de fato ocultar fortes preferências favoráveis aos superiores organizacionais, sejam eles quem forem.

De muitas maneiras, o modelo racional de administração representa não um afastamento dos antigos princípios de administração pública, mas antes uma legitimação científica desses princípios. Continua o mesmo interesse pela eficiência e, por via de consequência, o mesmo interesse pela autoridade e pela hierarquia, como nos trabalhos anteriores. Mas falta consideração pelo papel dos órgãos públicos na sociedade democrática – uma consideração que poderia nos levar tanto a uma teoria de responsabilidade individual nas organizações públicas quanto a uma teoria do papel público dos órgãos de gestão. Não se deve negar, entretanto, a importância extraordinária do modelo racional. No contexto da racionalidade técnica, a exposição do modelo racional de Simon é clássica. Se aceitarmos a eficiência como último critério para avaliar órgãos públicos e se aceitarmos a visão cognitiva de que os seres humanos respondem de forma mecânica a seu meio, com a busca de maiores utilidades, então as conclusões do modelo racional parecem quase inevitáveis. E, como vimos, a história recente da teoria da administração pública foi marcada por uma aceitação geral desses pressupostos.

Tomada de decisão e formulação de políticas

Para ilustrar ainda mais o impacto do modelo racional, voltemo-nos a dois tópicos particularmente importantes levantados no trabalho de Simon e vejamos como eles foram tratados por autores que o sucederam. De todos os pontos estudados por Simon, talvez nenhum tenha recebido tanta atenção na literatura da administração pública quanto o processo da tomada de decisão. Embora Simon considerasse o livro *Administrative behavior* (1957a) um estudo de tomada de decisão em organizações, mais tarde ele veio a afirmar de forma mais direta o que certamente já estava implícito em seu trabalho anterior: que a tomada de decisão era o núcleo central da administração – na verdade, que a tomada de decisão era essencialmente o mesmo que a própria gestão. Evidentemente, essa visão constituía um pequeno desvio do trabalho anterior e sugeria um novo foco para os estudiosos da administração pública. No passado, sob a influência da dicotomia entre política e administração, o interesse pelo estudo da tomada de decisão se concentrara nos níveis organizacionais mais elevados, nos quais se produzem as políticas gerais. Simon argumentava, porém, que as decisões tomadas nesses níveis simplesmente levam à tomada de decisões nos outros níveis, de alto a baixo na escala hierárquica do sistema de gestão. Acontece o mesmo processo básico de tomada de decisão desde a decisão do executivo central de dar início a um novo programa até a decisão do empregado operacional de executar certa ordem. Compreender esse processo significa compreender o comportamento organizacional.

Simon (1967) via que o processo de tomada de decisão em qualquer nível consistia de três partes: informação, *design* e escolha. Por *informação (intelligence)* Simon entendia as atividades pelas quais alguém rastreia o ambiente com vistas a identificar oportunidades para a tomada de decisões; ele referia-se a *design* para descobrir ou desenvolver cursos alternativos de ação; e, por *escolha*, entendia a seleção da alternativa com maior chance de sucesso. Obviamente, na vida real, reconhecia Simon, essas etapas não são distintas; entretanto, para fins analíticos, elas parecem constituir os elementos básicos da tomada de decisão.

Dado o interesse pela eficiência organizacional, seria de se esperar que as decisões fossem levadas a cabo da maneira mais racional possível e, de fato, o argumento de Simon norteou-se justamente por este sentido. O ideal para a tomada de decisão era o modelo econômico clássico, que pressupõe que o tomador de decisão está totalmente informado a respeito tanto dos objetivos da organização como das possíveis soluções disponíveis a ele e que ele atua no sentido de maximizar alguma coisa (ganhos, lucros, utilidades, satisfação etc.). Infelizmente, o tomador de decisão administrativo raramente consegue se aproximar do tipo de racionalidade requerido pelo modelo econômico clássico. Em raras ocasiões, o administrador pode contar com o conhecimento completo da situação, incluindo as consequências dos vários cursos de ação. Por essa razão, o "homem administrativo" de Simon, enquanto busca racionalidade (ainda definida em temos organizacionais), reconhece os limites de sua capacidade para um comportamento racional e deve ceder.

Homem administrativo *versus* homem econômico

Em contraste com o homem econômico, o homem administrativo procura antes "satisfazer" (encontrar soluções satisfatórias) do que maximizar soluções. Além disso, o homem administrativo contenta-se com uma visão simplificada e incompleta do mundo que, em virtude das limitações humanas, jamais consegue chegar perto da complexidade do mundo real. Como mostra Simon (1957a, p. xxvi), estas duas características são muito significativas.

> Em contraste com o homem econômico, o homem administrativo procura antes "satisfazer" (descobrir soluções satisfatórias) a maximizar soluções.

Em primeiro lugar, visto que ele tenta soluções satisfatórias em vez de maximizá-las, o homem administrativo pode fazer escolhas sem que tenha que, primeiro, examinar todas as possíveis alternativas de comportamento e sem que tenha que determinar se, de fato, essas são todas as alternativas disponíveis a ele. Em segundo lugar, já que ele trata o mundo como algo meio vazio e ignora a "inter-relacionalidade de todas as coisas" (tão incompreensível ao pensamento e à ação), o homem administrativo é capaz de tomar decisões com base em regrinhas práticas, relativamente simples, que não fazem demandas impossíveis à sua capacidade de pensar. De maneira simples, embora não atinja o comportamento ideal do "homem econômico", o homem administrativo faz o melhor que pode com o que tem.

Vários comentários devem ser feitos neste momento. Em primeiro, embora o homem administrativo seja capaz apenas de "racionalidade confinada", ele também deve buscar ações organizacionais racionais (eficientes). Em segundo lugar, o cálculo básico continua o mesmo para o homem administrativo e para o homem econômico: em qualquer medida possível, utilidades devem ser maximizadas. Em terceiro, para diminuir os efeitos negativos da irracionalidade humana, a organização irá impor seus próprios padrões de racionalidade sobre o indivíduo. Isso pode ocorrer tanto por meio da substituição das premissas da decisão organizacional pelas do indivíduo quanto através do condicionamento do comportamento do indivíduo sobre decisões programadas ou procedimentos padronizados de operação.

É importante que estes últimos pontos sejam guardados. Dada a preocupação de Simon com os limites da racionalidade individual e a extensa influência que seus conceitos de racionalidade confinada e conformidade tiveram nas ciências sociais, Simon pode ser interpretado, equivocadamente, como um crítico da organização racional. Enquanto Simon admite as limitações inerentes do ator individual que, como ele notadamente coloca, "não tem talento para maximizar", a organização permanece capaz de alcançar a racionalidade abrangente que o indivíduo sozinho não consegue. Não é apenas o processo de decisão do indivíduo ou mesmo um processo de trabalho em grupo que precisa ser racionalizado, mas todo o sistema organizacional. Como Catlaw (2007, p. 124) escreve, "o reconhecimento de limite [...] se aplica somente ao [...] Homem conformista e não à organização formal, que se torna um sistema complexo para racionalizar o "irracional" elemento subjetivo [e limitador] da decisão individual".

O método incremental de Lindblom

Para o estudioso de organizações públicas, a importante discussão de Simon sobre a tomada de decisão teve pelo menos dois efeitos: mudou o foco dos estudos sobre tomada de decisão do nível político para o nível operacional e ressaltou a tensão entre o comportamento racional e o comportamento real nos sistemas humanos. Esse segundo ponto foi logo em seguida examinado com mais detalhes por Charles E. Lindblom (1959) no artigo intitulado "The science of muddling through" ("A ciência da decisão incremental"). Nele, Lindblom esboçou duas abordagens para a formulação de política (ou tomada de decisão): o método racional inclusivo e o método incremental, ou das "sucessivas comparações limitadas" (p. 81). Ele sugeriu, então, que, enquanto o método racional recebia a atenção máxima na literatura, era muito provável que, na prática, se usasse o método incremental. Além disso, o uso do método incremental não se limitava a uma versão concessiva, transigente, do método racional, mas mostrava, de fato, vantagens inquestionáveis para a formulação de políticas em uma sociedade democrática.

Seguindo o método racional, o formulador de política priorizaria todos os valores relevantes e escolheria um objetivo, desenvolveria uma lista de alternativas políticas, as examinaria à luz da capacidade que elas teriam para atingir o objetivo desejado e, em seguida, selecionaria a alternativa que maximizasse o valor escolhido. Seguindo outra abordagem, o método incremental, o formulador de política se comprometeria com um objetivo limitado a ser atingido pela política, esboçaria umas poucas opções que estivessem prontamente disponíveis e decidiria pela opção que conciliasse "os valores eleitos com os instrumentos escolhidos para alcançá-los" (LINDBLOM, 1959, p. 79-80). As comparações seriam limitadas às experiências passadas do administrador e provavelmente propiciariam apenas soluções parciais. Por essa razão, o formulador de política alimentaria a expectativa de repetir indefinidamente esse processo incremental em resposta às circunstâncias em fluxo.

Aspectos do método incremental

Vários aspectos do modelo incremental se destacam. Primeiro, Lindblom argumenta que, contrariamente ao ideal sugerido pelo modelo racional de tomada de decisão, na vida real jamais é possível classificar e escalonar por ordem de importância todos os valores dos objetivos relacionados a um dado problema. Os cidadãos, os funcionários eleitos e os outros administradores podem divergir quanto a suas preferências e podem até já tê-las enunciado previamente. Além disso, nos debates sobre questões de política pública, com muita frequência, há choques de valores. Por essa razão, de acordo com Lindblom, no que tange às políticas particulares, os valores ou objetivos devem ser enunciados em termos marginais. Visto que, numa dada situação, o administrador está interessado na diferença marginal entre duas ou mais propostas para uma política, "quando ele, finalmente, se decide por um dos dois valores marginais, o faz mediante a escolha de uma das propostas políticas" (LINDBLOM, 1959, p. 83). Segundo, em consonância com o modelo pluralista de democracia, Lindblom argumenta que as políticas públicas mais eficazes são aquelas que já estão em vigor e que foram acordadas por uma ampla gama de partes concorrentes interessadas. Ao perseguir mudanças incrementais ou marginais nas políticas existentes, argumenta Lindblom, o tomador de decisão pode simplificar ou reduzir o processo de escolha a proporções administráveis. Já não é mais necessário levar tudo em conta, como preconiza o modelo racional inclusivo. De forma ainda mais importante, essa abordagem de formulação de políticas é consistente com a estrutura política em que os principais partidos estão de acordo quanto ao que é fundamental e oferecem apenas variações de importância menor em suas perspectivas políticas.

A abordagem incremental também ajuda o formulador de política a perseguir o objetivo pluralista de produzir acordos entre interesses concorrentes, mas equilibrados. Lindblom, por exemplo, reconhece que os formuladores de política com frequência ignoram possíveis efeitos importantes de alternativas políticas; no entanto, ele argumenta que se grupos diferentes ignoram consequências diferentes, acaba-se logrando, em última instância, um senso de equilíbrio. Considerando-se que "quase todo interesse tem sua sentinela", a interação entre os vários grupos concorrentes levará, eventualmente, a políticas que correspondem a uma ampla gama de interesses (LINDBLOM, 1959, p. 85). Por essa ótica, então, o único teste de uma boa política é que ela resulte de um acordo: "Segundo o método das sucessivas comparações limitadas, o teste está na concordância sobre a política em si, e essa continua sendo possível mesmo quando não há acordo em torno dos valores" (p. 83).

Na visão de Lindblom (1959), a formulação de política que acontece por intermédio de uma série de passos incrementais dá ao administrador (e, por consequência, a toda a sociedade) inúmeras salvaguardas contra erro.

> Em primeiro lugar, sequências passadas de medidas ou passos políticos dados lhe deram conhecimento sobre as consequências prováveis em relação a outros passos semelhantes. Em segundo lugar, ele não precisa tentar dar saltos enormes em busca de seus objetivos, saltos que exigiriam dele previsões que vão além de seu conhecimento ou do de outras pessoas, pois ele nunca

alimenta a expectativa de que sua política irá representar a solução final de um problema. Sua decisão é apenas um passo (...) Em terceiro lugar, ele tem, efetivamente, condições de testar suas previsões anteriores, na medida em que avança em direção a cada um dos passos seguintes. Finalmente, ele pode muitas vezes remediar erros passados com razoável rapidez – mais rapidamente do que o faria se a política procedesse por passos mais distintos, extensamente distanciados no tempo. (p. 86)

Enfim, o método das sucessivas comparações limitadas faz mais do que reconhecer as limitações do tomador (supostamente) racional de decisões, como fez Simon; ele argumenta em favor de uma abordagem de formulação de políticas públicas estreitamente associada a uma concepção pluralista de democracia.

Três modelos de tomada de decisão

Outra tentativa de esboçar várias abordagens para o processo de tomada de decisão em organizações públicas foi o relato feito por Graham T. Allison, no livro *Essence of decision* (1971), sobre a crise dos mísseis de Cuba de 1962. Allison afirma que os analistas de política externa na maioria pensam sobre determinadas decisões – como as enfrentadas por John Kennedy na crise dos mísseis – em termos de modelos conceituais em grande parte implícitos e que estes modelos afetam de maneira significativa sua visão do processo de tomada de decisão. Além disso, Allison argumenta que o modelo de tomada de decisão clássico, ou do "ator racional", apesar de ser o mais usado, tem sérias deficiências. Dois outros modelos – o modelo do processo organizacional e o modelo da política governamental – podem ser empregados para melhorar a análise e a interpretação do analista sobre a situação em estudo (p. 4-7). Após a apresentação dos três modelos, Allison examina a crise dos mísseis de Cuba sob cada uma dessas perspectivas, observando as diferenças resultantes.

Allison descreve o modelo do ator racional em termos semelhantes aos utilizados por Simon e por Lindblom; esse modelo envolve um processo que estabelece objetivos, faz projeções de alternativas, examina consequências e decide ou opta pela alternativa que maximiza objetivos. "A racionalidade refere-se a uma escolha que maximiza valores de modo consistente, no âmbito das restrições especificadas" (p. 30). Para os nossos propósitos, o que importa na descrição de Allison sobre o modelo do ator racional não é o processo em si, com o qual já nos deparamos antes, mas o fato de que Allison trata esse processo como o modelo padrão de tomada de decisão. Allison afirma claramente que, na maioria, as pessoas que analisam as decisões de política externa (e, por implicação, outras decisões do governo) utilizam a perspectiva do modelo racional. Para tanto, toma-se um ator (seja ele um indivíduo, um grupo ou um órgão do governo) como referência central para a análise; em seguida, analisa-se o comportamento do ator para verificar se ele se pauta por uma intenção, se ele é movido pela busca de um objetivo. A atenção do analista é atraída para questões como: o ator seguiu a melhor estratégia ou afastou-se da estratégia que veio a se revelar a mais racional? Portanto, o modelo do ator racional orienta o analista de políticas e, presumivelmente, o formulador de políticas públicas para um conjunto de questões que enfocam os meios ao invés dos fins no processo de tomada de decisão, e isso pode ter muito pouco a ver com os contextos reais em que as decisões são tomadas.

Apesar de ver que o modelo do ator racional predomina na análise das decisões de política externa, Allison argumenta que existem outros modelos, dos quais ele descreve dois com algum detalhe. O modelo do processo organizacional baseia-se na premissa de que são poucas as decisões governamentais importantes que constituem matéria exclusiva de um único órgão. Até mesmo decisões tomadas nos escalões mais elevados do governo requerem informação e assessoria (em outras palavras, orientação política) de diversos órgãos. (De maneira semelhante, pode-se argumentar que as decisões tomadas pelo chefe de um órgão dependem de instruções ou da assistência de diversas divisões deste órgão.) Se esse for o caso, o entendimento de como, em última análise, se derivam as políticas requer conhecimento sobre o modo como as várias divisões organizacionais geram produtos relevantes para a política em questão.

O entendimento que Allison tem da teoria organizacional baseia-se no trabalho de Simon, complementado pelo trabalho de Cyert e March (1963) sobre "a teoria comportamental da firma". Segundo esta visão, a organização está menos interessada em atingir metas ou objetivos específicos do que em operar de acordo com um conjunto de restrições negociadas através de suas várias divisões. Operando no âmbito destas restrições, a organização tenta reduzir a incerteza em seu ambiente e perseguir as alternativas imediatas, disponíveis e relacionadas ao problema em questão. Finalmente, embora as organizações sejam relativamente estáveis, elas mudam com o fim de satisfazer às demandas ambientais, oferecendo assim produtos novos e muitas vezes até inesperados. De qualquer modo, de acordo com Allison, o processo da política pública não pode ser compreendido sem referência às operações das organizações públicas.

Um terceiro modelo, o da política governamental, reconhece que há políticas governamentais muito importantes que não são produzidas por atores racionais individuais, isolados, ou mesmo por grupos monolíticos nos altos escalões da burocracia. Pelo contrário, a política resulta de um processo de negociação entre indivíduos e grupos que têm interesses diversos e graus variados de poder para dar suporte a esses interesses. Quando há desacordos, as partes lutam umas contra as outras em um jogo político que leva ou à vitória de uma das partes ou, o que é mais provável, a um resultado misto, diferente do que almejava cada uma das partes. "[O que] move as peças de xadrez não [são] simplesmente as razões favoráveis a um curso de ação ou as rotinas da organização que sancionam uma alternativa, mas o poder e habilidade dos proponentes e adversários da ação em jogo" (ALLISON, 1971, p. 145). Da mesma forma que os outros modelos, o modelo do processo governamental é importante como guia de análise. Um modelo particular dirige nossa atenção para determinados tópicos e dá foco ao nosso entendimento do processo de tomada de decisão. Vemos o mundo de maneira diferente, dependendo das lentes que decidimos usar.

Sistemas fechados *versus* sistemas abertos

Os trabalhos de Lindblom e Allison representam dois afastamentos importantes em relação à descrição do processo de tomada de decisão realizada por Simon: dá-se muito menos ênfase à decisão racional, mesmo às decisões feitas com "racionalidade limitada", e mais atenção aos fatores ambientais. Em parte, essas mudanças ocorrem na medida em que se desloca o foco de atenção das decisões individuais para decisões políticas fundamentais (apesar de parecer que os três autores usam as palavras decisão e política em termos intercambiáveis). No nível mais elevado, a influência de fatores não racionais é muito mais forte e é muito fácil reconhecer o impacto da negociação política. Nesse caso, já não se vê mais a organização como uma unidade isolada, mas como uma unidade que está sujeita a importantes influências do ambiente.

Estratégias para estudar organizações complexas

Essas diferenças de perspectiva são tratadas de maneira mais formal por James D. Thompson na caracterização das estratégias de sistema fechado e de sistema aberto, usadas para estudar organizações complexas. Thompson sugere em Organizations in Action (1967) que duas abordagens relativamente distintas, sistemas abertos e fechados, foram desenvolvidas para o estudo de organizações reais. Tipicamente, Thompson argumenta, estas abordagens foram consideradas posições conflitantes sobre como as organizações públicas podem funcionar. Na realidade, porém, as organizações modernas exibem as tendências de ambos os sistemas, fechado e aberto.

A primeira delas, a estratégia de sistema fechado, se interessa basicamente pela eficiência na consecução dos objetivos. Procura-se empregar os recursos da organização de maneira funcional, com cada uma de suas partes contribuindo para a lógica do sistema e com mecanismos de controle projetados para reduzir a incerteza. Como exemplos de uma concepção de sistema fechado, Thompson cita a administração científica de Taylor, a gestão administrativa de Gulick e Urwick e o conceito de burocracia de Weber. Poderíamos também incluir aqui a descrição que Simon faz do modelo racional de administração ou, pelo menos, as partes do modelo mais diretamente relacionadas à eficiência e ao controle.

Por contraste, a estratégia de sistema aberto pressupõe que não podemos ter conhecimento completo de todas as variáveis que possam vir a influenciar a organização nem prever e controlar sua influência. Por essa razão, a abordagem de sistema aberto sugere que cultivemos a expectativa de surpresa ou incerteza. Como sistema natural, "a organização complexa é um conjunto de partes interdependentes que, juntas, formam um todo, porque cada uma delas contribui com algo para o todo e recebe algo do todo, sendo que esse todo, por sua vez, mantém relações de interdependência com um ambiente ainda maior" (THOMPSON, 1967, p. 6). O objetivo, a sobrevivência do sistema, é logrado por um processo evolucionário de desenvolvimento. Embora aconteçam mudanças, a tendência geral do sistema ocorre no sentido da homeostase ou do equilíbrio. Como exemplos deste modelo, Thompson invoca os estudos das organizações informais e os estudos sobre a relação entre a organização e o ambiente.

No campo da administração pública, foram produzidos pelo menos dois estudos de caso muito importantes, que enfatizam as relações entre a organização e seu ambiente. Para mostrar como eles contrastam com a concepção de sistema fechado, a seguir examinamos brevemente cada um deles.

Abordagem de sistema aberto para a análise organizacional

O primeiro estudo de caso importante, um estudo sobre a origem da Tennessee Valley Authority, intitulado *TVA and the grass roots* (1949), foi realizado por Philip Selznick em meados da década de 1940. Selznick estava particularmente interessado na política de relação desse órgão público com as bases da sociedade – uma política de descentralização e de envolvimento dos órgãos locais e estaduais já existentes – enquanto abordagem para o planejamento democrático. No entanto, no curso de sua discussão, Selznick esboçou uma abordagem de sistema aberto ou institucional para a análise organizacional. Essa abordagem serviu igualmente de base para um trabalho posterior sobre o estadista, ou líder político, da organização, intitulado *Leadership in administration* (1957).

Apesar de as organizações serem frequentemente projetadas como instrumentos para atingir determinados propósitos, de acordo com Selznick (1957, p. 1-22), elas logo assumem características sociológicas que vão muito além do interesse por racionalidade ou por eficiência do sistema fechado. Em primeiro lugar, os membros da organização resistem a serem tratados como meios; ao contrário, eles participam como personalidades integrais, cada qual com seu conjunto particular e único de experiências e anseios. Em segundo lugar, a organização existe dentro de um arcabouço institucional que lhe impõe algumas demandas. Os partidos, os grupos de interesse e outros agentes interagem todos dentro da mesma matriz, o que significa que nenhum grupo está livre da influência de outros. Por essa razão, as organizações não podem escapar ao impacto desses fatores "não racionais".

Essa condição requer que a organização seja analisada em termos estruturais-funcionais – isto é, com o interesse de se descobrir de que modo ela se ajusta para satisfazer suas necessidades básicas de estabilidade e autopreservação. Entre tais necessidades básicas está "a estabilidade das relações informais dentro da organização", uma necessidade atendida com o desenvolvimento de mecanismos informais que podem acomodar as diferenças individuais observadas anteriormente (SELZNICK, 1949, p. 252). O sistema informal aumenta o fluxo da comunicação organizacional, mas também restringe as prerrogativas políticas da liderança. Outra necessidade é "a segurança da organização como um todo frente às forças sociais existentes em seu ambiente" (p. 252). Essa necessidade pode ser atendida, pelo menos em parte, mediante o desenvolvimento de relações estáveis com vários atores do ambiente, até mesmo relações que podem dar a impressão de comprometer de algum modo a capacidade da organização de ditar o próprio rumo.

O processo de cooptação

Um desses mecanismos, no âmago da discussão de Selznick sobre a TVA, é chamado *cooptação*. A cooptação é definida como "o processo de absorver novos integrantes à estrutura de liderança ou de definição das políticas de uma organização como meio de afastar ameaças à sua estabilidade ou existência" (1949, p. 13). Concebe-se a cooptação como uma técnica para assegurar o consentimento e o compromisso dos grupos potencialmente ameaçadores existentes no ambiente. Com a ação de atrair esses grupos para dentro de sua estrutura (por exemplo, ao colocar pessoas em grupos consultivos ou negociar acordos de serviço com outros órgãos), a organização procura obter apoio para as próprias políticas e posições. No entanto, como mostra Selznick, "o uso da cooptação formal por uma liderança não prevê transferência de poder real" (p. 14). A organização, portanto, não oferece o controle, pois fazê-lo seria o mesmo que entregar a organização a estranhos. Segundo Selznick, a liderança superior da organização tem o papel especial de lidar com o caráter institucional do grupo. "A arte do líder criativo é a arte de construir instituições, ou seja, de reprocessar materiais humanos e tecnológicos para moldar uma organização que incorpora valores novos e duradouros" (SELZNICK, 1957, p. 152-153). À medida que se faz a transição da gestão administrativa (interessada em produtividade e eficiência) para a liderança institucional, o executivo se depara com novas tarefas que se relacionam com associar valor e dar sentido às ações dos membros da organização. As decisões nesse nível não são rotineiras, mas críticas; deve-se prestar muita atenção à definição do propósito do grupo e ao desenvolvimento do caráter da organização, sendo que o executivo tem que desenvolver relações efetivas com os integrantes do ambiente – relações que tanto acomodem as demandas dos grupos externos como mantenham a integridade essencial da própria organização. "Se há aqui uma lição prática para a liderança", escreve Selznick (1957, p. xiii), "é esta: se tiver que fazer concessões, previna-se contra a rendição organizacional".

O impacto dos fatores ambientais

Outro estudo que mostra a importância dos fatores ambientais sobre a configuração das atividades de uma organização pública foi o de Herbert Kaufman sobre o Serviço Nacional de Florestas norte-americano, *The forest ranger* (1960). Kaufman propôs-se a enfocar um problema com que se depara o Serviço Nacional de Florestas (bem como outras grandes organizações): a integração administrativa. Dada a grande distância que há entre os amplos enunciados políticos feitos pelos integrantes da cúpula da organização e as ações empreendidas pelos membros da base, sempre existe a possibilidade de haver discrepâncias substanciais entre a política anunciada e as ações realizadas. Kaufman procurou, portanto, examinar os fatores não suscetíveis de controle organizacional que poderiam levar os funcionários de campo a se desviarem do caminho prescrito da organização e os fatores que poderiam ser usados pela organização para conseguir maior consistência.

> Dada a grande distância que há entre os amplos enunciados políticos feitos pelos integrantes da cúpula da organização e as ações empreendidas pelos membros da base, sempre existe a possibilidade de haver discrepâncias substanciais entre a política anunciada e as ações realizadas. Em nível institucional, a organização tem que lidar continuamente com alto grau de incerteza.

No Serviço Nacional de Florestas, Kaufman encontrou muitas coisas que poderiam favorecer a fragmentação, sendo a maioria delas influências vindas de fora da organização. Para os guardas florestais, "os costumes e os padrões das comunidades em que residem e as preferências e prevenções que trazem consigo de suas experiências e associações extraorganizacionais podem apontar-lhes vários caminhos" (p. 57). Por exemplo, os guardas florestais se deparam, ocasionalmente, com decisões que afetam seus vizinhos e amigos locais. Nesses casos, as preocupações dos guardas em relação a essas pessoas podem ter um papel importante em suas decisões. O guarda florestal talvez fique sujeito a sérias pressões da comunidade, caso estejam envolvidos interesses locais firmemente estabelecidos. Em ambos os casos, a unidade do Serviço Nacional de Florestas poderia ser desafiada.

Para enfrentar essas tendências desviantes, o Serviço Nacional de Florestas, pelo menos em períodos anteriores, utilizou várias técnicas de integração, que incluíam o uso de artifícios procedimentais (como regras para tomada de decisão e planejamento financeiro e de tarefas), identificação e combate a desvios (mediante relatórios, inspeções e, quando necessário, sanções) e estímulo a algum grau de conformidade (por meio de seleção e treinamento). Para evitar que um guarda florestal fosse influenciado de forma indevida por membros da comunidade local, os funcionários de campo eram estimulados a desenvolver alto grau de identificação com o Serviço Florestal antes de assumir algum posto em qualquer comunidade. O pessoal era transferido, com frequência, de um lugar para outro, evitando-se desse modo que os interesses locais se tornassem mais importantes para o guarda florestal do que os interesses do Serviço. Em última análise, segundo a visão de Kaufman, o grau de integração administrativa finalmente alcançado pela organização depende de sua capacidade de tornar o pessoal de campo mais receptivo a suas diretrizes. (Poderíamos observar que, em anos recentes, o Serviço Nacional de Florestas adotou uma abordagem muito mais descentralizada e de empoderamento para a sua organização e gestão. É certo que o estudo dessa organização hoje levaria Kaufman a conclusões bem diferentes.)

Integração das abordagens de sistema aberto e de sistema fechado

Fizemos a observação de que a tomada de decisão poderia ser vista de modo diferente em diferentes lugares dentro da organização. Depois que observamos dois exemplos da concepção de sistema aberto, podemos agora voltar a esse ponto e tentar integrar o nosso conhecimento sobre sistemas abertos e fechados focando nosso interesse nos níveis organizacionais. Podemos, de novo, contar com o apoio do trabalho de James Thompson, que procura conciliar as abordagens de sistema fechado e sistema aberto a partir de três níveis organizacionais de responsabilidade e controle: técnico, gerencial e institucional. Em sua visão, toda organização consiste de várias suborganizações: a suborganização técnica se interessa pelo desempenho efetivo da tarefa real da organização; a suborganização gerencial se preocupa com a mediação entre o grupo técnico e os clientes da organização e com a provisão dos recursos necessários à realização da tarefa técnica; e a suborganização institucional se preocupa com a relação existente entre a organização enquanto instituição e o sistema social mais amplo do qual ela é parte. (1967, p. 10-11)

Como a lógica do modelo racional de sistema fechado procura eliminar a incerteza, Thompson argumenta que seria vantajoso para as organizações aplicar essa lógica às operações de seu núcleo técnico. Na medida em que se puder manter sob controle, nesse nível, as variáveis que afetam a tarefa da organização, torna-se possível obter maior racionalidade técnica (eficiência). No outro extremo, no nível da instituição, a organização tem que lidar continuamente com alto grau de incerteza. Nesse caso, os fatores ambientais – sobre os quais a organização não tem qualquer controle – se revelam os mais difíceis; por isso, é a lógica do sistema aberto que se torna a mais apropriada quando se reconhece a influência dos fatores externos e a probabilidade da incerteza. O papel do nível gerencial é fazer a intermediação permanente entre essas posições. "Se a organização tem que se aproximar da certeza no nível técnico para satisfazer seus critérios de racionalidade, mas tem que permanecer flexível e adaptável para satisfazer as demandas ambientais, poder-se-ia esperar que o nível gerencial fizesse a mediação entre eles, reduzindo algumas irregularidades de origem externa, mas também pressionando o núcleo técnico em favor de mudanças quando as condições mudam" (1967, p. 12). Dessa maneira, Thompson vê a possibilidade de reconciliar os interesses dos sistemas fechados e abertos, a certeza e a incerteza, a determinabilidade e a indeterminabilidade, e prepara o terreno para as assim chamadas teorias contingenciais da administração.

Desenvolvimentos contemporâneos

Intimamente ligado a ambos os relatos da tomada de decisão política descrita por Kaufman e Selznick, e a teoria de sistemas organizacionais de Thompson, dois desenvolvimentos significativos na teoria organizacional pública levantam importantes questões para o modelo racional das organizações. Essas são o novo institucionalismo e a teoria de sistemas adaptativos complexos.

O novo institucionalismo

Visto independentemente na sociologia (DiMAGGIO e POWELL, 1991; ZUCKER, 1987), economia (NORTH, 1982; OSTROM, 1990; WILLIAMSON, 1985), e ciência política (MARCH e OLSEN, 1989), o novo institucionalismo é possivelmente a perspectiva "hegemônica" ou dominante hoje no estudo da organização pública (FREDERICKSON e SMITH, 2012). Embora muitos teóricos nunca se esqueçam das instituições, a ideia central do novo institucionalismo é que "organizações são compostas de muitos elementos institucionais; algumas regras, normas ou crenças sendo forjadas em contínuas interações, e outras sendo emprestadas de seus ambientes" (SCOTT, 2008, p. 439). Estas instituições permitem e reprimem a ação e criam o meio no qual os indivíduos fazem avaliações sobre comportamentos racionais ou apropriados. Assim como o argumento de Thompson sobre a dinâmica de sistemas abertos e fechados, atores institucionais são vistos como se reagissem às instituições internas à organização, como políticas, expectativas informais de comportamento, funções e normas profissionais; mas também às instituições externas, como as pressões para adotar "melhores práticas", reagir às forças econômicas globais e aos ciclos de eleição, e responder à rápida transmissão da informação promovida pela mídia.

Há inúmeras variações e abordagens dentro do novo institucionalismo,* e, portanto, devemos ser cautelosos ao tirar conclusões gerais sobre ele. Há três questões, porém, que devem ser discutidas quando se aplica esta abordagem à vida organizacional. Em primeiro lugar, o termo "instituição" é usado para descrever uma variedade tão grande de fenômenos sociais que podemos ser levados a pensar o que não seria uma instituição. Outra questão se preocupa em entender como instituições distintas em diferentes níveis de análise se relacionam umas com as outras. Em resumo, o termo "instituição" não deve ser desvalorizado. Em

---

* Para o leitor interessado nas diferentes gerações e abordagens do institucionalismo no campo organizacional, especialmente as recentes abordagens de "lógica institucional" e de campos estratégicos de ação (*strategic action fields*), recomenda-se: Morgan, G.; Edwards, T.; Gomes, MVP. Consolidating neo-institutionalism in the field of organization: recent contributions. "*Organization*, v. 21, p. 933-946, 2014. (N.R.T.)

segundo lugar, assim como o modelo racional, algumas vertentes do novo institucionalismo podem ser criticadas por sua preocupação com ordem e estabilidade e, por sua vez, uma preferência implícita pelo *status quo*. No entanto, enquanto os primeiros esforços tenderam a enfatizar o poder da jaula de ferro burocrática, mais recentemente, acadêmicos têm descrito diversas instituições sobrepostas e concorrentes e o quadro dinâmico e fragmentado que isso implica — um tema que Kaufman já explorava há muito tempo. Consequentemente, isso permite maior espaço organizacional para a ação individual.

Em terceiro, há a questão do relacionamento do novo institucionalismo com o modelo racional. Por um lado, novos institucionalistas trabalhando com base na perspectiva da escolha racional seguem claramente o caminho estabelecido por Simon (p.ex., CROW e SHANGRAW, 1989). Instituições reinventam e expandem quantitativamente as "fronteiras" da racionalidade confinada de Simon dentro do quadro conceitual da ciência social positivista. Para a gestão, o objetivo continua o mesmo: como usar dados para projetar ambientes institucionais que permitam que os indivíduos tomem decisões "racionalmente" e que avancem a visão organizacional daqueles no controle. Por outro lado, outras abordagens oferecem um relato diferente da tomada de decisão e ação administrativa. Um excelente exemplo é o livro de Donald Moynihan's (2008) The Dynamics of Performance Management: Constructing Information and Reform. Embora ele não se baseie no novo institucionalismo como um quadro conceitual explanatório, o estudo da gestão de desempenho de Moynihan em três estados mostra como um conjunto de instituições internas e externas determinam a forma como os dados sobre desempenho são gerados e utilizados. Ao invés de ver a informação de desempenho como "fatos" para uso na tomada racional de decisões administrativas, Moynihan descreve o que realmente ocorre na prática como um "modelo interativo de diálogo". Neste modelo, os dados de desempenho não são naturalmente evidentes, mas ganham significado à medida que as pessoas envolvidas interpretam e constroem seu significado por meio de um diálogo contínuo dentro dos limites institucionais.

Sistemas adaptativos complexos

As abordagens contemporâneas de sistemas são normalmente descritas como teorias de sistema adaptativo complexo (CAS). Da mesma forma que Thompson, as teorias CAS buscam descrever a interação dinâmica, ou feedback, de dentro e fora da organização (Richardson, 1991). Mas elas fazem pelo menos três qualificações notáveis das tradicionais teorias de sistemas, baseando-se em grande parte na ciência da complexidade e na teoria do caos. Primeiro, as CASs "são compreendidas como espaços dinâmicos governados por processos não lineares" (KOLIBA, MEEK e ZIA, 2011, p. 182). Em processos não lineares, as partes de um sistema interagem de tal forma que torna toda a trajetória de desenvolvimento do sistema mais incerta e imprevisível. Como escreve Mitchell (2009, p. 38), "o comportamento macroscópico instável e difícil de prever é a marca dos sistemas complexos". Essa complexidade e não linearidade caracterizam muitas organizações públicas. Gerrits (2012), por exemplo, fornece uma análise de caso esclarecedora sobre o sistema ferroviário holandês usando esta abordagem. Em segundo lugar, as teorias CAS enfatizam as qualidades auto-organizadoras dos sistemas à medida que aprendem, evoluem e se adaptam constantemente a novas condições. Sistemas e suas propriedades de nível macro surgem por meio da interação dinâmica, em vez de necessariamente por meio do planejamento ou *design* racional. O todo não é só uma simples união das partes. É através da interação entre as partes que um padrão inesperado do todo se torna reconhecível. Em terceiro e último lugar, quem aplica as teorias CAS para estudar fenômenos organizacionais utiliza em geral métodos novos, como simulações de computador, ou modelagem computacional, para entender a complexidade e os processos não lineares. Em alguns casos, as simulações podem servir como uma plataforma para a "modelagem participativa", que se refere ao processo de incorporar as partes interessadas na modelagem do processo (p.ex., CHECKLAND, 2001).

Há muitas semelhanças temáticas entre o novo institucionalismo e as teorias CAS, e podemos fazer perguntas semelhantes a elas. A primeira questão se refere à "fronteira" do sistema. Onde termina "o sistema"? Como especificar os critérios relevantes para ação? Alguns teóricos veem a fronteira como algo "que está nos olhos de quem vê" (MEADOWS, 2008; GERRITS, 2012), enquanto outros veem as fronteiras organizacionais como menos difíceis de definir (KATZ e KAHN, 1978). Em segundo lugar, assim como a teoria institucional, um persistente criticismo do pensamento de sistemas tem sido sua preocupação com o equilíbrio e a ordem e, por isso, uma preferência implícita por aqueles que ocupam posições sociais e organizacionais de controle. Parece que as teorias CAS superariam este problema, mas isso não está tão claro. Estas teorias estão certamente preocupadas com a mudança, mas também em especificar as condições fundamentais, e geralmente estáticas, que dão origem a processos dinâmicos. Da mesma forma, as qualidades não lineares e embrionárias dos sistemas complexos poderiam substituir o controle racional por um modelo colaborativo interativo, como o sugerido por Moynihan ou defendido por Koliba, Meek e Zia (2011) em seu estudo sobre redes de governança. Ainda assim, há um interesse permanente "naquelas características do mundo onde os detalhes não importam, onde equivalentes classes de estrutura, ação, e assim por diante, levam a uma profunda uniformidade no ser" (MILLER e PAGE, 2007, p. 7). Isso tende, mais uma vez, a reduzir a complexidade e contingência e criar uma vantagem para aqueles que entendem estes fatos atemporais e profundamente encobertos. Estas questões também representam certa tensão das teorias CAS com relação ao modelo racional. Assim, enquanto alguns veem a complexidade das organizações como criadora da necessidade de uma vida organizacional mais democrática e cooperativa, outros podem ver novas oportunidades para o planejamento racional e o controle administrativo.

Conclusão

Neste capítulo foram examinados o modelo racional de administração e algumas questões geradas pelo modelo racional. Convém concluí-lo chamando a atenção novamente para a durabilidade do modelo racional. Embora tenham aparecido inúmeros desafios, continuam presentes no âmago da reflexão sobre as organizações públicas os compromissos básicos do modelo racional com a interpretação positivista dos fatos do comportamento administrativo e a utilização da racionalidade técnica (com frequência traduzida como "eficiência") enquanto critérios básicos para a avaliação da vida organizacional. Na verdade, na medida em que se mantêm esses pressupostos, o modelo racional parece ser a única abordagem lógica para se compreender as organizações. No entanto, como já vimos, abordagens estão sendo desenvolvidas que desafiam estas suposições básicas e, consequentemente, o próprio modelo racional. O capítulo seguinte discute com mais profundidade estas perspectivas sobre o comportamento organizacional.

Questões para debate

1. Quais são os elementos-chave de um estudo científico do comportamento humano?
2. Discuta as diferenças fundamentais entre Dahl e Simon no que tange ao estudo da administração.
3. Em que consiste o modelo racional de administração? O que significa "homem administrativo" para Simon?
4. Como você compararia e contrastaria os diferentes pontos de vista da "ciência" expressos por teóricos como Willoughby e Gulik, e Simon e Dahl?
5. Discuta o modelo incremental de tomada de decisão desenvolvido por Lindblom.
6. Quais são as diferenças entre os sistemas fechados e os abertos?
7. Compare e contraste "instituições" e "sistemas".
8. Como o modelo racional de organização foi desafiado? Por que este modelo permanece durável?

Casos

1. Carol Merkell está tentando decidir que curso de pós-graduação deve fazer. Que aspectos marcariam seu processo de tomada de decisão se ela utilizasse o modelo incremental? E o que caracterizaria esse processo se usasse o modelo racional?
2. Edward Anaba é o diretor de obras públicas de um governo tribal no sudoeste do país. Parte de seu trabalho envolve a supervisão direta de supervisores-chefe em sua divisão, mas parte também inclui trabalhar com outros funcionários tribais e com pessoas nos órgãos de transportes em outros governos locais. Às vezes, Edward acha que esses dois aspectos de seu trabalho exigem duas personalidades distintas. Que conselhos você daria a Edward para ajudá-lo a encontrar um equilíbrio entre essas diferentes responsabilidades?

Referências

ALLISON, Graham T. *Essence of decision*: explaining the Cuban missile crisis. Boston: Little, Brown, 1971.

BARNARD, Chester I. *Functions of the executive*. Cambridge, MA: Harvard University Press, 1938.

CATLAW, Thomas J. Fabricating the people: politics and administration in the biopolitical state. Tuscaloosa, AL: University of Alabama Press, 2007.

CHECKLAND, Peter. "Soft systems methodology in action: participative creation of an information strategy for an acute hospital. In: ROSENHEAD, Jonathan; MINGERS, John (Eds.). Rational analysis for a problematic world revisited. 2. ed. Chichester, England: John Wiley & Sons, 2001. p. 91-113.

CROW, Michael M.; SHANGRAW, Richard F. "Public administration as a design science", Public Administration Quarterly 49, (3/4), p. 153-158, 1989.

CYERT, Richard; MARCH, James A. *A behavioral theory of the firm.* Englewood Cliffs, NJ: Practice Hall, 1963.

DAHL, Robert A. "The science of public administration", *Public Administration Review*, v. 7, p. 1-11, inverno, 1947.

DiMAGGIO, Paul; POWELL, Walter W. (Eds.). The new institutionalism in organizational analysis. Chicago: University of Chicago Press, 1991.

FREDERICKSON, H. George; SMITH, Kevin B. The public administration theory primer. Boulder, CO: Westview Press, 2012.

GAWTHROP, Louis. (1984). Public sector management, systems, and ethics. Bloomington, IN: Indiana University Press.

GERRITS, Lasse. Punching clouds: an introduction to the complexity of public decisionmaking. Litchfield Park, AZ: Emergence Publications, 2012.

HORKHEIMER, Max. *Eclipse of reason.* Nova York: Seabury Press, 1974.

KATZ, Daniel; KAHN, Robert. The social psychology of organizations. Nova York: Wiley, 1978.

KAUFMAN, Herbert. *The forest ranger.* Baltimore: Johns Hopkins University Press, 1960.

KINGDON, John W. Agendas, alternatives, and public policies. 2. ed. Nova York: Addison Wesley Longman, 2003.

KOLIBA, Christopher; MEEK, Jack W.; ZIA, Asim. Governance networks in public administration and policy. Washington, DC: CRC Press, 2011.

LINDBLOM, Charles E. "The science of muddling through", *Public Administration Review*, v. 19, p. 79-88, primavera, 1959.

MARCH, James G.; OLSEN. Johan P. Rediscovering institutions. Free Press:
Nova York, 1989.

MEADOWS, Donatella H. Thinking in systems. White River Junction, VT: Chelsea Green Publishing, 2008.

MILLER, John H.; PAGE, Scott E. Complex adaptive systems: an introduction to computational models of social life. Princeton: Princeton University Press, 2007.

MITCHELL, Melanie. Complexity: a guided tour. Oxford, UK: Oxford University Press, 2009.

MOYNIHAN, Donald P. The dynamics of performance measurement: constructing information and reform. Washington, DC: Georgetown University Press, 2008.

NORTH, Douglass C. Structure and change in economic history. Nova York: W.W. North, 1982.

OSTROM, Elinor. Governing the commons: the evolution of institutions for collective action. Nova York: Cambridge University Press, 1990.

RICHARDSON, George P. Feedback thought in social science and systems theory. Philadelphia, PA: University of Pennsylvania Press, 1991.

SCOTT, W. Richard. Organizations: rational, natural, and open system. 2. ed. Englewood, NJ: Prentice-Hall, 1987.

SCOTT, W. Richard. Institutions and organizations. Thousand Oaks, CA: Sage, 1999.

SCOTT, W. Richard. "Approaching adulthood: the maturing of institutional theory", Theory & Society 37, p. 427-42, 2008.

SELZNICK, Philip. *TVA and the grass roots*. Nova York: Harper & Row, 1949.

SELZNICK, Philip. *Leadership in administration*. Nova York: Harper & Row, 1957.

SIMON, Herbert A. "The proverbs of administration", *Public Administration Review*, v. 6, p. 53-67, inverno 1946.

SIMON, Herbert A. "A comment on 'The science of public administration'", *Public Administration Review*, v. 7, p. 200-203, verão, 1947.

SIMON, Herbert A. *Administrative behavior:* a study of decision-making processes in administrative organizations. 2. ed. Nova York: Free Press, 1957a.

SIMON, Herbert A. *Models of man*. Nova York: John Wiley & Sons, 1957b.

SIMON, Herbert A. "Administrative decision making", *Public Administration Review*, v. 25, p. 31-37, mar. 1965.

SIMON, Herbert A. *The shape of automation for men and management*. Nova York: Harper & Row, 1967.

SIMON, Herbert A.; SMITHBURG, Donald W.; THOMPSON, Victor A. *Public administration*. Nova York: Knopf, 1950.

THOMPSON, James. *Organizations in action*. Nova York: McGraw-Hill, 1967.

WILLIAMSON, Oliver. The economic institutions of capitalism. Nova York: The Free Press, 1985.

ZUCKER, Lynne G. "Institutional theories of organization", Annual Review of Sociology 13, p. 443-464, 1987.

capítulo 5

O humanismo organizacional e a nova administração pública

Como vimos, o modelo racional de administração supõe que os seres humanos fazem escolhas de forma ativa, mas que o alcance de suas escolhas pode ser significativamente afetado pelos integrantes da cúpula organizacional, ou seja, o "grupo controlador". Embora possamos perseguir as utilidades ou satisfações que pessoalmente almejamos, nosso comportamento também pode ser alterado por arranjos institucionais, pelas diretrizes ou premissas de decisão impostas de cima, que nos encorajam a agir de maneira consistente com o propósito da organização, conforme o definem os dirigentes responsáveis. Podemos obedecer porque procuramos recompensas, porque tememos punições ou simplesmente porque fomos condicionados a obedecer. De qualquer forma, nossa resposta é moldada por forças ambientais suscetíveis de manipulação gerencial.

Em contraste com esse ponto de vista, o indivíduo pode ser considerado um participante ativo no desenvolvimento do mundo social, um participante cujas necessidades, intenções e autoconceito exercem um papel fundamental na determinação do curso dos eventos humanos. Nesse caso, não se concebe o indivíduo simplesmente como uma consequência das forças sociais que operam no ambiente, mas se lhe atribui papel muito mais ativo e criativo. Nessa visão, os sentimentos e desejos individuais ganham precedência, reconhecendo-se que os valores humanos podem, às vezes, receber prioridade em relação aos valores da organização. É essa abordagem ao desenvolvimento da personalidade humana que confere unidade a um conjunto de desafios ao modelo racional de administração que, de outra forma, seriam diversos – desafios que brotaram de ideias que começaram a surgir na década de 1930 e continuaram influentes até hoje.

Este capítulo explora o desenvolvimento dessas alternativas de orientação caracteristicamente mais humanística, mas ainda mais bem compreendidas como contrapontos ao tema dominante da racionalidade organizacional. É interessante observar que, embora fosse razoável esperar que as abordagens mais humanísticas à vida organizacional tivessem surgido antes na literatura de administração pública do que na de administração privada, foi exatamente o contrário que de fato aconteceu: o principal impulso da assim chamada abordagem de relações humanas ocorreu, em princípio, na administração de negócios e na psicologia industrial. Só mais tarde os integrantes da administração pública adotaram os temas da escola de relações humanas e lhe imprimiram a própria perspectiva especial.

Por essa razão, a discussão começa com o exame da obra de diversos autores associados à administração de negócios, e não à pública, especialmente de Chris Argyris, o teórico desse grupo que teve o maior impacto na administração pública. Esse debate é seguido por uma explicação do crescente interesse pela mudança organizacional – discutido na administração pública, principalmente, sob o nome de desenvolvimento organizacional (DO) e liderado por Robert T. Golembiewski – e por uma consideração do movimento de protesto de base humanística dentro da administração pública, conhecido como Nova Administração Pública (NAP). Por toda parte se observam as possibilidades e os limites do humanismo organizacional.

Temas no humanismo organizacional

O humanismo organizacional tem muitas raízes frouxamente interligadas. Por um lado, os estudos científicos sobre o comportamento do trabalhador e a organização informal levaram à conclusão de que estilos mais abertos e participativos de administração resultariam não só em trabalhadores mais satisfeitos, mas também em trabalhadores mais produtivos. O humanismo era necessário por causa da demanda por eficiência. Por outro lado, o estudo do processo de mudança organizacional levou muitos estudiosos a sugerirem que o envolvimento maior dos participantes de nível inferior (e até mesmo de clientes da organização) facilitaria movimentos em favor da reestruturação ou do revigoramento da organização. O humanismo era necessário por causa da demanda por mudança. Apontando um rumo bastante diferente, havia uma terceira corrente de pensamento, basicamente um comentário social, que defendia que, na sociedade organizacional, a abordagem humanística ao indivíduo era, em si mesma, uma prioridade – e que os esforços do indivíduo no sentido de se manter um senso de liberdade, criatividade e responsabilidade, com a organização em expansão, deveriam ser estimulados simplesmente por razões morais e éticas. O humanismo era necessário por causa da demanda por humanismo. Cada uma dessas perspectivas merece nossa atenção.

Os estudiosos da gestão de negócios – em geral, reconhecidos por terem lançado os fundamentos da abordagem de relações humanas à gestão e à organização – desenvolveram suas visões em confronto à perspectiva dominante da gestão administrativa, que procurava descobrir princípios científicos de *design* organizacional com o intuito de aumentar a eficiência da organização. Desses estudiosos, Chester Barnard pode ser tomado como o representante de um grupo que cobrava maior atenção para os atores informais na vida organizacional. Além disso, os bem conhecidos estudos de Hawthorne ilustram um interesse maior pelo clima social ou interpessoal da organização.

Barnard e as organizações informais

Embora Barnard seja, com frequência, considerado precursor do modelo racional de administração (pelo uso da fórmula de incentivos-contribuições e pela noção de uma zona de indiferença), seu trabalho também tem conotações humanísticas interessantes. Especialmente em contraste com a ênfase estrutural de outros autores do final da década de 1930, é particularmente notável o reconhecimento dado por Barnard às complexidades da motivação humana. Barnard (1948, p. 21) começa o livro *The functions of the executive* argumentando que os estudos organizacionais sempre implicam certa visão do indivíduo – às vezes, uma visão segundo a qual o indivíduo é produto das forças sociais; outras, uma visão que aceita a ideia da "liberdade de escolha e da vontade". Barnard não procura reconciliar essas duas posições, mas, em vez disso, faz da contradição entre as duas a pedra angular de sua teoria da organização. Definindo a organização formal como "um sistema de atividades ou forças conscientemente coordenadas, formado por duas ou mais pessoas" (p. 81), Barnard reconhece que esses sistemas cooperativos dependem da participação do indivíduo e que os anseios e vontades do indivíduo, racionais ou não, têm de ser satisfeitos para que ocorra a cooperação. "Se o indivíduo julga que suas motivações estão sendo atendidas pelo que ele faz, ele continua seu esforço de cooperação; em caso contrário, não" (p. 57).

A preservação da organização, a função principal do executivo, depende menos do *design* das estruturas formais de autoridade do que do entendimento da motivação humana. Por exemplo, a autoridade é definida não em termos da posição hierárquica, mas como uma forma de comunicação ou ordem capaz de guiar o comportamento do indivíduo. Para lograr cooperação, deve-se tomar em conta as circunstâncias sociais que afetam a disposição do indivíduo para cooperar. Entre essas está a organização informal, que se desenvolve ou surge paralelamente à estrutura formal da organização. Barnard vê esse assunto, como muitos outros, em termos mais ou menos dialéticos: "As organizações formais nascem de uma organização informal e são necessárias a ela, mas quando as organizações formais começam a funcionar, elas criam e precisam de organizações informais" (p. 120).

Além de entender que há fatores sociais por trás do comportamento cooperativo, o executivo também deve reconhecer que esses fatores serão expressos, em termos contraditórios, como disputa entre razão e intuição, independência e dependência, liberdade e controle. Em vez de perseguir a solução única da gestão científica ou o princípio correto da gestão administrativa, Barnard instiga os executivos a compreenderem a natureza dialética da cooperação humana. "Na forma em que são observadas e vivenciadas, a cooperação e a organização são sínteses concretas de fatos opostos e de emoções e pensamentos opostos dos seres humanos. A função do executivo é precisamente facilitar a síntese na ação concreta das forças contraditórias, conciliar as forças, instintos, interesses, condições, posições e ideais em conflito" (p. 21). Nesse sentido, o executivo carrega a responsabilidade moral de expandir o campo da cooperação e da escolha e de promover o desenvolvimento do indivíduo. Um não pode acontecer sem o outro.

> O executivo carrega a responsabilidade moral de expandir o campo da cooperação e da escolha e de promover o desenvolvimento do indivíduo. Um não pode acontecer sem o outro.

Os experimentos de Hawthorne

Enquanto Barnard fundamentava suas conclusões na experiência e na reflexão filosófica, outro grupo de autores desenvolvia posições semelhantes com base em rigorosa pesquisa científica. Em 1927, um grupo de pesquisadores da Universidade de Harvard iniciou uma série de estudos sobre as condições de trabalho na fábrica de Hawthorne da Western Electric Company, em Chicago. Os experimentos, pautados basicamente pela tradição da gestão científica, estavam inicialmente interessados na relação existente entre as condições de trabalho (como iluminação, temperatura e umidade), por um lado, e os aspectos da produtividade do trabalhador (como fadiga e monotonia), por outro. Na condução da pesquisa, alguns grupos de trabalhadores foram tratados como grupo experimental, isolados dos demais na fábrica e solicitados a trabalhar sob condições variáveis. Tanto as condições quanto a produtividade dos trabalhadores foram medidas com precisão. Porém, à medida que o experimento avançava, as relações esperadas entre condições de trabalho e produtividade não se concretizavam. De fato, apesar de todas as variações nas condições presentes, a produtividade, em geral, continuava a aumentar.

Por essa razão, os pesquisadores se voltaram para os fatores informais ou sociais que estariam, possivelmente, afetando a motivação dos trabalhadores. A atenção especial dada ao grupo experimental – em particular às mudanças na prática da supervisão exigidas nos experimentos – aparentemente influenciava mais a produtividade do que as mudanças nas condições físicas. Observou-se aumento significativo no moral e na solidariedade do grupo experimental, como também mudança na relação entre os trabalhadores e seus supervisores. Especificamente, "foram estabelecidas condições sociais que permitiram aos operadores desenvolver seus próprios valores e objetivos" (ROETHLISBERGER, DICKSON, 1940, p. 561). Essas observações fizeram a equipe de estudo chegar a importantes conclusões tanto em relação à natureza da supervisão como sobre a influência da organização informal.

Os pesquisadores adotaram então a posição teórica de que toda organização industrial complexa serve a dois propósitos diferentes: o propósito declarado de produzir determinados bens ou serviços e o propósito de "criar e distribuir satisfações entre os membros individuais da organização" (p. 562). Entre as satisfações desejadas estão não apenas incentivos monetários e condições físicas adequadas, mas também recompensas sociais e psicológicas. Sendo este o caso, a forma de supervisão que melhor usar as relações humanas será a mais bem-sucedida, ou seja, a mais eficaz. O papel do administrador reflete os dois propósitos da organização. Por um lado, o administrador procura lograr os propósitos da organização; por outro, o trabalho do administrador, exatamente como dizia Barnard, é manter o equilíbrio da organização, contrabalançar satisfação e cooperação. Não se pode subestimar o papel da organização informal para atingir esse fim. De fato, os pesquisadores concluíram que "os limites da colaboração humana são determinados muito mais pela organização informal da fábrica do que pela formal" (p. 568).

Amplamente divulgados, os experimentos de Hawthorne, da mesma forma que a obra de Chester Barnard, oferecem um contraste marcante para a interpretação dominante na década de 1930, segundo a qual as organizações dependeriam de estruturas formais de autoridade cuidadosamente arquitetadas. Esses experimentos sustentavam, ao contrário, que o comportamento individual dos trabalhadores é a chave para o trabalho organizacional e que o problema central da organização é garantir a cooperação dos empregados. Além disso, eles defendiam que tanto as satisfações psicológicas como os benefícios de um ambiente social positivo influenciavam a produtividade do trabalhador. Mas, apesar dessas mudanças, estava claro que o objetivo do gestor (e, não por coincidência, o interesse principal do cientista da gestão) ainda era encontrar a maneira mais eficiente de garantir a conformidade do trabalhador às vontades da gestão. Esse objetivo levava à busca das técnicas mais eficazes de relações humanas – daquelas que aumentariam a satisfação do trabalhador, mas que, mais importante ainda, aumentariam a produtividade da organização.

Teoria X e Teoria Y, segundo McGregor

Nos anos subsequentes, apareceram muitos estudiosos de relações humanas, mas as duas proposições mais populares foram a Teoria X e Teoria Y, de Douglas McGregor, e a grade (*grid*) gerencial, de Robert Blake e Jane Mouton. No livro *The human side of enterprise*, McGregor (1960, p. 561) segue o argumento de que a gestão bem-sucedida depende da "habilidade para prever e controlar o comportamento humano" e que os desenvolvimentos nas ciências sociais estão provendo as bases de uma nova abordagem para a gestão mais eficaz. Essa nova abordagem à gestão se contrapõe às formas mais tradicionais, em termos dos pressupostos básicos que ela assume em relação ao comportamento humano. Segundo McGregor (p. 33-34), os gestores na indústria e os autores de gestão sustentaram, tradicionalmente, os seguintes pressupostos sobre o trabalhador:

1. O ser humano médio tem, intrinsecamente, aversão ao trabalho e evitá-lo-á, se puder.
2. Por causa dessa característica humana de aversão ao trabalho, as pessoas, na maioria, devem ser coagidas, controladas, dirigidas, ameaçadas com punições, para que se convençam a contribuir com o empenho que lhes cabe dar aos objetivos organizacionais.
3. O ser humano médio prefere ser dirigido, quer evitar responsabilidades, tem relativamente pouca ambição e almeja segurança acima de tudo.

Com base nesses pressupostos da Teoria X, desenvolveu-se uma abordagem para a gestão que se baseia em recompensas e punições, incentivos e ameaças, coerção e controle. Mas McGregor sustenta que essa abordagem à gestão é ineficaz, mesmo em suas versões mais moderadas, porque negligencia as necessidades sociais e individuais das pessoas.

O reconhecimento dessas necessidades pela moderna ciência social resulta em outro conjunto de pressupostos sobre o comportamento humano e leva a outra abordagem à gestão. São estes os novos pressupostos de McGregor (1960, p. 47-48):

1. O dispêndio de esforço físico e mental no trabalho é tão natural quanto brincar ou descansar.
2. O controle externo e a ameaça de punição não são os únicos meios para se obter empenho em prol dos objetivos organizacionais. As pessoas exercerão autocomando e autocontrole quando trabalharem com objetivos com os quais têm compromisso.
3. O compromisso com os objetivos depende ou é função das recompensas associadas ao seu alcance.

4. Dadas as condições adequadas, o ser humano médio aprende não só a aceitar, mas também a assumir responsabilidade.
5. A capacidade de exercitar a imaginação, a engenhosidade e a criatividade, em grau relativamente elevado, para a resolução de problemas organizacionais está distribuída de forma ampla, não limitada, no seio da população.
6. Nas condições da moderna vida industrial, o potencial intelectual do ser humano médio é utilizado apenas parcialmente.

O princípio organizacional para o qual apontam esses pressupostos é a integração – a criação de condições sob as quais os próprios objetivos do indivíduo serão atingidos, ao mesmo tempo em que ele contribui para a realização dos objetivos da organização. O trabalhador deve ser integrado na organização – isto é, os gestores têm que tomar o cuidado de determinar as necessidades e os anseios de seus empregados, talvez mediante modos de conduta mais abertos e participativos e, então, ajudar a direcionar os objetivos individuais de modo que eles possam ser logrados da melhor forma por meio do trabalho a serviço dos objetivos da organização.

Personalidade e organização

Na obra de Chris Argyris, encontra-se uma interpretação muito mais sofisticada da relação entre o indivíduo e a organização e uma interpretação mais promissora de possibilidades teóricas alternativas. Argyris ganhou proeminência cedo, com a publicação do livro *Personality and organization* (1957), uma revisão e síntese da literatura anterior sobre as relações de troca entre a personalidade individual e as demandas da organização. Seguindo este enunciado teórico, Argyris (1962) conduziu então inúmeros estudos empíricos relacionados aos vários aspectos de sua teoria, em especial a competência interpessoal e a eficácia organizacional. Mais recentemente, Argyris focalizou a gestão e o desenvolvimento organizacional (DO) ou, em termos mais amplos, o que ele chama "aprendizagem organizacional". Nessa seção, vamos examinar as conexões entre a obra de Argyris e o trabalho de outros teóricos de relações humanas e também as formas como Argyris parece estar mudando para uma concepção diferente de vida organizacional.

Prática da gestão e crescimento individual

Em *Personality and organization*, Argyris argumentou que as estruturas organizacionais formais e as práticas de gestão tradicionais tendem a entrar em choque com certas tendências básicas de crescimento e desenvolvimento individual. Revendo estudos sobre o desenvolvimento da personalidade, Argyris (1962, p. 50) concluiu que as pessoas em nossa sociedade tendem – na passagem da infância para a vida adulta – a mudar, a passar da passividade para a atividade, da dependência para a independência, de um repertório limitado para um repertório maior de comportamentos, de interesses superficiais para profundos, de uma perspectiva de curto prazo para uma de longo prazo, de uma posição subordinada para uma de igualdade ou superioridade e de uma ausência de consciência para um nível de consciência maior. A passagem por cada uma dessas dimensões é um crescimento no sentido de se alcançar uma personalidade adulta mais salutar.

Por outro lado, a prática gerencial padrão – respaldada na teoria da organização formal – inibe, de forma direta, o crescimento do indivíduo. A especialização das tarefas e a concentração do poder e da informação, que caracterizam as organizações formais, implicam certos pressupostos sobre a personalidade humana que se prestam mais para descrever crianças do que para descrever adultos. Por exemplo, na maior parte das organizações, os empregados têm muito pouco controle sobre seu trabalho e deles se espera que sejam dependentes, submissos e limitados quanto à extensão ou amplitude de suas respostas. Em condições como estas – sob as quais se restringem as oportunidades normais para o crescimento e o desenvolvimento –, os empregados vivenciam uma enorme frustração, que se manifesta de muitas maneiras, variando da regressão à hostilidade. Além disso, os indivíduos que usam esses padrões de adaptação recebem o apoio de outros que se encontram em situações semelhantes – e, por essa via, se reforça o comportamento.

Do ponto de vista da gestão, este comportamento é altamente disfuncional, pois limita as contribuições que o indivíduo e o grupo emprestam ao trabalho da organização. Resposta típica da parte da gestão é endurecer, punir, tomar iniciativas vigorosas para controlar o que ela percebe como comportamento negativo. Se os gestores pressupõem (como na Teoria X) que os trabalhadores são basicamente indolentes, então a apatia exibida pelos funcionários frustrados apenas confirma sua visão e justifica uma resposta autoritária. É evidente que essa resposta simplesmente produz ainda mais frustração nos trabalhadores, que, por sua vez, é combatida com mais punições pela gestão, dando-se, assim, continuidade ao ciclo.

Uma abordagem mais salutar, tanto para a gestão como para o trabalhador, começaria com o entendimento dos pendores ou propensões básicas de crescimento e desenvolvimento dos indivíduos; a gestão tentaria, então, integrar e fundir essas tendências ou propensões às demandas da tarefa organizacional. Pressupõe-se que esse esforço proporcionaria ao mesmo tempo uma ótima autorrealização para o indivíduo e maior eficiência para a organização. Cabe ao executivo a difícil tarefa de lograr essa congruência ou fusão das necessidades individuais e das demandas organizacionais.

> Uma abordagem mais salutar começaria com o entendimento das tendências ou inclinações básicas dos indivíduos para seu crescimento e desenvolvimento; a gestão procuraria, então, fundir essas propensões às demandas da tarefa organizacional.

O líder eficaz, segundo Argyris (1962), tem entendimento claro do contexto organizacional: "Não há forma predeterminada correta para se comportar como líder. A opção por um padrão de liderança deve se basear no diagnóstico preciso da realidade da situação em que o líder está imerso" (p. 207). A chave para essa "liderança centrada na realidade" é a capacidade do gestor de observar a situação, de diagnosticar o que está realmente acontecendo e de aprender com a experiência. Isso requer que ele desenvolva "habilidades de autoconsciência, diagnóstico correto, para ajudar os indivíduos a crescerem e se tornarem mais criativos, para lidar com empregados propensos a depender (...) e para sobreviver no concorrido mundo da gestão" (p. 213).

A ênfase dada por Argyris ao aprendizado sobre si mesmo e sobre os outros oferece importante conexão entre este seu trabalho inicial sobre personalidade e organização e seu trabalho posterior sobre mudança organizacional; ela também sugere importante distinção entre seu trabalho e o de outros teóricos de relações humanas. Sem dúvida, muitos trabalhos de Argyris, à semelhança dos trabalhos de outros teóricos de relações humanas, podem ser utilizados pela gestão com o objetivo de manipular, de maneira mais sofisticada, os membros organizacionais. Mas esse uso das técnicas de relações humanas não significa qualquer sentido real de engajamento entre líder e grupo nem qualquer implicação de fraternidade ou comunidade. Compromisso com aprendizagem, porém, implica uma relação que envolva significados compartilhados e eleve a possibilidade de se criar condições não apenas de confiança, abertura e autoestima, mas também de comunidade. Essa implicação potencialmente radical da obra de Argyris – que o próprio Argyris não chegou a desenvolver inteiramente – é pertinente a uma discussão sobre sua visão da mudança organizacional.

Se as organizações, na maioria, sofrem atualmente de falta de confiança, de comunicação bloqueada e de formalização excessiva, como podemos introduzir mudanças que levem a uma confiança interpessoal maior, a uma comunicação mais aberta e a um grau mais elevado de flexibilidade pessoal e organizacional? Argyris (1972) responde – na linha do que diz o psicólogo social Kurt Lewin – que se deve fazer um descongelamento dos padrões mais antigos de comportamento, seguido pela adoção de novos padrões, que serão então congelados no lugar dos anteriores. Esse processo, obviamente, é difícil, sobretudo se a proposta de mudança se afastar de forma significativa das normas existentes e, assim, envolver elevado grau de desconforto pessoal e sistêmico. Nos esforços da ciência comportamental sobre mudança planejada, muitas vezes, discutidos sob o nome de desenvolvimento organizacional (DO), Argyris descortina uma abordagem para levar as organizações e seus membros a ter relações mais positivas e congruentes.

O papel do consultor externo

A maioria dos programas de DO envolve um consultor externo (*interventionist*), em geral alguém de fora da organização, que trabalha com os integrantes do sistema de clientes no sentido de melhorar a eficácia das relações interpessoais existentes ou também no sentido de facilitar a implementação de mudanças planejadas nas operações organizacionais. Embora os esforços de DO possam, de fato, levar os membros da organização a experimentar mais abertura e confiança, existe sempre a possibilidade de que acabem, simplesmente, acentuando o controle gerencial. A formulação particular de Argyris sobre as tarefas do consultor externo sugere resultados mais democráticos. Da mesma forma que o comportamento do gestor não deve criar resistência e dependência excessivas por parte dos trabalhadores, as ações do consultor externo tampouco devem criar essas condições na organização em foco. Para evitar isso, Argyris (1970) propõe três tarefas básicas para o consultor externo: "(1) ajudar a produzir informações válidas e úteis; (2) criar condições para que seus clientes possam tomar decisões bem fundamentadas e livres; e (3) ajudar os clientes a se comprometerem internamente com sua decisão" (p. 12-13). O papel do consultor externo é facilitar a aprendizagem pessoal e organizacional, uma questão que requer atenção especial.

Escrevendo em parceria com Donald Schön, Argyris (1978) argumenta que os indivíduos e as organizações sustentam "teorias esposadas" (as teorias de ação que confessamos seguir em nosso comportamento) e "teorias-em-uso" (as teorias que, de fato, seguimos). Para que ocorra aprendizagem efetiva – isto é, para que a aprendizagem afete ou influencie a ação –, nossas teorias esposadas e nossas teorias-em-uso devem se tornar mais compatíveis e suscetíveis a mudanças quando detectamos problemas em seu funcionamento. Quando os membros da organização descobrem problemas que afetam sua habilidade de cumprir ou de levar a cabo suas teorias-em-uso, eles podem fazer alterações que Argyris e Schön (1978) chamam de aprendizagem de ciclo único. Mas quando o estudo organizacional procura estabelecer novas prioridades e repensar as normas, ou reestruturar as próprias normas, diz-se que ocorre uma "aprendizagem de ciclo duplo" (p. 24). Em nível superior, os indivíduos e as organizações se engajam em deuteroaprendizagem, que significa essencialmente aprender a aprender. Nesse caso, as pessoas examinam os exemplos anteriores de aprendizagem ou de não aprendizagem. "Elas descobrem as experiências que facilitaram ou que impediram a aprendizagem, inventam novas estratégias de aprendizagem, expõem essas estratégias, avaliam-nas e fazem generalizações sobre o que ganharam com elas" (p. 27). Em outras palavras, elas refinam sua teoria de aprendizagem.

O argumento de Argyris parece querer dizer que as organizações e os indivíduos, que enfrentam as complexidades e turbulências associadas à vida moderna, têm que realizar indagações constantes sobre as próprias capacidades de efetivamente aprender, e que para isso podem contar com a ajuda de um consultor externo. O consultor se torna, então, pesquisador, educador e agente de mudança. Obviamente, em uma organização cujos membros estão comprometidos com a aprendizagem, este papel cabe ao gestor. O consultor externo e o gestor assumem, então, o mesmo papel, mas essa constatação põe um dilema para Argyris. O gestor não é uma pessoa desinteressada, mas alguém que tem interesse pessoal na vida da organização. Além disso, estando na posição de brandir poder, o gestor tem interesse no *status quo*, fundamentado em manter a estrutura de poder como ela se encontra no momento. Diante de um aprendizado ou de uma descoberta crítica à estrutura normativa em vigor, o gestor tem que decidir se age com autoridade, no sentido de preservar a organização em seu estado atual, ou se age com senso democrático, no sentido de ajudar a mudar as normas do grupo. É óbvio que um comprometimento total com a aprendizagem de ciclo duplo implicaria na segunda opção, mas Argyris se mostra ambíguo em relação a esse ponto.

Nota sobre motivação e humanismo organizacional

Desde MacGreggor e Argyris, é claro, inúmeros estudos teóricos e empíricos têm sido desenvolvidos sobre a motivação (DENHARDT, DENHARDT e ARISTIGUESTA, 2009, Cap. 6), e sobre como os arranjos institucionais influenciam a motivação individual e a produtividade organizacional. Alguns destes trabalhos foram resumidos por Daniel Pink (2011) em seu conhecido e acessível livro *Drive: the truth about what motivates us*.[*] Com base na pesquisa comportamental moderna e influenciado pelas velhas visões de MacGreggor e Argyris, Pink argumenta que o sistema de motivação de "prêmio e castigo" ("carrot and stick"), baseado em recompensas, domina a vida organizacional de hoje. Infelizmente, esta abordagem continua equivocada porque tais incentivos financeiros e de desempenho normalmente não funcionam e podem até diminuir o interesse pelo trabalho. Esses prêmios também podem "sufocar" outros tipos de motivações intrínsecas e limitar a criatividade, especialmente em tarefas não ordinárias em que a inovação é cada vez mais importante. Enfim, as pessoas parecem prosperar quando têm autonomia em seu trabalho, quando se sentem competentes, mas ao mesmo tempo desafiadas a melhorar o desempenho da atividade, e quando veem seu trabalho como algo ligado a um propósito maior que elas mesmas.

Este modelo "prêmio e castigo" de motivação teve um papel importante nas reformas administrativas baseadas no mercado das organizações públicas, e

---

[*] Há uma edição portuguesa deste livro, *Drive*: a surpreendente verdade sobre aquilo que nos motiva (Estrela Polar, 2011). (N.E.)

tem sido alvo de muitas críticas dos funcionários públicos nos últimos 30 anos (discutido no Capítulo 6). Estas reformas têm sido fundamentadas por uma teoria da motivação em conformidade com o modelo racional de organização, que supõe que os indivíduos são atores racionalmente egoístas. Por sua vez, as instituições devem ser reorganizadas de acordo com este núcleo motivacional para avançar os objetivos públicos. Gestores são compelidos a "acertar nos prêmios" e introduzir programas de remuneração-por-desempenho. Na administração pública, o tema da "motivação no serviço público" (MSP)[*] tem recebido atenção significativa no campo (PERRY e HONDEGHEM, 2008) e pretende, em parte, corrigir esta abordagem. A MSP aborda os "mecanismos únicos às instituições públicas que energizam e direcionam o comportamento" que podem encorajar o altruísmo ou a atenção. Consistentes com o argumento de Pink, alguns estudiosos da administração pública, como Donald Moynihan (2008), argumentam que a adoção destas reformas baseadas no mercado criam ambientes organizacionais que trabalham contra esta forma de motivação.

É importante para os estudantes da organização pública se familiarizar com os inúmeros avanços nas teorias da motivação e apreciarem como as diversas teorias podem representar estratégias gerenciais distintas. Para os fins da argumentação deste livro, porém, a pergunta básica para o humanismo organizacional continua a mesma: Os usos das teorias da motivação são eles mesmos motivados por um desejo de garantir a conformidade do empregado e a legitimidade e os objetivos do grupo controlador? A resposta a esta pergunta indica se o humanismo organizacional serve como um instrumento de manipulação ou uma ferramenta para explorar como inúmeras vidas individuais complexas podem se unir para formular e realizar objetivos comuns.

Desenvolvimento organizacional no setor público

Nos extensos escritos de Robert T. Golembiewski encontra-se um interessante paralelo, pelo ângulo do setor público, com a obra de Chris Argyris. Partindo de seu trabalho inicial sobre pequenos grupos e comportamento organizacional e de seu pensamento sobre ética e gestão, Golembiewski passou a dar um foco mais sustentado ao DO enquanto uma perspectiva a partir da qual se pudesse observar o crescimento e a mudança nas organizações públicas.

---

[*] Em inglês, esta abordagem recebe o nome de *public service motivation* (PSM). (N.R.T.)

Gestão moral

O livro de Golembiewski, *Men, management, and morality* (1967), pode ser lido de diversas maneiras: como um estudo introdutório de ética administrativa, como mais uma tentativa de integrar o indivíduo e a organização ou como um prelúdio para aplicações da ciência comportamental à mudança planejada. Golembiewski começa com o argumento padrão das relações humanas de que as teorias tradicionais de organização – com ênfase na autoridade de cima para baixo, na supervisão detalhada e na rotina organizacional – não dão chance ao desenvolvimento concomitante do indivíduo. Mas, enquanto Argyris fundamenta seu argumento no aumento da maturidade psicológica do indivíduo, Golembiewski levanta uma questão diferente; segundo ele, a incapacidade das teorias formais de organização de lidar com a questão da liberdade individual revela que elas são insensíveis à postura moral do trabalhador individual. No mesmo livro, Golembiewski argumenta que um conjunto cada vez maior de pesquisas indica que a "sensibilidade moral pode estar associada a um produto satisfatório e à satisfação do empregado" (p. 53).

Em termos específicos, Golembiewski (p. 65) assinala cinco valores associados à vida econômica que, segundo ele, decorrem da ética judaico-cristã:

1. O trabalho deve ser psicologicamente aceitável para o indivíduo.
2. O trabalho deve permitir que o homem desenvolva as próprias faculdades.
3. A tarefa do trabalho deve permitir que o indivíduo tenha espaço considerável para a autodeterminação.
4. O trabalhador deve ter a possibilidade de controlar, de modo significativo, o ambiente dentro do qual a tarefa deve ser executada.
5. A organização não deve ser o árbitro único e último do comportamento; tanto a organização quanto o indivíduo devem estar sujeitos a uma ordem moral externa.

Esses valores são, então, examinados à luz das novas formas de organização que, conforme se diz, levam à promoção da ética judaico-cristã, enquanto, não por acaso, estão também associadas à elevada satisfação do empregado e ao alto nível de produção – na literatura da ciência comportamental. Por exemplo, o primeiro valor a se discutir é o do rodízio no trabalho e o do enriquecimento das tarefas, e assim por diante.

Liberdade individual *versus* controle gerencial

Embora o objetivo declarado de Golembiewski (1967) nessa revisão seja "ampliar a área de discrição das pessoas em relação aos fins organizacionais e aumentar a liberdade individual", no final, parece que se logrou muito mais do primeiro do que do segundo fim (p. 305). As técnicas gerenciais discutidas mal vão além de uma ladainha de esforços sobre relações humanas em organizações complexas. Muito pouco é deixado de fora. A Teoria X e a Teoria Y, a grade gerencial, o trabalho de Argyris sobre personalidade e organização – todos estão presentes e contribuem para uma visão geral mais aberta e participativa da gestão, propiciando-se maior satisfação ao trabalhador e maior produtividade organizacional. Fica-se, entretanto, a imaginar – dado o interesse de Golembiewski pelas éticas individual e judaico-cristã – se valeriam a pena os esforços para aumentar a liberdade individual, mesmo se eles fossem possíveis somente com algum custo para a produtividade organizacional. Mas essa possibilidade não é considerada. Na ausência dessa discussão, fica-se novamente com a sensação de que a escola de relações humanas está simplesmente proporcionando, mesmo que de forma não intencional, uma gama maior de técnicas de controle gerencial, técnicas que podem ser vendidas aos trabalhadores em bases éticas e ampliar a legitimidade das ações da gerência.

Para Golembiewski, o dilema é claríssimo (embora ainda não resolvido) em sua discussão do quinto valor (o de que a organização não deve ser o árbitro final do comportamento): deve-se recorrer a uma ordem moral externa para se avaliar tanto o indivíduo quanto a organização. Golembiewski mostra, de maneira correta, que, enquanto as organizações complexas tiverem licença para agir por conta própria, elas desenvolverão os próprios padrões morais, que podem estar em profundo desacordo com os padrões do indivíduo ou da sociedade mais ampla. Entretanto, em vez de confrontar a tarefa de construir uma ética sociopolítica com base na democracia, no socialismo ou no que quer que seja, Golembiewski (1967) prefere discutir a questão da centralização e da descentralização nas organizações. Ele postula que a descentralização é a resposta para a "questão ética central" – na verdade, "a descentralização é a criatura e o criador de toda esta análise" (p. 286). Presume-se que os indivíduos, em estruturas organizacionais descentralizadas, teriam maior latitude moral. Mesmo que isso pudesse ser verdade, a ética da organização ainda se imporia, especialmente porque, "em uma estrutura descentralizada, paga-se pela liberdade de ação com a adesão às políticas corporativas" (p. 273). A liberdade do indivíduo ainda seria definida pela organização; não haveria ordem moral externa à qual o indivíduo e a organização tivessem que dar satisfação.

Muito embora o livro de Golembiewski, *Men, management and morality*, deixe muito a desejar quanto a esse ponto, pode-se certamente fazer uma avaliação mais positiva dessa obra, especialmente no interesse de construir uma teoria da organização pública. Em contraposição à forte orientação positivista vigente na administração pública – uma tradição à qual ele próprio, em grande parte, subscreve –, Golembiewski introduz diretamente a questão da moralidade nas organizações. Diferentemente dos que tentam fazer separação estrita entre fato e valor, ele busca integração entre os dois – pode-se até dizer que busca uma conexão entre a objetividade na teoria e a ética na prática. Além disso, é notável que a análise de Golembiewski leve, no final, à questão da descentralização. Mesmo que seu tratamento da descentralização seja muito limitado para constituir a base de uma ordem moral externa – dificilmente poder-se-ia basear essa ordem, como ele o faz, no fato de que a Du Pont tenha aparentemente obtido vantagem com a descentralização –, a questão da descentralização aponta para dois sentidos interessantes. Em primeiro lugar, ela implica que a relação entre o indivíduo e a organização (ou a sociedade) deve antes ser resolvida em termos morais e políticos do que em termos de técnica gerencial. Em segundo lugar, ela levanta o ponto de como as organizações poderiam ser reformadas com vistas a aumentar os benefícios morais da descentralização, enquanto ao mesmo tempo mantivessem os benefícios materiais da maior produtividade. Teria sido interessante se Golembiewski tivesse preferido enfatizar o primeiro ponto em seu trabalho mais recente, mas ele preferiu o segundo.

'Metavalores' e mudança organizacional

A abordagem de Golembiewski à mudança organizacional está exposta de forma muito clara no livro *Renewing organizations*, publicado em 1972 e revisto e ampliado em 1979, com o novo título *Approaches to planned change*. Nesses livros, Golembiewski se baseia em seu exame anterior da dinâmica comportamental dos pequenos grupos para detalhar uma abordagem de laboratório à mudança organizacional – isto é, uma abordagem que depende de mudanças nos aprendizes induzidas pela experiência dos próprios aprendizes em confrontos sociais diretos, como acontece nos *T-groups*. Golembiewski vê a abordagem de laboratório como o gênero mais amplo do qual decorrem as atividades de DO e, em sua discussão das técnicas de DO (1972, p. 112), ele praticamente não se afasta da prática do DO convencional. Porém, presta mais atenção – do que muitos outros autores – às implicações axiológicas de seu trabalho. Considerando que essas questões têm consequências diretas para a construção de uma teoria de organizações públicas, como se vê no próprio trabalho de Golembiewski, nessa discussão dar-se-á menos espaço às técnicas específicas de DO, *feedback* de levantamento, formação de equipes e desenvolvimento de carreira do que às implicações axiológicas desse trabalho.

Segundo Golembiewski (1972, p. 60-66), cinco "metavalores" servem de guia à abordagem de laboratório para a mudança pessoal e organizacional:

1. Disposição para a prática de inquirições baseadas em acessibilidade mútua e comunicação aberta.
2. Exercício de maior consciência e reconhecimento de opções, com especial disposição para experimentar novos comportamentos e optar pelos que parecem mais efetivos.
3. Adoção de um conceito colaborativo de autoridade, que enfatize a cooperação e a disposição para examinar conflitos de forma aberta e com ânimo de resolvê-los.
4. Prática de relações de ajuda mútua, com senso de comunidade e responsabilidade pelo próximo.
5. Exercício de autenticidade nas relações interpessoais.

Esses valores não só definem a estrutura da situação de laboratório (por exemplo, *T-group*), mas também oferecem um modelo para a organização toda. Eles constituem tanto os princípios orientadores do consultor externo quanto os valores últimos que ele procura estabelecer na organização.

Como esses valores contrastam profundamente com os valores tradicionais da gestão burocrática, eles aparentemente exigiriam uma alternativa a essas abordagens, pelo menos em nível teórico. Golembiewski argumenta que os valores piramidais tradicionais, muitas vezes, são, de fato, disfuncionais, e precisam ser substituídos. Em contraposição, ele esboça um sistema colaborativo-consensual de gestão que enfatiza abertura, confronto, *feedback* e responsabilidade compartilhada. Mas esse novo modelo não parece jamais ser um substituto direto para a burocracia. Seguindo a lógica da gestão contingencial, ele mais parece apenas uma alternativa conveniente em certas circunstâncias.

Em alguns tipos de organizações, como as militares ou de polícia, podem ser necessários sistemas mecânicos ou funcionais. "Alimentar aspirações de consenso nestas organizações, por consequência, pode ser temerário. Ou o estímulo a tais aspirações pode até ser cruel, se considerações constrangedoras exigirem uma estrutura em que, realisticamente, só cabem convenções centralizadas de tomada de decisão" (1972, p. 572). Mas a quem compete determinar se as considerações são constrangedoras? É mais provável que seja ao gestor do que ao consultor externo, e é mais provável que seja a um dos dois do que ao trabalhador. Os esforços de DO não preveem que o trabalhador goze de maior liberdade ou satisfação à custa de produtividade. Na verdade,

> a troca subentendida consiste em que, na medida em que os indivíduos puderem ter acesso a esses múltiplos valores humanísticos nas organizações, eles também sejam colaboradores mais plenos e livres da tarefa organizacional (...) em suma, o DO não contempla qualquer tipo de gratuidade. (GOLEMBIEWSKI, EDDY, 1978, p. 11)

O desenvolvimento organizacional procura certos metavalores, incluindo os que estão em desacordo com os interesses burocráticos tradicionais; no entanto, ele também procura "objetivos organizacionais mais estreitos, que sejam gerencialmente desejados" (GOLEMBIEWSKI, 1972, p. 10). O conflito potencial entre os dois e o conflito potencial entre o consultor externo e o gestor levantam questões morais que remontam à época do livro *Men, management and morality*, mas também levantam questões políticas. Enquanto alguns profissionais de DO, como Argyris, parecem cautelosos para não impor os próprios valores, Golembiewski parece instigar seus seguidores a fazê-lo. Que seus valores pudessem, inicialmente, parecer mais atrativos aos interessados em sistemas democráticos não torna sua imposição uma matéria de escolha superior à imposição de outros valores.

Implicações da obra de Golembiewski

Apesar das deficiências, a discussão de Golembiewski pode, em um importante sentido, ter um significado maior para o campo do que ele mesmo reconhece. Examinemos o argumento de Golembiewski pela ótica do livro de Thomas Kuhn, *The structure of scientific revolutions* (1970). Kuhn argumenta que certas tradições de pesquisa científica funcionam como modelos para o trabalho científico. Esses paradigmas não surgem nem mudam de modo incremental. Pelo contrário, vários paradigmas podem competir entre si por aceitação em um campo, especialmente quando os cientistas descobrem "anomalias" ou fatos que simplesmente não podem ser explicadas dentro do paradigma vigente. Eventualmente, um dos paradigmas alternativos pode vir a ser aceito em uma revolução científica de tipo kuhniana.

Vamos admitir, por um momento, que os estudiosos de administração pública tenham chegado a algum acordo sobre as questões que caberiam ser perguntadas e sobre a maneira de se fazer essas perguntas – em outras palavras, que há atualmente um paradigma em ação. Isso sugeriria que as diferenças teóricas ocorreram no escopo de um acordo mais amplo sobre o campo. Como poderíamos descrever esse acordo? Como sabemos, a maior parte das teorias de administração pública está preocupada com a eficiência da organização pública na elaboração das políticas públicas por intermédio de estruturas dominantemente hierárquicas, em que se usam vários mecanismos para obter conformidade. Além disso, os estudiosos da administração pública compartilham um interesse geral pelo desenvolvimento de seu campo mediante a aplicação de uma ciência social objetivista ou positivista baseada na observação do comportamento manifesto e nas estruturas de proposições construídas a partir dos dados resultantes. Esses dois interesses principais, por sua vez, implicam uma visão particular da relação entre teoria e prática na administração pública. Independentemente de esta área do acordo geral ser considerada paradigmática, nos termos de Kuhn, as abordagens existentes à teoria claramente têm muito mais em comum do que revelam as aparências.

Se este for o caso, poderíamos esperar que a maior turbulência na disciplina seria causada não por desenvolvimentos como o modelo racional de administração ou o DO tradicional – que, aliás, são consistentes com este padrão elementar –, mas, ao contrário, pelas perspectivas que parecem desafiar as crenças fundamentais e não questionadas. Um corpo de trabalhos que teve justamente este efeito sobre o campo da administração pública é o da nova administração pública. Por essa razão, antes que sejam exploradas mais a fundo as possibilidades de um acordo na administração pública, será útil considerar as anomalias invocadas pela nova administração pública.

A nova administração pública

Um capítulo interessante no desenvolvimento da teoria de administração pública norte-americana é ainda geralmente denominado nova administração pública (NAP), mesmo que essa nova administração pública tenha surgido em 1968. Alguns acham que a nova administração pública procurava uma alternativa ampla para os padrões existentes de pesquisa e ensino na administração pública, que a nova administração pública representava um desafio paradigmático para o campo. Outros pensam que seu trabalho foi mais limitado, que seus proponentes apontaram certos problemas nas abordagens existentes, mas não tinham um foco alternativo específico. Tendemos a concordar com a última visão. Embora acreditemos que a nova administração pública foi e continua sendo importante para o campo da administração pública, sua importância está mais em sua descoberta de anomalias no arcabouço das teorias tradicionais e as linhas de pensamento que as inspiraram (exploradas no Capítulo 7) do que na apresentação de uma alternativa coerente.

A perspectiva de Minnowbrook

Para começar, a assim chamada nova administração pública foi um esforço muito mais modesto do que gostariam de acreditar tanto seus amigos quanto seus inimigos. Se for possível dizer que ela constituiu um movimento, só o fez simbolicamente, como resultado das imputações de terceiros, e não por mérito de qualquer coerência entre seus membros. A nova administração pública começou com um simpósio acadêmico realizado no final de 1968 no Centro de Convenções de Minnowbrook, na Universidade de Syracuse, em Nova York. O simpósio foi planejado com o propósito de reunir um bom número dos jovens cientistas mais promissores no campo da administração pública para discutirem seus interesses e abordagens – e, por implicação, para considerarem como poderiam divergir das abordagens dos autores mais estabelecidos no campo. Os *papers* e comentários apresentados no simpósio foram reunidos e publicados sob o título *Toward a new public administration* (MARINI, 1971), um volume que, segundo anunciou seu editor, Frank Marini, representava a perspectiva de Minnowbrook. Já que o movimento agora tinha nome, o nome tinha que ter um movimento. Assim, apesar da notável diversidade dos *papers* contidos no volume de Minnowbrook [e no livro relacionado a ele, *Public administration in a time of turbulence* (WALDO, 1971)], nasceu um movimento que, desde o início, pareceu mais fictício que real.

Embora alguns pesquisadores identificados com a nova administração pública tivessem tendências esquerdistas, esse movimento não foi tão radical quanto os que surgiram em quase todas as outras disciplinas das ciências sociais nesse período. Por exemplo, diferentemente de seus colegas em outras disciplinas, os estudiosos mais jovens da administração pública não procuraram formar um grupo radical dentro do campo, nem criar revistas alternativas para expressar suas visões. Em termos intelectuais, também havia pouca coerência. Ainda que alguns temas tivessem dominado as discussões de Minnowbrook e muitas outras que se seguiram, eles apenas representaram, em grande parte, adaptações de demandas mais gerais por relevância, equidade e participação. Não apareceu abordagem alguma para a compreensão das organizações públicas que desafiasse o padrão de concordância ou acordo vigente no campo. No entanto, as demandas eram claramente perturbadoras, no sentido de que as abordagens existentes ao campo aparentemente não conseguiam dar respostas – um fato desconfortável para muitos (não apenas em termos intelectuais, mas também pessoais).

Política e administração

Se, na metade da década de 1960, ainda restavam resquícios da velha dicotomia entre política e administração, eles foram definitivamente apagados pela nova administração pública (NAP). Ela não o fez pela argumentação – como haviam feito os primeiros estudiosos – de que a dicotomia era uma ficção e que os administradores de fato produzem política pública; mas, ao contrário, pela argumentação de que os administradores *deviam* fazer política. Em parte, esse argumento era uma resposta às outras instâncias políticas, como ao executivo e ao legislativo, que não conseguiam enfrentar de maneira satisfatória as questões da pobreza, racismo, guerra etc. Se eles não conseguiam (ou não se dispunham a) fazê-lo, quem sabe chegara a hora de os administradores tomarem nas próprias mãos o comando da situação. Mas a nova administração pública também endereçou seu desafio para mais perto de casa, pois estava claro que os estudiosos de administração pública e da ciência política se mostravam incapazes de produzir conhecimentos relevantes para esses problemas. O interesse da administração pública pela gestão administrativa e a fascinação da ciência política pelo *behaviorismo* haviam impedido que os pesquisadores abordassem os problemas públicos de maneira a ajudar a sociedade a resolver seus problemas mais prementes. Segundo LaPorte (1971):

> A administração pública contemporânea está presa a modelos analíticos obsoletos e mal ajustados, [além de] sufocada por aridez normativa. Não existe praticamente qualquer fundamento para se rejeitar ou acolher problemas substantivos ou modelos analíticos, a não ser crises políticas ou modismos acadêmicos. O ensino e a pesquisa tendem a se basear em problemas passados ou em respostas instantâneas a problemas atuais definidos pelo *establishment*. As duas bases têm pouca utilidade para oferecer qualquer visão administrativa, liderança política, força intelectual ou algum tipo de relevância mínima para os estudiosos, os profissionais e o futuro. (p. 21)

Para o campo da administração pública, a questão não era simplesmente de recuperação de relevância, para usar a expressão de Todd LaPorte. Afinal de contas, como assinalaram muitos adversários da nova administração pública, o estudo da administração pública sempre estivera intimamente ligado às operações práticas do governo, especialmente aos esforços pela reforma governamental. De fato, a acusação típica feita pela maioria dos outros acadêmicos era de que a administração pública, enquanto campo de estudo, era muito prática, muito relevante. A agenda que a nova administração pública na realidade cobrava, portanto, não era recuperar relevância, mas tornar-se relevante em termos mais amplos, tornar-se relevante para o sistema político, bem como para seus elementos administrativos.

Um dos participantes de Minnowbrook (CRENSON, 1971, p. 88) colocou a questão nesses termos: "A administração pública não é apenas o instrumento para a execução da política pública, ela é decisiva para a maneira pela qual o público vê o mundo – particularmente, o mundo político – e seu próprio lugar nele". Ainda que ela talvez tenha sido imaginada como instrumento para executar a vontade do executivo e legislativo, a burocracia pública na sociedade moderna – pelo simples poderio de sua enorme presença e complexidade – impacta o sistema político de muitas maneiras. Questões importantes não são decididas somente dentro da burocracia; as organizações públicas conduzem a atenção do público, exercem papel significativo na montagem da agenda pública e ajudam a estabelecer os valores da sociedade. As organizações públicas, portanto, não estão somente na periferia da política, mas também no coração de seus domínios.

> Não se decide questões importantes somente no interior da burocracia; as organizações públicas dirigem a atenção do público, desempenham papel importante na montagem da agenda pública e ajudam a estabelecer os valores da sociedade.

Sendo este o caso, o estudo da administração pública tem que se afastar de meros estudos sobre procedimentos administrativos e se voltar para o interesse mais amplo da análise do modo pelo qual as políticas tomam forma e são confirmadas e administradas em uma sociedade democrática. A visão de sistema fechado deve ceder lugar a uma perspectiva de sistema aberto que ajude a entender o processo das políticas de forma mais completa. Em parte, esse estudo teria base empírica e diversos *papers* de Minnowbrook discutiram como isso poderia acontecer. Mas ele também seria normativo; envolveria tanto os estudiosos como os profissionais da administração pública, em um esforço de prescrever as orientações apropriadas para a sociedade e como essas orientações poderiam ser seguidas. Ao enfrentar essa questão, a nova administração pública confrontou a velha distinção entre fato e valor.

Fatos *versus* valores

De acordo com os novos administracionistas públicos, os cientistas sociais não conseguiram produzir conhecimentos relevantes em parte porque seu comprometimento com o positivismo limitava suas atividades à coleta de dados e à manipulação estatística, favorecendo uma teoria de base empírica. Embora não desafiasse abertamente essa abordagem (exceto no caso observado a seguir), a nova administração pública foi em busca do reconhecimento dos valores que estavam em jogo no processo de pesquisa e de um papel mais forte de advocacia para os cientistas sociais. Por exemplo, mostrou-se que os valores dos cientistas, como também de seus alvos de estudo, muitas vezes infringiam o ideal da neutralidade, ou isenção de valor, da ciência social positiva, e que o reconhecimento desse potencial poderia tanto esclarecer o processo de pesquisa quanto torná-lo mais relevante para a solução dos problemas sociais. Observou-se que o cientista social escolhe seu tópico de estudo por ser de seu interesse pessoal, não por ser ditado pela disciplina. Presumia-se que os cientistas com elevado senso de consciência social abordariam problemas que fossem importantes para a sociedade. Além disso, o reconhecimento da possibilidade de viés faz o cientista se tornar mais cauteloso na defesa da objetividade da pesquisa e, portanto, da validade de seu resultado.

O próximo passo para o cientista é utilizar o conhecimento oriundo da atividade de pesquisa em favor de melhorias nas condições sociais. A responsabilidade do cientista não termina com a produção do conhecimento, mas, antes, inclui sua disseminação, especialmente para aqueles que têm o poder de influenciar a política pública no rumo decidido. Os estudiosos da administração pública foram instados, portanto, a se colocarem à disposição dos formuladores de políticas públicas e, com base em seu maior entendimento, tornarem-se defensores da mudança. A nova administração pública era, então, explicitamente normativa na essência. Embora a pesquisa fosse de base empírica, as conclusões normativas eram compreendidas não só como inevitáveis, mas também como necessárias.

Estaria a nova administração pública, pela maior atenção a questões normativas, levantando um desafio fundamental ao positivismo ou apenas cobrando a própria reforma? A segunda opção é, aparentemente, a posição de George Frederickson (1971), que comentou no volume de Minnowbrook que os novos administracionistas públicos não eram antipositivistas nem anticientíficos, mas simplesmente interessados em usar suas habilidades científicas e analíticas para compreender o impacto das várias políticas e para explorar novas formas de satisfazer as demandas dos usuários. Frederickson descreveu com certa precisão os novos administracionistas públicos de Minnowbrook como behavioristas de "segunda geração", um termo muito parecido com a postulação feita mais tarde por Gary Wamsley (1976) em favor de uma "nova ciência social" (p. 391). Embora estivesse fazendo crítica à nova administração pública, Wamsley parecia resumir bem a posição de muitos em Minnowbrook, advogando uma ciência social positiva que reconhecesse que "os valores e as normas exercem papel de liderança que dá rumo e estabelece a agenda para o estudo científico" (p. 393-394).

A maioria dos novos administracionistas públicos parecia interessado em reformar a ciência social positivista. Mas havia uma exceção – e, de modo consistente com a confusão de aparência e realidade que parecia caracterizar a nova administração pública, essa exceção passou a ser vista como a regra. Essa exceção foi a contribuição de Larry Kirkhart para os *papers* de Minnowbrook – uma tentativa de esboçar uma teoria da administração pública partindo-se do ponto de vista do existencialismo e da fenomenologia. No artigo, Kirkhart (1971) observou que novos desenvolvimentos nas ciências sociais, especialmente na sociologia, epistemologia e psicologia do crescimento, poderiam proporcionar os fundamentos para suplantar-se a visão weberiana tradicional da burocracia racional. Esses desenvolvimentos – que, segundo Kirkhart, desafiavam diretamente a abordagem positivista da ciência social – tornam possíveis diversas variantes não burocráticas, uma das quais Kirkhart chamou "modelo consociado". A perspectiva epistemológica subjacente ao trabalho de Kirkhart continha uma concepção explicitamente antipositivista e, de muitas maneiras, prenunciava alguns esforços importantes na administração pública que vieram a ocorrer uma década mais tarde (examinados no Capítulo 7). Não é justo rotular os novos administracionistas públicos, porém, como grupo fenomenológico. Na melhor das hipóteses, eles alimentavam a esperança de uma ciência esclarecida da administração pública que examinasse as normas e os valores e atuasse sobre eles. A questão permanece: que valores foram considerados mais atrativos?

Eficiência *versus* equidade

Estando profundamente sintonizados em questões normativas, os novos administracionistas públicos se apressaram a apontar alguns valores que sustentavam as primeiras teorias da organização pública, destacando-se entre eles o critério da eficiência. Eles observaram corretamente (como no Capítulo 4, deste livro) que a eficiência é o valor escolhido entre um conjunto mais amplo de valores, e que a adoção do valor da eficiência impede que se dê atenção a outro valor, como à equidade e à participação. Além disso, eles observaram que a tendência ao tecnicismo – que parece estar implícita na pesada dependência da eficiência como valor básico – na busca da eficiência racional sugere uma crescente despersonalização e objetificação. Em contraste, eles procuraram encontrar uma base diferente ou pelo menos complementar para o estudo da administração pública. No centro da alternativa, estava o conceito de *equidade social*.

A equidade, obviamente, envolve um senso de *fairness* ou justiça – especificamente, a correção de desequilíbrios existentes na distribuição de valores sociais e políticos. Em contraste com o tratamento igual para todos, a equidade propõe que os benefícios sejam maiores para os mais desfavorecidos; em contraste com a eficiência, a equidade enfatiza a responsividade e o envolvimento. Além disso, na nova administração pública, aplica-se o conceito de equidade não somente às atividades dos órgãos executivos, legislativos e judiciários, mas, igualmente, às repartições administrativas, levando-se a uma considerável redefinição do que significa, essencialmente, a administração pública. Por exemplo, comparem-se as definições mais antigas de administração pública de Willoughby ou White com a definição de Minnowbrook feita por Todd LaPorte (1971): "O propósito da organização pública é a redução do sofrimento econômico, social e psíquico e a melhoria das oportunidades de vida para quem está dentro ou fora da organização" (p. 32). Ou observe-se a afirmação de Frederickson (1971): "a administração pública que não trabalha por mudanças que tentem enfrentar as privações das minorias provavelmente será usada no futuro para reprimir essas mesmas minorias" (p. 211). Assim, aos interesses tradicionais pela eficiência e pela economia, a nova administração pública acrescenta o interesse pela equidade.

> A equidade envolve senso de *fairness* ou justiça – especificamente, a correção de desequilíbrios na distribuição de valores sociais e políticos.

As discussões e aplicações do livro de John Rawls, *A theory of justice* (1971), levadas a termo por David K. Hart (1974), provavelmente constituem a elaboração mais cuidadosa do conceito de equidade como guia ou roteiro ético para administradores públicos. Hart observa que o padrão ético vigente na administração pública é o da administração imparcial, segundo o qual as políticas em geral devem ser aplicadas em termos iguais para todos, sem levar em conta as circunstâncias não especificamente relacionadas à política em análise ou alheias a ela. A equidade social reconheceria as diferentes necessidades e interesses das diferentes pessoas e, portanto, cobraria tratamento diferenciado. Como base filosófica para esta abordagem, Hart traz à consideração o conceito de "justiça como *fairness*", de Rawls, uma tentativa de assegurar direitos "que não está sujeita à barganha política ou ao cálculo de interesses sociais" (HART, 1974, p. 3-4). Como forma de ilustrar sua teoria, Rawls sugere um artifício intelectual, a posição original, em que são tomadas decisões vinculantes em relação à estrutura da sociedade. Se essas opções forem feitas sob o "véu da ignorância" – sem que qualquer das partes conheça seu lugar na sociedade, sua classe ou seu *status* social –, cada parte se preocupará em criar as circunstâncias que julgar aceitáveis, independentemente de sua posição eventual na sociedade. Como consequência, "os esforços coletivos da sociedade ser[ão] concentrados em benefício de seus membros menos favorecidos, de tal forma que pelo menos um mínimo de direitos e respeito, renda e riqueza seja garantido para todos" (HART, 1974, p. 7).

Como exemplo elementar, imagine uma Câmara Municipal que acaba de receber uma verba de R$ 20 milhões para melhorias de ruas. Uma abordagem que os vereadores poderiam tomar, com base em seu autointeresse, seria aplicar todo o dinheiro nos próprios bairros, de modo que obtivessem a maior vantagem. Outra abordagem, a imparcial, consistiria em distribuir os fundos de forma igual para todos os bairros, de modo a espalhar os benefícios por todas as partes da cidade. Uma terceira abordagem, baseada na equidade social, consistiria em concentrar o dinheiro nos bairros que mais precisam de melhorias nas ruas. Se os vereadores atuarem sob o "véu da ignorância" de Rawls, isto é, se agirem guiados pelo *fairness* e não pelo autointeresse, será muito mais provável que escolham a terceira alternativa, aquela que promoveria a equidade social na comunidade.

Hierarquia *versus* participação

Além do interesse pela equidade social, os novos administracionistas públicos deram ênfase considerável ao valor da participação, tanto à participação dos usuários na operação dos assuntos dos órgãos públicos quanto ao envolvimento dos membros organizacionais de nível inferior na tomada de decisão de sua repartição. O primeiro desses temas, naturalmente, era consistente com os esforços da metade da década de 1960 em favor da participação dos cidadãos – por exemplo, com a "máxima participação cabível" dos pobres nos programas antipobreza – e, mais ainda, com o grito radical exigindo "poder para o povo". Não resta dúvida de que o envolvimento dos usuários nos assuntos das repartições públicas já fora tentado várias vezes anteriormente: basta apenas relembrar a análise feita sobre a *TVA and the grass roots* (1949), discutida no Capítulo 4. Mas os novos administracionistas públicos reconheceram que esses esforços eram, muitas vezes, tentativas de cooptar grupos de usuários, não de envolvê-los em termos substanciais no processo de tomada de decisão. À guisa de alternativa, eles tentaram encontrar estruturas organizacionais mais abertas, que tivessem fronteiras permeáveis e fossem marcadas por confronto e troca.

Entre os que enfocaram mais diretamente essa questão encontrava-se Orion White, cujo trabalho "The dialectical organization" (1969) sugerira a importância de uma interação ativa e contínua do pessoal das repartições com grupos de usuários em busca de políticas e procedimentos que levassem em conta todos os interesses. No volume de Minnowbrook, White (1971) buscou essa noção, descrevendo a adaptação administrativa antes em termos de confronto e consenso em torno de valores éticos do que em termos de negociação e barganha, o que conduziria à imposição de uma solução pelo mais poderoso ou à prática de concessão mútua entre seus interesses. Para perseguir sua alternativa (uma "política de amor"), White fez a defesa da adaptação pela comunicação aberta, da igualdade pela distribuição funcional de poder e do reconhecimento consciente dos princípios ideológicos que orientam a ação. Não ficou claro como essa alternativa funcionaria na realidade.

Outro apelo dramático em busca de uma nova abordagem para as organizações públicas foi feito por Frederick Thayer no livro *An end to hierarchy! An end to competition!* (1973). Thayer argumentou que estava acontecendo uma revolução organizacional que, no fim das contas, levaria ao esgotamento das hierarquias piramidais. Esse processo forçaria a descoberta de sentidos não hierárquicos para a democracia e a substituição da competição pela cooperação como força política e econômica de impulsão. Enquanto a proposta de Thayer era vista com certo ceticismo, aconteciam em vários lugares movimentos por sistemas de governança menos hierárquicos e mais cooperativos, embora dificilmente com a rapidez que Thayer e outros desejassem.

O segundo tema – sobre o pessoal de nível inferior na tomada de decisão organizacional – foi manifestado com frequência pelos novos administracionistas públicos, embora, no final (de novo, com a possível exceção de Kirkhart), dificilmente se pudesse vê-lo como algo mais que uma extensão dos trabalhos anteriores sobre relações humanas. Os novos "administracionistas" públicos certamente lutaram contra a questão de como as organizações poderiam ser reestruturadas para lograr mais envolvimento e participação, não permitindo que esses esforços se tornassem simples artifícios para a manipulação gerencial; no entanto, os resultados foram mistos. Como em muitas outras áreas, aqui os novos "administracionistas" públicos foram acusados de fazer crítica radical – neste caso, uma crítica anti-hierárquica, antiburocrática – e de oferecer poucas soluções ou alternativas.

Mais tarde, Harlan Cleveland (1985) prenunciou "o crepúsculo da hierarquia". Cleveland sugeriu que a importância dos recursos físicos deu sustentação ao desenvolvimento das hierarquias de poder baseadas no controle, das hierarquias de influência baseadas no segredo, das hierarquias de classe baseadas na propriedade, das hierarquias de privilégio baseadas no acesso antecipado aos recursos e das hierarquias políticas baseadas na geografia. Na medida em que a informação se torna mais importante que os recursos físicos,

> cada uma dessas cinco bases de discriminação e injustiça hoje está caindo por terra – porque os velhos meios de controle estão perdendo cada vez mais eficácia, está mais difícil guardar segredo, e a propriedade, o acesso antecipado aos recursos e a geografia têm cada vez menos importância para se ter acesso ao conhecimento e à sabedoria, que agora constituem a moeda de troca de real valor em nosso tempo. (p. 188)

A liderança, nessas circunstâncias, dependerá cada vez menos de sistemas hierárquicos e cada vez mais de poder e participação em termos compartilhados.

Conclusão

O trabalho dos humanistas organizacionais marca capítulo curioso no desenvolvimento da teoria da administração pública. Embora eles tenham identificado corretamente muitas limitações da perspectiva racional, seu interesse pelos estilos de gestão participativos mais abertos foi muito facilmente assimilado pela abordagem racional. Isto é, as técnicas de envolvimento do trabalhador (até mesmo o desenvolvimento organizacional) foram logo apropriadas como técnicas mais sutis e sofisticadas para assegurar a conformidade do trabalhador. Ao mesmo tempo, os humanistas organizacionais – como McGregor, Blake e Mouton, Golembiewski e Argyris – levantavam questões de grande importância, especialmente para os interessados em organizações públicas. Seu apelo por um novo papel para os trabalhadores e usuários na condução da organização chegou muito perto de ser um argumento em favor de uma administração democrática. No entanto, ao final, esses teóricos pareciam constrangidos – tanto pela perspectiva gerencial quanto pelo fundamento epistemológico – de abraçar inteiramente essa noção. Embora sugerissem questões que não estavam sendo plenamente consideradas no contexto da ciência social dominante, o trabalho acabou sucumbindo, no fim, à corrente predominante.

Aos novos administracionistas públicos, restou a incumbência de levantar as questões mais prementes, pelo menos para os interessados em organizações públicas. Mas eles também deram poucas respostas. Contrariamente à visão de muitos, os novos administracionistas públicos não lutaram por um paradigma alternativo para o estudo da administração pública. Pelo contrário, o trabalho consistiu em uma coletânea frouxamente costurada de comentários sobre a condição da teoria e prática da administração pública que apontava os problemas existentes no campo e cobrava ação para corrigi-los. Embora a linguagem da administração pública seja hoje menos estridente, e as propostas, menos rigorosas, as anomalias desvendadas pelos novos administracionistas públicos continuam a ocupar a atenção dos teóricos e profissionais. Ainda há interesse substancial de se compreender a integração da política e da administração por meio de uma ciência política mais relevante e continua havendo tentativas de se derivar uma nova base epistemológica para o estudo da administração pública que reconcilie os interesses empíricos e normativos, muitas vezes conflitantes, da disciplina. Os teóricos e profissionais parecem compartilhar um sentimento de que nossa compreensão da vida nas organizações públicas é incompleta – de que há algo mais ou algo diferente que precisamos saber para fazer sentido em nossa vida e em nosso trabalho.

Questões para debate

1. Diferencie organização formal de informal.
2. Quais são as diferenças entre a Teoria X e a Teoria Y?
3. Qual é o papel do consultor externo na aprendizagem organizacional?
4. Quais são os valores implícitos esposados pelo profissional de DO?
5. Discuta o tratamento dado à eficiência e à equidade na nova administração pública.
6. O que era "novo" na nova administração pública?

Casos

1. Cynthia Clark concluiu o programa de Mestrado em Administração Pública (MPA) e começou a trabalhar para um órgão de turismo do Estado. Aparentemente, a maior parte de suas aulas de gestão recomendava uma abordagem altamente participativa na gestão, uma abordagem que, no mínimo, envolvesse uma grande proporção dos empregados na tomada de decisão organizacional. O chefe de Cynthia, Rick Mussari, descreve o próprio estilo de gestão como altamente participativo, mas, na prática, ele é um dos gestores mais autoritários e ditadores que ela já viu. O que está acontecendo nesse caso? O que Cynthia deve fazer, se é que lhe resta alguma coisa a fazer?
2. Briona Booker administra um departamento municipal de parques e recreação e gosta muito de seu trabalho. Seus empregados, porém, não parecem muito interessados no que fazem e a impressionam pela profunda negligência, apatia e falta de produtividade. Briona também captou alguns sinais de que vários de seus colaboradores e colegas não parecem ter uma imagem muito boa a seu respeito. Ela está pensando se deveria contratar um consultor para ajudar a revitalizar o departamento. Que tipo de intervenção você recomendaria?

Referências

ARGYRIS, Chris. *Interpersonal competence and organizational effectiveness*. Homewood: Dorsey, 1962.

ARGYRIS, Chris. *Intervention theory and method*. Reading: Addison-Wesley, 1970.

ARGYRIS, Chris. *Personality and organization*. Nova York: Harper & Row, 1957.

ARGYRIS, Chris. *The applicability of organizational sociology*. Cambridge: Harvard University Press, 1972.

ARGYRIS, Chris; SCHÖN, Donald. *Organizational learning*. Reading: Addison-Wesley, 1978.

BARNARD, Chester Irving. *The functions of the executive*. Cambridge: Harvard University Press, 1948.

CLEVELAND, Harlan. "The twilight of hierarchy", *Public Administration Review*, v. 45, p. 185-195, jan.-fev 1985.

CRENSON, Matthew A. Comment: contract, love, and character building. In: MARINI, Frank. (org.) *Toward a new public administration:* the Minnowbrook perspective. São Francisco: Chandler, 1971. p.83-88.

DENHARDT, Robert; DENHARDT, Janet V.; ARISTIGUETA, Maria P. *Managing human behavior in public and nonprofit organizations*. Thousand Oaks: Sage, 2009.

FREDERICKSON, H. George. Toward a new public administration. In: MARINI, Frank. (org.) *Toward a new public administration:* the Minnowbrook perspective. São Francisco: Chandler, 1971. p. 309-331.

GOLEMBIEWSKI, Robert T. *Men, management and morality*. Nova York: McGraw-Hill, 1967.

GOLEMBIEWSKI, Robert T. *Renewing organizations*. Ithaca: Peacock, 1972.

GOLEMBIEWSKI, Robert T. *Approaches to planned change*. Nova York: Dekker, 1979.

GOLEMBIEWSKI, Robert T.; EDDY, William (orgs.). *Organization development in public administration*. Nova York: Dekker, 1978. Parte I.

GUY, Mary E.; NEWMAN, Meredith A.; MASTRACCI, Sharon H. *Emotional labor*. Armonk: M.E Sharpe, 2008.

HART, David K. "Social equity, justice, and equitable administrator", *Public Administration Review*, v. 34, p. 3-11. jan.-fev. 1974.

KIRKHART, Larry. Toward a theory of public administration. In: MARINI, Frank. (org.) *Toward a new public administration:* the Minnowbrook perspective. São Francisco: Chandler, 1971. p. 127-163.

KUHN, Thomas S. *The structure of scientific revolutions*. Chicago: University of Chicago Press, 1970.

LaPORTE, Todd. The recovery of relevance in the study of public organization. In: MARINI, Frank. (org.) *Toward a new public administration:* the Minnowbrook perspective. São Francisco: Chandler, 1971. p. 17-47.

MARINI, Frank. (org.) *Toward a new public administration:* the Minnowbrook perspective. San Francisco: Chandler, 1971.

McGREGOR, Douglas. *The human side of enterprise*. Nova York: McGraw-Hill, 1960.

MOUTON, Robert R.; BLAKE, Jane S. *The managerial grid*. Austin: Gulf, 1966.

MOYNIHAN, Donald. "The normative model in decline? Public service motivation in an age of governance". In: PERRY, James L.; HONDEGHEM, Anne (Eds.). *Motivation in public management: the call of public service*. Nova York: Oxford, 2008. p. 247-267.

PERRY, James L.; HONDEGHEM, Annie (Eds.). *Motivation in public management: the call of public service*. Nova York: Oxford, 2008.

PINK, Daniel. *Drive: the surprising truth about what motivates us*. Nova York: Riverhead Books, 2011.

RAWLS, John. *A theory of justice*. Cambridge: Belknap Press, 1971.

ROETHLISBERGER, Fritz; DICKSON, William. *Management and the worker*. Cambridge: Harvard University Press, 1940.

SCHARMER, C. Otto. *Theory U*. São Francisco: Berrett-Koehler, 2009.

SELZNICK, Philip. *TVA and the grass roots*. Berkeley: University of California Press, 1949.

THAYER, Frederick E. *An end to hierarchy! An end to competition!* Nova York: New Viewpoints, 1973.

WALDO, Dwight. (org.) *Public administration in a time of turbulence*. São Francisco: Chandler, 1971.

WAMSLEY, Gary. "On the problems of discovering what's really new in public administration", *Administration and Society*, v. 8, p. 385-400, nov. 1976.

WHITE, Orion F., Jr. "The dialectical organization: an alternative to bureaucracy", *Public Administration Review*, v. 29, p. 32-42, 1969.

WHITE, Orion F., Jr. Administrative adaptation in a changing society. In: MARINI, Frank. (org.) *Toward a new public administration:* the Minnowbrook perspective. São Francisco: Chandler, 1971. p. 59-62.

capítulo 6

Ênfase em política pública e a nova gestão pública

Em explícita conformidade com a turbulência social e as demandas por mudanças no final dos anos 1960, o humanismo organizacional e a nova administração pública impuseram questões fundamentais ao pensamento tradicional sobre as organizações públicas. O humanismo organizacional questionou o *status* do indivíduo na sociedade organizacional e desafiou suposições básicas sobre os seres humanos e nosso relacionamento com o trabalho. Da mesma forma, a ampla definição "nova administração pública" provocou debates sobre o próprio papel do servidor público "neutro". Ela exigia que a administração pública adotasse uma perspectiva mais ampla e social; que os servidores públicos fossem defensores da igualdade social ao invés de meros instrumentos da eficiência gerencial; e que acadêmicos e profissionais reconsiderassem o relacionamento entre fatos e valores. Tanto os humanistas organizacionais quanto os estudiosos da nova administração pública também levantaram dúvidas sobre a capacidade de organizações hierárquicas de satisfazer as necessidades individuais e sociais, incitando a exploração de arranjos organizacionais alternativos e, especialmente, novas formas de participação.

No entanto, os humanistas organizacionais e os adeptos da nova administração pública não estavam sozinhos em sua insatisfação com as então teorias e práticas da organização pública. Neste capítulo, fornecemos uma visão geral de outros desenvolvimentos influentes e significativos na teoria da organização pública que resultaram deste período e buscaram diagnosticar e tratar dos problemas das organizações públicas.

Duas abordagens gerais são consideradas aqui. Primeiro, discutimos a "orientação da política pública" como uma forma de compreender o papel das organizações públicas em expressar valores sociais e implementar programas públicos. Com base nesta perspectiva, duas questões importantes devem ser consideradas – responsividade e eficiência. Responsividade na política pública representa as formas nas quais o sistema político expressa as preferências e vontade do público, da comunidade, ou seus representantes. Uma questão central com relação à responsividade organizacional é a composição das pessoas na organização e os valores em que acreditam e as práticas que implementam para a formulação e a execução da política pública. A eficiência está ligada ao grau de sucesso das organizações públicas em satisfazer as intenções expressas ou as necessidades das comunidades e públicos que servem. A eficiência desta forma trata dos problemas de desempenho organizacional e dos processos de implementação de políticas. Obviamente, meios e fins – ou formulação e implementação de políticas – não podem ser facilmente separados e, como veremos a seguir, esta nova orientação da política pública costuma reintroduzir velhos problemas, como a dicotomia política-administração, de uma forma diferente.

Em segundo lugar, a "nova gestão pública" será discutida. A nova gestão pública (NGP) surgiu de desenvolvimentos práticos nas operações organizacionais públicas na década de 1970 e, particularmente, das crises fiscal e política que governos em todo o mundo enfrentavam naquele período. Eventualmente, esta abordagem diagnosticou os problemas da organização pública em termos do uso ineficiente e exagerado de recursos, e da ineficácia na implementação de programas públicos. Como solução, ela encorajou restrições ao crescimento governamental, a privatização de atuais ativos do governo, e o uso de contratos ao invés da prestação direta de serviços. Carente de conteúdo teórico no início, com o tempo o movimento incorporou elementos da ênfase em políticas e aspectos do novo institucionalismo na economia (CATLAW e CHAPMAN, 2007), entre outras influências. Juntos, os aspectos teóricos e práticos da nova gestão pública avançam para uma visão bem distinta e de alguma forma contraditória do servidor público e da organização que enfatiza técnicas de gestão derivadas do setor privado e de valores mercadológicos. Ao contrário do humanismo organizacional, ela defende uma visão dos seres humanos como atores racionalmente egoístas em sua essência e propõe um conjunto de reformas organizacionais consistentes com aquele modelo.

Desenvolvimento da orientação para a política pública

Muitos dos primeiros teóricos de organizações públicas foram críticos da dicotomia entre política e administração, que, segundo eles, não reconhecia a influência da burocracia na formação da política pública. Paul Appleby, em *Policy and administration* (1949), lamentava que a tendência de separar política e administração não deixava papel de formulação de políticas públicas para os administradores, a não ser o de executivo principal. Ao contrário, argumentava ele, "os administradores estão continuamente estabelecendo regras para o futuro e continuamente traduzindo ou esclarecendo o conteúdo da lei, o que ela significa em termos de ação" (p. 7). Além desse exercício de discrição, os administradores têm acesso a informações importantes sobre questões políticas e são, com frequência, chamados a produzir recomendações para a ação legislativa. Nesse sentido, dizia Appleby, "a administração pública é formulação de políticas públicas" (p. 170).

Em termos semelhantes, segundo Norton Long (1962), "a burocracia está na política e na alta política para ficar: na verdade, (...) é provável que a burocracia seja, no dia a dia, nossa principal fonte de iniciativa política" (p. 67). Nessa época, não havia dúvida entre os estudiosos de administração pública de que as organizações públicas desempenhavam papel importante na definição da política pública. As iniciativas dos órgãos públicos, ademais, requeriam sólida base de análise sobre as recomendações que poderiam ser feitas. Isso significava que o estudo ou análise da política pública, especialmente das consequências das políticas propostas, tornava-se altamente importante. Os estudiosos e os profissionais da administração pública tinham, então, razões muito práticas para se engajarem no estudo da política pública.

> A burocracia está na política e na política maior para ficar: de fato, (...) é provável que a burocracia seja, indefinidamente, nossa principal fonte de iniciativa política.
>
> Norton Long

Havia igualmente interesses teóricos, externalizados de forma mais clara pelos cientistas políticos não envolvidos tão a fundo na administração pública. Seguindo as tendências da ciência social em geral e da ciência política especificamente, eles cobravam de seus colegas uma visão de estudos políticos (*policy studies*) mais relevante para as questões de seu tempo. Quem tinha uma interpretação mais progressista argumentava que os cientistas políticos haviam negligenciado, anteriormente, os problemas sociais como pobreza e decadência urbana, e, por consequência, tinham certa responsabilidade por esses problemas. Já os cientistas políticos de inclinação mais conservadora argumentavam que técnicas de análise cuidadosas e racionais deveriam oferecer um modelo para as outras questões do governo e a matéria-prima para uma nova ciência da política (*science of politics*). Nos dois casos, a ciência política tradicional era acusada de estar excessivamente preocupada com as instituições do governo e os comportamentos dos atores governamentais. Argumentava-se que não se fazia análise cuidadosa do conteúdo e do impacto das políticas públicas.

Entre os cientistas políticos, havia pelo menos duas orientações distintas em relação à emergência da política pública. Bem no início, Harold Lasswell e outros integrantes da abordagem da ciência da política (*policy science*) (LERNER, LASWELL, 1960) achavam que a pesquisa sistemática sobre o processo de formulação de políticas públicas poderia estabelecer relações entre as políticas instrumentais e os valores finais. Lasswell via o cientista de políticas como um médico que faria o diagnóstico dos problemas da sociedade. Escolhas normativas sobre a direção definitiva da sociedade seriam seguidas por recomendações prescritivas de especialistas sobre como tais objetivos poderiam ser atendidos. Lasswell via claramente um papel para a especialidade técnica na ciência política, mas sua visão também envolvia importantes questões normativas para uma sociedade democrática – um aspecto da sua visão que é às vezes criticado (SMITH, LARIMER, 2013, p. 13).

De acordo com uma segunda abordagem popular entre os cientistas políticos, os estudos relativos à política pública serviriam para gerar conhecimentos de base empírica sobre o processo político. Thomas Dye (1970), por exemplo, sustentava que se deveria manter distinção clara entre modelos normativos e empíricos e que o estudo da política pública, embora orientado por interesses normativos, só poderia oferecer explicações empíricas da política pública. "Quando optamos pelo uso do modelo empírico, nos comprometemos com a tarefa da explicação, não com a da recomendação" (p. 25).

Na visão de Dye, a política pública é simplesmente "tudo o que os governos decidem fazer ou deixar de fazer" (1976). A análise política, por sua vez, é "descobrir o que os governos fazem, por que o fazem e que diferença faz sua ação" (p. 1). O estudo da política pública pode enfocar tanto as causas das políticas específicas – isto é, as circunstâncias políticas, sociais ou econômicas que criaram determinados tipos de políticas – quanto as consequências das políticas – por exemplo, o efeito que certa política terá sobre um tipo particular de problema. Em ambos os casos, o objetivo do analista político é o mesmo: oferecer uma descrição e uma explicação das causas ou efeitos das várias políticas. Essa informação pode ser útil para o formulador de políticas públicas, mas este uso é incidental para o seu propósito de construir um entendimento teórico mais abrangente sobre a ação governamental. O cientista político tem o papel de cientista, não de advogado.

O modelo de sistema político concebido por David Easton foi especialmente importante no desenvolvimento de uma perspectiva de ciência política para a política pública. Easton (1965, p. 110) argumentava que o sistema político consiste nos padrões de interação dos atores políticos, das pessoas preocupadas com a "alocação oficial de valores" para a sociedade. Do ambiente afluem para o sistema vários apoios e demandas, que são, em seguida, convertidos em *outputs* na forma de políticas públicas. Esses *outputs* retornam então ao ambiente e afetam os futuros *inputs* do sistema.

Responsividade e eficácia

Francis E. Rourke (1969) ofereceu ao estudioso dos organismos públicos uma análise cuidadosa da maneira com que a burocracia afirma sua influência sobre o processo de políticas públicas (ver também discussões anteriores de Kaufman, Selznick, e as abordagens de sistemas no Capítulo 4). Segundo Rourke, três fatores são essenciais para que um órgão público tenha capacidade de influenciar o sistema. Em primeiro lugar, os órgãos públicos dependem de sustentação externa, do desenvolvimento de grupos de patronagem política que os apoiem na promoção de seu ponto de vista. Essa sustentação pode vir de fora do governo – por exemplo, dos educadores que dão apoio ao Ministério da Educação ou dos conservacionistas que apoiam o Serviço Nacional de Florestas – ou de outros órgãos de dentro do próprio governo, como no caso de projetos interdepartamentais. Em segundo lugar, os órgãos públicos variam o impacto sobre o sistema político, de acordo com o montante de informação ou *expertise* que possuem. Essa *expertise* pode ser exercida, efetivamente, tanto pelo servidor público treinado e experiente, que tem condições de influenciar os tomadores de decisão política (incluindo os funcionários nomeados da burocracia, como também os legisladores e outros funcionários eleitos), quanto pelos administradores que exercem discrição na aplicação de sua *expertise* para a execução das políticas existentes. Em terceiro lugar, as burocracias diferem quanto ao impacto, de acordo com as características internas dos órgãos públicos, especialmente sua vitalidade e eficácia de liderança. Esse ponto é especialmente bem ilustrado pelas tradicionais disputas entre o Departamento de Estado e o Departamento de Defesa dos Estados Unidos – disputas que, muitas vezes, foram contornadas pela habilidade do respectivo secretário de cobrar a posição de seu órgão.

O trabalho de Rourke é importante não somente por delinear as formas como os órgãos públicos influenciam efetivamente os resultados das políticas, mas também por chamar a atenção para as implicações éticas e políticas desse processo. Rourke observou duas questões que interessam aos estudiosos do processo político: (1) a *responsividade,* ou até que ponto o sistema "assegura que as decisões dos burocratas correspondam às preferências da comunidade ou dos ocupantes dos cargos que presumem falar em nome do público; e (2) a *eficácia,* ou até que ponto as políticas favorecem decisões que "têm mais probabilidade do que outras propostas de fazer acontecer os resultados (...) desejados" (p. 3).

Mais adiante, neste capítulo, vamos examinar como cada uma dessas questões foi discutida pelos estudiosos de política pública. No entanto, é importante observar, com Rourke, que os dois interesses muitas vezes entram em conflito um com o outro, e nenhum deles pode ser tratado de forma isolada. Por exemplo, Rourke observou que o segredo, em matéria de segurança nacional, afeta potencialmente tanto a responsividade quanto a eficácia. No caso de John e Carol, apresentado no Capítulo 1, as questões de responsividade e eficácia eram não apenas centrais, mas também estavam em clara oposição. Em última análise, como veremos, essas duas questões se fundem em uma preocupação sobre o quanto os integrantes das organizações públicas são de fato capazes de administrar processos de mudança que objetivam expressar valores societários. Como tais, as duas questões estão no âmago de toda teoria de organizações públicas.

Responsividade na política pública

A questão da responsividade tem chamado a atenção de uma ampla variedade de acadêmicos e tem incluído uma variedade de preocupações, e foi a falta comparativa de responsividade do governo às necessidades e visões de grandes segmentos do público norte-americano que muitos pensavam ser a raiz da insatisfação com o governo e da instabilidade geral da sociedade norte-americana. Com certeza, se a burocracia pública influencia de maneira substancial a política pública, aparentemente bastaria considerar as formas de garantir que as ações da burocracia reflitam os valores da sociedade. Mas o que isso significa, exatamente? O assunto levanta várias questões importantes:

- Significa que os integrantes das organizações públicas deveriam limitar sua própria influência a assuntos de pouca monta, procurando neutralidade e sempre fazendo concessão aos outros?
- Significa que eles deveriam tentar corresponder ao humor dos legisladores, na condição de supostos representantes do povo? Isso deveria ocorrer mesmo que o burocrata tivesse informações que lhe mostrassem que os legisladores estão equivocados em alguma matéria? Ou os integrantes das organizações públicas deveriam chegar à própria concepção do que constitui o interesse público, quiçá a opinião da maioria, medida por pesquisa de opinião ou por outros procedimentos? Ou eles têm a responsabilidade de liderar, em vez de serem meros seguidores, de usar seu conhecimento e *expertise* para agir em favor do interesse público, mesmo quando o público não se manifesta interessado?
- E, como se essas questões não fossem suficientemente difíceis, bastaria que as políticas resultantes correspondessem aos valores da sociedade ou o próprio processo pelo qual elas são desenvolvidas deveria também ser democrático?

A moralidade democrática, segundo Redford

Em seu profundo livro de 1969, *Democracy in the Administrative State*, Emmette Redford oferece uma perspectiva importante a partir da qual é possível considerar estas difíceis questões. Redford sugere que avaliar a responsividade trata do que ele chama "moralidade democrática". A moralidade democrática repousa sobre três questões-chave, devendo cada uma delas ser examinada à luz do impacto que exercem os grandes órgãos administrativos com influência determinante sobre o desenvolvimento da política pública. Em primeiro lugar, ela democrática supõe que o indivíduo é a medida básica de valor humano. Julgamos o nosso sistema político e social tendo em vista até que ponto ele consegue realizar a potencialidade máxima do indivíduo. Em segundo lugar, a moralidade democrática reconhece que todas as pessoas têm direito total à atenção do sistema. As diferenças em riqueza ou posição não são razões válidas para se conceder vantagem indevida a um ou outro grupo. Todas as pessoas são criadas iguais. Em terceiro lugar, os anseios individuais podem ser promovidos da melhor maneira pelo envolvimento de todas as pessoas no processo de tomada de decisão, e a participação não é apenas um valor instrumental, útil para a obtenção de outros fins, mas essencial para o desenvolvimento da cidadania democrática. O ideal da participação universal pode tomar várias formas; no entanto, Redford indica algumas básicas:

> entre elas estão: (1) o acesso à informação, com base em educação, governo transparente, comunicação livre e debate franco; (2) o acesso direto ou indireto a fóruns de decisão; (3) a capacidade de se abrir qualquer questão ao debate público; (4) a capacidade de expor suas reivindicações, sem receio de retaliação coercitiva; e (5) a consideração de todas as demandas externadas. (p. 8)

Em contraposição, as organizações grandes e complexas, que tanto dominam a sociedade moderna, parecem marcadas por pressupostos muito diferentes, tais como: o objetivo da organização excede o propósito do desenvolvimento humano, o arranjo de cargos desiguais em forma hierárquica é o que melhor atende aos interesses da organização e a participação tem valor limitado, sendo importante apenas em sentido instrumental quando proporciona informações adicionais para melhorar a qualidade da tomada de decisão (ou quando aumenta as possibilidades de uma implementação bem-sucedida). Reconhecendo que essas organizações não apenas nos fornecem os cenários nos quais a maioria de nós leva sua vida, mas também influenciam de maneira muito direta o desenvolvimento das políticas públicas, pode-se muito bem perguntar: quais são os perigos potenciais para a preservação da democracia? Foram afetados ou superados os nossos compromissos básicos com a moralidade democrática? Optamos agora por uma moralidade alternativa, organizacional? Se não, que medidas precisamos tomar para preservar os princípios básicos da democracia?

Embora tais perguntas possam (ou devam) ser feitas a todas as organizações, sejam tradicionalmente públicas ou privadas, Redford (1969) concentra sua resposta nos órgãos administrativos que formam parte direta do governo. Essas organizações, afirma ele, foram construídas em torno de uma abordagem estrutural-funcional que redundou em um sistema governamental de áreas programáticas especializadas, cada qual com certas responsabilidades pelo desenvolvimento e execução de políticas, cada uma com especialistas concentrando sua atenção sobre um conjunto muito restrito de questões e cada qual apoiada por grupos de interesse especializados. Além disso, dentro dessas organizações, nem todas as pessoas têm influência igual sobre as decisões políticas. Os ocupantes dos cargos mais altos e os detentores de habilidades profissionais particulares constituem pequena minoria que concentra o poder da organização. As políticas, porém, raramente constituem o terreno de um único indivíduo, mas, antes, resultam da interação de muitas pessoas e, de fato, de muitas organizações. Redford conclui que "a conquista do ideal democrático, no mundo da administração, depende (...) da participação da representação dos interesses no processo de interação entre os tomadores de decisão" (p. 44). Podemos concluir, com Redford, que o crescimento do estado administrativo forneceu nova estrutura, de fato, ao problema da moralidade democrática, mas não o tornou menos importante. Enquanto estivermos comprometidos com aquele ideal de democracia, a responsividade é vista convenientemente através das lentes da moralidade democrática e da capacidade das organizações públicas para elevar o valor do indivíduo, a igualdade entre todos os cidadãos, e a participação universal. É nesta direção que podemos examinar a responsividade das organizações públicas e os esforços teóricos e práticos para assegurá-la.

Formação do caráter do burocrata

Falando em termos amplos, os teóricos da organização pública desenvolveram duas abordagens diferentes para a questão da responsabilidade nos órgãos públicos. Uma tenta garantir a responsabilidade, influenciando o caráter do burocrata, seja por meio da socialização, da formação ou de padrões profissionais. A outra, talvez um pouco menos confiante na boa vontade dos burocratas, sugere mecanismos mais formais, que vão da exigência de representação de classe por parte dos burocratas até o afastamento do cargo por justa causa. Obviamente, as duas abordagens não são mutuamente excludentes, na teoria ou na prática. Entretanto, as diferenças entre as duas são indicativas das complexidades envolvidas no processo de se garantir a responsabilidade nas repartições públicas. Um debate clássico entre Carl Friedrich e Herman Finer concentrou-se nesta questão e foi concebido como a diferença entre responsabilidade subjetiva, ou responsabilidade sentida, que leva as pessoas a se comportarem de uma forma específica, e a responsabilidade objetiva, ou sujeição a outra pessoa ou grupo.

Responsabilidade subjetiva

No debate com Finer, Friedrich (1972) assumiu a posição de que a complexidade do governo moderno e a necessidade de soluções criativas e incomuns aos problemas tornavam os específicos mecanismos objetivos de controle muito mais difíceis. Com cada vez mais frequência, exige-se que os administradores tomem decisões baseadas não em decisões anteriores ou orientação de um órgão superior, mas em sua habilidade técnica e seu entendimento de "sentimento popular" (p. 320). Onde este for o caso, o próprio senso de responsabilidade do administrador, que John Gaus chamou de "exame interno", é normalmente decisivo (p. 321). Felizmente, escreveu Friedrich, a crescente influência de profissionais no governo nos permite estarmos mais seguros, uma vez que profissionais bem treinados tomados por um espírito de responsabilidade democrática estarão atentos às necessidades públicas. Especialmente no caso de profissionais científicos, a "sociedade científica" pode ajudar a manter um equilíbrio adequado entre competência e preocupação.

Esse "exame interno" e o caráter exigido do servidor público eram uma preocupação predominante também entre os primeiros teóricos da administração pública. A maioria deles se inspirou em Appleby, que frequentemente repetia (e aparentemente demonstrava com exemplos) o conjunto de qualidades pessoais mais adequadas ao serviço governamental. Appleby (1945, p. 4) esperava por uma "atitude especial de responsabilidade pública" que seria transmitida àqueles que ingressassem na administração pública, seja por meio de experiência ou treinamento. Aquela atitude especial ia além das qualidades consideradas geralmente desejáveis em outras áreas, como eficiência interpessoal, capacidade de delegar, foco em decisão e ação, e dinamismo pessoal. Ao contrário, ela estava relacionada a um "espírito democrático" e à "união de todas as energias e habilidades das pessoas em uma organização; conquistando sua participação completa a dedicada" (p. 46). De forma semelhante, Marshall Dimock (1936) "esperava por... lealdade, assim como honestidade, entusiasmo, humildade, e todos os outros atributos de caráter e conduta que contribuem para o serviço eficaz e satisfatório" (p. 132). Mais tarde, este mesmo espírito foi perseguido por Stephen K. Bailey (1966), que interpretou o trabalho de Appleby para indicar que administradores precisam de um entendimento da ambiguidade moral das políticas públicas, um reconhecimento das prioridades morais e paradoxos do serviço público, e as qualidades morais de "(1) otimismo; (2) coragem; e (3) justiça combinadas à caridade" (p. 24).

Este mesmo sentimento foi levantado por Frederick C. Mosher (1968) em seu clássico trabalho daquele período, *Democracy and the Public Service*. Mosher também viu o governo sendo colocado cada vez mais nas mãos de profissionais; sua experiência e treinamento e os padrões que adotavam seriam críticos para o futuro do governo democrático. Mas como podemos estar certos, perguntou Mosher, se os padrões das profissões são consistentes com aqueles da democracia? Afinal de contas, em muitas profissões, há uma tendência a isolar-se do público, a se preocupar com questões técnicas em vez de humanas, e a tornar-se egoísta ao invés de altruísta. A resposta de Mosher está na educação. Por meio das universidades, especialmente as escolas profissionais, os valores dos futuros profissionais seriam moldados. Por meio de programas mais amplos e humanizados de educação profissional para administradores, "as universidades oferecem a melhor esperança para tornarem as profissões seguras para a democracia" (p. 219).

Estudos éticos

A preocupação com a educação e a socialização profissional do caráter e valores dos servidores públicos continua a ser um aspecto importante no estudo da administração pública contemporânea, especialmente no campo da ética. Duas abordagens foram consideradas. Uma apresentou aos estudantes os estudos filosóficos sobre ética e, em seguida, buscou aplicações aos problemas do setor público. Como mencionamos no Capítulo 5, por exemplo, o trabalho de John Rawls foi adaptado para sustentar a preocupação com justiça e igualdade no serviço público.

Uma segunda abordagem tende a ser mais direta e acessível, enfatizando o contexto institucional e prático diário das organizações públicas. Uma contribuição importante é apresentada por John Rohr no livro *Ethics for bureaucrats* (1978). Rohr argumenta que os burocratas têm a obrigação ética de sustentar o que ele chama "valores do regime". Como "os burocratas prestaram juramento de defender a Constituição que criou este regime e que continua a afirmar simbolicamente seu espírito e sentido" (p. 67), eles devem buscar orientação na Constituição ou, mais especificamente, nas interpretações que o Supremo Tribunal Federal, a Suprema Corte, faz da Constituição, no exercício de sua autoridade discricionária. Claramente, o exame das opiniões da Suprema Corte daria sentido mais específico a conceitos abstratos como justiça e igualdade, mas pode-se indagar se a própria Suprema Corte reflete sempre as visões gerais dos cidadãos, ou mesmo se deveria fazê-lo. Além disso, a Suprema Corte muda as próprias visões de tempos em tempos, e mesmo que o exame das razões dessas mudanças seja útil para se compreender os vários argumentos envolvidos com uma questão em particular, nem sempre a Corte oferece orientação firme para o administrador. Finalmente, a Suprema Corte depende necessariamente de precedentes em sua análise de casos, ao passo que os administradores, como se observou anteriormente, muitas vezes, têm que tatear e mapear terreno inexplorado, sem poder rever ou confiar em precedentes, mas desenvolvendo abordagens inovadoras para os problemas públicos. A orientação da Corte não seria especialmente útil nesses casos [Yong S. Lee explorou esse tema no livro *A reasonable public servant* (2005)].

Em uma obra posterior, *To run a constitution*, Rohr (1986) ampliou seu trabalho por meio de exame detalhado da legitimidade constitucional do estado administrativo, como prelúdio a uma teoria normativa da administração pública no contexto constitucional. Para Rohr, os órgãos do governo estão subordinados aos três poderes governamentais, mas, ao mesmo tempo, são capazes de dar equilíbrio aos vários interesses neles expressos. Os administradores públicos, atores-chave nesse ato de balanceamento pluralístico, são novamente solicitados a defender a Constituição – a usar o "seu poder discricionário para manter o equilíbrio constitucional dos poderes em apoio aos direitos individuais" (p. 181).

Da mesma maneira, Anthony Bertelli e Laurence Lynn (2006) propõem uma teoria constitucional da administração pública, com base em princípios que consideram articulados mais persuasivamente por James Madison. Eles afirmam que um senso de gestão responsável é necessário aos gestores públicos para que possam lidar adequadamente com a questão de discrição gerencial que inevitavelmente surge em um regime constitucional com separação de poderes. Esta noção de responsabilidade gerencial incorpora quatro "axiomas" que Bertelli e Lynn argumentam deve orientar e restringir a o trabalho dos gestores públicos: julgamento, equilíbrio, racionalidade e responsabilidade. O julgamento é essencial e tem por base o equilíbrio e a racionalidade. Estes, por sua vez, somam-se à prestação de contas, "uma aceitação institucionalizada da autoridade da separação de poderes em um sentido madisoniano" (p. 13). Juntos, esses atributos da gestão responsável fornecem a base para a ação ética por parte dos burocratas politicamente responsivos.

Outras explorações teóricas da ética administrativa variaram nas abordagens. Terry Cooper descreve *The responsible administrator* (1990) ("o administrador responsável") como um "malabarista ou mágico que manipula uma multiplicidade de obrigações e valores que competem entre si" (p. 223). Cooper discute quatro níveis de reflexão e deliberação sobre questões éticas: o nível expressivo, comandado pelas emoções; o nível das regras morais, extraídas da organização ou da sociedade mais ampla; o nível da análise ética, que envolve princípios morais; e o nível pós-ético, em que se consideram nossos pressupostos básicos sobre a natureza humana, o conhecimento e a verdade. Perpassando esses níveis estão questões de conduta responsável, por um lado, e questões de autonomia individual, por outro. O problema do administrador é combinar todos esses diferentes componentes de tal modo que sirvam para orientar a ação.

No livro *Ethics primer* (2007), James Svara sugere que o dever público, enquanto expressão do interesse público, está no centro do entendimento da ética administrativa. Mas o dever não consiste apenas em observar a lei e obedecer aos superiores. Ele deve antes compreender uma reflexão cuidadosa sobre a natureza das responsabilidades públicas e, em última análise, estar associado a noções filosóficas de virtude, princípios e consequências. Para prover um guia ético baseado nos ideais do interesse público, da justiça, do caráter e do bem maior, Svara concebeu o que ele chama "triângulo ético" (p. 47).

Finalmente, em *The ethics of dissent* (2006), Rosemary O'Leary examina os dilemas éticos enfrentados pelas pessoas que trabalham em organizações públicas e que, no entanto, por várias razões, perseguem fins contrários aos vigentes em sua repartição. Do nosso ponto de vista, ela destaca o dilema da socialização profissional como um mecanismo para garantir a responsividade. Esses membros "rebeldes" do governo podem empreender tipos totalmente diferentes de atividade. Alguns podem se opor diretamente às políticas do órgão público, outros podem vazar informações sobre as atividades do órgão, alguns podem habilmente sabotar seus chefes e alguns podem passar furtivamente informações para outras divisões. Uns poucos farão denúncias, mas a maioria permanecerá escondida nos bastidores. Suas atividades variam amplamente, do mesmo modo que variam suas motivações e seus valores. Alguns têm esperança de divulgar a agenda política pessoal em que têm profunda fé, outros estão comprometidos com uma técnica ou abordagem particular que não conta com o apoio de seu órgão. Alguns são apenas agentes indisciplinadamente independentes. Na maioria, são vistos como problemas por seus chefes. No entanto, muitos são corretos e seus *insights* não devem ser descartados ou rejeitados. Isso levanta uma questão interessante sobre a maneira como se deve lidar com essas pessoas, que podem tanto ser "guerreiros éticos" ou "renegados insubmissos" (p. 90). O'Leary explora uma variedade de abordagens, a maioria delas com base na noção de que, se a dissensão for bem administrada, ela pode levar a mais criatividade e inovação. Consequentemente, os gestores são encorajados a criar uma cultura organizacional que estimule o diálogo e o debate, ou seja, que dê oportunidade para diferentes vozes serem ouvidas e que crie canais construtivos para o dissenso.

Limitações da responsabilidade subjetiva

Como um meio de avançar a moralidade democrática, a abordagem subjetiva sobre a questão da responsividade tem certas limitações. Como podemos garantir essas qualidades em nossos administradores? O que acontece quando oficiais com espírito público discordam? Como termos como "justiça combinada à caridade" (BAILEY, 1966) podem ser específicos o suficiente para serem significativos? Em que medida podemos confiar na própria concepção do administrador sobre o interesse público? Fica claro que, é suficiente argumentar apenas por um conjunto de virtudes a serem adotadas por todos os administradores "bons" e com espírito público. No mínimo, esperaríamos que alguma diretriz geral fosse informada pelo treinamento e educação do administrador, os padrões da profissão, ou a referência a certos princípios gerais de justiça. Podemos imaginar, no entanto, se as profissões ou as escolas que produzem profissionais são de fato capazes de comunicar e reforçar um senso de moralidade democrática. Obviamente muitos professores têm estabelecido códigos de ética ou padrões semelhantes de conduta profissional; porém, ainda não está claro se estes incluem os tipos de comprometimentos com a democracia que Friedrich, Mosher, e outros esperavam e se são suficientemente precisos para serem usados de forma significativa. Da mesma forma, universidades, especialmente escolas de administração pública, têm estado mais atentas nos últimos anos às questões de ética e responsabilidade em seus currículos. Mas continuamos sem saber se tais esforços são meramente reações de curto prazo aos eventos políticos, como o caso Watergate ou problemas de corrupção mais recentes, ou se eles terão uma influência sustentada no desenvolvimento de profissionais do serviço público. Talvez a questão mais importante na abordagem subjetiva seja o processo e o mecanismo para os próprios valores e socialização. Como Catlaw e Jordan (2009, p. 300) colocaram, "as pessoas não 'pegam' os valores como gelatina quente em um molde para Jell-o. A experiência socializada é principalmente determinada" pela experiência anterior do indivíduo, as necessidades emocionais e de desenvolvimento, e a capacidade excessiva de improvisação da rotina organizacional. Nesse sentido, o conselho de O'Leary de buscar uma cultura organizacional que seja receptiva para reconhecer e discutir pontos de vista divergentes parece sábio.

Responsabilidade objetiva

Voltando para o outro lado do debate de Friedrich–Finer, Herbert Finer (1972) rejeitou firmemente a visão subjetiva. Ele argumentou que deixar os problemas nas mãos e mentes de indivíduos burocratas, profissionais ou não, era pouco para assegurar a responsividade ao público. Alguns membros das organizações públicas, talvez até a maioria deles, certamente agirão com uma preocupação adequada às normas da democracia, mas outros podem não fazer isso. Seja por razões de ganhos pessoais ou simplesmente um senso equivocado de responsabilidades e obrigações profissionais, uma minoria pode agir sem consideração pelo interesse público e, consequentemente, prejudicá-lo. Para Finer (1972), a questão era simples: "Os servidores do público devem decidir seu próprio curso de ação, ou seu curso de ação deve ser decidido por um corpo fora deles mesmos" (p. 328)? Sua resposta foi a seguinte: Legisladores devem ter permissão e, na realidade, espera-se que ofereçam uma definição precisa de sua intenção com base na consideração cuidadosa da evidência técnica disponível, e constantemente revisarem a implementação da política. Apenas por meio da supervisão e do controle da burocracia por oficiais eleitos, a responsividade ao eleitorado pode ser alcançada. Um sentido de responsabilidade subjetiva pode parecer suficiente, mas meios mais objetivos de responsabilização são necessários para preservar os interesses da sociedade dos "ismos" ocasionais dos profissionais do governo. Os "burocratas guerrilheiros" descritos por O'Leary seriam um exemplo dos medos que Finer tinha. A responsabilidade moral é ótima na teoria, mas a responsabilidade política é necessária na prática.

O argumento da responsabilidade política é, no final, outro argumento para a abordagem administrativa de gestão-controle, e esta foi a visão expressa por muitos dos primeiros autores sobre responsabilidade. O burocrata deveria ser completamente responsável perante a legislatura e perante o chefe executivo. A responsabilidade era importante, de fato essencial para o serviço público, e a responsabilidade deveria ser encontrada em uma "cadeia hierárquica de comando definitiva, alcançando de forma contínua os chefes políticos de agências e o presidente, o Congresso e o público em geral" (APPLEBY, 1952, p. 250). Embora tal processo tenha sido dificultado pelo aumento nos níveis de autoridade e responsabilidade em uma grande democracia, a resposta continua essencialmente a mesma: A resolução de questões críticas deve ocorrer em uma autoridade central politicamente responsável pelas pessoas.

Limites da responsabilidade objetiva

Questões também devem ser levantadas sobre as limitações da abordagem objetivista. Em primeiro lugar, como indica a literatura sobre o processo político, não está claro o quão bem a vontade do público é realmente articulada por meio da legislatura ou eleições. Um exemplo notável deste problema pode ser a baixa participação de eleitores, particularmente no nível local. Isso faz dos "mandatos" legislativos, no mínimo, ambíguos. Em segundo, redes de políticas (HECLO, 1977), grupos de interesse (LOWI, 1969), coalizões de defesa (SABATIER e WEIBLE, C. M., 2007), e a influência da mídia também afetam as preferências eleitorais (BAUMGARTER e JONES, 2009) e as políticas públicas. Minorias grandes, engajadas, podem perder para minorias indiferentes, e o poder das elites pode exercer uma influência desproporcional no processo de formulação da política. Em terceiro lugar, as leis que passaram por legislaturas são normalmente vagas e imprecisas. Detalhes difíceis sobre o que significam as políticas são delegados para que as agências administrativas resolvam, e isso pode afetar o modo como as políticas e suas consequências são vistas.

Em resumo, há vários motivos para ceticismo quanto à representatividade de diretivas legislativas (e presidenciais, se for o caso). Isso levanta dúvidas sobre o quão bem a abordagem objetiva assegura a responsividade democrática. Estas questões relacionadas às formas convencionais de responsabilização política sugerem que outros métodos organizacionais para encorajar a responsabilidade devam ser examinados. Duas dessas abordagens, a burocracia representativa e a participação pública, receberam atenção especial nos últimos anos como formas de ampliar a responsividade das organizações públicas. Enquanto focamos nestas duas abordagens, outras medidas "objetivas", como o *ombudsman*, comissões de ética, e leis de reunião aberta, também são importantes.

Burocracia representativa

Os proponentes da *burocracia representativa*, uma expressão cunhada por J. Donald Kingsley (1944), argumentam que as decisões que têm origem nos órgãos burocráticos se aproximarão mais dos anseios do público se os funcionários desses órgãos forem um reflexo ou corresponderem às características demográficas da população geral. Kingsley esperava que um serviço público britânico menos elitista e menos avesso a classes limitaria a possibilidade de dominação burocrática pelas classes médias e mais altas do país. Seria especialmente difícil se um partido representando interesses das classes inferiores chegasse ao poder, mas fosse bloqueado nos esforços de reforma por uma burocracia pública recalcitrante. Como a noção de burocracia representativa foi aplicada à experiência norte-

-americana, ela acabou por dar foco preferencial a questões de raça, sexo e etnia, embora sugerindo ainda que, enquanto membros de órgãos públicos, as pessoas de grupos particulares representariam os interesses desses grupos (ver ALKADRY, 2007, e o volume editado por DOLAN e ROSENBLOOM, 2003, para uma visão geral). Além de enfrentar as limitações das formas convencionais de responsabilização política objetiva, a teoria da burocracia representativa também parece contornar alguns dos desafios da socialização educacional e profissional, em princípio, trazendo para o serviço público pessoas com experiências semelhantes àquelas que servem.

Por várias razões, entretanto, a lógica da burocracia representativa parece sofrer de alguma deficiência. Por exemplo, estudos sobre as preferências políticas dos servidores públicos de escalão superior indicaram que é fraca a correlação entre *background* e atitude. Não se pode pressupor que pessoas que têm origem em um grupo particular vão de fato representar os interesses desse grupo. Elas podem expressar as visões de partes da burocracia ou os grupos profissionais dos quais são parte, em vez dos interesses de seu grupo demográfico. Por todas essas razões, a questão da burocracia representativa é consideravelmente mais complexa do que às vezes parecem se dar conta seus defensores (por exemplo, KRISLOV, 1974).

Embora a burocracia representativa tenha limitações enquanto meio de se garantir responsividade, não devemos cair na tentação de questionar a necessidade de envolver uma ampla extensão de grupos no processo governamental. O argumento defendido por alguns de que os programas de ação afirmativa, destinados a arregimentar, manter e promover minorias e mulheres, não asseguram a representatividade da burocracia não é razão suficiente para limitá-los. Em primeiro lugar, embora essas pessoas talvez não representem os interesses de seu grupo demográfico em todas as questões, elas podem, de fato, representar esses interesses em questões-chave, controlando assim os excessos potenciais da maioria. Além disso, o envolvimento dessas pessoas sinaliza aos outros, tanto de forma simbólica como prática, que os centros de tomada de decisão estão (e são) acessíveis. E, embora não se possa esperar que os órgãos públicos necessariamente respondam de forma automática aos interesses dos grupos que antes eram menos favorecidos, sinaliza também que esses órgãos podem ser influenciados. Pelo menos alguém deve estar disposto a ouvir.

Envolvimento do cidadão e implicações de responsividade

À medida em que essas questões vão sendo estudadas, é extremamente importante que os administradores públicos deem atenção ao envolvimento dos cidadãos na governança. Naturalmente, esforços significativos foram feitos para conquistar a participação pública no início da década de 1960 como uma forma de melhorar a responsividade do governo. Mas a prática de envolver os pobres nos esforços de combate à pobreza rapidamente se tornou uma questão extremamente volátil, em especial nos casos em que a participação ativa dos pobres provocou a confrontação com as estruturas de poder existentes. Entretanto, quando esses conflitos foram reconhecidos, o princípio da participação pública já parecia bem estabelecido. Por exemplo, as associações de escolas locais começaram a reconhecer a necessidade de descentralização e de envolvimento dos estudantes, professores e pais na operação dos sistemas escolares.

Em todos os casos, todavia, continuava-se a perguntar se o poder real estava sendo passado para os representantes dos usuários ou se esse poder permanecia com aqueles que haviam controlado as atividades da organização no passado. Por exemplo, estariam os detentores do poder formando alianças para manter o controle sobre os representantes dos usuários ou suas habilidades e conhecimento técnico permitiriam que eles continuassem a ter o domínio sobre os grupos de usuários? Em muitos casos, os representantes dos usuários – se não estavam politicamente preparados para participar dos órgãos de tomada de decisão – muito rapidamente conquistaram essas habilidades, a ponto de serem ouvidos com sucesso muitas vezes, mesmo contra probabilidades assustadoramente poderosas. Ademais, o poder desses representantes talvez fosse exagerado. No entanto, em muitos dos casos em que se tentou a cooptação, os participantes reagiram de maneira tão forte que lhes rendeu poder real e relevante (voltaremos à questão do engajamento cívico no Capítulo 7).

Quer se busque responsividade por meio da seleção de tipos particulares de pessoas para integrar as organizações públicas ou mediante a imposição de controles externos sobre seu comportamento, deve-se reconhecer que a questão da responsividade é essencial para qualquer teoria moderna de organização pública. Se as organizações públicas, por definição, procuram expressar valores societários, então seus membros carregam a responsabilidade de examinar, compreender e interpretar os valores públicos ao máximo de sua capacidade. Além disso, entretanto, poder-se-ia argumentar que os integrantes das organizações públicas têm a responsabilidade de auxiliar o público a articular suas necessidades; de identificar as necessidades importantes, ainda que muitas vezes ocultas; e de expressar o desejo de vê-las atendidas. Nesse sentido, a noção da responsividade vai além de simplesmente reagir aos valores que são publicamente enunciados; também significa algum exercício de liderança no sentido de dar encaminhamento a questões que exigem exame, debate e possível solução.

Mas a nossa discussão sobre responsividade tem mais uma implicação: é que a responsividade, em uma sociedade democrática, não envolve apenas perseguir fins socialmente desejáveis, mas fazê-lo também de maneira consistente com valores democráticos. Essa posição significaria, por exemplo, que não se persiga a justiça por meios injustos. Também poderia significar que não se persigam fins democráticos por meio de organizações não democráticas (elitistas, hierárquicas e autoritárias). Para satisfazer todos esses critérios, precisaríamos de uma teoria de administração democrática muito diferente das que encontramos atualmente na literatura de administração pública. No entanto, existem algumas indicações de trabalhos em andamento sobre essa teoria das quais apresentaremos alguns exemplos mais tarde neste capítulo e no próximo. Antes, porém, precisamos analisar a questão da eficácia.

> Os integrantes das organizações públicas têm a responsabilidade de auxiliar o público a articular suas necessidades; de identificar as necessidades importantes, mesmo que muitas vezes ocultas; e de expressar o desejo de vê-las atendidas.

Eficácia na política pública

Além do interesse pela responsividade, os estudiosos da política pública também atentaram para a eficácia das decisões políticas e das ações empreendidas para implementar essas decisões. Ambas as dimensões da política pública estavam implicadas nas crises política e social no final dos anos 1960 e início dos anos 1970, e acadêmicos dentro da orientação de políticas tentaram compreender como e por que as organizações públicas pareciam ineficazes. Esta seção, portanto, foca no ambiente político e institucional no qual as políticas públicas são formuladas e, em seguida, examina um corpo especial da literatura que reúne uma preocupação com a responsividade e um interesse pela eficácia em seu estudo dos processos de implementação. A próxima seção explora os focos no campo da análise de políticas como uma abordagem para melhores decisões políticas. Notamos que o objetivo aqui não é investigar a ampla produção acadêmica no campo geral e nos subcampos de estudo da formulação da política pública (ver SABATIER, 2007, e SMITH e LARIMER, 2013, para visões gerais). Pelo contrário, identificam-se neste campo vários temas proeminentes que aparentemente influenciam, da forma mais direta, as teorias de organização pública em desenvolvimento. Especificamente, enfocam-se a política pública, no contexto do sistema político mais amplo, e as abordagens contemporâneas de análise e avaliação da política pública que afetam a questão da "gestão democrática".

Liberalismo dos grupos-de-interesse, segundo Lowi

Ao contrário dos estudiosos que estimulam processos mais representativos de administração, Theodore Lowi, em seu influente livro *The end of liberalism* (1969), argumenta que a responsividade depende do reestabelecimento da eficácia no governo. Lowi defende que a grande expansão do governo, na década de 1960, aconteceu porque o sistema político sucumbiu aos interesses dos grupos organizados na sociedade, que foram capazes de impor seus pontos vista ao governo. O governo, por sua vez, assumiu a responsabilidade dos programas defendidos por esses grupos e criou grandes repartições para levá-los a cabo. Essas repartições, segundo Lowi, assumiram um poder discricionário de peso totalmente desproporcional, embora tenham sido capazes de justificar seu poder alegando que representavam a vontade popular. Para Lowi, a situação solapa a formalidade e o rumo necessários ao planejamento efetivo da política pública; ela exige o desenvolvimento de uma democracia muito mais legalista ou "jurídica".

Lowi encontra as raízes de nossa abordagem atual ao governo no início do século XX, época em que os valores do capitalismo prevaleciam de tal maneira que excluíam quase totalmente o poder do povo. Embora a industrialização da sociedade tivesse produzido benefícios materiais para alguns, ela também criou problemas que não conseguiu resolver. O insucesso do capitalismo em garantir a extensa gama de benefícios sociais que prometera condenou-o, no fim das contas, à morte como filosofia pública. Seu sucedâneo, que Lowi chama *liberalismo de grupo de interesse*, teve origem em duas fontes relacionadas e que alimentam-se uma da outra. A primeira foi o interesse cada vez maior pela racionalidade nos processos sociais e políticos – uma racionalidade modelada pelos desenvolvimentos na tecnologia e na organização industrial. A racionalização da sociedade, que Weber havia discutido, foi muito bem ilustrada na América Industrial, com ênfase na hierarquia e na divisão do trabalho. Mas a racionalização também significava controle, ou seja, a habilidade de regulamentar e ordenar as atividades humanas tanto quanto as mecânicas. Seguindo essa lógica, o interesse pela prerrogativa individual foi logo substituído por um interesse pelo controle social.

No governo, essa tendência deu suporte a um papel mais positivo para o governo, um papel pelo qual o governo atuaria no sentido de contrabalançar os excessos potenciais da administração e do trabalho, da tecnologia e da industrialização. Essa nova atitude, chamada *estatismo*, começou a dominar o pensamento da maioria dos líderes políticos dos Estados Unidos, em especial no período do presidente Roosevelt. Uma segunda tendência, que afetaria o desenvolvimento de uma nova filosofia pública, foi a ascensão de muitos grupos organizados concorrentes, cada qual promovendo o próprio interesse especial. É claro que havia grupos organizados nas áreas do trabalho e da administração, mas também grupos raciais e étnicos, associações de comércio, grupos de consumidores e até organizações religiosas. O próprio governo era um desses grupos de interesse, talvez o mais importante, mas ainda assim nada mais que um entre muitos. E, em todos os casos, a ascensão da administração propiciou um apoio especial. Todos os grupos compartilhavam interesse pela administração e pela organização; todos procuravam impor ou aplicar estruturas e processos administrativos às suas operações internas e ao máximo de seu entorno. O grupo, convertido em organização pela administração, tornou-se agora o centro da atenção; por consequência, a interação dos grupos e organizações tornou-se muito mais importante. De fato, a competição de mercado foi sendo cada vez mais substituída pela competição de grupos, ou *pluralismo*. A combinação dessas duas tendências – o estatismo e o pluralismo – levou à ascensão do liberalismo dos grupos de interesse, que Lowi define nos seguintes termos (1969):

Ênfase em política pública e a nova gestão pública 203

> É liberalismo porque é otimista em relação ao governo, espera fazer uso dele num papel positivo e generoso, é motivado pelos mais elevados sentimentos e é movido por forte crença de que o que é bom para o governo é bom para a sociedade. É liberalismo de grupo de interesse porque julga que a agenda política – que é acessível a todos os interesses organizados e não faz juízos independentes sobre suas demandas – é ao mesmo tempo necessária e boa. (p. 51)

Essa ideologia procura aplicar noções de papel popular a um governo mais ativo e mais coercitivo e, especialmente, aos órgãos administrativos por meio dos quais ela exerce seu poder (p. 63). O legislativo já não é mais o principal órgão de formulação de políticas públicas; ao contrário, o desenvolvimento das políticas foi transferido para os órgãos de implementação. A regulamentação formal e oficial é substituída por um sistema de barganha e negociação. "O liberalismo combateu o privilégio na formulação da política tão somente para fomentá-lo de modo bastante sistemático na implementação dela" (p. 297). Tal governo não pode ser responsivo nem eficaz.

A resposta de Lowi consiste em uma nova ênfase sobre a sanção legislativa e a regulamentação administrativa que codificaria o máximo de relações possível, eliminando-se assim a necessidade de discrição e a barganha e negociação que ela permite. Obviamente, essa solução não faz mais que combater fogo com fogo; ela exige mais regulação sistemática e detalhada (ou racionalização) como cura para os males da regulação (ou racionalização). Além disso, ela afirma o papel do corpo legislativo, mas o faz de uma maneira que criaria mais outro grupo de interesse – o próprio legislativo –, uma vez que o legislativo precisaria, obviamente, de muito mais pessoal e apoio administrativo para atuar de acordo com a forma conspectiva e detalhada sugerida por Lowi. Mas essas preocupações têm importância menor que o endosso implícito dado por ele ao governo da elite, ao governo de uns poucos privilegiados que detêm as rédeas do poder e enfrentam apenas algumas restrições institucionais para o exercício desse poder. Segundo essa visão, a representação é, na melhor das hipóteses, um fenômeno de ano eleitoral, menos importante que o esforço de centralização e formalização do poder governamental na busca de maior eficácia. Na medida em que os fins do governo e o envolvimento popular para determinar esses fins acabam sendo tomados como dados, e na medida em que Lowi se concentra sobre os meios para atingir os fins, ele acaba oferecendo a mesma visão de sociedade administrada preconizada pelos teóricos da gestão administrativa – uma visão em que os poderes centralizados procuram não apenas lograr racionalidade, mas, na realidade, defini-la.

A descoberta da implementação de políticas

Da mesma forma que Lowi é crítico do papel dos órgãos do governo na implementação das políticas, outros aceitaram esse papel como indiscutível e procuraram entender de que modo os esforços de implementação poderiam redirecionar o curso pretendido da política governamental. Na medida em que os estudiosos do processo da política pública examinaram com mais cuidado a questão da eficácia – isto é, a capacidade da política de fazer acontecer os resultados desejados –, tornou-se claro (como observou Lowi) que não bastava simplesmente enunciar uma política por decreto legislativo ou por ordem executiva. Assim como as políticas não são decididas no vácuo, tampouco são executadas no vácuo. Pelo contrário, a execução de políticas públicas depende de um conjunto complexo de fatores ambientais e institucionais. Além disso, mesmo na ausência relativa de influências ambientais, as repartições burocráticas encarregadas de executar as políticas particulares, às vezes, simplesmente falham. Por alguma razão – recursos limitados, estruturas organizacionais inadequadas, comunicações ineficazes ou coordenação precária –, as políticas, conforme foram formuladas, não são postas em prática nos termos pretendidos. Esses limites sobre a execução de políticas têm sido discutido na literatura sobre implementação de políticas no início dos anos 1970 (ver SAETRAN, 2005, e HILL e HUPE, 2009, para visões gerais dos estudos de implementação). No entanto, como ilustram as discussões no *The Forest Ranger* de Kaufman (1960) e no *TVA and the Grassroots*, de Selznick (1949) no Capítulo 4, o interesse pela execução de políticas públicas surgiu bem antes da descoberta da "implementação". Ainda assim, este interesse renovado pelos problemas de implementação tem várias implicações importantes para o desenvolvimento de uma teoria das organizações públicas: ele sugere mais atenção às importantes influências ambientais e interorganizacionais sobre o funcionamento organizacional, e coloca o estudo da administração pública no contexto mais amplo da tomada de decisão pública, reconhecendo assim o papel da burocracia pública na expressão dos valores públicos.

> Assim como as políticas não são decididas no vácuo, elas também não são executadas no vácuo. Pelo contrário, a execução das políticas públicas é condicionada por um conjunto complexo de fatores ambientais.

Formação e execução de políticas

Um dos primeiros e mais influentes estudos a usar o foco da implementação foi o livro de Jeffrey Pressman e Aaron Wildavsky, *Implementation:* how great expectations in Washington are dashed in Oakland; or, why it's amazing that federal programs work at all (1984). O livro analisa e descreve longamente um programa particular de desenvolvimento econômico na área de Oakland, na Califórnia, que, conforme indica o título, não chegou a ser um sucesso completo. O ponto básico de Pressman e Wildavsky parece ser que a simples relação entre formação e execução de uma política é enganosa. Por exemplo, eles concluem que, neste caso, "o que parecia ser um programa simples revelou-se um empreendimento muito complexo, envolvendo muitos participantes, várias perspectivas diferentes e um longo e tortuoso percurso de pontos de decisão que tinham de ser desatados" (p. 94). Até os programas que pareciam razoavelmente precisos e diretos tinham muitos interesses distintos e concorrentes, que representavam pontos de vista amplamente divergentes sobre muitos tópicos diferentes, mas relacionados, tudo isso propagado por meio de múltiplas agências dentro do sistema federal dos EUA.

A resposta de Pressman e Wildavsky a esta constatação está profundamente associada a uma discussão um tanto confusa da relação existente entre formação e implementação de políticas. Por um lado, usando uma linguagem muito semelhante à usada por Frank Goodnow, mais de 50 anos antes, Pressman e Wildavsky (1973) argumentam que a política e a implementação podem ser separadas para fins analíticos: "implementação (...) significa executar, lograr, satisfazer, produzir, completar. Mas o que é que está sendo implementado? É uma política, obviamente" (p. xix). Isso parece distinguir os dois para fins analíticos. Mas por outro, Pressman e Wildavsky concluem que a implementação não deve ser separada da política (*policy*) e, de fato, muitos dos problemas encontrados no projeto de Oakland poderiam ter sido evitados se houvesse interesse maior pela implementação na hora da formulação dos programas originais: "Conforme o entendemos, o grande problema consiste em fazer com que as dificuldades de implementação sejam parte da formulação inicial da política" (p. 143). Uma maneira de fazer isso seria estabelecer logo de cara sistemas que minimizassem o número de ingerências no processo de implementação – por exemplo, redução do número de pontos de checagem ou decisão necessários. Outra maneira de incorporar considerações de implementação na formação original de uma política "seria dar à criação da máquina organizacional destinada a executar um programa a mesma atenção que se dá à sua colocação em operação" (p. 144-145). Em ambos os casos, figura-se necessário que os *formuladores de políticas públicass* reconheçam as dificuldades de implementação e tomem medidas que reduzam a possibilidade de interferência por terceiros que talvez desejem influenciar o rumo do programa.

Enunciando esse ponto em termos mais extremos, pode-se dizer que, contra os caprichos de um sistema aberto (democrático?), a melhor proteção é o fechamento. Mas, obviamente, resolver a dicotomia formação-implementação pela concessão de maior controle aos formuladores de políticas públicas é uma solução que reduz a influência dos grupos locais e regionais. E, naturalmente, o que é fracasso de implementação para uma pessoa pode ser a vitória da democracia para outra. Assim como o interesse pela implementação efetiva por trás da posição de Pressman e Wildavsky é inegável, é também difícil ignorar a solução pela gestão administrativa que eles oferecem. Passar mais decisões de ordem valorativa às mãos dos *formuladores de políticas públicass* não significa superar a dicotomia entre formulação e implementação, mas apenas mudar seus termos expandindo a política de consideração. As decisões são tomadas pelos responsáveis e executadas pelos subordinados – apenas mais uma versão para a separação entre política e administração.

Em edições anteriores de *Implementation* (1984), Brown, Wildavsky e Majone fazem uma reconsideração interessante do relacionamento entre política e implementação. Ao notar a apresentação confusa do relacionamento entre as duas no trabalho anterior, eles buscaram um equilíbrio entre uma abordagem racionalista para o planejamento de implementação que presume incorretamente que podemos controlar o processo, e uma abordagem de "interação" que desconsidera a intenção e objetivos da política. A implementação, dizem eles, não é sua própria recompensa. Ao contrário, eles assumem a implementação como um processo "evolucionário" (ver também ABEL e SEMENTELLI, 2003). Políticas, assim como os genes, expressam distorções e ideias. À medida que estas disposições e ideias interagem com ambientes específicos, elas vão se expressar de formas distintas, e irão se adaptar e aprender com a experiência.

Dada a natureza evolucionária da implementação de políticas, como deve ser avaliado o sucesso ou fracasso de uma delas? Primeiro, eles sugerem que a mudança não é ilimitada. Majone e Wildavsky escrevem: "Enquanto políticas podem assumir novas formas extraordinárias durante a implementação, para compreender a evolução da política (na verdade qualquer tipo de evolução), é importante entender o que não pode acontecer, assim como o que pode" (p. 173). A maioria das políticas não acabam muito distantes de suas disposições originais. Os "monstros" da implementação são raros. Em segundo lugar, como sugere a discussão de Argyris no Capítulo 5, o aprendizado torna-se essencial para a implementação e a avaliação também. Brown e Wildavsky sugerem que o sucesso da implementação envolve a criação de organizações criativas que podem avaliar a implementação de forma contínua, reconhecer e usar informações novas, ajustar os objetivos, e redesenhar seus processos quando necessário. A "implementação da política", escreveram, "é testar hipóteses: é exploração. Qualquer corpo político que argumenta o contrário se considera erroneamente onisciente e onipresente" (p. 254). Obviamente, isso gera sérias dúvidas sobre a plausabilidade das formas tradicionais de responsabilização política. Ao contrário do criticismo de Lowi contra o liberalismo, a perspectiva evolucionária vê a formulação e a implementação de políticas como intrinsecamente resistentes ao modo instrumental e descendente da implementação que defende. Isso, por sua vez, cria a necessidade de reconsiderar o relacionamento entre os formuladores e os implementadores de políticas, assim como a própria noção de controle político e administrativo (p. 245-256).

Jogos praticados por *formuladores de políticas públicas*

No livro *Implementation game* (1977), Eugene Bardach oferece um contraste interessante à preocupação de Pressman e Wildavsky com o controle. Ele também está preocupado com os múltiplos interesses representados na combinação das relações federais, estaduais e locais e com os interesses que ligam o setor público – em todos os níveis – aos grupos e organizações privadas e semiprivadas.

Ao observar as interações de todos esses grupos, Bardach reconhece algumas das limitações de se tentar encontrar processos políticos mais efetivos por meio de um maior controle centralizado e, em vez disso, recorre à metáfora dos jogos para descrever o processo pelo qual ocorre a implementação. Seguindo a metáfora "dos jogos que as pessoas praticam", Bardach analisa os vários tipos de barganha e negociação que ocorrem no processo de implementação. O resultado é uma visão mais clara e conceitual do processo de implementação e, especialmente, dos jogos que interferem na execução efetiva das políticas públicas. Por exemplo, Bardach observa que a *politics* da implementação, que se diferencia pela existência de uma *policy*, é, portanto, altamente defensiva. Mas o parágrafo final talvez seja o mais revelador. Nele, Bardach coloca em perspectiva o estudo da implementação com o seguinte comentário: "Os problemas mais importantes que afetam a política pública, com certeza quase total, não são os da implementação, mas os das teorias políticas, econômicas e sociais básicas" (p. 283).

Gerações posteriores nos estudos de implementação

Gerações subsequentes de estudiosos da implementação tenderam a revelar mais tarde a imensa complexidade e as dificuldades do processo de implementação ao invés de desvendar seus segredos. Na visão de alguns acadêmicos, realmente, o estudo da implementação "simplesmente emperrou porque a implementação resistia à explicações comuns" (SMITH e LARIMER, 2013, p. 164). Uma revisão da pesquisa, por exemplo, identificou cerca de 300 fatores determinantes da implementação (O'TOOLE, 1986). Este é um fim bastante desencorajador à busca por mais eficácia na implementação de políticas.

Entretanto, uma reação a este aparente beco sem saída tem sido a concentração do escopo e uma preocupação renovada com as formas com que a "gestão importa" para influenciar os resultados das políticas e o desempenho organizacional. Notadamente, no livro *Public Management*: *Organizations, Governance, and Performance*, Kenneth Meier e Laurence O'Toole (2011) integraram sua pesquisa sobre o impacto da prática da gestão no desempenho das escolas do Texas. Com o foco em altos gestores, eles chamaram a atenção, entre outros fatores, para a importância da rede externa de um gerente em garantir o conhecimento técnico, recursos, e apoio político; construir capacidade gestora excessiva para que as unidades organizacionais possam lidar com o choque externo e a incerteza ambiental; e a importância da estabilidade tanto para a alta gerência quanto para os empregados da linha de frente (p. 276). Meier e O'Toole escrevem: "gerentes não são super-heróis... mas não devemos subestimar o efeito que a gestão pode ter" (p. 275).

Métodos para a análise de políticas

Como discutimos no início deste capítulo, há uma tensão na orientação da política entre preocupações científicas e críticas de valor. Esta tensão também se expressa em termos da ambivalência sobre a democracia, especialmente no contexto organizacional; isso era evidente nas soluções centralizadoras em Lowi e Pressman e Wildavsky sobre as questões de eficácia. Um terceiro aspecto diz respeito ao método e à "ciência" adequados para conduzir a análise da política pública.

Mas, nas últimas décadas, a própria análise política se revelou uma força social de certa importância. O movimento da análise de políticas públicas – que, com as próprias redes e organizações, periódicos e monografias, é certamente um movimento maior do que a nova administração pública jamais teve a pretensão de ser – representa o epítome do pensamento da política pública nos Estados Unidos. Há importantes exceções que chamam por abordagens críticas, interpretativas, participativas e construtivistas sociais (p. ex., DELEON, 1997; MILLER, 2002; SCHNEIDER e INGRAM, 1997; STONE, 1997; YANOW e SCHWARTZ-SHEA, 2006). A perspectiva evolucionária descrita anteriormente é mais uma. Mas a mensagem dominante do movimento de políticas permanece clara: a chave para um governo eficaz é a especificação dos meios mais racionais para se lograr os objetivos dos órgãos públicos; os métodos da ciência social positiva são os mais capazes de especificar esses meios; e os indivíduos treinados para o uso desses métodos (analistas políticos, não administradores) serão os mais competentes para orientar o futuro. Embora muita gente, obviamente, veja com simpatia esse desenvolvimento, com certeza existem alguns perigos na aplicação da análise política a todas as fases da vida social e política. Para os nossos fins, há o perigo ainda maior de que o método possa ser elevado ao *status* de modelo ou de teoria das organizações públicas.

Pelo menos três problemas ocorrem prontamente à mente. Em primeiro lugar, abordagens dominantes para a análise política promovem uma aceitação não crítica dos objetivos existentes. Ao concentrar-se sobre os meios usados para atingir os fins dados, a análise política, assim como as outras ciências instrumentais, desvia a atenção da exploração política dos próprios fins. Os valores societários são tomados como dados, congelados no tempo, em vez de tomados como produtos da interação humana. Este ponto de vista, obviamente, reforça os valores vigentes na sociedade, fazendo a mudança não ser garantida ou sequer possível. Mas mesmo que a mudança fosse possível, não haveria padrões normativos para guiar nossas ações.

Em segundo lugar, a preocupação com a objetificação leva o analista a considerar apenas os tópicos que podem ser analisados nos termos do próprio método. Por exemplo, um proeminente analista político argumentou em nome de "uma nova consciência" entre os analistas, uma consciência que lhes permitiria operar em termos de "objetivos e resultados mensuráveis" (SCIOLI, 1979, p. 42). Presumivelmente, as políticas que não podem ser mensuradas objetivamente não devem ser empreendidas. O resultado é que o método começa a estruturar as relações sociais e políticas em vez de ser um reflexo delas. Segundo Peter DeLeon (1992) – que esclareceu este ponto com eloquência –, a análise política e a avaliação de programas devem se revestir de maior relevância para a cidadania, o que se pode alcançar somente com a "democratização" da análise política. "A ideia é aumentar a participação dos cidadãos na articulação e na formulação dos programas de política pública. Pede-se que os analistas políticos planejem e pratiquem ativamente formas de captar e incluir as visões pessoais dos cidadãos no processo de formulação de políticas" (p. 127). Feldman e Khademian (2007) avançaram um ponto relacionado que diz respeito às formas de conhecimento. Eles argumentam que o papel dos gestores públicos é encontrar formas de incorporar as diferentes formas de conhecimento político dos oficiais eleitos, o conhecimento científico de especialistas, e o conhecimento experimental do público. Em terceiro lugar, a análise política procura resolver a dicotomia entre teoria e prática, forçando a prática a ajustar-se à teoria, em vez de ao contrário. Muitos estudiosos abordaram a questão da teoria e da prática procurando formas alternativas de conceituar a relação entre teoria e prática, um esforço examinado com mais detalhe no próximo capítulo. Entretanto, se a teoria e a prática divergem, outra resposta possível é desenvolver uma prática que corresponda à teoria – nesse caso, produzir um conjunto de analistas, em todo o governo, que tenha lealdade profissional ao método científico. Esta parece ser exatamente a intenção do movimento da análise política. O movimento clama por uma nova profissão de analistas políticos racionais e práticos, que se estenda das universidades e centros de estudos políticos (*think tanks*) a todas as áreas da burocracia governamental e até mesmo aos salões do Congresso (ver MELTSNER, 1980, p. 249).

A crise intelectual

De algum modo, Ostrom representa o que há de melhor nos estudos de política pública – ele está interessado em valores sociais e políticos fundamentais, tem alguma compreensão da relação existente entre esses valores e a organização dos agentes públicos e procura estender as normas democráticas às operações das organizações públicas. Ao mesmo tempo, seus compromissos metodológicos parecem impedi-lo de levar sua análise tão longe quanto, de outra forma, seria possível. Mas, levando-se em conta o conjunto de sua obra, Ostrom oferece um material importante para o estudioso da organização pública e seu trabalho merece ser examinado com atenção.

Elementos-chave da teoria da *public choice*

Ostrom (OSTROM e OSTROM, 1971) procura se afastar daquilo que percebe ser uma preocupação com a burocracia na administração pública dos Estados Unidos, voltando-se para uma concepção mais ampla da ação coletiva e a desconexão dos termos *organização pública* e *burocracia*. Ele sugere que a corrente dominante na teoria da administração pública, desde Wilson até pelo menos Simon, esteve muito interessada na eficiência dos processos administrativos, uma eficiência perseguida, em geral, mediante mecanismos de centralização e controle. Essa preocupação tem impedido que acadêmicos reconhecessem a natureza descentralizada e fragmentada do sistema constitucional e federalista norte-americano. O resultado foi uma "crise intelectual" na administração pública norte-americana, em que os teóricos e profissionais careciam ao mesmo tempo de um claro sentido de identidade bem como do entendimento necessário para lidar com os problemas cada vez mais difíceis que hoje enfrentam (p. 205).

Ostrom vai em busca de uma solução para essa crise contemporânea no trabalho dos teóricos da *public choice* (p. ex., TIEBOUT, 1956). O trabalho baseia-se em três elementos-chave, sendo o primeiro deles o conceito do *indivi-*

dualismo metodológico, ou a presunção de que o indivíduo – isto é, um tomador de decisão individual representativo – é a unidade básica de análise. Presume-se que o tomador de decisão individual – por ser, na maior parte de seus aspectos, comparável ao homem econômico clássico – é movido por autointeresse, é racional e procura maximizar as próprias utilidades. Por autointeresse, Ostrom quer dizer que cada indivíduo tem preferências distintas que podem diferir das preferências dos outros; por racional, ele quer dizer que os indivíduos podem escalonar as opções alternativas de maneira transitiva; por maximizar, Ostrom entende a estratégia do indivíduo que persegue o máximo benefício líquido possível em qualquer situação de decisão (p. 205). À semelhança do homem administrativo de Simon ou do homem econômico clássico, o tomador de decisão individual de Ostrom não representa o comportamento de um indivíduo particular, mas é indicativo do comportamento que poderíamos esperar de um indivíduo racional (ou predominantemente racional) dadas certas condições. (Observe que Ostrom não critica esse aspecto do trabalho de Simon, mas apenas considera uma infelicidade que ele não tenha estendido seu conceito além das fronteiras da organização e assim abarcasse toda a ação coletiva.)

De acordo com Ostrom, a segunda característica da teoria da *public choice* está na "conceituação de bens públicos como um produto típico de órgãos públicos" (p. 205). Os bens públicos se distinguem dos bens privados (que são mensuráveis, comercializáveis e divisíveis com precisão) por serem altamente indivisíveis. Um bem público oferecido a uma pessoa ou grupo estará disponível para o uso de todos. Por exemplo, quando se provê segurança nacional para alguns cidadãos de um país, ela estará disponível para todos. Entre os bens públicos e os bens privados existe espaço para uma gama de situações intermediárias em que a produção e o consumo de bens e serviços envolvem efeitos transbordantes (*spillovers*), ou externalidades, que os mecanismos normais de mercado não previnem. Na busca por essas várias formas de bens ou benefícios, os indivíduos vislumbram estratégias diferentes. Entre elas, alguns indivíduos, em certas circunstâncias, poderiam criar empreendimentos para se engajarem em ações coletivas que, em sua visão, resultariam em benefícios individuais.

Os órgãos públicos não são vistos simplesmente como unidades burocráticas que fazem serviços que alguém do topo as instrui a fazer. Pelo contrário, são vistos como um meio de alocar capacidade de tomada de decisão para produzir bens e serviços públicos que correspondam às preferências dos indivíduos em diferentes contextos sociais. (OSTROM, 1971, p. 207)

A terceira característica do trabalho sobre *public choice* é a ideia de que diferentes tipos de estruturas de decisão (regras ou arranjos para tomada de decisão) terão diferentes efeitos sobre o comportamento dos indivíduos que perseguem estratégias de maximização. Para o estudioso da organização pública, a questão-chave é: teria o indivíduo a expectativa de obter vantagem maior com uma única estrutura burocrática integrada ou tê-la-ia com um arranjo multiorganizacional? Ostrom acompanha a lógica da *public choice* fazendo opção pela segunda conclusão: "Se uma área relevante à provisão de um bem ou serviço público puder ser delimitada de forma que seus potenciais beneficiários possam estar abrigados no âmbito de uma jurisdição que lhes convenha e não ocorram externalidades para terceiros, então, será possível operá-la com considerável autonomia organizacional",* desde que seja proibido, é claro, usar poderes de coerção para privar determinadas pessoas de seus direitos (p. 211). Essa solução, obviamente, está em desacordo com o que Ostrom julga ser a visão dominante na administração pública nos Estados Unidos, a qual enfatiza a centralização e o controle. Ao contrário e consistente com sua crítica ao campo, a análise de Ostrom sugere uma ordem constitucional que tenha arranjos multiorganizacionais com jurisdição e fragmentação de autoridade operando em superposição em muitos níveis diferentes do governo.

Teoria da administração democrática**

O que Ostrom apreende do trabalho dos teóricos da *public choice* é um argumento em favor do desenvolvimento de arranjos multiorganizacionais no setor

---

* Denhardt esclareceu, por solicitação do tradutor da edição anterior, que esta citação poderia ser interpretada nos seguintes termos: "Se uma área relevante à provisão de um bem ou serviço público puder ser delimitada de tal forma que suas operações afetem somente os integrantes de uma jurisdição ou região geográfica específica e não haja consequências negativas para terceiros, então é possível operá-la com considerável autonomia organizacional (...)". (N. T.)
** De Vincent Ostrom, The Intellectual Crisis in American Public Administration, Edição revisada, p. 111–112, 132–133. Copyright © 1974. Reimpresso com permissão da University of Alabama Press.

público que se parecem com empresas que operam com considerável independência e se baseiam em grande medida na mobilização do apoio de seus clientes. Como unidade básica, a empresa operaria no mais baixo nível consistente com a natureza de seu trabalho. Onde houvesse transbordamento de externalidades sobre outros domínios, poder-se-ia recorrer a um segundo nível de organização, e assim por diante; poder-se-ia usar arranjos como transferência ou verba de ajuda para facilitar a relação entre os vários níveis e entre as unidades que se inter-relacionam no mesmo nível. Nessa visão, as noções de hierarquia e centralização – há tanto tempo centrais ou essenciais à administração pública convencional – já não parecem praticáveis em todas as situações. Na verdade, elas já nem mais parecem constituir os mecanismos mais eficientes para a distribuição de bens públicos. Em seu lugar, Ostrom (1974, p. 111-112) propõe a teoria da "administração democrática". Em substituição ao paradigma wilsoniano, que Ostrom execra como inconsistente com os ideais da democracia dos Estados Unidos, a teoria de administração democrática deslocaria a atenção de "uma preocupação com a organização para os interesses pelas oportunidades que os indivíduos podem perseguir em um ambiente multiorganizacional" (p. 132). Sustentada por uma nova análise política que poria o foco nas limitações dos arranjos organizacionais existentes, a teoria da administração democrática garantiria, finalmente, a flexibilidade e a responsividade que originalmente fizeram parte do sonho americano. [Ostrom elaborou sua visão da *public choice* na segunda edição do livro *The political theory of a compound republic* (1987), oferecendo novo exame do pensamento de Madison e Hamilton em apoio à sua tese de um governo descentralizado e voltado ao mercado. Sem surpresa, Ostrom descobre que o "sistema administrativo preferido" é aquele que oferece grande variedade de opções a seus "consumidores" e que tal sistema é complexo, superposto, fragmentado e competitivo.]

A obra de Ostrom oferece justaposição fascinante de diversos temas importantes na teoria da administração pública, em certo sentido virando de ponta cabeça o modelo racional de administração. Ostrom aceita os mesmos pressupostos da racionalidade clássica usados nos trabalhos dos teóricos anteriores para alicerçar o poder hierárquico centralizado; no entanto, ao levar a lógica da decisão racional ao extremo, ele chega a conclusões muito mais democráticas. Nesse sentido, sua crítica ao trabalho anterior sobre a teoria da administração pública é muito mais radical do que as críticas de muitos teóricos de relações humanas que advogam mudanças cosméticas no estilo de gestão, mas pouco fazem para mudar a distribuição real do poder organizacional. De maneira análoga, enquanto aparentemente aceita o ímpeto analítico dos modernos estudos políticos (*policy studies*), Ostrom coloca a análise política a serviço da crítica – e não da justificação – das estruturas organizacionais existentes. Ao fazê-lo dessa forma, ele leva o estudo da política pública de volta a seu papel mais antigo e fundamental de expressão dos valores societários básicos. De maneira muito importante, enquanto escreve e publica claramente dentro da tradição da teoria da administração pública, Ostrom se movimenta tanto dentro quanto fora da unidade de análise padrão – a organização burocrática – para considerar a reforma das estruturas sociais por meio das quais distribuímos bens públicos e para descobrir como poderíamos fazer com que as novas empresas se tornassem mais responsivas às preferências dos indivíduos.

Limites do modelo econômico

Apesar do apelo científico e ético, a obra de Ostrom deixa várias questões importantes sem resposta. Essas questões, essenciais a uma teoria completa de organização pública, foram amplamente discutidas em uma disputa acadêmica entre o próprio Ostrom (1977) e Golembiewski (1977). Embora não seja necessário repetir aqui o debate, cabe resumir vários de seus pontos principais. O primeiro é empírico: o pressuposto da racionalidade clássica sacrifica o ator individual por um construto metodológico que os próprios teóricos da *public choice* admitem não refletir de forma correta a realidade. Com efeito, eles argumentam que se poderia esperar isso ou aquilo se as pessoas fossem racionais. Entretanto, as pessoas reais somente de tempos em tempos se aproximam da racionalidade. Basear proposições teóricas em suposições que apenas correspondem remotamente à realidade levanta sérias questões sobre a utilidade daquelas proposições além de seu valor como uma base para a pesquisa empírica. Isto é, toda a pesquisa científica social necessariamente emprega modelos de comportamento que são, de alguma forma, redutivos. Modelos são abstrações simplificadas da realidade. A parcimônia relativa do modelo de escolha racional permitiu o nascimento de um programa robusto de pesquisa, mas há o risco de que este modelo específico seja equiparado, ou confundido, com o comportamento humano em geral. Este perigo é especialmente preocupante em áreas como a política pública e a administração, em que a pesquisa busca informar a prática gerencial e a formulação de políticas. Como veremos na discussão sobre a nova gestão pública (NGP), suposições sobre o comportamento humano têm implicações profundas sobre como nos governamos e nos organizamos. O efeito "rede" de dominância do modelo econômico, então, é ocultar outras bases para escolha e, assim, possibilidades para a ação humana. Por que não admitir um modelo normativo e tentar derivar daí a base moral para uma administração democrática? Por que não, como desenvolvimentos na neurociência sugerem (McDERMOTT, 2004), o foco no sentimento ou intuição – aspectos da humanidade que são tão importantes quanto a racionalidade? Se tivéssemos que trazer à tona dimensões diferentes da experiência humana, poderíamos pensar de forma distinta sobre as organizações públicas e o bem-estar humano em geral.

Em suma, o trabalho de Ostrom é muito menos rígido e estreito do que o de outros autores que seguiram a ênfase política (*policy emphasis*) na administração pública. De fato, parece que ele nos convida a considerar seriamente uma abordagem fenomenológica ou crítica, tão radical quanto sua inversão do modelo racional. Foi exatamente esta abordagem que despertou o interesse de um grupo de teóricos que recentemente tentou ir além do modelo racional de administração em suas muitas variantes e construir um entendimento crítico da vida nas organizações públicas. Mas antes precisamos examinar o último desdobramento da orientação para a política pública – que funde análise e implementação.

A nova gestão pública*

Em termos práticos, a crise fiscal da década de 1970 resultou em vários esforços para se produzir um governo que "funcionasse melhor e custasse menos".

---

* É ampla a literatura sobre a reforma do Estado e a nova gestão pública no contexto brasileiro; talvez o seu ponto mais emblemático tenha sido a criação do Ministério da Administração Federal e Reforma do Estado (MARE) durante os anos 1990, cujo ministro era o professor Luiz Carlos Bresser-Pereira e cujo objetivo foi implementar a reforma gerencial no Governo Federal. Embora a literatura seja vasta, três documentos são importantes para esta contextualização. O livro organizado por Luiz Carlos Bresser-Pereira e Peter Spink: *Reforma do Estado e administração públia gerencial*. Rio de Janeiro: FGV, 1998. O plano diretor da reforma do aparelho de Estado, elaborado pelo MARE, publicado em novembro de 1995. E, por fim, o artigo Bresser-Pereira, Luiz Carlos. "Reflexões sobre a reforma gerencial brasileira de 1995". Revista do Serviço Público, v. 50 (4), 1999. (N.R.T.)

Pode-se considerar que as medidas de austeridade fiscal, os esforços para melhorar a produtividade pública e as experimentações com mecanismos alternativos de prestação de serviços – incluindo terceirização e privatização – estão alicerçados no que alguns chamaram de racionalismo econômico, um esforço que busca encontrar soluções para os problemas governamentais a partir de um cálculo econômico. Ao mesmo tempo, os administradores públicos interessados em *accountability* e alto desempenho começaram a reestruturar seus órgãos burocráticos, a redefinir suas missões organizacionais, a organizar fluxos integrados de processos organizacionais e a descentralizar a tomada de decisão. Devemos notar que enquanto muito da retórica política sobre estas mudanças são caracterizadas por uma preferência irracional e ideológica por técnicas e teorias mercadológicas (BROWN e JACOBS, 2008; SCLAR, 2000), governos democráticos durante este período enfrentaram graves problemas e ameaças à sua própria legitimidade (HELD, 1996, Capítulo 7). Como e por que as reformas mercadológicas de uma "nova gestão pública" e o que normalmente chamamos de políticas públicas e sociais "neoliberais" conquistaram tantos adeptos é uma história complexa que nos levaria além do escopo deste capítulo (ver HARVEY, 2004; PECK, 2008).

Nova gestão pública: retórica e técnica

Como Donald Kettl (2005) escreve, o que ficou conhecido como "nova gestão pública" (ver HOOD, 1989) era parte de uma "revolução global de gestão" que deixou poucos governos imunes. No centro desta revolução está o criticismo tanto da responsividade quanto da eficácia do governo (ler: burocracia). Esta crítica tem várias dimensões. Primeiro, o governo precisa tornar-se mais "produtivo" e usar melhor recursos financeiros menores. Em segundo lugar, as estruturas de incentivo no governo estão erradas, e elas precisam ser alteradas para que os servidores públicos sejam motivados a atuarem e responsabilizados pelos resultados. Em terceiro, o governo, especialmente governos nacionais, ultrapassaram suas barreiras e precisam ser reprimidos. Em termos gerais, isso significa diversas recomendações amplas para reformar (KETTL, 2005):

- Uma busca por maior produtividade.
- Uma maior dependência do mercado por parte dos governos.

- Uma forte orientação ao serviço.
- Uma preferência pela descentralização de governos nacionais para subnacionais e outras organizações privadas e não governamentais, e corporações.
- Uma busca por maior capacidade de idealizar e monitorar políticas públicas.
- Desenvolvimento de várias técnicas para aprimorar a responsabilização por resultados.

Que tipo de práticas administrativas concretas esta lista de preferências sugere? Linda Kaboolian nota que reformadores defendem tecnologias administrativas como o atendimento ao cliente, privatização, desempenho de auditorias e orçamentação, competição, incentivos de mercado, e desregulamentação. "Arranjos mercadológicos como a competição dentro de unidades de governo e através das fronteiras governamentais para os setores privado e não governamental, bônus por desempenho, e penalidades afrouxam a ineficiente concessão do monopólio de agências públicas e funcionários públicos" (KABOOLIAN, 1998, p. 190; ver também BARZELAY, 2000; BOUCKAERT, 2004; DILULIO, 1994; KETTL, 2005; KETTL e MILWARD, 1996; KEARNS, 1996; LIGHT, 1997; PETERS, 2001; POLLITT e BOUCKERT, 2004).

Entre essas técnicas, Lane (2002) argumenta que a técnica-chave é o contrato. Ele escreve, "A nova gestão pública (NGP) coloca o contrato no centro da governança pública e não na autoridade, como com a abordagem tradicional, a administração pública" (p. 212). O contrato é a instituição central na lei privada e, em teoria, sua virtude é que as partes entram em acordos contratuais de forma voluntária. É por meio da adesão voluntária aos acordos no mercado, ou contratos, que as pessoas decidem o que é valioso para elas e que preço pagarão por um dado produto ou serviço. É claro que os governos sempre participaram do mercado e fecharam contratos para produtos e serviços por meio de seus processos de aquisição. A nova gestão pública, no entanto, amplia o contrato para diversas outras áreas de serviços, incluindo o que Lane chama "setores suaves" como educação, legislação e ordem pública, e serviços sociais. A ideia por trás disso é que o governo deve tirar vantagem da competição no mercado para obter valor, que não seria possível sob a autoridade burocrática tradicional. Há problemas com o uso extensivo dos contratos, que discutiremos mais a frente neste capítulo.

Base intelectual

Apesar das reformas terem começado no início dos anos 1970, uma justificativa intelectual mais forte para a nova gestão pública levou tempo para se solidificar – mesmo que, francamente, ela nunca tenha sido aceita. Há pelo menos três grandes causas para isso: a nova economia institucional e popular, o movimento de políticas públicas, o gerencialismo (HOOD, 1991; LYNN, 1996). Da nova economia institucional e da escolha popular veio a preocupação com os custos da transação, as assimetrias de informação, as escolhas do usuário, e estruturas de incentivo. Isso se encaixa com o recente interesse nas instituições e no *design* institucional (ver Capítulo 4), assim como nas vantagens comparativas percebidas de várias estruturas organizacionais (por exemplo, hierarquia, mercados/contratos e redes) para a entrega de serviços – um interesse que vimos no trabalho de Ostrom. A partir do movimento de políticas públicas veio o interesse já discutido na implementação de políticas, do qual uma parte foi reformulada como "gestão pública". Como grande parte da literatura sobre implementação, ela mostra um interesse principal em líderes executivos e "alta política" (LYNN, 1996, p. 55-56). Laurence Lynn detalha o desenvolvimento da gestão pública a partir do movimento de políticas (citado anteriormente na discussão sobre implementação) em sua excelente revisão, *Public Management as Art, Science, and Profession* (1996). A terceira influência foi o movimento global do "gerencialismo" (HOOD, 1991). Remanescente da gestão científica do início do século XX, o gerencialismo contemporâneo concentra-se na especialidade gerencial profissional para alcançar resultados de desempenho mensuráveis e aumentar a produtividade. A gestão – tipicamente definida, como na perspectiva fundamentada em políticas, a executiva – é vista como uma peça central. Dada a centralidade do gestor para o planejamento e execução da atividade organizacional, ele ou ela devem ser "livres para gerenciar" e não podem ser restringidos por impedimentos burocráticos que prejudiquem a produtividade e o desempenho (POLLITT, 1990, p. 2-3).

Problemas teóricos da nova gestão pública

Há óbvias implicações deste movimento por eficiência governamental, mas também há implicações para as questões de responsividade. A nova gestão pública tem buscado a reforma gerencial no governo não só por meio da introdução de novas técnicas (embora isso tenha ocorrido) mas também pela imposição de um novo conjunto de valores, especificamente um novo conjunto de valores fortemente baseado no setor privado e certos fundamentos da economia. É claro que há uma antiga tradição na administração pública que apoia a ideia de que o "governo deve ser administrado como um negócio". Na maioria dos casos, essa recomendação significava que as agências governamentais deveriam adotar aquelas práticas, variando de "gestão científica" a "gestão da qualidade total", que já foram consideradas úteis no setor privado. As reformas da nova gestão pública levam esta ideia um passo a frente, argumentando que o governo deve não só adotar as técnicas da administração privada, mas também certos valores empresariais.

Uma das implicações mais importantes para isso é como pensamos sobre o serviço público – tanto em termos daqueles que trabalham nas organizações públicas quanto daqueles que recebem os serviços prestados por elas. Nas páginas do *Public Administration Review,* John Kamensky (1996), um dos mais respeitados idealizadores do programa *National Performance Review* dos EUA, associa diretamente o movimento de reinvenção à teoria da escolha popular, citando o neozelandês Jonathan Boston da seguinte forma: "A doutrina central da abordagem da escolha popular é que todo o comportamento humano é dominado pelo interesse próprio" (p. 251). Kamensky nota corretamente que "as teorias da escolha popular tenderam a rejeitar conceitos como 'espírito público', 'serviço público' e assim por diante". Tornamo-nos nada além do que produtores e consumidores de serviços públicos; cada um de nós motivado apenas pela busca de nosso próprio interesse. Estas ideias, portanto, vão além de melhorar a qualidade do serviço do governo e de fato representam uma preferência por um que responda aos interesses próprios imediatos de indivíduos isolados (clientes) ao invés de um que sustente a busca contínua dos interesses públicos, definidos publicamente por meio de um processo deliberativo (cidadãos).

Também podemos questionar se a ideia de "consumidor" ou "cliente" faz sentido no contexto da entrega de serviços públicos. Obviamente, as várias funções do governo não representam produtos uniformes ou mesmo uma "linha de produto", como pode ser visto no mundo dos negócios. Em vez disso, o trabalho do governo é extremamente diverso na forma como se origina, é desempenhado, e recebido. Alguns serviços, é claro, como multas de trânsito ou prisão, não são serviços que o beneficiário deseja. Por esses motivos, o relacionamento entre aqueles nas organizações públicas e seus "clientes" é muito mais complexo que o relacionamento entre aqueles atrás de um balcão em uma lanchonete e seus clientes.

De maneira semelhante, a diversidade das atividades governamentais significa que mesmo o primeiro passo no esforço pela melhoria de serviço – a identificação dos "consumidores" de uma repartição – pode ser bastante difícil. Os esforços de serviço ao consumidor no setor privado muitas vezes fazem distinção entre consumidores internos e externos, mas o problema do governo não só inclui essa distinção, mas vai muito além dela. Entre as categorias com que o governo lida pode-se encontrar as que se apresentam de imediato (munidas dos recursos de que dispõem) para o serviço, as que podem estar aguardando pelo serviço, a dos parentes e amigos dos beneficiários imediatos, a dos que talvez precisem do serviço mas não o estão buscando ativamente, as gerações futuras de possíveis beneficiários do serviço, e assim por diante.

É de importância teórica ainda maior o fato de alguns interessados nos serviços do governo terem mais recursos e habilidade do que outros para apresentar suas demandas. No mundo dos negócios, esse fato justificaria atenção especial, mas, no âmbito governamental, seguramente não cabe tal consideração. De fato, a ênfase nas relações com o consumidor no governo pode criar um clima em que se poderia, indevidamente, conceder privilégios especiais. Da mesma forma, muitos serviços públicos – como o ensino escolar, a qualidade do meio ambiente ou a proteção policial – são criados com vistas a proporcionar benefício coletivo. Por exemplo, em geral, supomos que ter uma sociedade mais alfabetizada seja um objetivo societário geral importante, que vai além do efeito que a educação tem para um indivíduo particular. (Na verdade, o fato de algumas questões não poderem ser facilmente administradas ou mercantilizadas ocorre exatamente porque elas fazem parte da esfera pública, não da privada.) Finalmente, o consumidor de produtos ou serviços das empresas privadas raramente é o produtor desses serviços ou bens, mas, no setor público, o "consumidor" de qualquer serviço do governo é quase sempre ao mesmo tempo um cidadão – e, em certo sentido, o patrão. Como cidadão, o indivíduo se interessa por *todos* os serviços prestados, não apenas por aqueles que ele consome diretamente – uma característica que se vê muito claramente quando uma maioria de cidadãos decide limitar o montante de dinheiro a ser gasto na prestação de algum serviço, mesmo que seja um serviço desejado por muitos outros consumidores.

Henry Mintzberg (1996), teórico da administração do Canadá, chamou a atenção para a variedade de relações que os cidadãos têm com seus governos – consumidores, clientes, cidadãos e súditos – e sugere que o rótulo *consumidor* é de fato muito restritivo. "Não sou mero consumidor de meu governo, obrigado!", escreve ele. "De meu governo espero mais do que apenas uma distante e fria transação comercial e menos do que um estímulo para o consumo" (p. 77). Como cidadãos, esperamos que o governo atue de maneira a não apenas promover o consumo de serviços (Mintzberg também pergunta: "Queremos, realmente, que nossos governos (...) atuem como vendedores de rua?"), mas também a promover um conjunto de princípios e ideais inerentes à esfera pública.

Um terceiro elemento da nova gestão pública é seu entusiasmo pelo que Osborne e Gaebler (1992) chamam de governo empreendedor, que eles definem como o governo que "usa recursos de novas maneiras para maximizar a produtividade e a eficácia" (p. xix). Mas o empreendedorismo conota mais que simples engenhosidade ou talento humano. Especificamente, ele pressupõe criatividade e inovação, ênfase mais forte em fins (resultados, missão) do que em meios, e postura proativa em relação aos problemas (*"preveni-*[los] antes que surjam, em vez de simplesmente oferecer serviços depois que eles se instalam") (p. 20). Mas, de forma sobremaneira importante, a ideia do empreendedorismo sugere que o agente governamental individual age com base no próprio autointeresse (ou do órgão público). Para ilustrar esse ponto, recorre-se a um exemplo da própria experiência de Gaebler: "A ideia era fazê-los pensar como donos: 'Se este dinheiro fosse meu, eu o gastaria dessa maneira?'" (OSBORNE e GAEBLER, 1992, p. 3). Novamente, o ponto de vista representado aqui é o que enaltece o potencial inovador do indivíduo autointeressado, singular, em relação ao poder dos processos institucionais estabelecidos, ou os esforços de grupos mais lentos e mais hesitantes, porém mais envolventes e quiçá mais democráticos.

Da mesma forma que acontece com o serviço ao consumidor e com os benefícios da competição, ninguém pode argumentar que "o uso dos recursos de novas maneiras com vistas a maximizar a produtividade e a eficácia" é um objetivo sem valor. No entanto, embora a atividade empreendedora por parte do governo tenha esses benefícios óbvios, vale da mesma forma observar – como sabem os paladinos do empreendedorismo no setor privado – que ela também tem contrapartidas, obrigações. No lado dos créditos do livro, os empreendedores criam e inovam; no lado dos débitos, eles podem se exceder nos riscos e passar por cima de pessoas e princípios.

O lado "sombra" do empreendedor caracteriza-se por um foco estreito, uma falta de disposição para seguir regras e permanecer dentro dos limites e uma preferência por ação tão forte que põe a *accountability* em risco ("é melhor pedir desculpas do que pedir permissão"). Eliminar o *red tape* – ou, conforme descreve Barzelay (1992), "romper com a burocracia" – exige oportunismo, unidade de propósito e confiança extraordinária na visão pessoal de cada um. Enquanto o público quer soluções criativas para os problemas públicos e aprecia as economias produzidas pelo pensamento inovador (e até a aceitação de risco ocasional), a noção da *accountability* é também extremamente importante, um modelo que a maioria dos eleitores e dos legisladores aparentemente sustenta e defende. Em termos práticos, nas organizações reais, os dirigentes empreendedores representam um problema difícil e de certo risco: eles podem ser inovadores e produtivos, mas sua centralidade de propósito, tenacidade e disposição para infringir regras fazem com que seja muito difícil controlá-los. Eles podem se tornar metralhadoras giratórias. Enquanto questão teórica, a noção de gestores públicos agindo puramente como se o dinheiro do público fosse o próprio dinheiro – isto é, motivados por estrito autointeresse – vai contra uma longa e importante tradição de *accountability* e responsividade na administração pública democrática. De forma muito significativa, ela nega que o público tenha um papel na determinação do dispêndio de fundos públicos e no *design* de programas públicos. Em verdade, tratar o dinheiro público como se ele fosse verdadeiramente dinheiro *do público* é um importante princípio de governança democrática (DeLEON, DENHARDT, 2000, p. 89-97).

> A apressada transferência ou transposição de valores dos negócios para o setor público levanta questões substanciais e perturbadoras a que os administradores públicos devem dar grande atenção.

Consequências práticas

Devemos ter cuidado com afirmações generalizadas sobre como as ideias e as reformas da nova gestão pública se expressam na prática. Enquanto muitas reformas se iniciaram por governos eleitos democraticamente, alguns países tiveram estas reformas impostas a eles por organizações internacionais, como o Fundo Monetário Internacional e o Banco Mundial, como uma condição para a concessão de assistência financeira. A política global, portanto, costuma moldar as reformas. A dinâmica do movimento de reforma também mudou com o passar do tempo, à medida que os governos reagiram a suas consequências. Mais importante, a base lógica e o formato que apresentava a reforma parecia muito diferente dependendo do contexto nacional, cultural, e institucional no qual ela tinha sido implantada (KETTL, 2005; LYNN, 2006; SULEIMAN, 2003).

Dito isso, a nova gestão pública apresenta algumas consequências inesperadas para os problemas de eficácia e responsividade que consideramos no início deste capítulo. Primeiro, a nova gestão pública procurou resolver as deficiências percebidas nos governos por meio do uso extensivo de medições de contratos e desempenho. A contratação, no entanto, já aponta questões complicadas e desafiadoras de eficácia e responsividade em sistemas políticos fragmentados e pluralistas devido à ampliação dos relacionamentos de responsabilização além da agência governamental, fragmentando ainda mais aquele sistema. Fornecedores e subfornecedores entregam mais produtos e serviços, e estes prestadores estão ainda mais distantes do controle político direto. Como discutiremos com mais detalhes na seção sobre governança do Capítulo 7, estes novos relacionamentos complicaram os processos de gestão e exigiram o desenvolvimento de novas capacidades administrativas que, pelo menos no curto prazo, frustram os ganhos de eficiência esperados.

O uso simplificado da medição de desempenho também produziu consequências de alguma forma contrárias às suas intenções. Evelyn Brodkin (2006), por exemplo, documentou como a pressão para reduzir o volume de processos para a concessão de benefícios para o bem-estar social travou a entrega de serviços de assistência social de uma forma que prejudicou os clientes. Ela escreve que estas medições distorceram práticas informais com o intuito de maximizar os aspectos mensuráveis do desempenho, mas com consequências perversas para os aspectos não mensuráveis. Neste caso, recompensas pelo declínio do número de casos não foram acompanhadas de penalidades para as falhas em fornecer acesso adequado. Da mesma forma, recompensas por atingir as cotas de colocação profissional e treinamento não foram equilibradas por recompensas pela qualidade daquelas colocações ou penalidades por impor empregos inadequados ou treinamento ineficaz (p. 9).

Uma conclusão semelhante sobre as medições de desempenho foi apresentada por Soss, Fording e Schram em seu livro *Disciplining the Poor: Neoliberal Paternalism and the Persistent Power of Race* (2011). Sua excelente pesquisa também indica, de forma relevante, que quando sanções são usadas em regimes de medição de desempenho, elas são desproporcionalmente aplicadas a grupos raciais e educacionais minoritários (p. 232).

Em segundo lugar, defensores das reformas associadas à nova gestão pública normalmente entendem "o mercado" e a expectativa de contratação e competição no setor privado. Um dos acadêmicos mais respeitados neste aspecto é Elliot (2000). Sclar nota que em muitos casos simplesmente não há competidores para uma dada área de serviço e que a contratação normalmente troca um monopolista do setor público por um do setor privado (ver também VAN SLYKE, 2003). Outra questão diz respeito aos custos totais da administração de contratos. Os contratos não são autogovernáveis e, por isso, o custo total de um contrato deve incluir o monitoramento assim como os custos envolvidos no aprendizado sobre como trabalhar com fornecedores novos. Dados esses fatores, as eficiências de longo prazo conquistadas com um contrato podem não ser tão satisfatórias. A natureza complexa dos serviços públicos também precisa de acordos de longo prazo que prejudicam a flexibilidade que os contratos supostamente permitem. Sclar aponta também que a análise empírica mostra que em algumas áreas os custos comparativos das operações públicas e privadas são "suficientemente próximos que a questão da economia depende da análise dos possíveis novos custos impostos pela privatização, em comparação com os custos que ela permitiria que as autoridades públicas evitassem" (55). Seu argumento básico parece ser este: não há nada inerente sobre o setor privado que o faça eficiente, e nada sobre os empregados do setor privado que os faça melhores ou mais inteligentes.

Em terceiro, e como o argumento de Sclar, Lane (2000) sugere que a lógica da contratação tem sido estendida de forma improdutiva e inadequada ao "setor suave" ou áreas de serviço como educação, segurança pública, sistema prisional e serviços sociais. Lane nota que todas aquelas áreas exigem compromissos de longo prazo de atores altamente profissionalizados. As exigências estão frequentemente em conflito com os interesses de curto prazo das empresas privadas. De acordo com essa visão, a privatização e a contratação pode gerar dependências que não são saudáveis e efeitos políticos perversos. Por exemplo, Schneider e Ingram (1997) questionam se a privatização de presídios acentua a pressão por uma demanda cada vez maior por presos, levando a sentenças mais longas e práticas jurídicas intrusivas.

Conclusão

Apesar de as aspirações para melhorar a responsividade e a eficácia das organizações públicas e suas contribuições significativas para nosso entendimento de como as burocracias públicas influenciam a formulação de políticas, a promessa da abordagem de políticas públicas não foi completamente cumprida. Não obstante sua abrangência, a orientação de políticas não alterou fundamentalmente nossa abordagem à teoria. Tanto um ressurgimento da dicotomia política-administração como uma continuação ou mesmo uma ampliação da concepção instrumentalista de organização foram mantidas, pelo menos em muitos trabalhos. Os estudantes de políticas públicas têm diferenciado a formulação de políticas da implementação de políticas da mesma forma que os primeiros estudantes de administração pública separaram seu trabalho do estudo da política, mesmo que apenas para fins analíticos. Da mesma forma, aqueles que adotam a orientação de políticas públicas mantiveram seu compromisso com uma visão estreita da ciência social, incluindo uma visão positiva da ciência e uma concepção instrumental da organização.

Combinando aspectos da orientação de políticas, economia, e uma abordagem de gestão centrada no executivo que é ambivalente quanto à democracia, o resultado prático desta perspectiva é a nova gestão pública. Esta abordagem da organização pública teve um impacto significativo sobre o governo nos Estados Unidos e ao redor do mundo. Ideias como atendimento ao cliente, medição de desempenho, privatização, e contratos agora fazem parte da linguagem da administração pública. Infelizmente, no entanto, a ideologia e a retórica geralmente ofuscaram a firme consideração da adequação destas ideias, e as reformas complicaram os muitos problemas que pretendiam resolver. De forma mais geral, porém, estes desenvolvimentos levantam questões fundamentais para administradores e o público sobre a própria natureza da organização pública e do serviço público. Particularmente importantes são as novas formas nas quais as novas abordagens buscam institucionalizar valores econômicos e comerciais além de técnicas de negócios. Ao fazer isso, corremos o risco de reduzir os servidores públicos e os cidadãos aos papéis de atores egoístas, meramente produzindo e consumindo serviços públicos. É uma visão limitada e limitadora do mundo e do que é possível.

Questões para debate

1. Qual é o papel do administrador público no desenvolvimento da política pública?
2. Quais são os *trade-offs* entre responsividade e eficácia?
3. Aponte algumas maneiras pelas quais os administradores podem alcançar maior responsividade.
4. Discuta a teoria da *public choice*, de Ostrom, em termos de sua relação com a administração democrática.
5. Quais são os princípios-chave da nova gestão pública? Discuta seus pontos fortes e seus pontos fracos enquanto abordagem para a administração pública.

Casos

1. Ho Sook Choi quer que sua agência de ajuda internacional opere com eficiência, mas também deseja ser responsiva tanto às nações doadoras quanto aos beneficiários. Tirar tempo para se comunicar com frequência com esses vários *stakeholders* significa que Ho Sook não está dando conta de seu trabalho burocrático. Ela não quer parecer ineficiente, mas também acha que o tempo que gasta para conversar com os *stakeholders* é importante. De que maneira ela poderia contrapesar esses dois interesses?
2. Rachel Rubino é diretora de uma divisão do Detran. Com o intuito de oferecer um melhor serviço ao consumidor (e ouvir menos reclamações), ela simplifica drasticamente o processo de emissão da carteira de motorista. Mas uma comissão central do legislativo estadual acusa que as mudanças feitas por ela põem a comunidade dos motoristas em perigo. Quais são as questões envolvidas nesse caso?

Referências

ABEL, Charles Frederick Sementelli, Arthur J. *Evolutionary critical theory and its role in public affairs*. Armonk, NY: M.E. Sharpe, 2003.

ABEL, Charles Fredrick; SEMENTELLI, Arthur J. *Justice and public administration*. Tuscaloosa: University of Alabama Press, 2007.

ADAMS, Guy B.; BALFOUR, Danny L. *Unmasking administrative evil*. 3. ed. Armonk: M. E. Sharpe, 2009.

ALKADRY, Mohamad G. Democratic administration in a multicultural environment. In: BOX, Richard C. (Ed.). *Democracy and public administration*. Armonk, NY: M.E. Sharpe, 2007. p. 150-168.

APPLEBY, Paul. *Big democracy*. Nova York: Knopf, 1945.

APPLEBY, Paul. *Policy and administration*. Tuscaloosa: University of Alabama Press, 1949.

APPLEBY, Paul. *Morality and administration in democratic government*. Baton Rouge: Louisiana State University Press, 1952.

BAILEY, Stephen. Ethics and the public service. In: GOLEMBIEWSKI, Robert T; GIBSON, Frank; CORNOG, Geoffrey. (orgs.) *Public administration*: readings in institutions, processes, behavior. Chicago: Rand McNally, 1966. p. 22-31.

BARDACH, Eugene. *The implementation game*. Cambridge: M.I.T. Press, 1977.

BARZELAY, Michael. *Breaking through bureaucracy*. Berkeley: University of California Press, 1992.

BARZELAY, Michael. *The new public management*. Berkeley: University of California Press, 2000.

BAUMGARTER, Frank R.; JONES, Bryan D. *Agendas and instability in American politics*. 2. ed. Chicago: University of Chicago Press, 2009.

BEKKERS, Victor; DIJKSTRA, Geske; EDWARDS, Arthur; FENGER, Menno. (orgs.) *Governance and the democratic deficit*. Aldershot: Ashgate. 2007.

BERTELLI, Anthony M.; LYNN, Laurence E. *Madison's managers: public administration and the Constitution*. JHU Press, 2006.

BLUHM, William Theodor; HEINEMAN, Robert A. *Ethics and public policy*. Upper Saddle River: Pearson Prentice-Hall, 2007.

BOSTON, Jonathan; MARTIN, John; PALLOT, June; WALSH, Pat. *Public management:* the New Zealand model. Nova York: Oxford University Press, 1996.

BOWMAN, James S.; MENZEL, Donald C. (orgs.) *Teaching ethics and values in public administration programs*. Albany: State University of New York Press, 1997.

BOZEMAN, Barry. *Public Values and public interest*. Washington, DC: Georgetown University Press, 2007.

BRODKIN, Evelyn Z. "Bureaucracy redux: management reformism and the welfare state", *Journal of Public Administration Research & Theory 17*, p. 1-17, 2006.

BROWN, Lawrence D.; JACOBS, Lawrence R. *The private abuse of the public interest: market myths and policy muddles*. Chicago: University of Chicago Press, 2008.

BURKE, John P. *Bureaucratic responsibility*. Baltimore: Johns Hopkins University Press, 1986.

CATLAW, Thomas J.; CHAPMAN, Jeffrey. Comentário no artigo de Stephen Page, "What's new about the new public management", *Public Administration Review* 67, p. 341-342, 2007.

CATLAW, Thomas J.; JORDAN, Gregory M. "Public administration and the 'lives of others': toward an ethics of collaboration", *Administration & Society 41*, p. 290-312, 2009.

COOPER, Terry L. *The responsible administrator*. 3. ed. São Francisco: Jossey-Bass, 1990.

COOPER, Terry L. (org.) *Handbook of administrative ethics*. 2. ed. Nova York: Marcel Dekker, 2001.

COOPER, Terry L. *The responsible administrator*. 5. ed. São Francisco: Jossey-Bass, 2006.

COX, Raymond W., III (org.) *Ethics and integrity in public administration*. Armonk: M.E. Sharpe, 2009.

DeLEON, Linda; DENHARDT, Robert B. "The political theory of reinvention", *Public Administration Review*, v. 60, p. 89-97, mar.-abr. 2000.

DeLEON, Peter. The democratization of the policy process, *Public Administration Review*, v. 52, p. 125-129, mar. 1992.

DeLEON, Peter. *Democracy and the policy sciences*. Albany: State University of New York Press, 1997.

DENHARDT, Kathryn G. *The ethics of public service*. Nova York: Greenwood Press, 1988.

DENT, Mike; CHANDLER, John; BARRY, Jim. *Questioning the new public management*. Aldershot: Ashgate, 2004.

DILULIO, John J., Jr. (org.) *Deregulating the public service*. Washington, DC: Brookings Institution, 1994.

DIMOCK, Marshall E. Criteria and objectives in public administration. In: GAUS, John M.; WHITE, Leonard D.; DIMOCK, Marshall E. (orgs.) *The frontiers of public administration*. Chicago: University of Chicago, 1936. p. 116-132.

DOBEL, J. Patrick. "Integrity in the public service", *Public Administration Review*, v. 50, p. 354-366, maio 1990.

DOLAN, Julie; ROSENBLOOM, David H. *Representative bureaucracy*. Armonk: M. E. Sharpe, 2003.

DOWNS, Anthony. *Inside bureaucracy*. Boston: Little, Brown, 1967.

DROR, Yehezkel. *Public policymaking reexamined*. São Francisco: Chandler, 1968.

DYE, Thomas. A model for the analysis of policy outcomes. In: SHARKANSKY, Ira. (org.) *Policy analysis in political science*. Chicago: Markham, 1970. p. 21-38.

DYE, Thomas. *Policy analysis*. Tuscaloosa: University of Alabama Press, 1976.

EASTON, David. *A framework for political analysis*. Englewood Cliffs: Prentice Hall, 1965.

FARMER, David John. "Epistemic pluralism and neuroscience", *Administrative Theory & Praxis 30*, p. 285-295, 2008.

FELDMAN, Martha S.; KHADEMIAN, Anne M. "The role of the public manager in inclusion: creating communities of participation", *Governance 20*, p. 305-324, 2007.

FINER, Herman. Administrative responsibility in democratic government. In: ROURKE, Francis (org.). *Bureaucratic power in national politics*. Boston: Little, Brown, 1972. p. 326-336.

FREDERICKSON, H. George; GHERE, K. Richard (orgs.). *Ethics in public management*. Armonk: M.E. Sharpe, 2005.

FRIEDRICH, Carl J. Public policy and the nature of administrative responsibility. In: ROURKE, Francis (org.). *Bureaucratic power in national politics*. Boston: Little, Brown, 1972. p. 165-175.

GAROFALO, Charles; GEURAS, Dean. *Common ground, common future*. Boca Raton: CRC Press, 2005.

GOLEMBIEWSKI, Robert T. "A critique of 'democratic administration' and its supporting ideation", *American Political Science Review*, v. 71, p. 1488-1507, dez. 1977.

HARVEY, David. *A brief history of neoliberalism*. Oxford, U.K.: Oxford University Press, 2004.

HECLO, Hugh. *A government of strangers*. Washington, DC: The Brookings Institution, 1977.

HELD, David. *Models of democracy*. 2. ed. Cambridge, U.K.: Polity Press, 1996.

HILL, Michael; HUPE, Peter. *Implementing public policy*. 2. ed. Thousand Oaks, CA: Sage, 2009.

HOOD, Christopher. "Public administration and public policy: intellectual challenges for the 1990s", *Australian Journal of Public Administration 64*, p. 3-19, 1989.

HOOD, Christopher. "A public administration for all seasons?", *Public Administration 69*, p. 3-19, 1991.

HOOD, Christopher. "The 'new public management' in the 1980's", *Accounting Organization and Society*, v. 20, n. 2-3, p. 93-109, 1995.

KABOOLIAN, Linda. "The new public management", *Public Administration Review*, v. 58, n. 3, p. 189-193, maio-jun. 1998.

KAMENSKY, John. "Role of reinventing government movement in federal management reform", *Public Administration Review*, v. 56, n. 3, p. 247-256, maio-jun. 1996.

KEARNS, Kevin P. *Managing for accountability: preserving the public trust in public and nonprofit organizations*. São Francisco: Jossey-Bass Publishers, 1996.

KETTL, Donald F. *The global public management revolution*. 2. ed. Washington, DC: Brookings Institution, 2005.

KETTL, Donald F.; MILWARD, H. Brinton. (Eds.) *The state of public management*. Baltimore: Johns Hopkins University Press, 1996.

KINGSLEY, Donald. *Representative bureaucracy: an interpretation of the British Civil Service*. Yellow Springs: Antioch University Press, 1944.

KRAFT, Michael E.; FURLONG, Scott R. *Public policy: Politics, analysis, and alternatives*. 2. ed. Washington, DC: CQ Press, 2007.

KRISLOV, Samuel. *Representative bureaucracy*. Englewood Cliffs: Prentice Hall, 1974.

LANE, Jan-Erik. *New public management: an introduction*. Routledge, 2002.

LEE, Yong. S. *A reasonable public servant*. Armonk: M. E. Sharpe, 2005.

LERNER, Daniel; LASSWELL, Harold. (orgs.) *The policy sciences*. Stanford: Stanford University Press, 1960.

LEWIS, Carol W.; GILMAN, Stuart C. *The ethics challenge in public service*. 2. ed. São Francisco: Jossey-Bass, 2005.

LIGHT, Paul Charles. *A government ill executed*. Cambridge: Harvard University Press, 2008.

LIGHT, Paul Charles. *The tides of reform*. New Haven: Yale University Press, 1997.

LONG, Norton. *The polity*. Chicago: Rand McNally, 1962.

LOWI, Theodore. *The end of liberalism*. Nova York: Norton, 1969.

LOWI, Theodore. "Four systems of policy, politics, and choice", *Public Administration Review*, v. 33, p. 298-210, jul.-ago. 1974.

LOWI, Theodore. *Arenas of power*. Boulder: Paradigm, 2009.

LYNN, Laurence E., Jr. *Public management as art, science, and profession*. Chatham: Chatham House, 1996.

LYNN, Laurence E., Jr. *Public management:* old and new. Nova York: Routledge, 2006.

MANNING, Nick. "The legacy of the new public management in developing countries", *International Review of Administrative Sciences 67*, p. 297-312, 2001.

McDERMOTT, Rose. "The feeling of rationality: the meaning of neuroscientific advances for political science", *Perspectives on Politics 2*, p. 691-706, 2004.

MEIER, Kenneth; O'TOOLE, Laurence *Public management*. Cambridge: Cambridge University Press, 2011.

MELTSNER, Arnold J. "Creating a policy analysis profession. In: NAGEL, Stuart S. (org.) *Improving policy analysis*. Beverly Hills: Sage, 1980. p. 235-249.

MILLER, Hugh T. *Postmodern public policy*. Albany, NY: State University of New York Press, 2002.

MINTZBERG, Henry. "Managing government, governing management", *Harvard Business Review*, v. 20, p. 75-83, maio-jun. 1996.

MOSHER, Frederick. *Democracy and the public service*. Nova York: Oxford University Press, 1968.

MOYNIHAN, Donald P. *The dynamics of performance management*. Washington, DC: Georgetown University, 2008.

O'LEARY, Rosemary. *The ethics of dissent*. Washington, DC: CQ Press, 2006.

OSBORNE, David; GAEBLER, Ted. *Reinventing government*. Reading: Addison-Wesley, 1992.

OSBORNE, David; PLASTRIK, Peter. *Banishing bureaucracy*. Reading: Addison-Wesley, 1997.

OSTROM, Vincent. *The intellectual crisis in American public administration*. Tuscaloosa: University of Alabama Press, 1974.

OSTROM, Vincent. Some problems in doing politics theory: A response to Golembiewski's "Critique of 'democratic administration' and its supporting ideation", *American Political Science Review*, v. 71, p. 1508-1525, dez. 1977.

OSTROM, Vincent. *The political theory of a compound republic*. 2. ed. Lincoln: University of Nebraska Press, 1987.

OSTROM, Vincent; OSTROM, Elinor. "Public choice: a different approach to the study of public administration", *Public Administration Review*, v. 31, p. 203-216, mar.-abr. 1971.

O'TOOLE, Laurence J., Jr. "Policy recommendations for multi-actor implementation: An assessment of the field", *Journal of Public Policy 6*, p. 181-210, 1986.

PECK, Jamie. "Remaking laissez-faire", *Progress in Human Geography 32*, p. 3-43, 2008.

PETERS, B. Guy. *The future of governing (revisado)*. Lawrence, KS: University Press of Kansas, 2001.

POLLITT, Christopher; BOUCKERT, Geert. *Public management reform*. 2. ed. Oxford University Press, 2004.

POLLITT, Christopher. *Managerialism and the public service*. Cambridge: Basil-Blackwell, 1990.

POLLITT, Christopher; BOUCKAERT, Geert. *Public management reform*. Oxford: Oxford University Press, 2000.

POLLITT, Christopher; BOUCKAERT, Geert. *Public management reform*. 2. ed. Oxford: Oxford University Press, 2004.

POLLITT, Christopher; VAN THIEL, Sandra; HOMBURG, Vincent. (orgs.) *New public management in Europe*. Basingstoke: Palgrave, Macmillan, 2007.

PRESSMAN, Jeffrey; WILDAVSKY, Aaron. *Implementation:* how great expectations in Washington are dashed in Oakland; or, why it's amazing that federal programs work at all. Berkeley: University of California Press, 1973.

REDFORD, Emmett S. *Democracy in the administrative state*. Nova York: Oxford University Press, 1969.

ROHR, John A. *Ethics for bureaucrats*. Nova York: Dekker, 1978.

ROHR, John A. *To run a constitution*. Lawrence: University Press of Kansas, 1986.

ROHR, John A. *Public service, ethics, and constitutional practice*. Lawrence: University Press of Kansas, 1998.

ROURKE, Francis E. *Bureaucracy, politics, and public policy*. Boston: Little, Brown, 1969.

SABATIER, Paul. *Theories of the policy process*. 2. ed. Boulder, CO: Westview Press, 2007.

SABATIER, Paul; WEIBLE, Christopher. The advocacy coalition framework: Innovations and clarifications. In: SABATIER, Paul (Ed.). *Theories of the policy process*. 2. ed. Boulder, CO: Westview Press, 2007. p. 189-222.

SAETRAN, Harald. "Facts and myths about research on public policy implementation: out-of-fashion, but very much still alive and relevant", *Policy Studies Journal* 33, p. 559-582, 2005.

SCLAR, Elliot D. *You don't always get what you pay for: the economics of privatization*. Ithaca, NY: Cornell University Press, 2000.

SCHNEIDER, Anne Larson; INGRAM, Helen. *Policy design for democracy*. Lawrence, KS: University of Kansas Press, 1997.

SCIOLI, Frank P., Jr. "Problems and prospects for policy evaluation", *Public Administration Review*, v. 39, p. 41-45, jan.-fev. 1979.

SMITH, Kevin B.; LARIMER, Christopher W. *The public policy primer*. 2. ed. Boulder, CO: Westview Press, 2013.

SORENSEN, Eva; TORFING, Jacob. *Making governance networks democratic*. Roskilde, Denmark: Center for Democratic Network Governance, 2004. Working Paper, 2004, p. 1.

SOSS, Joe; FORDING, Richard C.; SCHRAM, Sanford F. *Disciplining the poor: neoliberal paternalism and the persistent power of race*. Chicago: University of Chicago Press, 2011.

STONE, Deborah. *Policy paradox: the art of political decision-making*. Nova York: W.W. Norton and Co., 1997.

SULEIMAN, Ezra. *Dismantling democratic states*. Princeton, NJ: Princeton University Press, 2003.

SVARA, James H. *The ethics primer for public administrators in government and nonprofit organizations*. Sudbury: Jones and Bartlett, 2007.

THALER, Richard H.; SUNSTEIN, Cass R. *Nudge*. Nova York: Penguin, 2009.

TIEBOUT, Charles M. "A pure theory of local expenditures", *Journal of Political Economy 64*, p. 416-26, 1956.

VAN SLYKE, David M. "The mythology of privatization in contracting for social services", *Public Administration Review 63*, p. 296-315, 2003.

VAN WART, Montgomery. *Changing public sector values*. Nova York: Routledge, 1998.

WAMSLEY, Gary; ZALD, Mayer. *The political economy of public organizations*. Lexington: Lexington Books, 1973.

WILSON, Woodrow. "The study of administration", *Political Science Quarterly*, v. 2, p. 197-222, jun. 1887.

YANOW, Dvora; SCHWARTZ-SHEA, Peregrine. *Interpretation and method: empirical research methods and the interpretive turn*. Armonk, NY: M.E. Sharpe, 2006.

capítulo 7

Além do modelo racional: em direção à teoria democrática da organização pública

Nos capítulos anteriores, analisamos várias abordagens voltadas ao entendimento das organizações públicas e vimos alguns dos argumentos usados em defesa das diversas posições. Os teóricos da administração pública parecem conduzir uma disputa interminável em torno de seu trabalho e, aparentemente, há pouca possibilidade de se desenvolver algo que se assemelhe a um paradigma para o campo. Essa confusão foi descrita de muitas maneiras interessantes. Na metade do século XX, Dwight Waldo (1961) referiu-se à teoria das organizações como um "problema elefantino" (p. 210). Mais recentemente, outros estudiosos fizeram comentários sobre a "crise de identidade" da administração pública – uma situação em que a falta de acordo em torno do rumo que o campo deve tomar nos impede de enfrentar certos problemas.

Existe um problema de identidade na teoria da administração pública, embora prefiramos descrevê-lo como uma crise de legitimidade, segundo a qual as bases convencionais da teoria não refletem ou não correspondem às necessidades dos atores do campo – teóricos, profissionais e cidadãos. Argumentaríamos que, na verdade, há uma concordância significativa, ainda que muitas vezes implícita, sobre o rumo considerado próprio ou adequado para a teoria da administração pública. O fio condutor que une as teorias – que, em caso contrário, seriam díspares – nasce diretamente da herança intelectual de Weber, com ênfase na burocracia racional, e da herança política de Wilson, com ênfase na dicotomia entre política e administração. O resultado é a tentativa de se construir uma teoria racional de administração, com base em um entendimento positivista do comportamento humano, para um contexto de *accountability* democrática.

Essa curiosa combinação de ciência social weberiana e industrialismo *yankee* tem diversos componentes diferentes. Em primeiro lugar, existe a visão de que o estudo próprio da administração pública é o estudo de como operar organizações públicas da forma mais eficiente – isso é, como alcançar objetivos dados com custo mínimo. Assim, as metas e os objetivos são determinados por funcionários públicos responsáveis (em geral, os legisladores) a quem os membros da burocracia prestam contas. Os meios para atingir esses fins podem variar, mas, de modo geral, a integração das várias subpartes da organização requer uma estrutura hierárquica que leva a uma única autoridade central no topo. Todos os tipos de expedientes são então usados para garantir a conformidade dos membros organizacionais a esse padrão racional de atividade, que decorre da missão da organização. Nesse esforço, a ciência é chave. Diz-se que a ciência pode fornecer explicações causais que permitirão um controle maior sobre a organização e seus membros por parte de quem tem acesso ao conhecimento e aos recursos, e de quem detém posições de poder.

> Existe uma crise de legitimidade na administração pública segundo a qual as bases convencionais da teoria não refletem ou não correspondem às necessidades dos atores do campo – teóricos, profissionais e cidadãos.

Embora a maior parte dos teóricos da administração pública divirja nos detalhes, eles parecem concordar com esses interesses básicos. Por exemplo, a descrição clássica do modelo racional de administração feita por Simon avançou em relação às teorias anteriores de gestão administrativa, mas o fez de maneira a preservar em grande parte a dicotomia entre política e administração (agora traduzida em termos de fato e valor), bem como o padrão hierárquico da perspectiva da gestão administrativa. De modo semelhante, os teóricos das relações humanas, ainda que pretendessem superar o modelo racional, talvez tenham simplesmente fornecido um leque mais sofisticado de técnicas para os gestores usarem, no interesse de garantir a conformidade. Finalmente, os analistas de política pública, mesmo reconhecendo o papel mais amplo da burocracia na formulação das políticas públicas, concentram-se na determinação científica do impacto das políticas estabelecidas ou propostas, na medida em que sugerem estratégias de implementação que nos levam diretamente de volta aos dias da gestão administrativa, ainda que sob a denominação de nova gestão pública, que privilegia o papel do executivo e, ao privilegiar o contrato, acaba causando uma divisão profunda entre política e administração.

Em oposição a esse conjunto tradicional de compromissos com a teoria da administração pública, sempre houve um contraponto, menos compreendido, de interesses pela administração democrática. Na última década, mais ou menos, esse interesse emergiu como uma crítica específica e direta ao modelo racional em todos os seus aspectos e como uma tentativa de elevar a teoria da administração pública a um patamar superior ao de mera ação racional. O presente capítulo examina essa crítica ao modelo racional e, em seguida, se volta para várias perspectivas alternativas que ora começam a ser discutidas, algumas com base na fenomenologia, outras com base na teoria social crítica e outras ainda com origem em diferentes tradições intelectuais, como o pós-modernismo e a teoria feminista. Talvez esteja emergindo um ponto de vista que se alimenta de maneira mais imediata das tradições intelectuais do humanismo marxista, da psicanálise freudiana e da tradição política da democracia jeffersoniana. De uma forma extremamente importante, os teóricos que caminham nesse sentido colocam ênfase muito forte na integração entre teoria e prática, procurando desenvolver teorias que sirvam como guias de significado e sentido para a vida nas organizações públicas (JUN, 2002; WHITE, 1999). Como veremos, há boas razões para se esperar que uma versão mais prática desses esquemas teóricos possa se revelar especialmente atrativa aos estudiosos da administração pública e que o mundo contemporâneo da governança pode deixá-las particularmente importantes.

Crítica do modelo racional

A teoria dominante da administração pública parece estar centrada no modelo racional de administração. Mas o modelo racional e as teorias relacionadas têm várias limitações importantes, conforme se observou em todo esse livro. Nesse ponto, convém resumir a nossa crítica ao modelo racional em três problemas importantes: (1) o modelo racional baseia-se em uma visão estreita e restritiva da razão humana; (2) o modelo racional baseia-se em um entendimento incompleto da aquisição do conhecimento; e (3) os teóricos que se apoiam no arcabouço do modelo racional não conseguem conectar teoria e prática de maneira adequada. Cada um desses pontos será examinado em detalhe a seguir.

Visão restrita da razão humana

A primeira questão – de que o modelo racional se baseia em uma visão limitada e restritiva da razão humana – pode ser abordada tanto sob uma perspectiva histórica quanto sob uma perspectiva mais imediata. No livro *The new science of organizations*, Alberto Guerreiro Ramos[*] (1981) associa o moderno conceito de racionalidade instrumental ao crescimento de uma economia de mercado e, em seguida, apresenta brevemente algumas consequências desse desenvolvimento. A moderna teoria das organizações, segundo Ramos, é subproduto dos processos organizacionais que surgiram com o desenvolvimento de uma sociedade centrada no mercado. Para satisfazer as demandas do mercado (incluindo as demandas que são criadas artificialmente), os controladores das grandes organizações buscam maior eficiência mediante um processo racionalizado de produção. Essa abordagem tem consequências sérias para o indivíduo e para a sociedade. Somente na sociedade de mercado o processo de produção é ordenado de forma tal que o indivíduo é reduzido em significância ao *status* de mero detentor de emprego, alguém que preenche uma posição na hierarquia durante determinado período em troca de um salário. Na forma vigente de organização, que Ramos chama de organização "economizante", a estrutura mecânica de produção, baseada na racionalidade instrumental ou técnica, transforma o indivíduo em um trabalhador que, por sua vez, se sujeita a uma nova mentalidade de mercado.

Mas, como argumenta Ramos (1981), a expansão do mercado pode agora ter atingido um ponto de retornos decrescentes, em desenvolvimento ou realização pessoal como também em estabilidade social. A organização racionalizada deixa

---

[*] Alberto Guerreiro Ramos foi sociólogo e político brasileiro, foi diretor do Instituto Superior de Estudos Brasileiros (ISEB) e técnico do Departamento Administrativo de Serviços Públicos (DASP). Guerreiro Ramos foi uma figura importante para o desenvolvimento das ciências sociais e administração pública brasileira, na década de 1960, com a ditadura militar, passou a lecionar na Universidade do Sul da Califórnia. O livro *A nova ciência das organizações* foi publicado no Brasil pela Editora da Fundação Getulio Vargas em 1981. (N.R.T.)

pouco espaço para a autorrealização; quando ocorre autorrealização, ela é meramente incidental ao processo de produção (o que contraria as noções de alguns teóricos de relações humanas). Além disso, esse processo nos leva cada vez mais a uma "insegurança psicológica, degradação da qualidade de vida, poluição e desperdício dos recursos limitados do planeta" (p. 23).

Examinemos alguns desses pontos com mais detalhe. Se o modelo racional atrai nossa atenção aos meios necessários para atingirmos determinados fins, ele também afasta nossa atenção dos próprios fins. Ao concentrarmo-nos somente em torno da eficiência, poderíamos deixar de examinar e de participar plenamente das decisões que nos são importantes, não satisfazendo, assim, nossas obrigações democráticas. Agindo dessa maneira, dificilmente estaríamos facilitando a expressão dos valores societários. Pelo contrário, estaríamos simplesmente tentando atingir, a custos mínimos, os objetivos que nos foram apresentados. Apesar de operar de forma bastante eficiente, poderíamos ter a desagradável surpresa de constatar que estamos perseguindo objetivos que, quando devidamente entendidos, se mostram em desacordo com os valores de nossa sociedade – com os nossos próprios valores.

Essas considerações são de valor especial na discussão das organizações públicas. A distinção cometida pelo modelo racional entre meios e fins tem clara conexão com a dicotomia entre política e administração, em que o papel das organizações públicas consiste simplesmente em descobrir os meios mais eficientes para os fins politicamente dados. Mas, como vimos, a dicotomia entre política e administração não reflete a prática nem enuncia de forma correta o papel da administração em uma democracia. Enquanto se poderia argumentar (ainda que de forma incorreta) que a determinação dos objetivos nas organizações comerciais privadas deve ser feita apenas por aqueles que detêm posições de poder. Entretanto, organizações públicas – por estarem envolvidas na expressão dos valores societários – devem conceder a seus membros parte desse poder de tomar decisões. E, ao assim fazerem, devem certamente enfatizar a necessidade da comunicação e da participação de forma ampla na tomada de decisão. Os membros das organizações públicas carregam a responsabilidade especial de promover a democratização da governança e do processo político para além de uma simples atuação com eficiência.

Os integrantes das organizações públicas também carregam a obrigação de agir com *fairness*, compreensão e humanidade – uma moralidade democrática. No entanto, até essa obrigação se torna mais difícil diante de uma perspectiva meramente racional que ignora outros aspectos da vida humana, como a emoção e a intuição. Diz-se que a emoção interfere no planejamento racional e na tomada de decisão; diz-se que a intuição deprecia a razão e a ordem. Mas a emoção e a intuição são aspectos importantes da existência humana, como, aliás, devem ser, em particular porque essas áreas de nossa experiência estão mais claramente ligadas aos nossos sentimentos e valores. Robert Dahl e Charles Lindblom (1976) defenderam esse ponto há muitos anos:

> O viés em favor de uma adequação deliberada dos meios aos fins organizacionais requer que as relações humanas sejam consideradas meios instrumentais para os objetivos prescritos pela organização, não fontes de conquista direta de um objetivo de feição primordial. Alegria, amor, amizade, comiseração e afeição devem todos se curvar – a menos que por casualidade fomentem os objetivos prescritos da organização. (p. 252)

Essa atitude, obviamente, resulta na despersonalização do indivíduo nas organizações complexas, um tema proeminente em inúmeras obras, desde *The organization man* (1956), de William Whyte, até trabalhos mais recentes, como *Organizational America* (1979), de William Scott e David K. Hart, e *In the shadow of organization* de Denhardt (1981). Esses autores parecem concordar que os mecanismos de controle das organizações complexas trivializam a interação pessoal de tal forma que os indivíduos se tornam simples objetos a serem usados no processo de produção. Cada um se torna um instrumento a ser manipulado pelo outro na busca eficiente dos objetivos organizacionais. De modo ainda mais importante, todo indivíduo perde o senso de autorreflexão e autoentendimento, essencial à criatividade e ao crescimento pessoal. Novamente, essas preocupações são mais pronunciadas em organizações públicas do que em outras. O compromisso dos integrantes das organizações públicas – de luta pela vida, pela liberdade e pela busca de felicidade, de apoio a todos os cidadãos no autodesenvolvimento e de promoção da educação para a própria cidadania – somente pode ocorrer pela interação entre pessoas, não entre objetos.

> O compromisso dos integrantes das organizações públicas – de luta pela vida, pela liberdade e pela busca da felicidade, de apoio a todos os cidadãos em seu desenvolvimento próprio e de promoção da educação para a própria cidadania – somente pode ocorrer pela interação entre pessoas, não entre objetos.

Um problema final com o conceito de razão usado pelo modelo racional de administração é que ele omite toda preocupação com o contexto moral em que a ação pode ocorrer. Como se viu anteriormente, vários teóricos observaram que a racionalização da sociedade se tornou um processo em que as questões mais amplas de valores humanos, representadas por termos como *liberdade, justiça* e *igualdade*, estão perdendo sua importância como critérios de julgamento, sendo substituídas pelo cálculo específico de custos e benefícios, meios e fins. Quando as únicas questões a serem discutidas são as medidas de eficiência, as funções de deliberação, comunicação e participação parecem perder importância. No entanto, se as organizações públicas devem cumprir a promessa de apoiar e promover a governança democrática, seus membros devem ter disposição para pensar em questões mais amplas, como as que nos tornam capazes de estabelecer senso de responsabilidade pessoal ou de ação mútua. Não conseguiremos simplesmente garantir um ambiente moral para nossas ações, incluindo nossas ações organizacionais, dentro de um contexto limitado apenas por racionalidade instrumental.

No livro *Unmasking administrative evil*, de Guy Adams e Danny Balfour (2004), encontra-se uma discussão particularmente interessante a respeito dessa questão. Adams e Balfour argumentam que as organizações públicas contemporâneas estão de tal maneira dominadas pela racionalidade técnica que

> pessoas comuns talvez estejam simplesmente exercendo de modo adequado seu papel organizacional – fazendo, apenas e essencialmente, aquilo que as pessoas à sua volta concordariam que elas devessem estar fazendo – e, ao mesmo tempo, participando em algo que um observador crítico e sensato, em geral distanciado no tempo, julgaria que é um mal. Pior ainda, em condições de (...) *inversão moral*, em que alguma coisa má pode ser redefinida de modo convincente como boa, pessoas comuns podem muito facilmente se envolver em atos de perversidade administrativa enquanto acreditam que o que estão fazendo não é apenas correto, mas de fato bom. (p. 4)

Adams e Balfour examinam, em seguida, diversos exemplos de perversidade administrativa, começando com o holocausto, passando pelo envolvimento de Werner von Braun no programa espacial dos Estados Unidos e, finalmente, abordando o desastre do ônibus espacial *Challenger*. Observe-se que a máscara que oculta a perversidade administrativa nesses casos e em outros mais comuns é a dominação da racionalidade técnica em nosso pensamento sobre as organizações públicas.

Entendimento incompleto sobre a aquisição do conhecimento

O modelo racional parece pressupor que só existe um modo de se obter o conhecimento verdadeiro: por intermédio da rigorosa aplicação dos métodos da ciência positiva às relações sociais e técnicas nas organizações. Independentemente de esse pressuposto ser válido ou não, devemos ter clareza sobre os pontos fortes e fracos dessa abordagem de aquisição do conhecimento. Vamos, em primeiro lugar, fazer uma revisão e um resumo, em termos mais formais, das premissas básicas do modelo de ciência positiva:

1. Considera-se que há somente uma abordagem para a aquisição do conhecimento, que serve tanto para os eventos naturais como para os sociais; por isso, o cientista social deve usar o modelo de pesquisa científica das ciências naturais mais avançadas.
2. Todo conhecimento não puramente conceitual deve se basear em experiência sensorial; por sua vez, todas as asserções ou enunciados sobre essa experiência devem se basear na observação direta – sujeita à concordância entre os observadores – do comportamento dos atores sociais.
3. Há separação estrita entre fato e valor, uma distinção entre o que é e o que deve ser; o papel do cientista é coletar fatos, não especular valores.
4. Os objetivos da pesquisa científica são a explicação, a predição e o controle. *Explicar* significa que se deve descobrir o mecanismo casual que impulsiona os eventos; a explicação torna possível a predição, e a predição permite o controle.
5. A relação entre teoria e prática é remota, na melhor das hipóteses. O papel do cientista é o de conduzir pesquisas que produzam dados a partir dos quais seja possível construir modelos teóricos. O cientista não tem interesse nem responsabilidade pela aplicação que se venha a fazer do conhecimento. Ao

contrário, ele simplesmente tenta criar o conhecimento, ao passo que outros determinam seu uso.

Várias limitações prontamente observáveis do modelo da ciência positiva foram debatidas e rediscutidas ao longo dos anos e cabe aqui pelo menos revisá-las. [No livro *The restructuring of social and political theory*, de Richard Bernstein (1976), encontra-se uma análise filosófica mais completa desse debate.] Uma das críticas mais pertinentes ao modelo da ciência positiva diz respeito à afirmação de que o comportamento humano é cultural ou historicamente determinado – de que ele varia no espaço e no tempo. Se esse for o caso, o comportamento de um grupo não seria necessariamente igual ao de outro, e o desenvolvimento de generalizações amplas e aplicáveis a todas as culturas em todos os tempos seria extraordinariamente difícil. Uma variante dessa crítica afirma que, obviamente, os seres humanos de fato mudam o comportamento com base em novas informações, incluindo informações produzidas ou derivadas cientificamente. A mudança nos padrões habituais de comportamento poderia ocorrer de várias maneiras. Por um lado, as pessoas poderiam se inclinar a ter um comportamento consistente com as teorias sobre comportamento humano. Por exemplo, a ênfase da escola de relações humanas na autorrealização como objetivo do comportamento humano poderia levar as pessoas a modelarem conscientemente seu comportamento de acordo com as características identificadas como favoráveis à autorrealização (MASLOW, 1962, 1971). Ou, por outro lado, as pessoas poderiam deixar de agir de modo que parecessem contrariar a teoria. Por exemplo, as pessoas que se deparam com o modelo racional de administração, com sua crítica implícita à emoção, poderiam tentar suprimir seus próprios sentimentos em situações organizacionais. De qualquer modo, a variabilidade do comportamento humano, no tempo e no espaço, limita a busca da ciência positiva por enunciados definitivos e aplicáveis a uma ampla gama de comportamentos humanos.

Uma segunda crítica fundamental à abordagem da ciência positiva à aquisição do conhecimento refere-se ao papel da experiência subjetiva na vida humana. Um aspecto dessa crítica enfoca os indivíduos que são os alvos de estudo, argumentando que as pessoas têm razões puramente subjetivas para suas ações – razões que não são acessíveis a quem observa de fora seu comportamento. Segundo essa visão, os valores e as intenções dos indivíduos movem suas ações tanto quanto o fazem as influências externas a que eles estão sujeitos. Enquanto essas últimas podem ser observadas, os primeiros não podem; assim, é limitada a capacidade da ciência positiva de obter uma visão completa da ação humana. Uma objeção semelhante põe o foco nos valores do cientista: o cientista também é um ser humano, sujeito à mesma interação de emoções e valores que afeta os demais seres humanos e, portanto, é incapaz de objetividade total em sua consideração do comportamento dos outros. Os valores do próprio cientista invadem furtivamente o processo de pesquisa em diferentes pontos, especialmente na seleção dos tópicos de observação e na determinação e avaliação da evidência. Em ambos os casos, os valores do próprio cientista interferem na objetividade visada pelo modelo da ciência positiva. (De acordo com uma variante desta crítica, os seres humanos podem reagir subjetivamente ao próprio ato de serem observados e a interferência ou intromissão do cientista com o intuito de observar uma situação cotidiana altera essa situação.)

Conexão inadequada entre teoria e prática

A aparente lacuna entre teoria e prática, acadêmicos e profissionais, na prática virou motivo de brincadeira, mas ele esconde uma inquietação profunda, uma insatisfação com a maneira como procuramos compreender nosso trabalho e dar-lhe sentido. Infelizmente, a abordagem convencional da ciência positiva para a aquisição do conhecimento sobre organizações públicas oferece muito pouca ajuda; na verdade, ela talvez seja até a raiz do problema.

O que querem da teoria os profissionais? Duas coisas, imagino eu: (1) explicações e entendimentos, com base nos quais possam modelar novas abordagens para o trabalho administrativo; e (2) um arcabouço ou esquema por meio do qual possam ver a experiência do indivíduo como parte significativa de algo maior e mais importante para eles, e como Richard Box (2008) coloca, sentir como se estivesse fazendo a diferença. O modelo racional de administração, nas muitas variantes, tem certa capacidade de atender à primeira necessidade. Ele se preocupa com explicações instrumentais, que permitem predição e controle mais efetivos e, ao longo dos anos, proporcionou um grande número de explicações aproveitadas pelos profissionais. Teóricos trabalhando a partir do modelo racional comentaram sobre as técnicas de orçamento, esquemas de incentivo, estilos de gestão, e vários outros temas. Suas explicações foram de grande interesse e valia para os profissionais. A comunicação ocasionalmente entrou em colapso de forma mais evidente, diante do excesso de jargões e de quantificações que pareciam associados à busca da ciência social positiva. Mas, a maioria dos cientistas sociais, dos profissionais e dos teóricos perseguiram os mesmos objetivos de explicação.

> O que os profissionais querem da teoria? Explicações e compreensão, com base nas quais se possa criar novas abordagens para o trabalho administrativo, e um quadro de referência por meio do qual se possa ver a experiência do indivíduo como parte significativa de algo maior e mais importante.

Quanto ao segundo ponto, o modelo racional e a ciência social positiva são mais vulneráveis. De uma abordagem para a aquisição do conhecimento que procura objetivar a experiência humana dificilmente se pode esperar que interprete o sentido desta experiência; na verdade, ela diminui seu valor em sua insistência no conhecimento despersonalizado, abstrato e descontextualizado. O sentido da experiência, o valor que ela tem para nós, individualmente e como sociedade, entretanto, baseia-se em nosso mundo subjetivo e intersubjetivo. Objetificar essa experiência é roubar-lhe o próprio caráter ou a textura que a torna significativa para nós. Quando o profissional pede, portanto, que a teoria faça sentido, que ela trate de assuntos de importância real para os seres humanos, o pedido simplesmente não pode ser atendido pelos seguidores de um modelo em que os indivíduos respondem a forças sociais da mesma forma que uma bola de bilhar reage a outra. O modelo racional rejeita até mesmo o ato da avaliação pelo qual atribuímos importância à pesquisa. Qualquer indivíduo preocupado com o mundo ao seu redor quer mais que isso de uma teoria.

Essas questões práticas são úteis para se fazer uma introdução ao problema da teoria. Os teóricos que seguem o modelo racional estão interessados em explicação, predição e controle, mas não estão necessariamente interessados em saber se suas teorias têm ou não relação direta com a realidade. Na realidade, o vencedor do Prêmio Nobel de economia, Milton Friedman (1953, p. 14), escreveu que "hipóteses verdadeiramente importantes e significativas serão consideradas como tendo 'suposições' que são representações muito equivocadas da realidade e, em geral, quanto mais significativa a teoria, mais irrealistas as suposições (nesse sentido)". Caso seja possível produzir explicações satisfatórias com a suposição de que todas as pessoas são inteiramente racionais na busca dos autointeresses, então pouca diferença fará para os cientistas saber se os indivíduos agem dessa maneira ou não. Além disso, ao seguir o modelo da ciência positiva, o cientista fundamenta suas proposições teóricas na observação do comportamento manifesto, do comportamento visto de fora. Mas esse comportamento talvez não corresponda de forma alguma às ações intencionadas pelo indivíduo. De maneira semelhante, o profissional obrigado a agir com base na informação apresentada pelo cientista tem que assumir responsabilidade por sua ação e, por isso, gostaria de receber uma orientação que fosse instrumentalmente eficaz e, ao mesmo tempo, moralmente segura. Porém, o cientista que trabalha com base na tradição positivista não assume qualquer responsabilidade pelo modo como o conhecimento acumulado é usado e, portanto, não fornece base para ação moral.

Em todos esses casos, o teórico fiel ao modelo racional e ao seu compromisso com a ciência social positiva exerce escolhas conscientes que têm o efeito direto de apartar a experiência do indivíduo dos processos de pesquisa. O resultado é que a teoria e a prática, ou como dizemos no Capítulo 1, esses campos práticos diferentes não estão diretamente envolvidos, e permanecem divididos. Porém, isso não é um acaso, mas sim uma consequência irônica e infeliz de escolhas específicas e compromissos específicos com uma abordagem particular quanto à aquisição de conhecimento. O problema, além disso, é que essa abordagem para a aquisição do conhecimento tornou-se dominante e, portanto, tende a esconder e reduzir outras formas de aquisição, reforçando o que Catlaw (2013) chama "taylorismo metodológico". Isso complica o processo que já descrevemos de comunicação e tradução pelos diferentes campos e corpos de conhecimento por meio de um processo de reflexão pessoal e aprendizado mútuo. É difícil reconhecer e apreciar outro conhecimento acadêmico, profissional, e pessoal quando se pensa que há uma única maneira correta de conhecer o mundo e a pessoa que o conhece é o gestor! Poderíamos acrescentar também que essa é uma abordagem cada vez mais inoportuna em um mundo multicultural de valores plurais (ALKADRY, 2007).

Felizmente, a abordagem da ciência positiva não é a única abordagem disponível para a obtenção do conhecimento (embora se tenha criado essa impressão). De fato, outras abordagens que têm sido exploradas atualmente oferecem, entre outras coisas, a possibilidade de um relacionamento mais construtivo entre teoria e prática. Três dessas abordagens serão examinadas no restante desse capítulo; antes de qualquer coisa, porém, devemos novamente assinalar a importância de se buscar essas alternativas. Obviamente, será considerada mais confiável toda ciência que retratar de forma precisa a experiência dos atores individuais e que se voltar para as questões que eles julgam importantes. Além disso, o comprometimento com um método de aquisição do conhecimento que não comete objetificação ou despersonalização representa um modelo mais útil de relações entre teóricos e profissionais e entre servidores públicos e seus clientes do que o método que o faz, que o comete. O modelo racional só pode nos trazer até esse ponto. Enquanto certas questões importantes não forem tratadas, o estudo das organizações públicas será suspeito e a crise de legitimidade continuará.

Teoria interpretativa ou da ação

Na parte final da discussão sobre Marx, Weber e Freud, no Capítulo 2, sugerimos que, dependendo dos propósitos a serem atendidos pelo conhecimento, poder-se-ia escolher entre diferentes abordagens para a questão da obtenção do conhecimento. Entre elas, a visão positivista vigente orienta-se para explicações instrumentais que possibilitam a predição e, em última análise, o controle dos assuntos humanos. Agora descobrimos que, em sua aplicação ao estudo das organizações públicas, a abordagem da ciência positiva é incompleta. Não só o poder explicativo do modelo racional mostrou-se limitado, mas também nos damos conta de que a simples explicação não é tudo o que queremos da teoria. Igualmente, procuramos teorias que nos ajudem a compreender o sentido da ação humana e nos permitam agir com mais habilidade e clareza na busca por nossos objetivos pessoais e societários. Felizmente, há modos de pesquisa mais adequados a esses propósitos.

Raízes fenomenológicas

A teoria social interpretativa – ou teoria da ação, como a denominam alguns teóricos da administração pública – tem suas raízes na obra filosófica de Edmund Husserl, na virada do século XIX para o século XX. Husserl, matemático por formação, procurou uma base filosófica para a inquirição científica que eliminasse os pressupostos ou axiomas sobre os quais se baseava a ciência positiva e se orientasse diretamente para o entendimento do sentido humano. Essa abordagem, chamada *fenomenologia*, procura suspender as definições ou caracterizações do comportamento humano impostas externamente às ações dos seres humanos pelos observadores científicos e, em vez disso, tenta captar o sentido exato destas ações a partir da perspectiva dos próprios atores. Nesse esforço, foca-se a atenção sobre a maneira como os indivíduos interpretam sua existência de cada dia, às vezes chamada de seu *mundo da vida*. De acordo com essa visão, os seres humanos são percebidos como seres conscientes, que agem com propósito e, assim, dão sentido a suas ações.

O mundo do sentido tornou-se central para o fenomenologista e representou um rompimento crítico em relação às técnicas das ciências naturais. Toda consciência é consciência de alguma coisa: procuramos alguma coisa, esperamos por alguma coisa, lembramos de alguma coisa. Todo ato de consciência, na medida em que refletimos sobre ele, confere sentidos a nosso mundo, aos quais, por sua vez, damos uma ordem. A capacidade humana de atribuir sentido à ação separa claramente a realidade a ser examinada pelo cientista social da realidade do cientista natural; portanto, a metodologia do cientista natural não pode ser copiada pelo cientista social. O cientista social, ao contrário, deve tentar descobrir formas de compreender a estrutura da consciência – o mundo dos sentidos do ator social.

A conexão entre sentido e intencionalidade leva à visão de que os seres humanos são agentes ativos no mundo social, mais que meros respondentes passivos desse mundo. A intencionalidade é o direcionamento ativo da consciência para um objeto específico e ocupa lugar central no coração da consciência. Por meio de nossas intenções, damos sentido ao mundo à nossa volta e, na verdade, construímos esse mundo. Husserl usa essências pouco estranhas do termo para se referir ao padrão de unidades de sentidos intencionados que construímos como indivíduos ou como grupos. Por exemplo, a noção de universidade traz à mente, para cada um de nós, e para todos nós enquanto sociedade, certa constelação de sentidos. Tanto do ponto de vista pessoal quanto do científico, o entendimento desses padrões de sentido é muito mais importante do que as explicações construídas em torno de meras descrições do comportamento observado. (Como se notou anteriormente, o termo *ação* é muitas vezes reservado pelos teóricos interpretativos para indicar a natureza intencional da ação, em oposição à natureza reativa do comportamento. Daí o termo *teoria da ação*.)

Um mundo intersubjetivamente compreensível

Para o cientista social e para o estudioso da organização pública, talvez a contribuição mais importante da fenomenologia tenha sido o seu restabelecimento da relação entre sujeito e objeto e sua elaboração do papel desta relação na constituição de um mundo – do qual todos podemos compartilhar – que pode se compreender intersubjetivamente. Como observamos, a relação entre sujeito e objeto foi rompida pela ciência positiva, com o argumento de que somente se pode obter objetividade por meio da separação entre fato e valor. Os cientistas sociais interpretativos – em particular, Alfred Schütz (1967, p. 37) – argumentaram, em sentido contrário, que o sujeito e o objeto constituem uma unidade: por um lado, podemos prestar atenção e interpretar em si mesmos os fenômenos do mundo externo que se apresentam como indicações da consciência de outras pessoas. Quando fazemos isso, dizemos a seu respeito que eles têm sentido objetivo. Mas, por outro lado, podemos examinar, de forma superficial e por meio dessas indicações externas, o processo constitutivo no interior da consciência viva de outro ser racional. Nesse caso, estamos interessados no sentido subjetivo.

Posto que o que é observável sempre se relaciona com a consciência do ator, os dois aspectos, objetivo e subjetivo, não podem jamais ser totalmente separados. E como o ato de compreender implica avaliação, o mesmo é verdadeiro para fato e valor.

Em uma situação como essa, podemos nos relacionar uns com os outros de vários modos. Embora existam pessoas com quem não interagimos face a face e a quem tratamos de maneira um tanto anônima, também há aquelas a quem reconhecemos de forma consciente e enxergamos como sujeitos (uma relação de *tu*) e aquelas que estabelecem reciprocidade nesse reconhecimento (constituindo, assim, uma relação de *nós*). O que é de extrema importância na relação de *nós* é que ela necessariamente envolve um reconhecimento mútuo e até uma revelação mútua de motivos. Assim, do ponto de vista fenomenológico, não só é imprópria, como também impossível, a redução instrumental dos seres humanos ao estado de objetos. Qualquer estudo baseado nesse pressuposto não conseguiria reconhecer que os indivíduos são possibilidades abertas, intencionais e reflexivas, engajados na tarefa mútua e contínua de estabelecer a realidade social (BERGER, LUCKMANN, 1966).

Paradigma ativo-social

Uma aplicação da fenomenologia ao campo da administração pública é o livro *Action theory for public administration*, de Michael Harmon (1981). Harmon ressuscita a noção de Kuhn de paradigmas científicos, argumentando que a administração pública requer hoje um novo paradigma que seja capaz de refletir uma teoria do valor e uma teoria do conhecimento diferentes das teorias pressupostas pelo modelo racional de administração. Harmon descreve o que chama de paradigma alternativo (embora sua alternativa seja realmente mais teoria que paradigma) tomando por base o pressuposto de que os seres humanos são naturalmente mais ativos que passivos e mais sociais que atomísticos. A visão ativa da natureza humana pressupõe que os indivíduos atribuem sentido às suas atividades e, por consequência, determinam as circunstâncias que lhes são importantes. Em vez de simplesmente responder aos fatores do ambiente, como sugere a interpretação passiva da natureza humana, a concepção ativa sustenta que os indivíduos interagem com seu ambiente numa relação recíproca.

As pessoas tanto influenciam quanto são influenciadas pelas circunstâncias que as cercam. A habilidade das pessoas de conceberem o mundo em termos simbólicos, de refletirem sobre os eventos, distingue sua natureza ativa da natureza passiva dos objetos físicos. Por consequência, a capacidade dos seres humanos de autorreflexão deve ser levada em conta em qualquer interpretação da atividade humana. Segundo a concepção social do indivíduo, a pessoa é produto da interação social. Nesta visão, o sentido é constituído não apenas pelo indivíduo, mas também pelo indivíduo que interage com os outros em situações de *tête-à-tête*. A consciência mútua leva à participação mútua na construção da realidade social.

Harmon argumenta que a concepção ativo-social da individualidade (*self*) exige nova base normativa para a *accountability* nas organizações públicas. Sustentando que a administração pública se distingue pela "tomada e legitimação das decisões nas organizações públicas" (p. 5), Harmon afirma que a teoria da administração pública tem que lidar com a relação entre substância e processo e entre valores individuais e coletivos. Seguindo outros teóricos de processos, Harmon argumenta que o valor da ação humana se encontra antes na ação em si do que nos fins produzidos por essa ação. Por exemplo, a avaliação de questões como justiça e liberdade pode, em última análise, ser determinada não pelos resultados substantivos específicos, mas pelo grau com que são obedecidos procedimentos democráticos – isso é, procedimentos abertos aos cidadãos e que os envolvem. Isso deriva diretamente da suposição de que a ação humana é uma interação contínua entre as pessoas e seu ambiente. Dada a qualidade dinâmica da vida humana, a previsão e o controle são difíceis; e é difícil especificar objetivos com antecedência. Por isso é importante prestar atenção à qualidade específica daquelas interações.

Quanto a isso, a relação entre encontros individuais e valores coletivos mais amplos deve ser abordada. Segundo Harmon, a noção da mutualidade ou comunidade é a premissa normativa básica que guia a relação face a face. Ele sugere que, nas relações caracterizadas por mutualidade, os indivíduos tomam em conta os desejos dos outros e estão abertos à sua influência. Quando há afastamento do encontro face a face para o domínio dos sistemas sociais mais amplos, Harmon propõe que se deve desenvolver uma teoria normativa paralela. "A ideia de justiça social é a extensão lógica da mutualidade aplicada às coletividades sociais e deve, portanto, ser considerada a premissa normativa que fundamenta as decisões políticas 'agregadas', deliberadas e implementadas pelas organizações públicas" (p. 84). Enquanto, em geral, segue a noção de justiça de John Rawls, Harmon sustenta que a justiça é subproduto natural de nossa natureza ativo-social. A questão fundamental que surge, portanto, é "como fortalecer os laços naturais entre as pessoas, de forma a promover uma espécie de ordem social que mais favoreça os atos de liberdade individual e cooperação social do que os reduza pela dominação" (p. 83).

Reformulação da responsabilidade administrativa

Essa questão leva a uma crítica e a uma reformulação da noção clássica de responsabilidade administrativa, segundo a qual assegura-se *accountability* nas organizações públicas quando se exige que as ações desses órgãos correspondam às intenções do legislativo. Tal visão mantém-se fiel a uma relação instrumental entre meios e fins, com os órgãos administrativos sendo obrigados a executar a vontade do corpo dirigente. As obrigações morais residem em algum lugar fora do indivíduo e são cobradas por meio de várias restrições, seja pelas que são impostas de fora por lei ou regulamentação, seja pelas que são internalizadas pelos profissionais da administração. Em contraste a essa visão, Harmon argumenta que a natureza ativo-social da individualidade pressupõe que existe um modo alternativo de ação administrativa responsável – especificamente, de responsabilidade pessoal. "A responsabilidade pessoal pressupõe que os atores são agentes que devem arcar com a carga moral de suas ações, em vez de transferir a culpa ou responsabilidade a outras pessoas ou a padrões externos de correção" (p. 125).

Mas essa visão não significa dizer que os administradores individuais devam agir com total discrição e liberdade. Pelo contrário, argumenta Harmon, visto que a ação administrativa é necessariamente interação, a responsabilidade pessoal implica também responsabilidade social – os indivíduos devem ser guiados pelos interesses da comunidade bem como por sua própria discrição. Essa visão, no entanto, mais uma vez levanta a confusão entre individualidade e sociedade, com a possibilidade de que as expectativas sociais venham a guiar a responsabilidade pessoal, em vez de a responsabilidade pessoal estar na base da responsabilidade social. Mais importante, as questões de praticidade entram em ação. Em alguns casos (talvez muitos), há grande dificuldade de se chegar a definições consensuais e, por consequência, de se exercer a responsabilidade pessoal. Por essa razão, segundo Harmon, para os casos mais extremos, ainda são necessários mecanismos de *accountability*. Esse ponto é retomado num livro mais recente de Harmon, *Responsibility as paradox* (1995), em que ele argumenta que a responsabilidade é inevitavelmente paradoxal, no sentido de que personifica duas ideias que se opõem: a agência moral – o senso de responsabilidade do próprio indivíduo – e a *accountability* da autoridade institucional.

Pode-se perguntar se a aceitação da visão de mundo do próprio administrador permite que alguém possa avaliá-la criticamente. Harmon parece concordar que os indivíduos podem ser levados a aceitar ideologias falsas, particularmente na medida em que estão sujeitos à dominação de outros que lhes impõem seu senso de realidade; no entanto, sendo esse o caso, a simples aceitação da visão particular do administrador encobrirá o viés, a ideologia implícita na visão dele. E se essa visão limitar a liberdade e a criatividade do indivíduo, ela deveria estar sujeita à crítica. Nesse ponto, a abordagem baseada na fenomenologia parece ser limitada. A aceitação por Harmon de uma epistemologia baseada na fenomenologia aparentemente minaria, enfim, seu argumento em favor de uma perspectiva mais crítica da vida administrativa. Para conseguir essa perspectiva, devemos dar um passo adiante a fim de investigar o que se tornou conhecido como a teoria crítica das organizações públicas.

Teoria social crítica

A perspectiva crítica reconhece que existe certa tensão entre nossas lutas e as limitações que nos são impostas pelas condições sociais, mesmo pelas condições das quais temos apenas uma vaga consciência. O papel da teoria é revelar essas contradições e, assim, nos permitir buscar nossa liberdade. Conforme assinala Richard Box (2005), a teoria "crítica tem por propósito identificar as contradições entre o que é e o que poderia ser e mostrar o potencial de mudança positiva" (p. 11). Já que esse entendimento nos dá a oportunidade de maior liberdade e exploração do potencial humano, ela está inevitavelmente associada à ação de busca das verdadeiras necessidades e desejos do indivíduo.

A perspectiva crítica foi elaborada por inúmeros pensadores importantes, dos quais o mais proeminente é Jürgen Habermas, que tentou fazer, da forma mais completa, uma nova proposição ou enunciado da posição crítica (HABERMAS, 1970, 1974a, 1974b, 1975, 1979; também BERNSTEIN, 1976; e McCARTHY, 1978). Com base na obra de Habermas, complementada pelo trabalho de outros teóricos, consideramos que vários aspectos da abordagem crítica têm relevância particular para o estudo das organizações públicas. Especificamente, vamos examinar (1) a crítica da razão instrumental; (2) a "cientização" da vida política e a redução da esfera pública; e (3) a relação entre conhecimento, comunicação efetiva e interesses humanos.

Crítica da razão instrumental

Os membros da Escola de Frankfurt – um instituto criado, no início da década de 1920, para a investigação de uma teoria crítica da sociedade – procuraram expor as raízes da dominação social na vida moderna, abrindo assim um caminho para o surgimento derradeiro da liberdade por meio da razão. Mas, nessa tarefa, eles logo se depararam com um desafio à própria razão ou, mais precisamente, com uma redefinição da base da racionalidade social (JAY, 1973). Max Horkheimer, o diretor e líder intelectual da escola, discute essa questão contrastando dois modos de raciocínio. Segundo ele, na maioria, os grandes sistemas filosóficos supõem que a razão é um princípio que existe objetivamente na natureza e por cujo intermédio se pode avaliar a razoabilidade das ações de um ser humano. A razão, nesse sentido, guia a escolha social e se expressa na linguagem da justiça e da liberdade, da violência e da opressão. Em contraste com esse modo de racionalidade, Horkheimer (1974, p. 18) aponta o surgimento de uma forma mais instrumental, interessada apenas nos meios mais favoráveis (isso é, eficientes) de se obter um dado fim.

Herbert Marcuse (1964) chama a atenção para as limitações da moderna interpretação da razão em uma crítica a Weber. Especificamente, ele argumenta que a noção weberiana de racionalidade, enquanto preocupada com a forma como os meios são ordenados para atingir os fins previamente definidos, não apenas afasta da discussão os vários interesses sociais que são servidos pelas instituições supostamente racionais, mas também elabora padrões de controle técnico, um "controle metódico, científico, calculado e calculista" (p. 223-224). Considerando que os modos existentes de tecnologia pressupõem dominação, a noção weberiana de racionalização não se torna crítica, mas apologética, no sentido de que os atos podem ser justificados por sua contribuição para a ação tecnicamente racional (p. 214-215). Em vez de uma contemplação racional e de uma ação esclarecida, temos que nos contentar com a tarefa limitada de encontrar soluções técnicas para os problemas de *design* da máquina social existente.

Habermas amplia a crítica de Marcuse a Weber com o exame das alternativas que se poderia propor a uma racionalização extensiva da sociedade. Ambos concordam que a dependência weberiana de uma definição técnica da racionalidade fundamentalmente constitui uma justificação ideológica para a extensão da dominação, mas se preocupam ainda mais com a descrição de Weber de que esse resultado seria inevitável. Eles apresentam argumentos em sentido contrário, afirmando que se pode desenvolver um cenário alternativo, visto que as instituições humanas são construídas socialmente e, portanto, podem ser reconstruídas por decisão consciente e ação efetiva. Enquanto Marcuse vê a possibilidade de se alterarem as condições de dominação descritas por Weber num novo modo de ciência e tecnologia – um método que oferece uma relação diferente entre humanidade e natureza –, Habermas (1970, Capítulo 6), por sua vez, sugere que a ciência e a técnica, na forma em que são definidas no mundo moderno, estão inevitavelmente associadas a uma ação racional-intencional, uma ação racional movida por propósito, cálculo. O esforço proposto por Habermas implica na restauração ou retorno de uma estrutura alternativa de ação – que é a da interação simbólica ou comunicativa – ao seu *status* próprio.

Com ação racional-intencional, ou propositada, Habermas se refere ao campo de trabalho percebido como ação instrumental em busca de objetivos dados. A ação racional-intencional se preocupa com a técnica, ou seja, com a solução de problemas do tipo meios-fins. Com "interação", por outro lado, Habermas (1970, p. 92) se refere à construção da estrutura normativa da sociedade, uma estrutura "governada por normas consensuais vinculantes (...) que têm que ser compreendidas e reconhecidas por (...) sujeitos interativos". Os sistemas sociais podem, por conseguinte, ser diferenciados por qual delas for predominante: a ação racional-intencional ou a interação comunicativa.

Habermas argumenta que a transição das sociedades tradicionais para sociedades capitalistas modernas, descrita pelo conceito de racionalização de Weber, é marcada por uma guinada na base da legitimação social. Nas sociedades tradicionais, o campo da ação racional-intencional está de tal maneira impregnado na estrutura normativa da sociedade que raramente ameaça a eficácia das tradições culturais. Mas nas sociedades capitalistas emergentes há, pela primeira vez, garantia de crescimento econômico permanente; por consequência, o campo da ação racional-intencional se torna autossustentável. "Dessa maneira, as estruturas tradicionais se subordinam cada vez mais a condições de racionalidade instrumental ou estratégica: a organização do trabalho e dos negócios, a malha de transporte, a informação e a comunicação, as instituições de direito privado e, começando pela gestão financeira, a burocracia estatal" (HABERMAS, 1970, p. 98). Surge, então, a possibilidade de que se perca, por fim, o campo da interação comunicativa ou simbólica no emergente campo da ação racional movida por cálculo.

Redução da esfera pública

Esse desenvolvimento teria implicações importantes para o sistema político. Num de seus primeiros ensaios, Habermas (1974b) descreve a "esfera pública" como a arena em que os vários interesses existentes na sociedade se engajam num discurso relacionado ao estabelecimento da agenda normativa para a sociedade (ver também PRANGER, 1968). Em tempos recentes, a esfera pública foi consideravelmente reduzida, a ponto de os interesses manifestados tenderem a ser os interesses dos superiores hierárquicos das empresas, dos trabalhadores e das profissões, mediados ou administrados pela mídia de massa. Essa delimitação da esfera pública é consistente com a subjugação do poder político a um projeto racional intencional. Em tais condições, já não é mais necessário que o campo da política se preocupe com a estrutura normativa da sociedade, com a relação da sociedade com a "boa vida" e assim por diante. Essas preocupações estão agora subordinadas às novas tarefas da política, que são: garantir a forma privada de utilização do capital, facilitar o crescimento da economia e vincular a lealdade das massas à sua nova condição. Nessa nova interpretação, a política tem a função de eliminar as disfunções e os riscos associados à produção do capital. "A atividade do governo se restringe a questões técnicas que podem ser resolvidas pela administração, de forma que as questões práticas se evaporam, por assim dizer" (HABERMAS, 1970, p. 103). (Nesse contexto, as questões práticas são aquelas que orientam a prática social, não simplesmente as que são pragmáticas.)

Obviamente, a crescente preocupação do governo com a solução de problemas técnicos tem implicações especiais para as noções de cidadania democrática, pois não se precisa de debate público para resolver questões técnicas; de fato, o envolvimento das massas pode até se mostrar disfuncional. Assim, a redução da esfera pública redunda numa despolitização geral da cidadania. Seu papel já não é mais ajudar na escolha dos rumos sociais, mas o de escolher, ocasionalmente, grupos alternativos de pessoal de gestão, cuja função, por sua vez, será a de lidar efetivamente com os problemas que atrapalham a operação serena e tranquila do sistema social e econômico. Tudo isso se explica, como assinala Marcuse (1964), pela lógica do progresso científico e técnico e se torna mais palatável pela promessa de um aumento de bens e serviços para todos. De uma forma extremamente importante, conforme observa Habermas (1970), "essa ideologia conseguiu a façanha singular de desvincular ou dissociar o autoentendimento da sociedade do arcabouço de referência da ação comunicativa e dos conceitos de interação simbólica e de substituí-lo pelo modelo científico" (p. 105). O resultado é uma nova consciência, em que o mundo é visto pelo olhar da técnica.

Restabelecimento da comunicação sem distorção

Na visão crítica, porém, se restabelece a conexão entre teoria e prática, que fora rompida anteriormente pela teoria tradicional. Habermas (1970, p. 274-300) ilustra esse processo pelo exame da psicanálise freudiana enquanto disciplina crítica. Habermas interpreta o recalque, conceito central na psicanálise, como a privatização da linguagem, o afastamento ou a retirada de certos símbolos da comunicação pública para um lugar em que se tornem inacessíveis ao ego, mas continuem a influenciá-lo. O resultante conflito de poder ou perturbação interna afeta o indivíduo, mas de maneira inconsciente para ele. A análise tem a tarefa de restabelecer comunicações intrapessoais efetivas mediante a restauração de uma parte da história de vida invisível do paciente. Esse resultado é alcançado mediante um processo estritamente pessoal que visa redescobrir sua individualidade, sendo confirmado como correto e verdadeiro em sua interpretação somente pelo paciente. Dessa forma, a inquirição e a autonomia se tornam uma só: "Na autorreflexão, o conhecimento pelo conhecimento ganha coerência com o interesse pela autonomia e a responsabilidade" (p. 314). Independentemente de referir-se ao indivíduo ou à sociedade, Habermas argumenta que a chave está no restabelecimento da comunicação sem distorção.

A ação verdadeiramente racional só pode acontecer pela remoção das restrições à comunicação, incluindo a restrição que mais frequentemente distorce nossas tentativas de alcançar consenso: a dominação. Onde os padrões de comunicação são assimétricos – isso é, no qual um participante da comunicação tem poder sobre outro –, ocorrem distorções inevitáveis, tanto na vida social quanto na psique individual. Essas distorções devem ser desvendadas antes de qualquer processo de emancipação.

> O debate público sem restrição, livre de dominação, sobre a conveniência e a desejabilidade dos princípios e normas que orientam a ação... essa comunicação em todos os níveis dos processos políticos e repolitizados da tomada de decisão é o único caminho pelo qual algo parecido com "racionalização" se torna possível. (HABERMAS, 1979, p. 118-119)

Por intermédio de um processo de autorreflexão generalizada e crítica, podemos restabelecer a intimidade entre teoria e prática tão necessária à ação humana esclarecida – isso é, a práxis.

> Mediante um processo de autorreflexão generalizada e crítica, podemos restaurar a intimidade entre teoria e prática tão necessária à ação humana esclarecida – isso é, a práxis.

Análise crítica das organizações públicas

Embora se tenham feito poucas tentativas explícitas de aplicar a análise crítica ao estudo das organizações públicas (ver ABEL, SEMENTELLI, 2003; BOX, 2005; DAVID, 1996; FORESTER, 1989; HUMEL, 1987; KING e ZANETTI, 2005; MOONEY NICKEL, 2011; ZANETTI, 1997), várias questões levantadas na literatura de teoria crítica dizem respeito a esse esforço (ver, por exemplo, BURRELL, MORGAN, 1979). Da mesma forma que Weber, Habermas ilustra a operação da racionalidade técnica usando como referência a burocracia pública, porquanto a esfera da administração do Estado personifica o interesse pela técnica e a eficiência, que cada vez mais permeia a sociedade em geral. Ao mesmo tempo, como observaram teóricos críticos e outros, a burocracia pública continua a concentrar discrição e poder social em medidas sempre crescentes. A convergência dessas tendências – cada vez mais à disposição de interesses essencialmente técnicos – significa redefinição implícita do papel da burocracia pública e suscita questões importantes que poderiam muito bem ser abordadas a partir de uma perspectiva crítica.

Numa época em que não se entende com clareza as intenções dos burocratas e em que o público até os coloca sob suspeição, não faltam motivos para preocuparmo-nos com a legitimidade continuada do serviço público. Atualmente, até a simples presença de funcionários públicos suscita desconfiança em algumas pessoas e hostilidade direta em outras – uma situação que denota, pelo menos, falta de congruência percebida entre os interesses dos burocratas e os interesses do público. Mas talvez a aparente contradição de interesses de fato se baseie em comunicações sistematicamente distorcidas entre as várias partes. Nessas circunstâncias, a análise das limitações estruturais nas práticas comunicativas, que a teoria crítica está cobrando, parece um bom lugar para se começar.

Especificamente, argumentamos (CATLAW, 2007a, Cap. 3; DENHARDT, 1981, p. 628–635) que uma abordagem crítica às organizações públicas examinaria a base técnica da dominação burocrática e as justificações ideológicas para essa condição, além de perguntar como os membros e usuários das burocracias públicas poderiam compreender melhor as consequentes limitações interpostas às suas ações e, por sua vez, desenvolver novos modos de práxis administrativa. Essa abordagem da organização pública construiria, em primeiro lugar, seu entendimento da formulação e implementação da política pública a partir de uma base axiologicamente crítica, colocando essas questões no contexto normativo e histórico mais amplo que lhes cabe. Ela procuraria lançar os fundamentos para mais autonomia e responsabilidade, tanto no interior da burocracia como em suas interações com os outros atores. Além disso, a abordagem crítica insistiria no destaque aos aspectos da teoria e prática burocráticas da organização pública que servem para limitar o reconhecimento e a contribuição do indivíduo para o processo de governança. Em contraste com as atuais relações restritivas no interior da burocracia e com o tratamento excessivamente despersonalizado dado aos atores externos, a abordagem crítica enxergaria uma conexão essencial entre a autorreflexão pessoal e societária, por um lado, e o desenvolvimento pessoal e societário (incluindo a assim chamada "aprendizagem organizacional"), por outro (ver ARGYRIS, SCHÖN, 1978).

Não faz muito tempo, Jong S. Jun elaborou essa perspectiva no livro *The social construction of public administration* (2006). De forma consistente com o que se disse até aqui, Jun argumenta que a administração pública tem se preocupado com assuntos gerenciais e técnicos, respaldando-se numa tradição epistemológica de base positivista e funcionalista. O resultado é que a administração pública se interessa fundamentalmente pela manutenção da ordem organizacional e pela supressão das atividades que atrapalham as políticas ou processos organizacionais. Segundo seu argumento, cada vez mais se vê, ao longo do curso, que os cidadãos e as organizações cívicas estão "atravessando o caminho". Jun argumenta que temos que reinterpretar a administração pública "tendo noção de, pelo menos, duas de suas importantes dimensões: (1) a administração pública se dá no contexto da democracia e da sociedade civil; e (2) é imprescindível que a condução das atividades administrativas e o exercício das escolhas do *design* contem com a participação e a interação dos múltiplos atores que serão afetados pelas políticas ou projetos" (p. 32-33). A recomendação de Jun – a construção social da administração pública com base na teoria interpretativa e crítica – depende do engajamento do administrador na prática da ação crítica e reflexiva, isso é, na práxis.

Em contraste com a ênfase na ordem e na regulamentação que encontramos na literatura convencional de administração pública, uma abordagem crítica daria destaque às condições de poder e dependência que caracterizam a vida organizacional contemporânea e ao considerável potencial de conflito e desordem que essas condições prenunciam. Essa abordagem nos permitiria repensar em termos dialéticos as questões de mudança organizacional enquanto consequência de forças competitivas que operam no contexto linguístico, possibilitando-se, assim, um entendimento mais dinâmico da vida organizacional. Além disso, essa abordagem nos revelaria certas contradições inerentes às organizações hierárquicas. Ao especificar como as relações correntes de poder e dependência resultam em alienação e estranhamento, uma teoria crítica das organizações públicas sugeriria tentativas mais diretas de melhorar a qualidade da vida organizacional (ver DENHARDT, 1981, Cap. 6).

Uma forma de realizar essa análise seria focalizar as falhas nos padrões de comunicação que hoje marcam tanto as relações internas quanto externas das organizações públicas. As relações hierárquicas entre gestores e subordinados e entre burocratas e usuários obviamente restringem as possibilidades de conversação entre os participantes considerados iguais na mesa de comunicação. A análise e a reordenação desses padrões linguísticos que ora limitam nossas interações poderiam permitir a expressão de valores anteriormente reprimidos.

Por exemplo, imagine-se um estilo alternativo de gestão que pretenda não controlar, mas ajudar os indivíduos (membros ou usuários) a descobrirem e perseguirem as próprias necessidades de desenvolvimento, mesmo reconhecendo que essas necessidades possam, às vezes, estar em desacordo com as dos valores dominantes da burocracia. (Se admitirmos que a burocracia e a sociedade têm em comum os mesmos valores dominantes, essa abordagem poderia parecer problemática; no entanto, como as burocracias assumem vida e valores próprios, temos razões para duvidar de que os valores organizacionais correspondam aos da sociedade em geral.) O que Brian Fay (1977) chama "modo educativo" de inquirição supõe que, "pelo menos em parte, existem condições sociais repressivas e frustrantes, pois as pessoas sistematicamente têm falta de clareza sobre suas necessidades e a natureza de suas relações sociais" (p. 206). A abordagem educativa de Fay procura ajudar as pessoas a determinarem tanto suas verdadeiras necessidades como as condições sociais que impedem a satisfação dessas necessidades. Por meio da autorreflexão, as pessoas podem chegar a uma nova clareza sobre as condições distorcidas sob as quais vivem, permitindo assim que atuem no sentido de alterar essas condições. De maneira semelhante, o estilo educativo de gestão procuraria ajudar os indivíduos a descobrirem e depois perseguirem os próprios interesses e necessidades – uma situação que abriria maiores espaços para a comunicação e o diálogo normativo entre os membros da organização.

Essas mesmas considerações aplicar-se-iam, talvez até com maior força, às relações entre burocratas e seus clientes. Um entendimento dialético dessas relações revelaria como os membros das burocracias exercem o poder sobre os clientes, sujeitam-nos a procedimentos rígidos e despersonalizados e limitam, por cooptação e outros expedientes, a contribuição que poderiam dar à operação do órgão público. (É óbvio que uma visão crítica reconheceria que esses atos não acontecem necessariamente por intenção maldosa da parte de burocratas individuais, mas sim por causa de falhas estruturais.) Para os cidadãos, esses clientes são ao mesmo tempo produtores e consumidores de serviços governamentais.

Dar prioridade às trajetórias de desenvolvimento de todos os participantes – tanto dos burocratas como dos clientes e usuários – significa reafirmar o compromisso com a democratização das relações sociais de todos os tipos e dar foco às distorções que têm impedido que os desejos dos indivíduos sejam expressos por meio da ação política e social organizada. Numa época em que a esfera pública foi convertida em campo de competição entre interesses de grupos, a democratização interna desses grupos, incluindo a burocracia pública, oferece caminho possível para manter compromisso com os processos democráticos. Além disso, as estruturas democratizadas representariam os interesses e os valores de uma proporção substancialmente maior da cidadania do que a engajada atualmente no diálogo público, restabelecendo-se em certa medida uma relação adequada entre a interação racional-intencional e a comunicativa. Sob essas condições, a burocracia pública poderia até se tornar o principal veículo para a crítica e a autorreflexão societária.

Discurso e administração pública pós-tradicional

Recentemente, inúmeros teóricos importantes da administração pública seguiram seus colegas de outras disciplinas (desde arte e arquitetura até sociologia e filosofia) na busca da ideia do pós-modernismo (FOX e MILLER, 2005), discurso (McSWITE, 2000), ou abordagens relacionadas que David John Farmer (2005) caracteriza como administração pública pós-tradicional. O termo *pós-modernismo*, obviamente, pressupõe uma reação contra a condição moderna, que, segundo muitos, já teria vários séculos de existência. Para outros, o pós-modernismo assumiu sentido muito mais abrangente, incluindo não apenas uma crítica ao modernismo, mas pelo menos uma sinalização em relação ao futuro do pensamento social. O pós-modernismo significa muitas coisas em muitos níveis e, por essa razão, é extremamente difícil defini-lo com precisão. Ademais, pós-modernistas adotaram uma linguagem única, às vezes exotérica, para expressar conceitos e ideias elusivas. Ainda, em nossa visão, teóricos da administração pública que usam as ideias pós-modernas colaboram para o avanço da abordagem crítica descrita anteriormente. Eles buscam examinar os limites do modelo racional e os aspectos objetivados do mundo social para formular um contexto de ação menos distorcido e mutuamente capacitador.

Se há algum denominador comum para os muitos sentidos e propósitos do pós-modernismo, esse é, provavelmente, a ideia de que os indivíduos e as sociedades atuais parecem ter perdido a capacidade de representar o "real". Isso é, independentemente de falarmos de estética, moralidade, epistemologia ou política, parece que nos sentimos inseguros em relação à nossa base de discussão e debate. Os antigos termos nos quais costumávamos confiar para estabelecer a realidade já não parecem mais funcionar. De fato, pode-se demonstrar que esses termos têm falhas "fatais", falhas que tipicamente refletem sua origem como produtos das épocas históricas, culturais e sociais em que, particularmente, se formaram. Em geral, os pós-modernistas sustentam que a linguagem antes constitui o mundo do que o reflete. Se o conhecimento baseia-se na linguagem, segue-se, portanto, que ele está sempre vinculado às circunstâncias históricas e ao ambiente específico em que surge (ver SPICER, 2000).

De maneira semelhante, os pós-modernistas são particularmente críticos da tendência recente de os símbolos tomarem o lugar daquilo que representam, tornando-se eles mesmos a moeda mais importante na troca de pensamentos e ideias. De acordo com essa visão, palavras e signos ou significantes têm cada vez menos probabilidade de significar alguma coisa que seja sólida ou durável. Em vez disso, eles se desconectam dos referenciais reais (uma tendência que os pós-modernistas chamam *epifenomenalismo*) e se constroem sobre si mesmos (processo que os pós-modernistas chamam *autorreferencial*). Por exemplo, a publicidade moderna cria universos simbólicos em que se vendem carros com base no seu *sex appeal*, em que sapos e lagartos vendem cerveja. Em cada caso, um conjunto particular de premissas simbólicas compõe a base para uma conversação autocontida e estreitamente definida, a maior parte da qual é, de fato, de mão única, do falante para o ouvinte. Somente podem participar as pessoas que entendem as "imagens culturais" particulares estabelecidas e, mesmo nesse caso, há pouca ou nenhuma chance para discussão ou diálogo relevante. Staci Zavatarro (2013) recentemente usou essas ideias para entender como as cidades tentam criar marcas de si mesmas e se promoverem. Ela argumenta que as cidades estão se comportando cada vez mais como empresas privadas, e que isso tem consequências importantes para a governança democrática e o envolvimento do cidadão.

A resposta pós-moderna a essa tendência do modernismo é questionar ou desconstruir as falhas que se aninham no centro de cada tendência social, cultural ou política, norma ou instituição considerada garantida. De fato, em certo sentido, os pós-modernistas parecem afirmar que tudo é falso, pelo menos no sentido de que não se pode provar que alguma coisa seja real. Para toda situação, para tudo o que se afirma, há sempre um número sem fim de interpretações. Já que você nunca pode dizer realmente o que pretende com a linguagem, não há jeito algum de se estabelecer uma verdade ou falsidade. Assim, nenhuma interpretação é superior à outra; em outras palavras, todas as interpretações têm validade igual, significando que nenhuma tem validade. Com efeito, toda interpretação, portanto, é falsa e todo entendimento é um mal-entendido, um desentendimento.

Essas questões são especialmente importantes quando se trata das explicações de larga escala que o homem moderno construiu para explicar a realidade social. "A modernidade (...) reflete crença total na capacidade da linguagem de base racional para captar, apreender o mundo. Ela (...) reflete otimismo, reivindicando o poder de compreendê-lo em sua totalidade. Os pós-modernistas renunciariam a essa fé, a esse otimismo e a essa afirmação de poder" (FARMER, 1995, p. 47). Na perspectiva modernista, essas explicações de larga escala são as verdades transcendentes e universais que dão suporte à civilização e servem para lhe dar legitimidade; elas são as explicações que tornam o mundo moderno compreensível. Os exemplos incluiriam o materialismo dialético no marxismo, a teoria do recalque na ciência psicanalítica, a noção da burocracia hierárquica no pensamento de Weber, o positivismo lógico na filosofia da ciência e a teoria sistêmica nas ciências sociais. Os pós-modernistas questionam todas essas explicações amplas ou abrangentes, conhecidas como metadiscursos ou metanarrativas, e desafiam sua pretensão para explicar tudo, chamado "fundacionalismo".

Jean-François Lyotard, escritor-chave pós-moderno (em FOX, MILLER, 1995), escreve: "Usarei o termo moderno para designar toda ciência que se legitima por referência a um 'metadiscurso' (...) [que faz] apelo explícito a alguma narrativa grandiosa" (p. 44). O pós-modernismo é cético em relação a todas essas metanarrativas, pois é possível mostrar que elas têm falhas fundamentais, tipicamente baseadas no modo como inevitavelmente representam de modo incorreto a realidade por meio da sua escolha de uma perspectiva ou "linguagem" particular.

Na imaginação dos pós-modernistas, portanto, a arquitetura funcional cede lugar a formas mais ecléticas, que procuram captar ou apreender o caos e a alienação da condição contemporânea; o positivismo lógico cede lugar a um interpretativismo radical ou, melhor ainda, a um anarquismo metodológico; a burocracia hierárquica dá lugar à delegação e ao discurso; as "leis" da ética dão lugar à ética da situação. Quando Fox e Miller os contrastam, o modernismo e o pós-modernismo apresentam as seguintes diferenças: integração *versus* desintegração, centralização *versus* descentralização, totalização *versus* fragmentação, metanarrativas *versus* textos díspares, impulso de unificar *versus* hiperpluralismo e universalismo *versus* relativismo (FOX, MILLER, 1995, p. 45; ver também MILLER, FOX, 1997).

No mundo da política, a política simbólica reina suprema, enquanto o espetáculo da mídia e da simulação toma o lugar do debate político e da deliberação política. Essa é a era dos bordões de apelo (*sound bites*), do mundo dos intérpretes políticos (*spin doctors*) e da campanha negativa. A conversação sobre política pública foi eclipsada pela imaginação simbólica, insincera, de captação da atenção, à qual os pós-modernistas se referem como a *hiper-realidade*, um termo usado para indicar que "os signos e as palavras ficaram cada vez mais estranhos para as comunidades de discurso mais autênticas" (FOX, MILLER, 1995, p. 7). Novamente, as palavras e os símbolos se tornam autorreferenciais, fazendo sentido apenas num contexto estreito e somente para quem entende aquele contexto específico. Em consequência, o discurso político é substituído por campanhas de mídia de mão única e pelo tipo de irrealidade criada sem participação, que foi o tema de *Mera coincidência* (*Wag the dog*, um filme que rapidamente se tornou parte do debate político porque parecia estar muito próximo da realidade – ou seria o caso de uma realidade muito próxima da fantasia? De todo modo, esse é o ponto.)

Em nível social amplo, o que as pessoas compartilham é em sua maior parte simbólico e, portanto, em grande parte efêmero, embora ainda possa existir a possibilidade de acordo e de consenso dentro de grupos menores, bairros ou comunidades. Muito embora compartilhemos "uma hiper-realidade de consciência infundida pela mídia" (FOX, MILLER, 1995, p. 43), os pós-modernistas argumentam que pode haver acordo e entendimento no seio de comunidades menores (uma tendência que eles chamam desenvolvimento de um *neotribalismo*). Se os signos e símbolos por meio dos quais acontece a conversação se tornaram autorreferenciais e epifenomênicos, poderíamos esperar que subculturas diversas falassem umas às outras, mas sem se entenderem (na linguagem do pós-modernismo, seus jogos de linguagem são incomensuráveis). Por consequência, os pós-modernistas tendem a celebrar o pequeno, o incomum, o marginal e o diferente. Assim, nas conversações sociais e políticas, como em todas as outras coisas, "o pós-modernismo é o retorno e a vingança do diferente, a afirmação do fora de padrão fortuito e a anomalia inassimilável" (FOX, MILLER, 1995, p. 45).

Em síntese, os pós-modernistas veem o suposto progresso da era moderna com grande ceticismo. E assinalam que a exaltação do fato e da racionalidade pelo modernismo resultou em guerras mundiais, campos de concentração, genocídio, pobreza, racismo, industrialização, burocratização, urbanização e muitos outros males. Para os pós-modernistas, esse registro indica o fracasso do modernismo, mas, talvez de forma mais importante, indica o malogro da busca moderna pelo entendimento racional do mundo real. Cada vez mais, o que parece ser real é, ao contrário, irreal, simbólico, ilusório, pura ficção – em muitos casos, uma ficção manipulada com o intuito de enganar. Assim, tudo o que é aparente é suspeito e tem que ser questionado, especialmente se for possível mostrar que reflete uma perspectiva de corrente dominante que poderia excluir quem não tem capacidade de manipular o simbolismo da vida moderna em seu proveito. O pós-modernismo reflete rejeição à falsa esperança do moderno entendimento racional.

Aplicações na administração pública

A posição do discurso pós-moderno exerceu fascínio em inúmeros estudiosos da administração pública. Vamos examinar aqui alguns autores representativos do pensamento pós-moderno no campo. Charles Fox e Hugh Miller argumentam em *Postmodern public administration* (1995) que a democracia representativa norte-americana atual não é representativa nem democrática. Pelo contrário, as funções supostamente legitimadoras da deliberação democrática foram substituídas por um conjunto de símbolos que não têm referenciais substanciais na experiência. Sob essas circunstâncias, os sistemas burocráticos *top-down* acabaram dominando o processo político em detrimento do diálogo real, e o campo da administração pública serviu, pelo menos em parte, para dar apoio intelectual a esse desenvolvimento. Fox e Miller argumentam, portanto, que o primeiro passo para superar essa condição é reconhecer que construtos como a burocracia hierárquica são socialmente criados e não são parte do mundo natural em termos imutáveis.

De maneira semelhante, Fox e Miller sugerem que a política pública não resulta de explorações racionais das condições objetivas, mas, antes, que o discurso da política pública é inerentemente político. "Segue-se que os determinantes reais da política pública são o choque de metáforas, os símiles e as analogias, os argumentos elaborados de forma estratégica e os estratagemas retóricos – e não a ciência" (p. 113). Além disso, a aplicação de verdades universais aos debates políticos subverte o significado da experiência vivida (MILLER, 2002). A título de alternativa, Fox e Miller sugerem a importância do "discurso autêntico", ou do que Miller mais tarde chamaria de *ethos* do discurso, por cujo intermédio as deliberações públicas ocorreriam de maneira a excluir as demandas insinceras, as que são apenas autocomplacentes, as procedentes de pessoas sem disposição para acompanhar o discurso e as dos *free-riders*. O papel do administrador público é dar apoio à criação e à manutenção do discurso autêntico, por meio do qual serão ouvidos e levados em conta os valores de uma multidão de cidadãos públicos. Os pontos de vista devem ser confrontados uns com os outros e é muito provável que as ideias entrem em choque. Mas os fóruns construídos em torno de normas de inclusão, atenção e compreensão oferecem a possibilidade de reafirmação das normas da democracia.

David Farmer, nos livros *The language of public administration* (1995), *To kill the king* (2005) e *Public administration in perspective* (2010), faz uma abordagem pós-tradicional um pouco diferente. Farmer sugere, em primeiro lugar, que a moderna teoria da administração pública é uma linguagem mediante a qual as pessoas compreendem a burocracia pública, suas possibilidades e suas limitações. Da mesma forma que o fazem outras linguagens, a teoria da administração pública reflete uma variedade de pressupostos, abordagens, temores e desejos que orientam o modo como entendemos e praticamos administração pública. No entanto, Farmer argumenta que a teoria tradicional dessa administração, embora contribua de forma significativa para o bom trabalho feito no serviço público, é limitada em sua capacidade de elevar o nível (*upgrade*) da burocracia pública. Em termos específicos, a teoria modernista tem dificuldade de abordar questões que tratam de como dar vida e energia à burocracia pública para que sejam obtidos benefícios do esforço. A teoria da administração pública é um caso paradigmático de modernidade, que enfatiza, como se vê, a racionalidade calculista ou instrumental, os fundamentos científicos e técnicos e a autoridade hierárquica.

Em contraposição, Farmer argumenta que uma nova maneira de se pensar a administração pública e a burocracia pode servir para transcender os limites do pensamento atual e abrir novas possibilidades para um serviço público de nível mais avançado. Em termos específicos, Farmer recomenda uma abordagem reflexiva para desvendar os pressupostos que limitam a teoria da administração pública atual. A interpretação reflexiva procura extrair e usar o nosso entendimento da administração pública pelo exame das consequências do caráter linguístico do campo.

> É uma arte que examina o conjunto de pressupostos e construções sociais formadoras da lente teórica através da qual enxergamos e que faz especulações sobre um ou mais conjuntos alternativos de pressupostos socialmente construídos (que formam outra lente) pela qual poderíamos enxergar. O foco está na lente e em lentes alternativas, não nos objetos que são "vistos" através das lentes; presta-se atenção ao ato de ver e às opções desse ato. (FARMER, 1995, p. 12, ver também FARMER, 2010)

> Uma nova maneira de se pensar a administração pública e a burocracia pode servir para transcender os limites do pensamento atual e abrir novas possibilidades para um serviço público de nível mais avançado.

Farmer sugere, em seguida, quatro interesses ou cuidados que poderiam orientar a reconstrução pós-tradicional da teoria da administração pública. O primeiro é a imaginação, antes considerada um atributo exclusivo do mundo estético, mas agora uma característica que se tornou necessária de maneira mais geral. Farmer sugere que a imaginação poderia vir a constituir um paralelo para o termo *racionalização*, que vemos na obra de Max Weber e de muitos teóricos convencionais da administração pública. A introdução de uma imaginação espirituosa na prática da governança acresceria contemplação e possibilidades abertas de várias maneiras novas e interessantes – maneiras não delimitadas pelas fronteiras do racionalismo (FARMER, 2005, p. 3-20). O segundo interesse é a desconstrução, que Farmer recomenda como forma de se despir dos pressupostos que sustentam a teoria modernista da administração pública (e sua dependência de palavras como *hierarquia* e *eficiência*) e como forma de entender o caráter simbólico da política e da burocracia contemporâneas.

O terceiro interesse é a desterritorialização, que, para Farmer, significa remover o código ou grade que se impregnou no entendimento pela forma como se conduz esse pensamento, em particular, o pensamento científico. Uma abordagem pós-tradicional reconheceria que a ciência é apenas mais um discurso entre muitos, liberando, dessa maneira, o nosso pensamento para explorar possibilidades novas e criativas. Finalmente, em quarto lugar, Farmer explora o mundo moral da administração pública por meio do termo *alteridade*, que significa um cuidado básico sobre como o administrador deve se comportar na relação com os outros. Com a discussão dessa ideia, Farmer estimula, fundamentalmente, uma postura anti-institucional ou uma antiadministração dentro da administração pública, uma postura que abordaria todas as instituições existentes do governo e a burocracia pública com ceticismo pós-moderno, quando não com direta oposição. (Para vários artigos sobre o conceito de antiadministração, ver FARMER, 1998. Para uma elaboração adicional sobre noções como o pensamento enquanto jogo, a justiça enquanto busca e a prática enquanto arte, ver FARMER, 2005.)

Outro livro que aplica a abordagem pós-tradicional à teoria da administração pública é *Legitimacy in public administration* (1997), de O. C. McSwite (pseudônimo de Orion White e Cynthia McSwain). Inspirada pela teoria psicoanalítica e o pragmatismo filosófico, McSwite reconstitui passo a passo a história da questão da legitimidade na administração pública, fazendo referência especial ao debate entre Friedrich e Finer, examinados anteriormente, e sugere que nossa falta de especificação dos processos democráticos limitou nossa capacidade de entender como se pode manter a *accountability* democrática no estado administrativo. Não podemos resolver a questão da legitimidade porque não conseguimos descobrir como fazer funcionar a democracia. Fazendo alguma concessão a McSwite, voltamo-nos para o que ele chama de homens da razão;

isso é, decidimos eleger líderes razoáveis e depois confiamos que eles atuem de forma razoável. Mas isso significa que os homens da razão, no final das contas, devem tomar decisões sozinhos ou, na melhor das hipóteses, com alguma consulta ou *input* formal (como votações). Eles atuam de forma um tanto fechada, em contraste com o tipo de abertura e colaboração que a ideia de discurso implica ou dá a entender.

Seguindo uma posição pós-tradicional, McSwite conclui que só é provável que aconteça alguma mudança significativa na administração pública ou no governo depois que sejamos capazes de ver (1) como é possível agir sem confiar na razão; e (2) como chegar a um acordo em relação à ideia do outro (a questão da alteridade). Questionando as "soluções" teóricas para esses problemas, McSwite oferece um primeiro passo prático: abrirmo-nos uns aos outros. "A alternativa é ouvir, 'esvaziar-se de si' e acolher o outro como a si mesmo. Isso (...) não é tanto o fim da razão quanto sua transformação (...). Ao fazer das pessoas e suas vidas o objeto de suas contemplações, a razão nos separa uns dos outros, quando a realidade da condição humana é: eu sou você" (p. 272-277).

Michael Spicer (2000, 2010) elabora seu pensamento em torno da perspectiva pós-moderna, argumentando que os teóricos e profissionais da administração pública norte-americana implicitamente basearam suas ideias em uma visão de Estado que o concebe como uma associação com propósito, uma associação imaginada para conciliar vários interesses na busca de objetivos mutuamente acordados. O Estado, nesse sentido, se ocupa da definição dos fins do governo e da mobilização dos recursos necessários ao alcance desses fins. Ele é uniforme em sua orientação e pragmático em sua aplicação, ideias essas consistentes e sustentadas pela noção de um Estado administrativo. Em um Estado desse tipo, a ideia da discussão e da disputa políticas em torno dos valores e fins é deslocada pelo foco ou ênfase nas abordagens técnicas que visam à obtenção desses fins.

Essa visão, segundo Spicer (2000), é cada vez menos relevante para o mundo pós-moderno, um mundo em que a diversidade reina de forma suprema – em termos de valores, culturas, estilos de vida etc. Nesse mundo, necessita-se de uma alternativa que veja a administração pública como mais do que apenas um instrumento para um Estado intencional, um Estado sujeito a um propósito. Spicer argumenta que a visão alternativa de administração pública que mais se ajusta ao mundo pós-moderno é aquela que se baseia na noção da associação civil.

Nesse caso, o papel do Estado e de seus órgãos administrativos consiste em reunir os diversos interesses para o debate e a disputa em torno dos valores políticos centrais e em facilitar a resolução de conflitos.

Na mesma linha, Camilla Stivers (2008) escreve, de maneira tocante, que vivemos "tempos sombrios, obscuros", em dois sentidos: o sentido de que nosso mundo tem menos esperança e é impotente diante das forças do mal e do terror que parecem dominar nossa política contemporânea, especialmente depois do 11 de setembro [de 2001], e o sentido descrito pela filósofa política Hannah Arendt, um tempo em que se romperam os laços do mundo político, um mundo de interação com e entre as pessoas. Essa dupla "obscuridade", segundo Spicer, se exacerba com a nova governança, orientada pelo mercado (a nova gestão pública):

> O meu argumento é que entendimentos ou sentidos de mercado refletidos na nova governança nos tornam, dentro e fora do governo, indivíduos competitivos que se conectam por força do autointeresse e rompem a conexão tão logo ela não nos sirva mais. Tempos sombrios nos cobram outras conexões além das estritamente instrumentais. Eles nos cobram a renovação dos espaços públicos, a criação de inúmeras oportunidades para as pessoas – cidadãos, não cidadãos, funcionários, administradores – se encontrarem, de forma que cada qual possa expressar o próprio ponto de vista sobre as questões, grandes e pequenas, que nos confrontam. (p. 6)

Nesse mundo, o servidor público tem uma responsabilidade ética especial de pensar e agir reflexivamente, ajudando a fazer a conexão entre a esperança e a realidade política em formas novas e esclarecedoras.

Outro tratado pós-tradicional recente e muito significativo é o livro de Thomas Catlaw, *Fabricating the people* (2007a). Catlaw pondera que, nos Estados Unidos, paralelamente à desconfiança geral no governo, tem havido, como já observamos, uma contínua crise de legitimidade no campo da administração, uma "busca constante por identidade e congruência disciplinar" (p. 1). Em resposta, o campo oferece duas explicações: uma, a de que a administração pública deve desenvolver um conjunto diferente de valores centrais; outra, a de que a administração pública tem que ter melhor desempenho, isso é, criar um governo que flua melhor e custe menos. As duas respostas são, segundo Catlaw, capciosas.

Em vez disso, ele busca um tipo de explicação totalmente diferente, argumentando que a crise de legitimidade na administração pública é o resultado de uma ruptura na base ontológica do campo, os pressupostos centrais que o campo sustenta em relação à própria realidade. Esses pressupostos, para Catlaw, não são dados como matéria de senso comum, mas criados na medida em que enfrentamos o mundo e lhe damos nova forma. Além disso, enquanto aplicados à administração pública, eles têm importante conteúdo político, sugerindo formas de organizar e conduzir a política. "Aplicando isso ao nosso próprio contexto político, as instituições do governo representativo e as modernas pressuposições da democracia – isso é, a ideia de um soberano popular ou povo – estão, elas próprias, ligadas a um conjunto distinto de compromissos ontológicos", que são a chave para o entendimento da crise de legitimidade na administração pública (p. 2-3).

O problema é que a noção de "nós, o povo" pressupõe uma unidade ou acordo que presumivelmente todos nós aceitamos. Há um ponto de vista que nós compartilhamos. Mas, pelo contrário, o mundo atual se caracteriza pela multiplicidade, por blocos crescentemente diversos de entidades e interesses. Sob essas circunstâncias, as noções tradicionais que usamos no passado para construir um mundo com sentido – termos como *representação política e epistemológica* e *soberania popular* – já não parecem mais funcionar. Enquanto nossa ontologia política tradicional e fundacional presume um grau de unidade subjacente às diferenças aparentes, a diferença é hoje central para se compreender a governança. Por muitas razões, porém, a administração pública não foi capaz de confrontar os cuidados que essa falha da ontologia política coloca. Tome-se, por exemplo, a dicotomia entre política e administração. Enquanto supusermos que a soberania do "povo" existe "lá fora", a distinção entre política e administração – que expressa a vontade do povo e sua execução – será mantida.

Para a administração pública, então, o ato de desafiar a noção de povo revela que muitos dos interesses que ocuparam os teóricos da organização pública são de fato sintomas de uma patologia subjacente – a visão unificada de Povo. De acordo com Catlaw, "ao seguirmos a lógica do Povo, começaremos a ver como o ato de governar excede nossas tradicionais instituições "políticas" e padrões de organização e interação sociais" (p. 14). Por sua vez, os formuladores do campo passam ao largo de interesses como a dicotomia política e administração. "O ato de governar se localiza em cada espaço, se realiza por meio de cada interação. Já não se pode, plausivelmente, delegá-lo a um dos lados da dicotomia ou a uma instituição tradicional..." (p. 14).

Em última análise, Catlaw faz uma argumentação não apenas contra um modelo particular de representação (ou soberania popular), mas contra a própria ideia da representação. Essa medida, argumenta ele, abre a possibilidade para novos modos de governança. De acordo com essa visão, "o ato de governar poderia se ocupar dos processos por e através dos quais a verdade, as objetividades e as subjetividades são contextualmente produzidas, impostas e sustentadas, em vez de o serem apenas por meio dos mecanismos" associados à técnica da administração pública (p. 189). Atento, Catlaw observa que afastar-se do povo não significa afastar-se da democracia, mas, muito pelo contrário, significa abrir melhores possibilidades para a autogovernança e locais para a prática democrática. A democracia, afirma ele, sempre foi relacionada à transcendência. E a administração pública, por conseguinte, se torna uma prática transcendente, "a prática geral de produzir e sustentar mundos humanos" (p. 191) de uma forma que supera os relacionamentos de dominação e marginalização.

Catlaw desenvolve essa ideia em seu trabalho com Kelly Campbell Rawlings (2011). Eles debatem por um entendimento da democracia não só como uma forma de governo ou esfera social, mas como uma "forma de vida". Eles escrevem que "a autogovernança democrática exige um foco primário nas formas concretas por meio das quais as pessoas se comunicam e vivem juntas ao invés de uma imputação de valores, funções, e papéis para instituições, esferas, ou setores específicos da sociedade – todos os quais têm se tornado bem problemáticos [pelas condições sociais de hoje]" (p. 33). Eles descrevem como as escolas, locais de trabalho, e famílias podem ser espaços para interações democráticas e mostram como esses padrões em uma área da vida influenciam outras áreas. Ao final, se queremos uma esfera pública democrática forte, precisamos começar a construí-la em nossas vidas cotidianas.

Finalmente, em sua análise da "narrativa" básica da administração pública (mencionada anteriormente), Harmon (2006) advoga uma concepção unitária (não dualística) de governança, uma concepção que, segundo ele, poderia incluir as seguintes características: uma experimentação colaborativa – que envolve os *policy-makers* e os administradores, incorpora a incerteza como traço essencial da vida social e facilita o processo de interação social – e um conceito de igualdade democrática que reconhece a legitimidade das diferenças individuais (p. 144).

Embora a visão pós-modernista ou pós-tradicional de mundo faça uma apreciação complexa e multifacetada da condição contemporânea da humanidade e seja, em parte por conta disso, praticamente inatingível, ela claramente contém lições para os administradores públicos. É certo que o ceticismo em relação à dominação da razão no mundo da administração está mais presente na literatura pós-modernista do que nas outras críticas que vimos. Além disso, os teóricos da administração pública que seguem a abordagem pós-tradicional observaram a existência de uma conexão entre o pressuposto da razão (ou racionalidade) e a natureza introvertida de grande parte da administração pública. De várias maneiras, todos os livros sobre administração pública pós-moderna que examinamos aqui chegam a uma conclusão semelhante (embora observem diferenças importantes): de que é provável que a vida no mundo atualmente nos revele cada vez mais a nossa dependência mútua e, por conseguinte, torne ainda mais importante a necessidade de que os padrões de governança se fundamentem em discurso inclusivo, sincero e franco entre todas as partes, incluindo os cidadãos e os administradores. E mesmo que os teóricos pós-tradicionais da administração pública se mostrem céticos a respeito das abordagens tradicionais da participação pública – temendo que se tornem discussão controlada que serve os interesses de sistemas, em vez de discurso autêntico –, parece que existe um acordo considerável de que se faz necessário um diálogo público melhorado e inclusivo para dar vida e vigor à burocracia pública e para devolver um senso de legitimidade ao campo da administração pública.

Variações na teoria feminista

Aliadas às teorias pós-tradicionais da administração pública estão as abordagens feministas a esse campo. Apesar de muitas pesquisas sobre questões femininas na administração pública terem enfocado temas como diversidade, pagamento igualitário e barreiras intangíveis à promoção funcional das mulheres, o feminismo crítico vai muito além desses tópicos, examinando modelos alternativos de organização pública. Em um de seus primeiros livros, *The feminist case against bureaucracy* (1984), Kathy Ferguson identificou como a burocracia de tipo ideal contém inerentemente conotação de gênero, refletindo os tradicionais vieses masculinos de poder e autoridade, tanto no interior da burocracia como na relação entre cidadãos e organizações públicas. Em oposição a essa postura, Ferguson recomenda uma nova abordagem para a organização – uma abordagem em que as organizações sejam "baseadas no poder definido como energia e força em grupos estruturados, mas não vinculadas à personalidade de um único indivíduo, e cujas estruturas não permitam o uso do poder para dominar os outros no grupo" (p. 180) – assim como uma nova interpretação da cidadania, baseada em "processos compartilhados de conversação, deliberação e julgamento" (p. 174).

De maneira semelhante, Camilla Stivers (1992) argumenta que a teoria da administração pública pressupõe, fundamentalmente, uma concepção masculina de controle como essencial ao desenvolvimento administrativo. Depois de examinar a "masculinização do pensamento", que fez com que a realidade fosse vista à parte da individualidade (*self*) e, portanto, sujeita a controle, Stivers sugere uma alternativa feminista, que prefere aceitar em vez de dicotomizar o rigor e a relevância e reconhecer que, sem discussão, facilitação e atividades comunais, corremos o risco de ceder ao senhorio, à dominação e ao controle. O que Stivers chama de "paciência selvagem" engloba não apenas a paciência que o administrador facilitador precisa ter, mas também a coragem necessária a quem se recusa a concordar com tudo o que aparece pela frente.

Foram particularmente interessantes os estudos feministas sobre liderança, apesar de terem proporcionado apenas resultados díspares. Entretanto, uma síntese desses estudos sugere que as pessoas avaliam os estilos de liderança de homens e mulheres de forma diferente, valorizando o senso de iniciativa do estilo masculino e preocupação com os outros no estilo feminino (BARTUNEK, WALSH e LACEY, 2000). De acordo com essa pesquisa, as mulheres que exercem liderança de forma educativa, pedagógica e facilitadora provavelmente serão aceitas e bem avaliadas tanto por homens como por mulheres, ao passo que as mulheres que tomam iniciativa recebem menos apoio. Stivers e outras feministas, no entanto, também se perguntam "se os estilos de liderança femininos simplesmente mascaram melhor a hierarquia; elas queriam saber se, afinal de contas, nós precisamos de líderes – no sentido de alguém que defina o significado das situações, nos mostre a maneira correta de abordar os problemas e nos faça querer o que o líder quer (nos motive)" (STIVERS, 1993, p. 133; STIVERS, 2002).

Vários autores argumentam que a exploração continuada do modo como pensamos social, cultural e organizacionalmente a respeito das relações de gênero poderia proporcionar um grande *insight* para a reconstituição final das estruturas organizacionais hierárquicas e governança democrática (BURNIER, 2003; DENHARDT e PERKINS, 1976; EAGAN, 2006; McGINN e PATTERSON, 2005). Patricia Mooney Nickel e Angela Eikenberry (2006) descrevem como a marginalização baseada em gênero e outras formas – como as de raça, sexualidade ou aptidão física – penalizam desproporcionalmente alguns membros da organização. Abordagens convencionais de gestão focam no "estresse" de um indivíduo e como ele pode "lidar" com ele, ao invés de confrontar as condições que criam e reforçam sua vida organizacional "estressante" e marginalizada. Rejeitando veementemente as teorias que pretendiam dividir a vida pública da vida organizacional, elas escrevem que "Uma gestão democrática feminista chama continuamente a atenção para como a marginalidade é mantida por meio de retratos dos papéis de gênero como naturais... Quando o privado e o pessoal se tornam políticos, não é mais 'natural' para as mulheres, ou qualquer outro grupo explorado fora da esfera oficial de valor, serem subjugadas" (p. 364).

De forma semelhante, Janet Hutchinson (2002) defende uma "dessexualização" da administração pública democrática que "exige uma mudança social muito mais fundamental que a adoção de um novo modelo participativo. Ela exige um entendimento fundamentalmente diferente e uma experiência de gênero vivida" (p. 732) e o tratamento e as condições únicas que a experiência do gênero pode significar para os indivíduos. Tal entendimento precisa admitir que o gênero "não é estático" e não está preso à dicotomia homem/mulher, mas "é relacional, fluido, e instável diante do ambiente" (p. 736). Jennifer Eagan avança o trabalho de Hutchinson e explora o que significa ser um "cidadão" a partir da perspectiva feminista. Ela pergunta quem é o "bom cidadão" e as normas não declaradas que autorizam os administradores a fazer aqueles tipos de determinações. Eagan apela aos administradores para que vejam suas próprias identidades e aquelas dos "cidadãos" que servem como contingentes e instáveis, e abordem seu trabalho com uma atitude de hesitação e modéstia sobre seu conhecimento do mundo. Ela escreve que: "No final, não podemos saber com quem estamos lidando. No entanto, administradores públicos e teóricos políticos devem estar atentos quanto à suposição de que conhecem as identidades e motivações de sujeitos cidadãos, particularmente os marginalizados" (p. 395).

Raça e o desenvolvimento da teoria da organização pública

Estudiosos da organização pública têm feito importantes, mas tardios, avanços nos últimos anos sobre como a etnia influencia a forma como as organizações públicas funcionam (ou não funcionam) e a maneira na qual administradores públicos constroem e gerenciam a esfera pública. Matthew Witt (2006), em seu artigo "*Notes from the Margin: Relevance and the Making of Public Administration*", faz uma contribuição significativa nesse sentido. Ele escreve que teóricos e pesquisadores costumam negligenciar o tema da etnia apesar do fato de que "nenhum local de formulação de políticas confrontado por administradores públicos está imune às consequências do desenvolvimento de instituições racistas nos Estados Unidos, ou, mais frequentemente, no exterior" (p. 60). Mesmo as abordagens críticas à administração pública convencional, como a nova administração pública e o pós-modernismo, falham nesse quesito. Witt documenta como o campo esteve praticamente em silêncio no famoso caso de 1986 da Suprema Corte, Plessey contra Ferguson (que legalizou a doutrina do "separado, mas igual") e Jim Crow, e como continua em silêncio sobre o uso universal e continuado de políticas públicas raciais e racistas (como a "linha vermelha" do mercado imobiliário). Ainda pior, a discussão que ocorreu no desenvolvimento embrionário do campo da administração pública, ele conclui, foi feia. Ela abordou "disputas sobre a variação do talento e gênio humanos com base nas características raciais. ... Em praticamente todos os casos, esse estudo deu crédito e justificou a supremacia racial branca" (p. 38).

Esse ponto é reforçado no livro de Kyle Farmbry, *Public administration and the other* (2009). Farmbry mostra que um dos "fundadores" da administração pública, Woodrow Wilson, tinha visões explicitamente racistas e antidemocráticas. Além de reverter políticas para desagregar os civis federais durante sua presidência, Wilson escreveu em 1909 que "Um estado extraordinário e muito perigoso foi criado no Sul pela emancipação repentina e absoluta dos negros, e não é estranho que as legislaturas sulistas acharam necessário tomar medidas extraordinárias para se protegerem contra os perigos manifestos e eminentes que ocasionaram" (citado em FARMBRY, 2009). Mais amplamente, Farmbry ilustra as formas pelas quais a administração e a política pública construíram e subordinaram "outros", como os nativos norte-americanos, os nipo-americanos, durante a Segunda

Guerra Mundial, e os imigrantes. Os "outros" são indivíduos ou grupos de quem nos mantemos distantes e os quais podemos discriminar. Mas, ao mesmo tempo, eles são muito próximos uma vez que sua suposta diferença é usada para estabilizar e proteger nossa própria identidade. A análise de Farmbry, portanto, também pode ser usada para compreendermos como construímos e usamos os "outros" e nossas vidas cotidianas. (Esse assunto foi abordado na discussão sobre Freud e a teoria psicanalítica no Capítulo 2.)

Outra contribuição notável nesta área é o livro de Dvora Yanow (2003), *Constructing "Race" and "Ethnicity" in America*. Yanow faz um relato detalhado sobre como as práticas administrativas e a categorização determinam como os norte-americanos pensam sobre etnia. Ao mostrar o desenvolvimento histórico das categorias oficiais de raça e etnia no censo oficial dos EUA, Yanow argumenta que não há nada "neutro" sobre raça ou como acabamos pensando sobre ela. Ao invés disso, "o discurso norte-americano contemporâneo sobre raça-etnia, por meio de suas políticas e práticas administrativas, incorpora e reflete uma disputa por reconhecimento público e certificação de identidade autoproclamada, às vezes incluindo resistência aos modos de 'autoidentificação' impostos pelo estado" (p. 92). Como também comentou Jennifer Eagan, essas são disputas para desafiar e redefinir o que é o "bom americano" e quem – literal e figurativamente – será contado pelo governo.

Teoria *queer* e o corpo de literatura na vida organizacional pública

A importância da sexualidade e da aptidão física nas organizações públicas é provocativamente explorada na "teoria *queer*". Originária nas explorações dos estudos feministas e de gênero sobre a experiência de *gays* e lésbicas, a teoria *queer* questiona radicalmente todas as declarações de "normalidade" e busca construir uma teoria a partir das experiências daqueles que parecem violar essas normas. Ela rejeita qualquer designação do que é "natural", como a distinção entre as sexualidades do homem e da mulher e a organização "heteronormativa" hierárquica do mundo social que resulta dela. Ao contrário, a teoria *queer* vê todas as identidades como *performances*, que variam dependendo do contexto e das normas dominantes. Da mesma forma que o trabalho de Farmbry sobre o "outro" e a crítica de Catlaw da representação, ela questiona como essas performances dependem da dominação ou subjugação de outras possíveis identidades. Por exemplo, Lee, Learmouth e Harding (2007) usam a teoria *queer* para examinar a organização pública e as normas de gestão existentes nas imagens do "bom gerente". Talvez contraintuitivamente, seu estudo etnográfico mostra como homens *gays* podem se tornar "outros" mesmo em contextos nos quais a organização presta serviços para homens que têm relações sexuais com outros homens.

A teoria *queer* também pode ser usada para explorar as suposições implícitas sobre a aptidão física nas organizações públicas e na política pública. Da perspectiva da teoria *queer* e estudos relacionados sobre inaptidões físicas (ver DAVIS, 2010), é o contexto ou situação específica que causa inaptidão em tipos específicos de corpos. Ele nos instiga a questionar se estamos fazendo suposições conscientes sobre o que certos corpos individuais são capazes de fazer quando projetamos instituições e políticas públicas. Estamos supondo certas habilidades físicas (visão, audição, altura), capacidades de linguagem (falar inglês, espanhol, tagalog), capacidades de leitura, e assim por diante? Como podemos criar espaços e interação para permitir que todas as pessoas participem da vida pública organizacional? Praticamente, os princípios do *"design* universal" oferecem orientação sobre como pensar sobre as respostas a essas questões e projetar espaços inclusivos e promotores da interação humana.

O novo serviço público

Como alternativa à nova gestão pública, Denhardt e Denhardt (2007) alcançaram uma alternativa ao "novo serviço público", que busca sua inspiração na (1) teoria política democrática (especialmente porque essa se interessa pela conexão entre cidadãos e seus governos); e em (2) abordagens alternativas à gestão e ao *design* organizacional, que têm origem numa tradição mais humanística da teoria da administração pública, incluindo a fenomenologia, a teoria crítica e o pós-modernismo.

> O "novo serviço público" se inspira na (1) teoria política democrática (especialmente porque se preocupa com a conexão entre cidadãos e seus governos); e em (2) abordagens alternativas à gestão e ao *design* organizacional, que procedem de uma tradição mais humanística na teoria da administração pública.

Cidadania, comunidade e o novo serviço público

Michael Sandel, no livro *Democracy's discontents* (1996), identifica duas tradições na vida política norte-americana. A primeira – que, segundo ele, prevaleceu principalmente na história recente – descreve a relação entre Estado e cidadãos em termos de procedimentos e direitos. De acordo com essa visão, o governo cumpre sua responsabilidade para com os cidadãos ao garantir a existência de procedimentos efetivos assegurando que ele funciona de acordo com princípios democráticos (por meio de eleições, representação, processo devido da lei e outros artifícios) e que os direitos dos indivíduos, como o direito de livre expressão ou o direito à privacidade, estão protegidos. Segundo essa visão, o papel do cidadão consiste em desenvolver a capacidade de escolher as ocupações que são consistentes com seu interesse e em respeitar o direito dos outros à mesma coisa. Essa perspectiva baseia-se na filosofia do autointeresse – uma filosofia segundo a qual o governo existe apenas para mediar os interesses pessoais e coletivos específicos dos membros da sociedade e para propiciar uma arena em que os autointeresses possam ser plenamente exercidos e adjudicados. Essa perspectiva, obviamente, dá sustentação à economia da *public choice* e à nova gestão pública.

Uma visão alternativa de cidadania democrática vê o indivíduo compartilhando o autogoverno de uma forma muito mais ativa. O papel do cidadão é olhar para além do autointeresse, é enxergar o interesse público mais amplo; é um papel que toma uma perspectiva mais abrangente e de longo prazo. Essa interpretação da cidadania democrática, obviamente, cobra muito mais do indivíduo. Entre outras coisas, ela "requer conhecimento dos problemas públicos e também senso de pertencimento, interesse pelo todo, laços morais com a comunidade cujo destino está em jogo. O compartilhamento no autogoverno exige, portanto, que os cidadãos possuam, ou venham a adquirir, certas qualidades de caráter, ou virtudes cívicas" (SANDEL, 1996, p. 5-6).

Outro tema de relevância para restaurar a cidadania democrática e estabelecer um novo serviço público está ligado ao termo *sociedade civil*. Como argumentaram muitas pessoas, em algum lugar entre os cidadãos e seu governo deve haver um conjunto saudável e ativo de "instituições mediadoras", que sirvam ao mesmo tempo para dar foco aos anseios e interesses dos cidadãos e para proporcionar experiências que preparem melhor esses cidadãos para a sua ação no sistema político mais amplo. As famílias, os grupos de trabalho, as igrejas, as associações cívicas, os grupos de vizinhos, as associações de bairros, as organizações de voluntários, os clubes e grupos sociais e até as equipes desportivas ajudam a estabelecer conexões entre o indivíduo e a sociedade em geral. Os grupos menores, que, coletivamente, poderiam ser referidos como sociedade civil, são importantes, pois as pessoas precisam trabalhar ativamente seus interesses pessoais dentro do contexto das preocupações da comunidade. Somente nesse ambiente podem os cidadãos se envolver no tipo de deliberação e diálogo pessoal que é a essência não apenas da construção da comunidade, mas da própria democracia.

Administração pública no novo serviço público

Muitos teóricos e profissionais no campo da administração pública captaram esses temas, tanto em seu entendimento da relação entre profissionais governamentais e cidadãos como em sua abordagem da liderança e da administração nos órgãos públicos. Muitos enfocaram o engajamento cívico e exploraram as várias maneiras pelas quais os membros das organizações públicas poderiam criar mais espaços para o diálogo e a deliberação, envolvendo tanto burocratas como cidadãos. Cheryl King, Camilla Stivers e demais autoras concluem o livro que organizaram, *Government is us* (1998), com a sugestão de três mudanças que ajudariam os administradores públicos a colocar novo foco nos cidadãos e na cidadania. Em primeiro lugar, em contraste com o "hábito mental" da gestão tradicional, elas sugerem que os administradores vejam os cidadãos como cidadãos (e não meramente como eleitores, clientes ou consumidores), que compartilhem a autoridade e reduzam o controle e que confiem na eficácia da colaboração. Em segundo lugar, em contraponto aos apelos gerencialistas por maior eficiência, essas autoras buscam maior responsividade e um correspondente aumento de confiança por parte dos cidadãos, mediante investimentos ativos dos governos e administradores pelo envolvimento dos cidadãos. Muitos outros livros contribuíram para esse projeto, como, por exemplo, *Citizen governance*, de Richard Box, *Citizen governance* (1998), John Clayton Thomas, *Public participation in public decisions* (1995), John Bryson e Barbara Crosby, *Leadership for the common good* (1992), e Cheryl King e Lisa Zanetti, *Transformational public service* (2005). Em terceiro lugar, porém, elas alertam que o envolvimento ativo não deve ser visto como sucedâneo para melhorias substanciais nas vidas dos indivíduos, especialmente dos desempregados e dos que enfrentam problemas sociais difíceis e complexos.

Um tratamento especialmente interessante dessas questões vem da literatura de política pública, que, como vimos, é profundamente orientada pela visão de mercado, *public choice* e autointeresse. Em contraposição, Peter DeLeon (1997) sugere que as ciências políticas (*policy sciences*) se afastaram de seu propósito original de apoiar processos democráticos e talvez tenham até contribuído, de fato, para um declínio da democracia. DeLeon sugere ainda uma "análise política participativa", que engajaria analistas e cidadãos numa busca mútua por soluções para os problemas públicos importantes. Essa abordagem poderia libertar a análise política da influência do positivismo e permitir o desenvolvimento de um modelo mais democrático de ciências políticas. As questões centrais com que se deparam as ciências políticas, segundo DeLeon, "são vazias e sem uma visão democrática" (1997, p. 11).

No mundo real têm ocorrido inúmeros experimentos importantes de engajamento de cidadãos. Um dos que são mencionados com mais frequência é o programa *Citizens First!*, do Condado de Orange, na Flórida. Iniciativa liderada pela chefe de governo do Condado, Linda W. Chapin, o programa *Citizens First!* começa com a proposição de que as pessoas que agem como cidadãos têm que demonstrar seu interesse pela comunidade como um todo, seu compromisso com assuntos que vão além de interesses de curto prazo e sua disposição para assumir responsabilidade pessoal pelo que acontece em seus bairros e na comunidade. Afinal, esses são alguns dos elementos que caracterizam a cidadania efetiva e responsável. "Essas são as qualidades que temos que disseminar em toda a nossa comunidade, lembrando às pessoas que, em relação ao nosso governo, todos devemos ser cidadãos em primeiro lugar". Mas o tema do *Citizens First!* é significativo de outra forma. Conforme observa Chapin,

> na medida em que as pessoas têm disposição para assumir (o papel de cidadãos), os membros (...) do governo devem estar dispostos a ouvir e colocar as necessidades e os valores dos cidadãos em primeiro lugar em nossas decisões e nossas ações. Temos que nos superar de maneira nova e inovadora para compreender o que preocupa nossos cidadãos. E temos que responder às necessidades que eles acreditam que os ajudem a melhorar suas vidas e as

de seus filhos. Em outras palavras, enquanto membros do governo, temos que pôr o cidadão em primeiro lugar.

> Os integrantes do governo têm que (...) colocar as necessidades e os valores dos cidadãos em primeiro lugar em suas decisões e ações; eles devem se expor de formas novas e inovadoras para compreender o que preocupa os cidadãos e devem responder às necessidades e interesses dos mesmos.

Obviamente, o conceito do *Citizens First!* tem certa semelhança com os esforços de muitos governos no sentido de melhorar o serviço ao consumidor, tema que se tornou bastante popular ultimamente. Mas a ideia do *Citizens First!* reconhece as limitações de se tratar os cidadãos como consumidores. O programa *Citizens First!* aborda essa questão ao fazer clara distinção entre satisfação do consumidor, segundo o modelo do setor privado, e satisfação do cidadão, segundo o modelo da cidadania, e ao sugerir que o governo, em última análise, deve se preocupar mais com as necessidades e os interesses dos cidadãos e corresponder melhor a esses anseios. Quando as pessoas atuam como consumidoras, tendem a seguir um caminho; quando atuam como cidadãos, seguem outro. Os consumidores, basicamente, se concentram nos próprios desejos e vontades e em como podem satisfazê-los prontamente. Os cidadãos, por outro lado, põem seu foco no bem comum e nas consequências de longo prazo para a comunidade. A ideia do *Citizens First!* é estimular sempre mais gente a cumprir suas responsabilidades como cidadãos e fazer com que o governo seja especialmente sensível às vozes dos cidadãos. O *Citizens First!* é uma via de mão dupla em que a governança responsável se caracteriza por parceria com o povo e em que uma cidadania atuante, engajada e responsável dá apoio à governança efetiva. O *Citizens First!* promove responsividade recíproca (CHAPIN, DENHARDT, 1995).

Finalmente, o novo serviço público expressa, na liderança e na gestão dos órgãos públicos, um renovado interesse pelos valores democráticos. Com isso, vários autores tentaram entrar no coração do campo da administração pública e remodelar sua perspectiva básica daquela tradicionalmente voltada para eficiência e desempenho para um cuidado equilibrado por responsividade democrática. Por exemplo, Gary Wamsley e James Wolf (1996) expressam, nos seguintes termos, como a administração pública tem que exercer seu papel no novo serviço público:

> Tendo em vista os desafios e problemas que enfrenta o sistema político do país, ele precisa de uma administração pública que possa ser aceita não apenas como implementadora eficiente de políticas, mas como atora legítima no processo de governança, [o que], em última análise, deve se alcançar pelo aprofundamento do caráter democrático da administração pública (p. 21).

De maneira similar, no livro *The spirit of public administration*, H. George Frederikson (1997) argumenta que "os administradores públicos têm a responsabilidade de estruturar as relações entre as organizações e o público, de maneira a fomentar o desenvolvimento de um conceito evolucionário (...) de bem comum" (p. 52).

O. C. McSwite refletiu sobre esse tema no livro *Invitation to public administration* (2002), um estudo envolvente em que estimula cada servidor público a examinar mais de perto os interesses e expressões pessoais envolvidos numa vida dedicada ao serviço público. Depois de explorar o sentido de um serviço público reflexivo, McSwite conclui que

> o serviço público é um lugar de trabalho edificante porque... o trabalho que ele faz implica, genuinamente, em confrontar a si mesmo, os outros e, de maneira mais geral, os problemas intratáveis da vida real. Independentemente do que cabe ao servidor público fazer, o propósito último de fazê-lo é proteger e promover o interesse público. Enfrentar sem esmorecimento esse padrão último é o tormento da vida de um servidor público, mas é, ao mesmo tempo, a salvação que a vida no serviço público lhe oferece. (2002, Epílogo)

Liderança no novo serviço público

A natureza variável da liderança nas organizações públicas tem sido tema particularmente importante no desenvolvimento do novo serviço público. Montgomery van Wart seguiu a trajetória do estudo da liderança no serviço público em seu livro *Dynamics of leadership in public service* (2005). Ao observar os traços dos líderes, suas habilidades e comportamentos, Van Wart resgata o desenvolvimento teórico da ideia de liderança desde as primeiras abordagens gerenciais e transacionais até a liderança carismática e transformadora. Um tema de discussão que emerge claramente é a mudança da forma hierárquica tradicional para o modelo de liderança compartilhada, um modelo que recebeu atenção considerável na literatura de administração pública.

Por exemplo, Jeffrey Luke (1998) examina o tipo de liderança necessária para levantar e resolver problemas públicos importantes, como elevar a qualidade das escolas, proteger os recursos naturais ou reduzir a pobreza urbana. O que Luke chama "liderança catalisadora" implica em levar o problema à agenda pública e política, mobilizar um conjunto diverso de pessoas em torno do problema, estimular múltiplas estratégias e propostas de ação e sustentar a ação e manter o ímpeto. David Carnavale (1995), por outro lado, examina a liderança dentro das organizações, sugerindo que, para se construir um governo confiável, é essencial que se tenha uma "liderança confiável". Em sua visão, "o objetivo de toda liderança nas organizações de alto desempenho é reduzir a dependência dos subordinados e construir autoliderança entre os trabalhadores individuais e as equipes" (p. 53; ver também DENHARDT, 1993, Cap. 4). Larry Terry, no livro *Leadership of public bureaucracies* (1995), sugere que cabe aos administradores enquanto líderes manter a integridade das instituições que representam – instituições que personificam ideais públicos relevantes. Terry sugere papel importante para os administradores no sentido de que conservem os valores do serviço público incorporados nas instituições que representam. Finalmente, Robert e Janet Denhardt, no livro *The dance of leadership* (2006), consideram a liderança uma arte, descrevendo como os líderes representam os elementos de seu talento artístico em seu trabalho. Por exemplo, parece que os líderes "artísticos" têm certa compreensão do ritmo dos eventos ou do fluxo de energia que marcam suas organizações.

Em um tratamento particularmente interessante da questão da liderança, intitulado *Street-level leadership* (1998), Janet Vinzant e Lane Crothers examinam o trabalho dos servidores públicos que atuam no nível da rua, ou na linha de frente, como os policiais e os assistentes sociais domiciliares, e comentam a natureza cada vez mais difícil e desafiadora do trabalho levado a termo nesse nível. Vinzant e Crothers (1998) observam que o escopo e a natureza da discrição na linha de frente se alargaram "por causa das mudanças nas expectativas dos cidadãos, nos sistemas de gestão e no clima político e por causa da natureza cada vez mais 'perversa' dos problemas que esses trabalhadores enfrentam" (p. 141). Por essa razão, Vinzant e Crothers argumentam no sentido de se usar o conceito de liderança como arcabouço de referência para a avaliação do desempenho e da legitimidade das ações na linha de frente. De novo, a questão do serviço público é central para essa análise. Temas relacionados são considerados por Steven Maynard-Moody e Michael Musheno em *Cops, teachers, and counselors* (2003), que mostra como a identidade e os valores pessoais dos administradores individuais atuam na entrega direta do serviço.

Finalmente, a relação entre líderes, administradores e cidadãos se completa no livro de Terry Cooper, *An ethic of citizenship for public administration* (1991). Cooper argumenta que a noção de cidadania envolve não somente direitos, mas também responsabilidades; por consequência, a pessoa que atua como cidadão tem que assumir um papel positivo em prol da melhoria de toda a sociedade. O cidadão atua na busca do bem comum e de acordo com os valores centrais do sistema político – participação política, igualdade política e justiça. Quando o cidadão se torna administrador público, ele assume o papel de cidadão-administrador, não sendo apenas cidadão, mas trabalhando para a cidadania. A base ética da cidadania se torna então a base para a postura ética do administrador público. Sua obrigação última é "prover bens e serviços públicos no sentido de aumentar o bem comum da vida comunitária, por cujo intermédio se formam o caráter e a virtude cívica".

O modo pelo qual essas ideias poderiam orientar o trabalho dos gestores públicos práticos, enquanto procuram transformar suas organizações em exemplos de serviço público, está descrito em um de nossos livros, *The pursuit of significance* (DENHARDT, 1993), o qual oferece uma visão geral das estratégias gerenciais que alguns dos melhores (quiçá até revolucionários) gestores públicos de todo o mundo estão usando para aumentar a qualidade e a produtividade de suas organizações. Com base em entrevistas e conversas com gestores públicos eminentes na Austrália, Canadá, Grã-Bretanha e Estados Unidos, o livro examina alguns fundamentos teóricos dessas estratégias, mas o faz em termos de práticas gerenciais específicas. Entre os temas que emergem no exame do trabalho desses gestores, estão os seguintes: compromisso com valores, foco no serviço ao público, empoderamento e liderança compartilhada, incrementos pragmáticos e, de máxima importância, dedicação ao serviço público. O que é mais notável em relação a essas abordagens é a maneira como refletem a busca por sentido ou significado – uma parte muito forte da motivação que anima os gestores públicos de topo. São ideias que não são implementadas simplesmente para seguir o modelo de negócios; pelo contrário, refletem o que faz o serviço público ser diferente.

Esboço do novo serviço público*

Denhardt e Denhardt (2007) descreveram o novo serviço público como uma alternativa à velha administração pública e à nova gestão pública. Em sua visão, há dois temas que fundamentam o novo serviço público: (1) promover a dignidade e o valor do novo serviço público; e (2) reafirmar os valores da democracia, da cidadania e do interesse público enquanto valores proeminentes da administração pública. Partindo desses temas, eles elaboram sete princípios-chave para o novo serviço público:

1. **Servir cidadãos, não consumidores:** Os servidores públicos não respondem meramente a demandas de consumidores, mas se concentram na construção de relações de confiança e na colaboração com e entre os cidadãos. O novo serviço público procura sempre estimular mais gente a cumprir suas responsabilidades de cidadãos e procura fazer o governo ser especialmente sensível às vozes dos cidadãos. O serviço público é visto como uma forma ou extensão da cidadania. A cidadania é concebida não como um *status* legal, mas como uma questão de responsabilidade e moralidade. Os cidadãos demonstram interesse pela comunidade toda, compromisso com questões que vão além dos interesses de curto prazo e disposição para assumir responsabilidade pessoal pelo que acontece em seu bairro e sua comunidade. Por sua vez, o governo tem que corresponder às necessidades e aos interesses dos cidadãos – e trabalhar com eles para construir uma sociedade civil.
2. **Perseguir o interesse público:** Os administradores públicos têm que contribuir para a construção de uma noção coletiva, compartilhada, do interesse público. O objetivo não é encontrar soluções rápidas movidas por decisões individuais; em vez disso, é a criação de interesses e responsabilidade com-

---

* Adaptado de Janet V. Denhardt e Robert B. Denhardt, *The new public service*: *serving, not steering*, edição ampliada (Armonk, NY: M.E. Sharpe, 2007). Todos os direitos reservados © 2007 por M.E. Sharpe.

partilhados. No novo serviço público, o administrador público não é o árbitro solitário do interesse público. Pelo contrário, ele é considerado ator-chave dentro de um sistema mais amplo de governança, que inclui cidadãos, grupos, representantes eleitos e outras instituições. Isso sugere que os administradores públicos desempenham papel importante no sentido de garantir que o interesse público prevaleça, que as próprias soluções tanto quanto o processo pelo qual se desenvolvem as soluções dos problemas públicos sejam consistentes com as normas democráticas de justiça, *fairness* e equidade. Uma das implicações mais importantes de se considerar o governo como meio voltado para o alcance de valores compartilhados é o de que o propósito do governo é fundamentalmente diferente do propósito dos negócios. Essas diferenças tornam no mínimo suspeito usar mecanismos e pressupostos de mercado sobre confiança exclusivamente como cálculo autointeressado. Mesmo que haja muitas características que mostrem a diferença entre negócios e governo, a responsabilidade do governo de promover a cidadania e servir o interesse público é uma das diferenças mais importantes – e uma pedra angular do novo serviço público.

3. **Dar mais valor à cidadania e ao serviço público do que ao empreendedorismo:** O interesse público é mais bem servido por cidadãos e servidores públicos que estão comprometidos em fazer contribuições significativas para a sociedade do que por gestores empreendedores que atuam como se o dinheiro público fosse seu. O papel do administrador no novo serviço público não é remar ou dirigir os consumidores, mas servir os cidadãos. Os administradores públicos trabalham dentro de redes políticas complexas e seu trabalho consiste em envolver os cidadãos no desenvolvimento da política pública – mediante participação ativa, autêntica. Essa participação não só informa a política, mas também constrói a capacidade da cidadania. Os defensores do novo serviço público argumentam que o ponto de vista predominante tanto na política quanto na administração está associado ao autointeresse, mas que o renascimento do espírito democrático poderia trazer grandes benefícios para a sociedade e seus membros. Certamente, não se questiona que os órgãos do governo devam se empenhar no sentido de oferecer o serviço de melhor qualidade possível, segundo os termos da lei e da *accountability*, mas esses esforços deveriam se fundar na ideia central da cidadania e da relação entre os cidadãos e seu governo.

4. **Pensar estrategicamente, agir democraticamente:** As políticas e os programas que atendem às necessidades públicas podem ser logrados da maneira mais efetiva e responsável mediante esforços coletivos e processos de colaboração. A participação dos cidadãos não deve se restringir à configuração das questões; ela também deve se aplicar ou estender à implementação das políticas. No novo serviço público, o envolvimento dos cidadãos não se limita ao estabelecimento de prioridades. Em vez disso, conforme essa visão, as organizações públicas devem ser administradas de modo a aumentar e estimular o engajamento dos cidadãos em todos os aspectos e estágios do processo de *formulação de políticas públicas* e implementação. Por intermédio desse processo, os cidadãos envolver-se-ão na governança, em vez de apenas fazerem demandas ao governo para satisfazer suas necessidades de curto prazo. Assim, com base na visão do novo serviço público, mecanismos como coprodução decorrem do conceito de comunidade e não do conceito de mercado. Em outras palavras, essas não são apenas medidas para corte de custos, são para a construção da comunidade. Os cidadãos e os servidores públicos têm a responsabilidade mútua de identificar problemas e implementar soluções.

5. **Reconhecer que a *accountability* não é simples:** Os servidores públicos não devem dar atenção apenas ao mercado; eles devem dar atenção, igualmente, a constituições e estatutos legais, a valores comunitários, a normas políticas, a padrões profissionais e a interesses dos cidadãos. Do ponto de vista do novo serviço público, a questão da *accountability* no serviço público é complexa; ela envolve um equilíbrio entre normas e responsabilidades concorrentes numa teia complicada de controles externos, padrões profissionais, preferências dos cidadãos, questões morais, direito público e, em última análise, interesse público. Em outras palavras, os administradores públicos são chamados a corresponder a todas as normas, valores e preferências concorrentes de nosso complexo sistema de governança. A *accountability* não é e não pode ser simples. Na perspectiva de Denhardt, é um erro supersimplificar a natureza da *accountability* democrática, enfocando apenas um conjunto estreito de medidas de desempenho ou tentando imitar as forças de mercado – ou, pior, simplesmente escondendo-se atrás de noções de *expertise* imparcial. O ato de proceder dessa maneira lança dúvida sobre a natureza da democracia e o papel

da cidadania e sobre o serviço público dedicado a servir cidadãos no interesse público. O novo serviço público reconhece que ser funcionário público é uma empreitada exigente, desafiadora e, às vezes, heroica, que envolve *accountability* a terceiros, conformidade à lei, moralidade, julgamento e responsabilidade.

6. **Servir em vez de dirigir:** Cada vez mais, os servidores públicos devem usar uma liderança baseada em valores para ajudar os cidadãos a articular e satisfazer seus interesses compartilhados em vez de tentar controlar ou dirigir a sociedade para novos rumos. No novo serviço público, a liderança baseia-se em valores e é compartilhada em toda a organização e com a comunidade. Essa mudança na conceituação do papel do administrador público tem profundas implicações para os tipos de desafios e responsabilidades de liderança enfrentados pelos servidores públicos. Os administradores públicos devem conhecer e gerir mais do que apenas os requisitos e os recursos de seus programas. Para servir os cidadãos, os administradores públicos devem não apenas conhecer e administrar seus próprios recursos, mas também estar conscientes e conectados a outras fontes de apoio e assistência, engajando os cidadãos e a comunidade no processo. Eles não procuram controlar como também não presumem que a escolha autointeressada sirva de sucedâneo para o diálogo e valores compartilhados. Em síntese, eles devem compartilhar poder e liderar com paixão, compromisso e integridade, de maneira a respeitar e conferir poder à cidadania.

7. **Dar valor às pessoas, não apenas à produtividade:** As organizações públicas e as redes de que participam têm mais chance de ser bem-sucedidas no longo prazo se operarem por meio de processos de colaboração e liderança compartilhada que tenham por base o respeito a todas as pessoas. Os gestores do setor público têm a responsabilidade especial e a oportunidade única de capitalizar sobre a "alma" do serviço público. As pessoas são atraídas para o serviço público porque são motivadas pelos valores do serviço público. São esses valores – servir os outros, tornar o mundo melhor e mais seguro e fazer a democracia funcionar – que melhor traduzem o sentido de ser um cidadão a serviço da comunidade.

A nova gestão pública, que veio a dominar o pensamento e a ação no campo da administração pública, fundamenta-se na ideia de que a melhor maneira de compreender o comportamento humano é admitir que o governo e os outros atores tomam decisões e empreendem ações com base no autointeresse. Segundo essa visão, o papel do governo é liberar as forças de mercado e técnicas incorporadas de gestão baseada no mercado de modo a facilitar a decisão individual e obter eficiência. Os cidadãos são vistos como consumidores e os problemas são tratados com o uso de incentivos. Espera-se que os servidores públicos sejam empreendedores de risco que realizam os melhores negócios e reduzem custos.

> Diferentemente da nova gestão pública, que se constrói sobre conceitos econômicos como maximização do autointeresse, o novo serviço público se constrói sobre a ideia do interesse público, a ideia de administradores públicos a serviço de cidadãos e, de fato, totalmente envolvidos com eles.

Por contraste, o novo serviço público sustenta que a administração pública deve começar com o reconhecimento de que a existência de uma cidadania engajada e esclarecida é crítica para a governança democrática. Segundo tal visão, essa "alta" cidadania é ao mesmo tempo importante e atingível porque o comportamento humano não é apenas questão de autointeresse, mas também envolve valores, crenças e preocupação com os outros. Os cidadãos são os donos do governo e capazes de atuar juntos em busca do bem maior. Dessa forma, o interesse público transcende a agregação dos autointeresses individuais. O novo serviço público procura valores compartilhados e interesses comuns por meio de um amplo diálogo e do engajamento de cidadãos. O próprio serviço público é visto como uma extensão da cidadania; ele é motivado por um desejo de servir os outros e de lograr objetivos públicos.

Governança, redes e democracia

Até agora, esse capítulo mostrou que tem havido uma persistente oposição na teoria da organização. Esses teóricos criticaram e combateram as muitas facetas do modelo racional questionando suas suposições sobre os seres humanos, suas formas de organização e o relacionamento humano, e sua abordagem à aquisição do conhecimento. A mais recente destas abordagens os posiciona em relação à nova gestão pública, a teoria da escolha popular, e estratégias de gestão baseadas no mercado. Junto com as abordagens fenomenológica, crítica e pós-moderna, os estudos de gênero e raça se concentram na importância da experiência contextual e incorporada de pessoas reais dentro das organizações públicas e as comunidades com quem interagem. Outras formas de conhecimento são importantes, mas, em geral, pessoas específicas colocam esse conhecimento para funcionar em um contexto específico. Além disso, esse trabalho examina as batalhas e os desafios cotidianos dos quais as pessoas marginalizadas precisam lidar para que ambientes mais inclusivos, democráticos e humanos possam ser criados. Ao fazer isso, esse estudo reconhece e valoriza o conhecimento fenomenológico, interpretativo e outras formas "locais" de conhecimento enraizadas na experiência das pessoas. Esse tipo de conhecimento nos ajuda a compreender as formas complexas nas quais a formação de sentido e identidade ocorre nas organizações públicas e como esses processos restringem ou permitem o que os indivíduos podem ser ou fazer. Esse trabalho é crítico da ideia de que gestores podem ter acesso ao tipo de conhecimento que promete o modelo racional, e profundamente cético quanto aos fins para os quais tal conhecimento pode ser usado. O novo serviço público, além disso, compartilha muitas dessas ideias e busca formular uma definição da organização pública que está enraizada nos relacionamentos mútuos entre cidadãos e seus governos para construir a sociedade civil e avançar o interesse público.

Mas como comentamos na discussão sobre Marx no Capítulo 2, qualquer consideração sobre alterar as condições sociais deve ser guiada pela reflexão crítica sobre nossa própria situação e aquela da nossa sociedade para revelar a base da dominação social e o sofrimento que ela promove. Enquanto é impossível para nós descrevermos a situação única com a qual cada indivíduo lida, podemos perguntar qual é a situação que muitos profissionais no serviço público enfrentam atualmente? E como essa situação influencia as possibilidades para o avanço de uma alternativa democrática ao modelo racional? O restante desse capítulo fala destas questões enquanto explora os desenvolvimentos contemporâneos e avalia suas implicações para uma teoria democrática da organização pública.

Do governo à governança

Um dos desenvolvimentos mais importantes no campo da política e da administração pública nas últimas décadas foi a abertura do processo da política pública para um conjunto de múltiplos interesses, organizações e agentes públicos. Enquanto no passado o governo era o principal ator a produzir a política pública, atualmente há muito mais atores envolvidos. Desde pequenas organizações sem fins lucrativos em nível local até grandes organizações multinacionais como a OMC, muitos grupos e entidades organizacionais se tornaram parte integrante do processo de política pública. Há várias razões para explicar o surgimento dessa situação. Em primeiro lugar, como discutimos no capítulo anterior, houve o aumento do "governo de terceiros" com a contratação de organizações privadas e sem fins lucrativos para a provisão de serviços. Em segundo lugar, os governos estão cada vez mais criando "associações governamentais" para prover serviços integrados. Em terceiro lugar, os avanços tecnológicos tornaram a colaboração em tempo real muito mais fácil do que era antes (GOLDSMITH, EGGERS, 2004). Em quarto lugar, tem havido demandas crescentes para que o público seja consultado e incluído na formulação de políticas e nos processos administrativos.

Além disso, tornou-se claro que em muitas arenas políticas nem governo nem mercados conseguem dar conta plenamente dos problemas que a sociedade enfrenta hoje. Nem o controle *top-down* associado à hierarquia governamental nem a relativa anarquia associada aos mercados proporcionam um modelo adequado para a solução dos complexos problemas atuais. Como assinalam Sorensen e Torfing (2006), a sociedade atual está marcada por uma crescente *fragmentação* em subgrupos relativamente autônomos, por uma *complexidade* na natureza dos problemas públicos e por uma nova *dinâmica societária* criada, em parte, por uma multiplicação e interconexão de horizontes de ação espaciais e temporais e, em parte, por uma imprecisão e contestação das fronteiras entre as instituições, setores e níveis regulatórios (p. 5).

Nessas circunstâncias, os mecanismos tradicionais de controle governamental do processo da política pública já não funcionam mais – nem sequer são ainda possíveis. Em vez disso, houve dispersão de poder e de governo em várias "redes" políticas (*policy networks*) (MARCUSSEN, TORFING, 2003; MILWARD, PROVAN, 2000; PROVAN, MILWARD, 2001). Atualmente, o governo está envolvido no processo político juntamente a muitos outros atores – empresas de mercado, associações, organizações sem fins lucrativos e cidadãos em geral. Como consequência, o *design* e a implementação da política pública, aquilo que alguns chamam "condução (*steering*) da sociedade" (NELISSEN et al., 1999), já não está mais nas mãos de uma unidade governamental singular que atua sozinha ou em acordo estreito com um ou dois outros atores, mas foi suplantado por redes muitas vezes um tanto complexas de governança formadas por uma pluralidade de atores, cada qual trazendo os próprios interesses especiais, recursos e arsenal de *expertise*. Além dos órgãos de governo, das empresas e das organizações sem fins lucrativos, esses grupos incluem organizações comunitárias, cooperativas, grupos promotores de interesses ou causas especiais (*advocacy groups*), organizações de serviços, partidos políticos, escolas, entidades de caridade e grupos profissionais (CROSBY, 1999, p. 3). Esses grupos podem, igualmente, atravessar fronteiras jurisdicionais e até mesmo nacionais.

Por essas razões, faz cada vez mais sentido falar não somente em governo, mas também em governança.* Embora haja diversas definições disponíveis, *governança* pode ser definida como as tradições, as instituições e os processos que têm a ver com o exercício do poder na sociedade (PETERS, 2001; BOGASON, 2000). O processo de governança se refere à maneira como são tomadas as decisões numa sociedade e como os cidadãos e grupos interagem na formulação dos propósitos públicos e na implementação das políticas públicas. Atualmente, o processo de governança envolve muitos grupos e organizações diferentes (ver INGRAHAM, LYNN, 2004; JONES, SCHEDLER, MUSSARI, 2004; POLLITT, BOUKAERT, 2004). Um dos desafios mais interessantes suscitados pelo novo mundo da governança em rede é como conciliar o governo hierárquico tradicional com as demandas por redes construídas em linhas horizontais. De maneira semelhante, os teóricos agora começam a perguntar como a governança em rede poderia contribuir para o fortalecimento da democracia ou para a desatenção em relação a ela. Esse é um ponto importante uma vez que as redes não são essencialmente democráticas.

É evidente que o crescente envolvimento de grupos múltiplos no *design* e na implementação da política pública por meio das redes de governança tem

---

* O tema "governança" é de difícil definição e evoca diversas abordagens teóricas. Recomendamos para essa contextualização assim como suas implicações para as políticas públicas no chamado Sul Global: Morgan, G., Gomes, M.V.P.; Perez-Aleman, P. "Transnational governance regimes in the global south: multicultural, states and NGOs as Political actors. RAE: *Revista de Administração de Empresas*, v. 56, n. 4, 2016 e Gomes, M.V.P.; Rojas, C. M." Governança transnacional: definições, abordagens e agenda de pesquisa, RAC: *Revista de Administração Contemporânea*, no prelo. (N.R.T.)

consequências importantes para o entendimento e a apreciação dos processos democráticos (SORENSEN, TORFING, 2004, 2005a, 2005b, 2008). Como consequência, houve um interesse crescente pela governança democrática em rede – como se poderia estruturar e operar redes de governança em conformidade com ideais democráticos. Entre outras coisas, há estudos que se concentraram em definições de governança democrática em rede, estruturas típicas de governança em rede, o papel dos esquemas de metagovernança e em como a governança democrática em rede pode incorporar da melhor maneira normas de transparência e engajamento cívico (BAND, 2003; GOLDSMITH, EGGERS, 2004; HAJER, WAGENAAR, 2003; HEFFEN, KICKERT, THOMASSEN, 2000; KETTL, 2002; KICKERT, KLIJN, KOPPENJAN, 1997; KOOIMAN, 1993; MARCH, OLSEN, 1995; MARIN, MAYNTZ, 1991; PIERRE, PETERS, 2000; RHODES, 1997; SORENSEN, TORFING, 2008).

Os primeiros estudos sobre as operações de redes nos setores público, sem fins lucrativos e com fins lucrativos tenderam a enfocar a questão de como as várias estruturas contribuem para a efetiva operação das redes ou a ignoram (MILWARD, PROVAN, 2000; PROVAN, MILWARD, 2001). Provan e Kenis (2008) descrevem três formas de governança em rede. A forma mais simples é a *governança participante*, em que a rede é governada pelos próprios participantes. As redes governadas pelos participantes podem ser altamente descentralizadas, altamente centralizadas ou governadas por uma organização líder. A segunda forma é chamada *redes governadas por organização líder*. Nesses casos, em virtude das ineficiências da governança compartilhada, seus membros concedem ser necessário que uma organização assuma o papel de liderança na rede. Um terceiro tipo de governança em rede é a *organização administrativa da rede*. Aqui, cria-se uma entidade administrativa distinta, seja ela organização individual ou formal, para governar a rede. Provan e Kenis argumentam que o sucesso de uma forma particular de governança em rede é relacionada com questões como confiança, tamanho, consenso em torno de objetivos e natureza da tarefa.

As teorias mais recentes de governança democrática em rede tendem a especificar mais explicitamente a natureza não hierárquica da governança em rede na formulação da política pública e, consequentemente, a levantar questões interessantes sobre como governar quando não há alguém no comando. Sorensen e Torfing (2008) definem uma rede de governança como:

(1) uma articulação horizontal relativamente estável de interdependência, mas com atores operacionalmente autônomos; (2) que interagem por meio de negociações; (3) que acontecem dentro de um arcabouço regulatório, normativo, cognitivo e imaginário; (4) que, por sua vez, são autorreguladores dentro de limites estabelecidos por mecanismos externos; e (5) contribuem para a produção do propósito público. (p. 9)

De modo semelhante, Borzel e Panke (2008) definem a governança em rede como "formulação e implementação de decisões coletivamente vinculantes pelo envolvimento sistemático de atores privados com os quais os atores públicos coordenam suas preferências e recursos numa base voluntária (não hierárquica)" (p. 156). Em todo caso, a interdependência característica da governança democrática em rede significa que as relações entre os participantes são horizontais em vez de verticais e que nenhum ator pode usar o poder hierárquico sem o risco de destruição da rede (WACHAUS, 2009).

Essa característica da governança em rede contribui para problemas peculiares de cooperação e colaboração. Goldsmith e Eggers (2004) descrevem o ato de governar por redes como "a nova face do setor público" e ressaltam as qualidades individuais necessárias aos gestores de rede para que tenham sucesso (p. 188). O problema que esses gestores enfrentam se explica: já que existem muitos participantes na rede, a autoridade e a responsabilidade ficam dispersas e, consequentemente, torna-se difícil aplicar os modos ou mecanismos tradicionais de *accountability*. Por meio de processos de negociação e colaboração deve-se decidir por objetivos bem precisos e deixar claras as responsabilidades necessárias para alcançá-los. Por essa razão, em vez das tradicionais habilidades de gestão *top-down*, os gestores de redes "têm que possuir pelo menos algum grau de habilidade em negociação, mediação, análise de risco, construção de confiança, colaboração e gestão de projetos" (p. 157-158). Eles têm que possuir a capacidade e a inclinação para trabalhar através de fronteiras e de setores; eles precisam ter a habilidade de responder com flexibilidade e criatividade a circunstâncias que estão sempre mudando.

Temas semelhantes são explorados por Robert Agranoff no livro *Managing within networks* (2007; ver também AGRANOFF, McGUIRE, 2003). Agranoff observa o papel importante daquilo que ele chama *redes de gestão pública* no processo de governança, mas assinala que, dependendo dos fins que elas procuram alcançar, há diferentes tipos de redes. As redes de informação existem com a finalidade de se trocarem informações sobre políticas, programas e possíveis soluções para os problemas comuns. As redes de desenvolvimento vão além do compartilhamento de informações para proporcionar aos membros serviços que possam ajudar suas organizações individuais a atingir mais satisfatoriamente os seus objetivos. As redes de assistência sem fronteiras (*outreach networks*) se engajam em todas as atividades anteriores, mas também investem em oportunidades de novos programas que possam ser implementados por meio de várias agências administrativas. Finalmente, as redes de ação adotam formalmente cursos de ação colaborativos, muitas vezes produzindo serviços diretamente para uma população de beneficiários (AGRANOFF, 2007, p. 10, 35-82).

Muitos acadêmicos exploraram a noção da colaboração como uma maneira de gerar ação coletiva em casos em que não há hierarquia clara ou senso de autoridade. Agranoff, por exemplo, usa o termo *colaborarquia* para descrever as difíceis atividades envolvidas na gestão de redes (p. 83-124). Outros exploraram em detalhes o modo como os grupos colaboram e como poderiam se engajar em liderança compartilhada. Os autores que contribuíram para a edição especial da *Public Administration Review* (PAR)* (2006), dedicada à gestão pública colaborativa, debateram processos que pretendiam facilitar arranjos multiorganizacionais para a solução de problemas que não podem ser resolvidos por uma única organização. "O verbo 'colaborar' deriva do latim *com-labor*, que significa trabalhar de comum acordo ou em conjunto, ou simplesmente cooperar para atingir objetivos comuns, trabalhando através de fronteiras em relações multissetoriais. A cooperação baseia-se no valor da reciprocidade" (O'LEARY, GERARD, BINGHAM, 2006, p. 7; ver também O'LEARY, BINGHAM, 2009).

Como parte do conjunto de artigos da PAR, Thomson e Perry (2006) ofereceram cinco dimensões da colaboração que devem ser levadas em conta no funcionamento de qualquer rede de governança democrática. A primeira é a que eles chamam *dimensão de governança*, o requisito de que as partes devem se reunir para em conjunto tomar decisões sobre as regras a governar suas atividades e desenvolver as estruturas por cujo intermédio possam compartilhar o poder. Esses processos pressupõem que a colaboração ou a rede carece de estruturas hierárquicas ou de autoridade para a tomada de decisão e que todas as partes têm que re-

---

* PAR ou Public Administration Review é um importante periódico no campo de administração pública. (N.R.T.)

conhecer os legítimos interesses das outras na relação. A segunda, a *dimensão de administração*, enfoca as práticas de gestão e requer, segundo os autores, "clareza de papéis e responsabilidades, capacidade para estabelecer fronteiras, presença de objetivos concretos atingíveis e boa comunicação" (p. 25).

A terceira é a *dimensão de autonomia*, isso é, o processo de conciliação dos interesses individuais e coletivos. As partes envolvidas numa colaboração ou rede retêm suas próprias identidades e lealdades a suas organizações de origem, mas devem ao mesmo tempo colaborar para o alcance das metas e objetivos coletivos. Na verdade, muitos acadêmicos apontam para essa circunstância como sendo talvez a mais desafiadora para a manutenção de redes efetivas de governança (BARDACH, 1998; TSCHIRHART, CHRISTENSEN, PERRY, 2005; VIGODA, GADOT, 2003; WOOD, GRAY, 1991). Quando o autointeresse ou objetivos individuais entram em choque com os objetivos da coletividade, torna-se extremamente difícil manter a rede. Por essa razão, uma das habilidades essenciais dos líderes nas redes é a de conseguir um acordo em torno de um conjunto de objetivos ou cursos de ação compartilhados.

A quarta é a *dimensão de mutualidade*, a ideia de que o esforço de colaboração somente terá probabilidade de se manter se todas as partes colherem benefícios da colaboração, seja em termos de interesses distintos ou de interesses compartilhados. Em contraste com a negociação, que começa com as diferenças, Thomson e Perry (2006) ressaltam a importância de "as organizações identificarem em conjunto os pontos que elas têm em comum, como similaridade de missão, compromisso com a população-alvo ou orientação profissional e cultura" (p. 27). A *dimensão de confiança e reciprocidade* é a quinta dimensão e refere-se à necessidade de se estabelecer condições de confiança mútua entre os parceiros na colaboração e de construir reciprocidade tanto de curto como de longo prazo, uma disposição para contribuir que supõe que os outros também irão contribuir. É óbvio que a construção de confiança é uma habilidade central da liderança, especialmente nas redes de governança.

Governança *Democrática* de Rede

A extensão das redes a todo o processo de governança levanta questões relevantes para o futuro das normas e instituições democráticas (CATLAW, 2007, 2008).

Por um lado, pode-se observar que as redes operam fora dos mecanismos normais de controle e *accountability* democráticos. O número total de pessoas envolvidas e as cadeias ampliadas de responsabilização complicam a determinação dos objetivos políticos desejados e pode dar a impressão que a governança por rede é, para emprestar uma frase da filósofa Hannah Arendt (1970), "governada por ninguém". As redes de governança também são criticadas por serem dominadas por elites e especialistas que têm o conhecimento técnico e político e as habilidades para negociar a complexa dinâmica dentro da rede. Isso frustra a capacidade dos cidadãos ordinários de influenciarem o processo de formulações políticas, especialmente se formas tradicionais de responsabilização política estão comprometidas. Por outro lado, redes podem ser vistas como responsáveis por trazer as discussões sobre políticas e as questões de implementação mais próximas dos cidadãos. Nem todas as redes são técnicas ou elitistas, mas podem envolver uma ampla variedade de atores de diferentes setores da sociedade e a gestão inclusiva de redes consideraria formas de conectar e engajar redes diversas. Nesse sentido, a abertura do governo por meio da governança pode ajudar a mobilizar o conhecimento e a sabedoria necessários para resolver problemas sociais complexos, e pode proporcionar um contexto mais amplo dentro do qual é possível criar um consenso sobre os valores e objetivos de uma forma não coercitiva.

Talvez a discussão mais abrangente e profunda desta questão seja a de Eva Sorensen e Jacob Torfing (2005), que argumentaram que as redes de governança precisam ser "ancoradas" democraticamente. Eles descrevem quatro características das redes democráticas de governança. Primeiro, elas são controladas por políticos eleitos democraticamente. No contexto das redes, isso significa um controle indireto ou "suave" chamado "metagovernar". Como metagovernantes, oficiais eleitos influenciam o planejamento e a estrutura de uma rede e seu "enquadramento", isso é, sua narrativa abrangente, distribuição de recursos, e objetivos políticos. Eles também influenciam a rede pela sua participação direta na gestão. Em segundo, a rede precisa representar a participação dos grupos e organizações que dela participam. De forma concreta, isso significa que grupos devem ser capazes de selecionar e instruir seus representantes", terem a capacidade de "formar uma opinião informada sobre o desempenho de seu representante na rede de governança", e serem capazes de "expressar opiniões diferentes e criticar o desempenho do representante na rede de governança" (p. 201, ênfase no original).

Em terceiro lugar, redes devem ser responsabilizadas por "cidadãos definidos territorialmente". Eles escrevem que "Os cidadãos que vivem dentro do território local, regional, nacional ou transnacional, dentro do qual certa rede de governança está tomando decisões autoritárias, devem ser capazes de responsabilizar a rede de governança por suas políticas e os resultados que elas produzem" (p. 208). Isso significa que as decisões tomadas por redes de governança devem ser contestáveis por aqueles afetados por suas decisões. Dito isso, os processos de rede devem ser transparentes, acessíveis, e responsivos às críticas. Finalmente, as redes devem aderir às "regras democráticas especificadas por um código específico de conduta" (p. 201). Isso significa basicamente que os atores da rede devem considerar as normas democráticas predominantes, como inclusão, deliberação, e o compromisso de melhorar a sociedade.

Conclusão

A noção de ancoragem democrática oferece tanto aos teóricos quanto aos profissionais orientações valiosas para avaliar a qualidade "democrática" das interações na rede. No entanto, a ideia central desse livro está normalmente ausente na literatura sobre governança e rede: a democratização dos relacionamentos sociais de todos os tipos e uma preocupação com as distorções que impediram os desejos dos indivíduos de serem expressados de forma construtiva por meio da ação social e política organizada. Como escreve John Dryzek (2008, p. 270), "a 'democratização' aqui não significa espalhar a democracia liberal para mais regiões do mundo. [...] Em vez disso, significa aprofundar as qualidades democráticas de qualquer situação, estrutura ou processo". Em seu trabalho sobre "democracia como um estilo de vida", Rawlings e Catlaw (2011) definem democrático, nesse sentido como:

> Diríamos que a democracia [...] refere-se a um processo qualitativo específico ou forma de falar e agir com os outros. Esse processo enfatiza a abertura ao outro; hábitos mentais flexíveis; uma preocupação com a criatividade individual, autonomia e eficiência pessoal; envolvimento nas tarefas mais banais em nossas vidas, as quais, por sua vez, parecem facilitar o desenvolvimento de um senso do "eu" em relação aos outros; e atenção especial à situação empírica concreta. Ele está interessado, para emprestar as palavras sábias de

Orion White, na textura específica da interação ou contato contextual e um tipo de aprendizado mútuo por meio da atividade e interação que tal contato provoca (1990).

Certamente, a busca por objetivos sociais mais amplos não pode ser negligenciada, em nossa visão, nem podem os indivíduos serem sacrificados por esses objetivos. Isso parece especialmente relevante à luz do que sabemos sobre a natureza evolucionária do processo de implementação e a natureza cada vez mais complexa e fragmentada da governança. Indivíduos simplesmente não podem ser sacrificados pelos objetivos quando "eles" estão alterando as metas e as capacidades gerenciais de controle que são gravemente limitadas.

O argumento nesse livro é que há uma forma de ver tanto a formulação de objetivos sociais como a satisfação de desejos individuais como parte de um processo democrático integrado. A perspectiva da governança, porém, tem sido reticente em expandir o terreno da prática democrática para dentro das organizações públicas, ao considerar, por exemplo, o local de trabalho ou a escola como locais para democratização (RAWLINGS, CATLAW, 2011). Ao fazer isso, ela impediu muito da vida social da democratização e, em parte, continua despreocupada com dimensões importantes do bem-estar humano. Para fechar, notamos que essa não é apenas uma preocupação normativa. Há importantes conexões entre o que acontece dentro das organizações e o tipo de vida pública que temos (ALKADRY, 2003; CATLAW, RAWLINGS, 2010; RAWLINGS, CATLAW, 2011). Na sociedade organizacional, a vida organizacional é onde desenvolvemos os hábitos, capacidades, e disposições que levamos conosco para nossas interações com cidadãos, clientes e partes interessadas. Negligenciar o primeiro é tapear o último.

Questões para debate

1. Qual é a visão dominante da administração pública no país? De que modo você a descreveria?
2. Identifique algumas críticas básicas ao modelo racional de administração.
3. Quais são os elementos essenciais da fenomenologia e da teoria crítica?
4. Quais são os elementos-chave da administração pública pós-tradicional?

5. De que formas a raça e o gênero influenciaram o desenvolvimento das teorias da organização pública?
6. O que é o novo serviço público? De que modo ele se conecta às teorias de governança democrática em rede?
7. De quais maneiras a sua vida organizacional impacta a sua vida fora do trabalho?

Casos

1. Leslie Jones, mestre em Administração Pública recém-graduada, sente-se cética em relação às abordagens de administração pública que aparentemente não dão atenção a valores. De que modo ela poderia construir uma filosofia pessoal de administração que seja mais consistente com os ideais democráticos?
2. Como gestor de um departamento estadual de transporte, Jay Cutler trabalha há anos para chegar a um acordo sobre uma nova autoestrada. A nova via pública precisa passar por uma área ambientalmente sensível, mas Cutler deparou-se com uma ferrenha oposição por parte de vereadores e empresários locais. Em vez de desistir do envolvimento dos cidadãos, ele quer *ampliar* seus esforços para envolver o público. De que maneira ele poderia fazê-lo? Se você prestasse consultoria a seu departamento, o que recomendaria?

Referências

ABEL, Charles Frederick; SEMENTELLI, Arthur J. *Evolutionary critical theory and its role in public affairs*. Armonk: M. E. Sharpe, 2003.

ABEL, Charles Frederick; SEMENTELLI, Arthur J. *Justice and public administration*. Tuscaloosa: University of Alabama Press, 2007.

ADAMS, Guy B.; BALFOUR, Danny L. *Unmasking administrative evil*. Edição revista. Armonk: M. E. Sharpe, 2004.

ADAMS, Guy B.; BALFOUR, Danny L. *Unmasking administrative evil*. 3 . ed. Armonk: M. E. Sharpe, 2009.

AGRANOFF, Robert. *Managing within networks*. Washington, DC: Georgetown University Press, 2007.

AGRANOFF, Robert; McQUIRE, Michael. *Colaborative public management*. Washington, DC: Georgetown University Press, 2003.

ALKADRY, Mohamad G. "Deliberative discourse between citizens and administrators: If citizens talk, will administrators listen?", *Administration & Society*, v. 35, p. 184-209, 2003.

ALKADRY, Mohamad G. Democratic administration in a multicultural environment. In: BOX, Richard C. (Ed.). *Democracy and public administration*, Armonk, NY: M.E. Sharpe, 2007. p. 150-168.

ARGYRIS, Chris; SCHÖN, Donald. *Organizational learning*: a theory of action perspective. Reading: Addison-Wesley, 1978.

BANG, Henrik P. (Ed.). *Governance as social and political communication*. Manchester, UK: Manchester University Press, 2003.

BARDACH, Eugene. *Getting agencies to work together*. Washington, DC: Brookings Institution, 1998.

BARTUNEK, Jean M.; WALSH, Kate; LACEY, Catherine A. "Dynamics and dilemma of women leading women", *Organizational Science*, v. 11, n. 6, p. 589-610, nov.-dez. 2000.

BELLAH, Robert; MADSEN, Richard; SULLIVAN, William M.; SWIDLER, Ann; TIPTON, Steven M. *Habits of the heart*. Berkeley: University of California Press, 1985.

BELLAH, Robert; MADSEN, Richard; SULLIVAN, William M.; SWIDLER, Ann; TIPTON, Steven M. *The good society*. Nova York: Knopf, 1991.

BERGER, Peter; LUCKMANN, Thomas. *The social construction of reality*. Nova York: Doubleday, 1966.

BERNSTEIN, Richard. *The restructuring of social and political theory*. Nova York: Harcourt, Brace, Jovanovich, 1976.

BEVIR, Mark. "Democratic governance: systems and radical perspectives." *Public Administration Review*, v. 66, p. 426-436, 2006.

BEVIR, Mark (Ed.). *Encyclopedia of governance*. Thousand Oaks: Sage, 2007.

BEVIR, Mark. *Key concepts in governance*. Los Angeles: Sage, 2009.

BEVIR, Mark; TRENTMAN, Frank (Eds.). *Governance, consumers and citizens*. Basingstoke, UK: Palgrave Macmillan, 2007.

BOGASON, Peter. *Public policy and local governance*. Cheltenham, UK: Edward Elgar, 2000.

BORZEL, Tanja; PANKE, Diana. Network governance: effective and legitimate? In: SORENSEN, Eva; TORFING, Jacob (Eds.) *Theories of democratic network governance*. Nova York: Palgrave Macmillan, 2008. p. 153-168.

BOX, Richard. *Citizen governance*. Thousand Oaks, CA: Sage, 1998.

BOX, Richard. *Critical social theory in public administration*. Armonk, NY: M. E. Sharpe, 2005.

BOX, Richard C. (Ed.). *Democracy and public administration*. Armonk, NY: M. E. Sharpe, 2007.

BOX, Richard C. *Making a difference*. Armonk, NY: M.E. Sharpe, 2008.

BRYSON, John; CROSBY, Barbara. *Leadership for the common good*. 2. ed. São Francisco: Jossey-Bass, 1992.

BURNIER, DeLysa. "Finding a voice: gender and subjectivity in public administration and writing", *Administrative Theory & Praxis*, v. 25, p. 37-60, 2003.

BURREL, Gibson; MORGAN, Gareth. *Sociological paradigms and organizational analysis*. Londres: Heinemann, 1979.

BUZZANELL, Patrice. "Gendered practices in the workplace", *Management Communication Quarterly*, v. 14, p. 517-537, fev. 2001.

CARNAVALE, David. *Trustworthy government*. São Francisco: Jossey-Bass, 1995.

CATLAW, Thomas J. *Fabricating the people*. Tuscaloosa: University of Alabama Press, 2007a.

CATLAW, Thomas J. "From representations to compositions: governance beyond the three-sector society", *Administrative Theory & Praxis*, v. 29, p. 225-259, 2007b.

CATLAW, Thomas J. "Governance and networks at the limits of representation", *American Review of Public Administration*, v. 39, p 478-498, 2008.

CATLAW, Thomas J. "Beyond methodological Taylorism? Pluralism, research, and the study of public administration", *Journal of Public Administration Research & Theory*, doi:10.1093/jopart/mut026, 2013.

CATLAW, Thomas J.; RAWLINGS, Kelly. Promoting participation from the inside-out: workplace democracy and public engagement. In: DENHARDT, Janet V.; SVARA, James H. (Eds.). *Promoting citizen engagement and community building*, Phoenix, AZ: Alliance for Innovation, 2010. p. 115-119. Disponível em: <http://www.nlc.org/Documents/Find%20City%20Solutions/Research%20Innovation/Governance--Civic/ connected-communities-alliance-local-government-oct10.pdf>.

CHAPIN, Linda; DENHARDT, Robert B. "Putting citizens first in Orange County, Florida", *National Civic Review*, v. 84, p. 210-217, verão-outono 1995.

CHRISTENSEN, Tom; LAEGREID, Per. (Eds.) *Transcending new public management*. Aldershot: Ashgate, 2007.

COOPER, Terry L. *An ethic of citizenship for public administration*. Englewood Cliffs: Prentice Hall, 1991.

CROSBY, Barbara C. *Leadership for global citizenship*. Thousand Oaks: Sage, 1999.

DAHL, Robert A; LINDBLOM, Charles E. *Politics, economics and welfare*. Chicago: University of Chicago Press, 1976.

DAVID, Charles R. *Organization theories and public administration*. Westport: Praeger, 1996.

DAVIS, Leonard J. (Ed.). *The disabilities studies reader*. 3. ed. Nova York: Routledge, 2010.

DeLEON, Peter. *Democracy and the policy sciences*. Albany: State University of New York Press, 1997.

DENHARDT, Janet V.; DENHARDT, Robert B. *The new public service*. Ed. ampliada. Armonk: M. E. Sharpe, 2007.

DENHARDT, Robert B. *In the shadow of organization*. Lawrence: Regents Press of Kansas, 1981.

DENHARDT, Robert B. *The pursuit of significance*. Pacific Grove: Wadsworth, 1993.

DENHARDT, Robert B.; PERKINS, Jan "The coming death of administrative man", *Public Administration Review*, v. 36, p. 379-384, 1976.

DENHARDT, Robert B.; DENHARDT, Janet V. *The dance of leadership*. Armonk: M.E. Sharpe, 2006.

d'ENTREVES, Maurizio Passerin. Hannah Arendt and the idea of citizenship. In: MOUFFE, Chantal (org.). *Dimensions of radical democracy*. Londres: Verso, 1992. p. 146-168.

DRYZEK, John S. Networks and democratic ideals: equality, freedom, and communication. In: SORENSEN, Eva; TORFING, Jacob (Eds.). *Theories of democratic network governance*. Londres: Palgrave Macmillan, 2008. p. 262-273.

EAGAN, Jennifer. "Who are we dealing with? Re-visioning citizen subjects from a feminist perspective", *Administrative Theory & Praxis*, v. 28, p. 381-398, 2006.

ETZIONI, Amitai. *The moral dimension*. Nova York: The Free Press, 1988.

ETZIONI, Amitai. *The new communitarian thinking*. Charlottesville: University of Virginia Press, 1995.

FARMBRY, Kyle. *Public administration and the other: explorations of diversity and marginalization in the political administrative state*. Lanham, MD: Lexington Books, 2009.

FARMER, John David. *The language of public administration*. Tuscaloosa: University of Alabama Press, 1995.

FARMER, John David. *Papers on anti-administration*. Burke: Chatelaine Press, 1998.

FARMER, John David. *To kill the king*. Armonk: M. E. Sharpe, 2005.

FARMER, David John. *Public administration in perspective: theory and practice through multiple lenses*. Armonk, NY: M.E. Sharpe, 2010.

FAY, Brian. How people change themselves. In: BALL, Terence. (org.) *Political theory and praxis*. Minneapolis: University of Minnesota Press, 1977. p. 200-233.

FERGUNSON, Kathy. *The feminist case against bureaucracy.* Philadelphia: Temple University Press, 1984.

FLEISHMAN, Rachel; GERARD, Catherine; O'LEARY, Rosemary. (orgs.) *Research in social movements, conflicts and change.* Greenwich: Emerald Group, 2008.

FORESTER, John. *Planning in the face of power.* Berkeley: University of California Press, 1989.

FOX, Charles J.; MILLER, Hugh T. *Postmodern public administration.* Thousand Oaks: Sage, 1995.

FREDERICKSON, H. George. *The spirit of public administration.* São Francisco: Jossey-Bass, 1997.

FRIEDMAN, Milton. The methodology of positive economics. In: *Essays in positive economics.* Chicago: University of Chicago Press, 1953. p. 3-34.

GARDNER, John. *Building community.* Washington, DC: Independent Sector, 1991.

GOLDSMITH, Stephen; EGGERS, William D. *Governing by network.* Washington, DC: Brookings Institution, 2004.

HABERMAS, Jürgen. *Knowledge and human interests.* Trad. Jeremy J. Shapiro. Boston, MA: Beacon, 1970.

HABERMAS, Jürgen. *Theory and practice.* Trad. John Viertel. Boston, MA: Beacon, 1974a.

HABERMAS, Jürgen. The public sphere. *New German critique,* v. 3, p. 49-55. 1974b.

HABERMAS, Jürgen. *Legitimation crisis.* Trad. Thomas J. McCarthy. Boston, MA: Beacon, 1975.

HABERMAS, Jürgen. *Communication and the evolution of society.* Trad. Thomas J. McCarthy. Boston, MA: Beacon, 1979.

HAJER, Maarten A.; WANEGAAR, Hendrik. (orgs.) *Deliberative policy analysis.* Cambridge, UK: Cambridge University Press, 2003.

HARMON, Michael M. *Action theory for public administration.* Nova York: Longman, 1981.

HARMON, Michael M. *Responsibility as paradox.* Thousand Oaks: Sage, 1995.

HARMON, Michael M. (2001). *Public administration and the state.* Tuscaloosa, AL: University of Alabama Press.

HARMON, Michael M. *Public administration's final exam.* Tuscaloosa: University of Alabama Press, 2006.

HART, David K. "The virtuous citizen, the honorable bureaucrat, and public administration", *Public Administration Review,* v. 44, p. 111-120, mar. 1984.

HEFFEN, Oscar van; KICKERT, Walter J. M.; THOMASSEN, Jacques J. A. (Eds.). *Governance in modern society.* Dordrecht: Kluver Academia Publishers, 2000.

HORKHEIMER, Max. Traditional and critical theory. In: *Critical theory:* selected essays. Trad. Matthew J. O'Connell *et al.* Nova York: Seabury Press, 1972. p. 1188-1234.

HORKHEIMER, Max. *Eclipse of reason.* Nova York: Seabury Press, 1974.

HUMMEL, Ralph P. *The bureaucratic experience.* 3. ed. Nova York: St. Martin's, 1987.

HUMMEL, Ralph P. *The bureaucratic experience.* 5. ed. Armonk: M. E. Sharpe, 2008.

HUTCHINSON, Janet R. "En-gendering democracy", *Administrative Theory & Praxis,* v. 24, p. 721-738, 2002.

INGRAHAM, Patricia W.; LYNN Jr., Laurence. (orgs.) *The art of governance.* Washington, DC: Georgetown University Press, 2004.

JAY, Martin. *The dialectical imagination:* a history of the Frankfurt School and the Institute of Social Research, 1923-1950. Boston: Little, Brown, 1973.

JONES, Laurence R.; SCHEDLER, Kuon; MUSSARI, Riccardo. (Eds.). *Strategies for public management reform.* Amsterdã: Elsevier, 2004.

JUN, Jong S. *Rethinking administrative theory.* Westport: Praeger, 2002.

JUN, Jong S. *The social construction of public administration.* Albany: State University of New York Press, 2006.

KENIS, Patrick; PROVAN, Keith G. "Towards an exogenous theory of public network performance", *Public Administration,* v. 87, p. 440-456, mar. 2009.

KETTL, Donald F. *The transformation of governance.* Baltimore: Johns Hopkins University Press, 2002.

KETTL, Donald F. *The global public management revolution.* Washington, DC: Brookings Institution, 2005.

KETTL, Donald F. *The next government of the United States.* 1. ed. Nova York: W. W. Norton, 2009.

KICKERT, Walter J. M.; KLIJN, Erik-Hans; KOPPEJAN, Joop F. M. (orgs.) *Managing complex networks.* Londres: Sage, 1997.

KING, Cheryl Simrell; STIVERS, Camilla (orgs.) *Government is us.* Thousand Oaks: Sage, 1998.

KING, Cheryl Simrell; ZANETTI, Lisa A. *Transformational public service: portraits of theory in practice.* Armonk, NY: M. E. Sharpe, 2005.

KOOIMAN, Jan. *Modern governance.* Londres: Sage, 1993.

LEE, H.; LEARMOUTH, M.; HARDING, N. "Queer(ing) public administration", *Public Administration,* v. 86, n. 1, p. 149-167, 2007.

LUKE, Jeffrey. *Catalytic leadership.* São Francisco: Jossey-Bass, 1998.

MAYNARD-MOODLY, Steven; MUSHENO, Michael. *Cops, teachers and counselors,* Ann Harbor, MI: University of Michigan Press, 2003.

MARCH, James G.; OLSEN, Johan P. *Democratic governance.* Nova York: Free Press, 1995.

MARCUSE, Herbert. *One-dimensional man*. Boston: Beacon, 1964.
MARCUSE, Herbert. Industrialization and capitalism in the work of Max Weber. In: SHAPIRO, Jeremy J. (org.) *Negations:* essays in critical theory. Boston: Beacon, 1968. p. 201-226.
MARCUSSEN, Martin; TORFING, Jacob. *Grasping governance networks*. Roskilde: Center for Democratic Network Governance. Working Paper Series 2003:5. Roskilde, Dinamarca: Center for Democcratic Network Governance, 2003.
MARIN, Bernd; MAYNTZ, Renate. *Policy networks*. Frankfurt-am-Main: Campus, 1991.
MASLOW, Abraham. *Toward a psychology of being*. Nova York: D. Van Nostrand, 1962.
MASLOW, Abraham. *The farther reaches of human nature*. Nova York: Viking Press, 1971.
McCARTHY, Thomas J. *The critical theory of Jürgen Habermas*. Cambridge: M.I.T. Press, 1978.
McGINN, Kathy; PATTERSON, Patricia M. "'A long way toward what?' Sex, gender, feminism, and the study of public administration", *International Journal of Public Administration*, v. 28, p. 929-942, 2005.
McSWITE, O. C. *Legitimacy in public administration*. Thousand Oaks: Sage, 1997.
McSWITE, O.C. "On the discourse movement: a self-interview", *Administrative Theory & Praxis*, v. 22, p. 49-65, 2000.
McSWITE, O. C. *Invitation to public administration*. Armonk: M. E. Sharpe, 2002.*
MEIER, Kenneth J.; O'TOOLE, Jr., Laurence. *Bureaucracy in a democratic state*. Baltimore, MD: Johns Hopkins University Press, 2006.
MILLER, Hugh T. *Postmodern public policy*. Albany: State University of New York Press, 2002.
MILLER, Hugh T.; FOX, Charles J. *Postmodern public administration*. Edição revista. Armonk: M. E. Sharpe, 2007.
MILLER, Hugh T.; FOX, Charles J. *Postmodern 'reality' and public administration*. Burke: Chatelaine Press, 1997.
MILWARD, H. Brinton; PROVAN, Keith G. How networks are governed. In: LYNN Jr., Laurence E; HEINRICH, Carolyn; HILL, Carolyn J. (orgs.) *Governance and performance:* New perspectives. Washington, DC: Georgetown University Press, 2000. p. 316-317.
MOONEY NICKEL, Patricia. *Public sociology and civil society: governance, politics, and power*. Boulder, CO: Paradigm Books, 2001.
MOONEY NICKEL, Patricia, M.; EIKENBERRY, Angela M. "Beyond public vs. private: the transformative potential of democratic feminist management", *Administrative Theory & Praxis*, v. 28, p. 359-380, 2006.

---

* Ver especialmente o epílogo, que também está disponível em: <http://www.mesharpe.com/mcswite.htm>. (N. T.)

MORSE, Ricardo S.; BUSS, Terry F. (orgs.) *Innovations in public leadership development.* Armonk: M. E. Sharpe, 2008.

MORSE, Ricardo S.; BUSS, Terry F.; KINGHORN, C. Morgan. (orgs.) *Transforming public leadership for the 21st century.* Armonk: M. E. Sharpe, 2007.

NELISSEN, Nicolaas Johannes Maria; BEMELMAN-VIDEC, Marie-Louise; GODFROJ, Arnold; De GOEDE, Peter; RAADSCHELDERS, Julie Bivin. (orgs.) *Renewing government:* Innovative and inspiring visions. Utrecht: International Books, 1999.

O'LEARY, Rosemary; BINGHAM, Lisa Blomgren. (orgs.) *The collaborative public manager.* Washington, DC: Georgetown University Press, 2009.

O'LEARY, Rosemary; GERARD, Catherine; BINGHAM, Lisa Blomgren. Introduction to the symposium on collaborative public management, *Public Administration Review*, v. 66, p. 6-9, dez. 2006.

PETERS, B. Guy. *The future of governing.* Lawrence: University Press of Kansas, 2001.

PIERRE, Jon; PETERS, B. Guy. *Governance, politics and the state.* Nova York: St. Martin's, 2000.

POLLITT, Christopher; BOUCKAERT, Geert. *Public management reform.* 2. ed. Nova York: Oxford University Press, 2004.

PRANGER, Robert J. *The eclipse of citizenship.* Nova York: Holt, Rinehart and Winston, 1968.

PROVAN, Keith G.; MILWARD, H. Brinton. "Do networks really work? A framework for evaluating public sector organizational networks", *Public Administration Review*, v. 61, p. 414-423, jul.-ago. 2001.

PROVAN, Keith G.; KENIS, Patrick. Modes of network governance: Structure, management and effectiveness, *Journal of Public Administration Research and Theory*, v. 18, p. 229-252, abr. 2008.

PUTNAM, Robert D. *Making democracy work:* civic traditions in modern Italy. Princeton: Princeton University Press, 1993.

PUTNAM, Robert D. Bowling alone, *Journal of Democracy*, v. 6, p. 65-78, jan. 1995.

RAWLINGS, Kelly C.; CATLAW, Thomas J. "Democracy as a way of life": Rethinking the place and practices of public administration. In: KING, Cheryl Simmel (Ed.). *Government is us 2.0.* 2. ed. Armonk, NY: M.E. Sharpe, 2011. p. 31-58.

RAMOS, Alberto Guerreiro. *The new science of organizations.* Toronto: University of Toronto Press, 1981.

RHODES, R.A.W. *Understanding governance.* Buckingham: Open University Press, 1997.

SANDEL, Michael J. *Democracy's discontents.* Cambridge: Belknap Press of Harvard University Press, 1996.

SCHÜTZ, Alfred. *The phenomenology of the social world.* Trad. George Walsh e Frederick Lehnert. Evanston: Northwestern University Press, 1967.

SCOTT, William G.; HART, David K. *Organizational America*. Boston, MA: Houghton Mifflin, 1979.

SELZNICK, Philip. *The moral commonwealth*. Berkeley: University of California Press, 1992.

SIRIANNI, Carmen; FRIEDLAND, Lewis. *Civic innovation in America*. Berkeley: University of California Press, 2001.

SORENSEN, Eva; TORFING, Jacob. *Making governance networks democratic*. Roskilde: Center for Democratic Network Governance. Working Paper Series, 2004, 1.

SORENSEN, Eva; TORFING, Jacob. "The democratic Anchorage of governance networks", *Scandinavian Political Studies*, v. 28, n. 3, p. 195-218, 2005a.

SORENSEN, Eva; TORFING, Jacob. "Networks governance and post-liberal democracy", *Administrative Theory & Praxis*, v. 27, p. 199-237, 2005b.

SORENSEN, Eva; TORFING, Jacob (Eds.). *Theories of democratic network governance*. Londres: Palgrave Macmillan, 2008.

SPICER, Michael W. *Public administration and the state*. Tuscaloosa, AL: University of Alabama Press, 2001.

SPICER, Michael W. *In defence of politics in public administration: a value pluralista perspective*. Tuscaloosa, AL: University of Alabama Press, 2010.

STIVERS, Camilla. "The public agency as polis", *Administration and Society*, v. 22, p. 86-105, 1990.

STIVERS, Camilla. "A wild patience": a feminist view of ameliorative public administration. In: BAILEY, Mary Timney; MAYER, Richard T. (Eds.) *Public management in an interconnected world*. Nova York: Greenwood, 1992. p. 53-74.

STIVERS, Camilla. *Gender images in public administration*. Newbury Park, CA: Sage, 1993.

STIVERS, Camilla. "A wild patience": A feminist view of ameliorative public administration. In: BAILEY, Mary Timney; MAYER, Richard T. (Eds.). *Public management in an interconnected world*. Nova York: Greenwood, 1992. p. 53-74.

STIVERS, Camilla. *Governance in dark times:* practical philosophy for public service. Washington, DC: Georgetown University Press, 2008.

SVARA, James H. (org.) *The facilitative leader in city hall*. Boca Raton: CRC Press, 2009.

TERRY, Larry. *Leadership of public bureaucracies*. Thousand Oaks: Sage, 1995.

THOMAS, John Clayton. *Public participation in public decisions*. São Francisco: Jossey-Bass, 1995.

THOMSON, Anne Marie; PERRY, James L. "Collaboration processes: Inside the black box", *Public Administration Review*, v. 66, p. 20-32, dez. 2006

TSCHIRHART, Mary; CHRISTENSEN, Robert K.; PERRY, James L. "The paradox of branding and colaboration", *Public Performance and Management Review*, v. 29, n. 1, p. 67-84, 2005.

VAN WART, Montgomery. *Dynamics of leadership in public service*. Armonk: M. E. Sharpe, 2005.

VAUGHN, Jacqueline; OTENYO, Eric. *Managerial discretion in government decision making*. Sudbury: Jones and Bartlett, 2007.

VIGODA-GADOT, Eran. *Managing collaboration in public administration*. Westport: Praeger, 2003.

VINZANT, Janet; CROTHERS, Lane. *Street-level leadership*. Washington, DC: Georgetown University Press, 1998.

WACHHAUS, Theodore Aaron. "Networks in contemporary public administration", *Administrative Theory and Practice*, v. 31, p. 59-77, mar. 2009.

WALDO, Dwight. "Organization theory: an elephantine problem", *Public Administration Review*, v. 21, n. 4, p. 210-225, outono 1961.

WAMSLEY, Gary L.; WOLF, James F. *Refounding democratic public administration*. Thousand Oaks: Sage, 1996.

WHITE, Jay D. *Taking language seriously*. Washington, DC: Georgetown University Press, 1999.

WHITE, Orion F. Reframing the authority-participation debate. In: WAMSLEY, Gary L.; BACHER, Robery N.; GOODSELL, Charles T.; KRONENBERG, Philip T.; ROHR, John A.; STIVERS, Camilla M.; WHITE, Orion F.; WOLF, James F. (Eds.). *Refounding public administration*. Newbury Park, CA: Sage Press, 1990. p. 182-245.

WHYTE Jr., William H. *The organization man*. Nova York: Simon & Schuster, 1956.

WITT, Matthew. "Notes from the margin: race, relevance, and the making of public administration", *Administrative Theory & Praxis*, v. 28, p. 36-46, 2006.

WOOD, Donna; GRAY, Barbara. "Toward a comprehensive theory of collaboration", *Journal of Applied Behavioral Science*, v. 27, p. 139-162, jun. 1991.

YANOW, Dvora. *Constructing "race" and "ethnicity" in America: category-making in public administration and policy*. Armonk, NY: M.E. Sharpe, 2003.

ZANETTI, Lisa A. "Advancing praxis: connecting critical theory with practice in public administration", *American Review of Public Administration*, v. 27, p. 145-167, 1997.

ZAVATARRO, Staci M. *Cities for sale: municipalities as public relations and marketing firms*. Albany: State University of New York Press, 2013.

capítulo 8

O profissional como teórico

Até aqui, fizemos a análise de inúmeras contribuições importantes para a teoria da administração pública e deve estar bem clara a complexidade que têm as questões enfrentadas pelas pessoas que se envolvem com organizações públicas. A teoria, obviamente, requer complexidade; exige que examinemos todos os lados, que busquemos explicação e entendimento, e que olhemos tanto para o passado quanto para o futuro. Mas a teoria também cobra simplicidade – exige que selecionemos as questões que são de maior importância para nós (e que tenhamos clareza sobre o modo como fazemos nossas escolhas), que integremos e façamos uma síntese dessas questões e que encontremos uma maneira satisfatória de relacionar nossas teorias às nossas ações. Na medida em que cada um de nós constrói a própria teoria da organização pública, inevitavelmente desenvolveremos perspectivas que são ao mesmo tempo simples e complexas.

Mas como é possível sustentarmos perspectivas que sejam ao mesmo tempo simples e complexas? Mais importante, como poderemos, concebivelmente, integrar questões que aparentemente são tão opostas umas às outras como política e administração, eficiência e responsividade, fato e valor, autonomia e responsabilidade, teoria e prática? A tarefa, com certeza, não é fácil. Na verdade, é exatamente por causa da natureza aparentemente paradoxal da construção teórica que alguns estudiosos da administração pública consideram a teoria tão intratável. Que bom seria se pudéssemos contar com uma teoria solidamente desenvolvida que respondesse todas as nossas indagações e nos oferecesse uma base confortável e segura para nossas ações. Os estudantes buscam respostas (e alguns teóricos até os estimulam nessa busca, fingindo que possuem as respostas), mas, no final das contas, não existem respostas permanentes para quem busca orientações para a ação. Na melhor das hipóteses, existem apenas perguntas e orientações – esperamos que elas ao menos sejam as perguntas e as orientações corretas.

A esta altura, em muitos livros de teoria, o autor teria apontado os pontos fracos dos trabalhos publicados anteriormente e tentaria apresentar agora uma nova resposta, uma nova teoria da organização pública. Não pretendo apresentar tal teoria. Em vez disso, oferecemos alguns comentários sobre o processo de construção teórica em si e compartilhamos algumas preocupações que foram e continuam sendo importantes para nós como administradores e teóricos ao construir nossas próprias teorias *pessoais* da organização pública. Talvez haja questões que você, leitor, também deseje perseguir na busca de uma referência satisfatória para suas ações. No mínimo, devemos identificar as questões que ambos teremos de responder.

A teoria de quem? Qual prática?

Começamos este capítulo voltando ao tema que tem aparecido de forma recorrente neste livro: o relacionamento entre teoria e prática. Bibliotecas poderiam ser cheias apenas com volumes sobre este tópico, mas no coração do debate teoria-prática está o relacionamento entre dois tipos de conhecimento e, mais importante, qual é o relato mais real ou preciso de como o mundo funciona.

A ciência moderna surgiu no século XIX e, por essa razão, expressava um ceticismo profundo sobre as visões e crenças das pessoas comuns daquele tempo. Do ponto de vista "científico", indivíduos eram vistos como produtos de forças sociais poderosas que moldaram suas visões e determinaram seu comportamento. Mesmo algumas das perspectivas críticas que avaliamos de forma positiva neste livro mantinham esta visão. Por exemplo, os marxistas poderiam dizer que a classe trabalhadora estava sujeita a "falsa consciência", ou um reconhecimento equivocado de seus verdadeiros interesses devido aos efeitos deformadores da ideologia capitalista. Um freudiano poderia duvidar se as pessoas realmente compreendiam suas verdadeiras necessidades e desejos. Ironicamente, cientistas e teóricos frequentemente se eximiam deste criticismo. Isso significava que havia uma posição "fora" destas estruturas, ideologias e forças sociais poderosas inconscientes a partir das quais um cientista era capaz de obter uma perspectiva imparcial e verdadeira. Além disso, esta era uma posição que a atuação humana, ou ação autônoma, era possível.

A visão científica da teoria que essencialmente prevaleceu foi a teoria positivista, e ela exigiu que essa fornecesse explicações generalizadas e causais dos processos sociais subjacentes. As implicações para a prática eram satisfatoriamente claras: se estes mecanismos causais forem compreendidos, é possível manipular ou controlar estes processos. Os administradores públicos, por exemplo, poderiam aplicar ao mundo este entendimento teórico e científico de forma racional e instrumental para controlar processos complexos – como a economia – e guiá-las em direção aos objetivos desejados. A mesma lógica (e expectativa) era mais ou menos ampliada para o domínio da gestão como vimos com Frederick Taylor e a busca por uma ciência da administração (Capítulo 3) e um modo racional de organização (Capítulo 4). Como Hugh Miller e Cheryl King (1998, p. 45) caracterizam esta visão, "a teoria se torna relevante para a prática por meio da transferência do conhecimento teórico para os profissionais, que devem melhorar a eficácia administrativa aplicando tal conhecimento na prática".

Como vimos em muitos pontos de nossa discussão, no entanto, o relacionamento entre teoria e prática não é o que essa aplicação direta sugere.

Max Weber (ver Capítulo 2), por exemplo, reconhecia que as pessoas não eram "joguetes sociológicos" que a teoria positivista pensava que eram. Os indivíduos têm ideias e opiniões que precisam ser levadas em consideração em qualquer explicação sobre seu comportamento. Mesmo sem reduzir o poder das amplas forças ou estruturas sociais, Weber argumentava que o ponto de vista do ator deve ser considerado. O influente filósofo Edmund Husserl (discutido no Capítulo 7) contribuiu com outra importante dedução. Husserl dizia que os seres humanos existem no que ele chamou "mundo da vida". O mundo da vida é o domínio da família, escola, e todas as outras atividades diárias em que estamos envolvidos. Ele nos é dado antes de qualquer realização científica que busquemos. É, por assim dizer, a plataforma da experiência a partir da qual a ciência começa.

Quando Husserl estava escrevendo, muitos outros filósofos e teóricos estavam explorando temas semelhantes, e se poderia tirar uma grande variedade de conclusões a partir da reivindicação de Husserl. Mas três são especialmente importantes para esta discussão. Primeiro, Husserl pensava que o mundo da vida – os lugares onde as pessoas vivem, trabalham e dão sentido a suas vidas – é um objeto válido de investigação científica por si só. Havia muito o que se aprender das pessoas comuns e suas experiências. Em segundo lugar, a atitude racionalística, positivista, preocupava-o, negligencia este fato e ameaça distorcer nosso entendimento do mundo e de como ele funciona. Como um comentarista colocou: "Especificamente, o sucesso da ciência moderna desde Galileu substituiu nossas formas imediatas de experiência vivida pelas formas de objetos impostos pela ciência" (MORAN, 2000, p. 183). A questão aqui, na visão de Husserl, é que a ciência racionalista não reflete simplesmente o mundo como ele é, mas a ciência é, na verdade, criativa. A atitude teórica, científica é, naquele sentido, semelhante à artística e, surpreendentemente, pesquisadores nesta tradição frequentemente falam sobre "geração" de dados ao invés de "coleta" de dados (SCHWARTZ-SHEA, YANOW, 2013). A ciência e a teoria podem estar relacionadas uma à outra para nos ajudar a compreender e dar sentido ao mundo. Mas a teoria não pode (ou não deve buscar) substituir o entendimento e o conhecimento únicos no mundo da vida. Em terceiro, o conceito de um mundo da vida que levanta questões sobre a capacidade de haver uma visão de "fora" dos processos, estruturas e forças sociais por este motivo: A investigação científica está sempre já desenvolvida sobre uma plataforma de práticas, valores e experiências que informam como a pesquisa é conduzida. A teoria científica está, portanto, histórica e socialmente situada. Esta visão agita a posição positivista de que a teoria pode ser aplicada à prática. A partir desta visão, é o mundo da vida diário que serve como base para a teoria (HUMMEL, 1996).

Esta segunda perspectiva, a "interpretativa", oferece uma visão diferente e mais complicada do relacionamento entre teoria e prática. Como não há correspondência entre afirmações teóricas e fenômenos sociais, controlar processos sociais de forma instrumental por meio de conhecimento teórico fica mais difícil. A teoria não pode ser simplesmente aplicada. Deve sempre haver um processo intermediário de entendimento e tradução de afirmações teóricas ou científicas à luz das condições locais. Isso também muda o relacionamento de poder entre teóricos, cientistas, e pessoas comuns. Pessoas comuns parecem ter um entendimento do que estão fazendo e também do porquê estão fazendo – mesmo que este entendimento esteja incompleto de alguma forma. Elas têm um papel essencial de manterem a teoria relevante para o mundo da vida e para o próprio avanço da teoria. Finalmente, a própria ideia de que a ciência ocorre em um local neutro, fora da prática cotidiana, torna-se discutível. A identidade, a história, o contexto e a experiência do pesquisador e do teórico são fatores importantes a serem considerados sobre como a teoria é gerada.

Criticismo e teoria

Uma terceira abordagem à questão teoria-prática é a abordagem crítica. Como descrevemos nos Capítulos 2 e 7, a teoria crítica tenta descrever como as condições políticas, sociais, econômicas ou organizacionais existentes restringem ou limitam as vidas que nós podemos viver como seres humanos. A expectativa implícita é que, ao aprender sobre nossas limitações e compreendê-las, estaremos encorajados a tomar atitudes que transformam de forma positiva nossas condições e relacionamentos com outros, e aumentam nossa autonomia. Sobre esta questão, como coloca White (1999, p. 79), "a estrutura lógica da razão crítica é o processo de autorreflexão...". Em outras palavras, a teoria crítica sugere que as pessoas reflitam sobre o conhecimento que é apresentado a elas, avaliem como elas se relacionam e se comunicam com a situação e, então, decidam se tomam alguma atitude para mudar suas condições com base naquela autorreflexão.

A teoria crítica também aborda os dois aspectos da relação teoria-prática discutida anteriormente. Em primeiro lugar, ela é crítica da dominação e limitações da pesquisa positivista e divide muitas das preocupações levantadas pela perspectiva interpretativa sobre o racionalismo e a ciência positivista. Mas ela também lança um olhar crítico sobre as instituições do mundo da vida para analisar as práticas cotidianas e como não só a ciência, mas também o mundo da vida podem ser transformados. Deve ser dito, como aponta Dvora Yanow (2006, p. 22), que a linha divisória entre as abordagens interpretativas e críticas da teoria não são sempre duras e rápidas quando analisamos "práticas reais" nas quais "as questões de poder em suas manifestações comunais, sociais, organizacionais, políticas e/ou outras institucionais" são consideradas.

Teoria, prática e vida organizacional pública

Estes são os contornos amplos do debate teoria-prática. Claramente, é um debate que envolve mais que a questão direta de como fornecer conhecimento relevante e útil para administradores profissionais. Na realidade, o debate teoria-prática toca importantes questões sobre o propósito da investigação científica, das relações de poder, e da natureza fundamental da realidade sendo estudada – embora estas questões estejam significativamente ocultas quando supomos que a teoria é meramente aplicada à prática. No entanto, tão claro é o fato de que a visão racionalista, positivista da teoria prevaleceu, e que se tornou dominante, e que esta dominação tem implicações muito importantes para o trabalho diário de governança e a capacidade de profissionais individuais construírem um entendimento pessoal de suas vidas organizacionais (ver também BEVIR, 2010).

Uma questão significativa, que mencionamos em vários pontos deste livro, é que a perspectiva positivista da questão teoria-prática tende a excluir outras formas de compreender o mundo e também de minimizar e até rebaixar o conhecimento local, cotidiano que seres humanos adquirem a partir da interação com outros em seus mundos da vida. Ela prefere o conhecimento do especialista ou gestor técnico. Infelizmente, isso tende a restringir e limitar as opções de um administrador ao invés de ampliá-las. Por exemplo, implícita na abordagem da ciência positiva está a ideia de um mundo estruturado que se comporta de acordo com as leis regulares que expressam imperativos funcionais. O modo de ação sugerido por esta abordagem é hierárquico, estruturado e autoritário. Se a variedade de respostas é limitada desta forma, a teoria está impedindo em vez de capacitando. Além disso, ao ver o mundo como algo que é constituído independentemente de nossa participação nele, a teoria dominante da ciência social se concentra em explicações ou entendimentos de fenômenos existentes. Mas o mundo administrativo é construído e reconstruído por meio de ações e interações de indivíduos e grupos. Consequentemente, aquelas explicações permanentemente "válidas" da ciência convencional são válidas apenas dentro do contexto de uma construção da realidade específica, limitada e mensurável. Elas não permitem e certamente não encorajam a possibilidade de mudança – a possibilidade de que podemos alterar realidades existentes. Mas como vimos anteriormente, a mudança não é só inevitável, mas necessária. A própria necessidade de mudança exige uma abordagem do aprendizado que é diferente daquela indicada ou modelada pela ciência social convencional. Da mesma forma, ao supor que o mundo social, o mundo da ação administrativa, é ordenado de tal forma que os relacionamentos causais podem ser determinados, os teóricos enfatizam a resolução de tais preocupações. Eles buscam a "resposta certa". Ao fazer uma suposição diferente, no entanto, de que o mundo social é caracterizado por conflito e mudança – passamos a nos concentrar mais em questões de processo, padrões, significados e relacionamentos que se realizam em nossas vidas e nas vidas dos outros. Passamos a ver as outras pessoas como possuidoras de um entendimento sobre nossa condição comum, e como participantes vitais da vida organizacional.

A Tabela 8.1 resume as implicações de várias abordagens da organização pública em termos de três processos organizacionais centrais: formas de saber, formas de decidir e formas de agir. Trabalhadores em organizações públicas devem estar sempre em busca de informações sobre o mundo, tomar decisões baseadas em seu entendimento do mundo, e agir com base naquelas decisões. À medida em que dirigimos nosso aprendizado em direção a processos organizacionais como estes, nossa compreensão da vida organizacional será maior.

TABELA 8.1 Três modelos de administração vistos em termos de três processos organizacionais

	Modelo racional	Modelo interpretativo	Modelo crítico
	Ciência social positiva	Teoria interpretativa, fenomenologia	Ciência social crítica
Formas de saber	Controle	Entendimento	Autonomia, reflexão
Formas de decidir	Processos racionais de tomada de decisão	Emotivo-intuitivo, simbólico	Crítico de valor
Formas de agir	Ação instrumental	Ação expressiva	Ação educativa

Na sua abordagem do conhecimento, o modelo racional da administração emprega as técnicas da ciência social positiva na busca por explicações causais baseadas na observação objetiva do comportamento humano. O modelo interpretativo, por outro lado, procura oferecer um entendimento dos significados que os indivíduos trazem para as atividades organizacionais. Esta abordagem reconhece que o mundo das organizações públicas é socialmente construído e concentra sua atenção na forma como o significado intersubjetivo é constituído naquele mundo. Finalmente, o modelo crítico procura desvendar aqueles padrões de crença ou ideologia que inibem nosso desenvolvimento ou limitam nosso futuro, seja como indivíduos ou como grupos na sociedade. Enquanto o modelo racional busca o conhecimento para controlá-lo, o modelo interpretativo busca entendimento na qual a comunicação pode ser construída, e o modelo crítico procura revelar as restrições sociais que limitam nosso crescimento pessoal a descobrir novas oportunidades.

Cada um destes modelos implica uma abordagem específica do processo de tomada de decisão. O modelo racional enfatiza de forma significativa os processos cognitivos ou racionais. Decisões são tomadas com base em uma análise objetiva dos dados ou da informação disponível. O modelo interpretativo, porém, reconhece que tal objetividade não é completamente descritiva da ação humana, e nem deveria ser. De fato, as decisões são tomadas e deveriam ser tomadas com base nas emoções ou intuições humanas. O modelo interpretativo, portanto, permite processos de tomada de decisão que empregam abordagens emocionais, sociais e psicológicas diferentes daquela do modelo racional. O significado e a relevância simbólica são essenciais. Finalmente, o modelo crítico busca uma integração destas abordagens por meio de uma análise racional de circunstâncias específicas que pode dar às pessoas uma possibilidade de ver o mundo de forma diferente. Mas nossas paixões e emoções começam a nos mover para ações mais eficazes. O modelo crítico, então, oferece uma crítica dos valores e opiniões que temos e sugere alternativas para que possamos estabelecer com mais clareza e almejar valores humanos importantes, incluindo, principalmente, o valor da liberdade, autonomia e criatividade.

Finalmente, cada um dos modelos implica uma forma específica de agir. O modelo racional sugere uma ênfase nos comportamentos instrumentais que contribuem para a realização dos objetivos organizacionais. Por meio das ações que os indivíduos tomam, o controle é ampliado. O modelo interpretativo procura por ações expressivas que nos permitem revelar nossos compromissos normativos e trabalhar com outros para que possamos desenvolver um sentido maior de entendimento interpessoal. Ações expressivas nos permitem entrar em relacionamentos pessoais que aceitam os outros como eles se apresentam, e livres da tendência de objetivar. E o modelo crítico sugere que os indivíduos combinem autonomia e responsabilidade, comunicação e consenso, teoria e prática, em um modo de ação esclarecida por meio da qual educarão a si mesmos e aos outros. O modelo crítico sugere uma abordagem educativa da vida organizacional que provaria ser capacitadora ao invés de limitadora da ação humana. Ela contribuiria para uma abordagem informada da ação humana que poderia ser compreendida pelo termo práxis. Na práxis, encontramos novamente a conexão entre aprendizado pessoal e o relacionamento entre teoria e prática. A noção de práxis implica que, à medida que adquirimos conhecimento sobre nossas circunstâncias e à medida que vemos nosso conhecimento de forma crítica e autorreflexiva, buscamos uma comunicação mais efetiva e, consequentemente, mais autonomia e responsabilidade para nós mesmos e para os outros. Em nossa visão, teóricos e profissionais devem guiar a formulação de suas teorias e ações em busca da práxis administrativa.

> A noção de práxis implica que, à medida que adquirimos conhecimento sobre nossas circunstâncias e à medida que vemos nosso conhecimento de forma crítica e autorreflexiva, somos motivados a buscar uma comunicação mais efetiva e mais autonomia e responsabilidade.

Aprendizado pessoal e formulação de teoria

Ao chegar a este ponto da leitura, você se envolveu como alguém interessado nas questões que tradicionalmente ocuparam a atenção dos teóricos da administração pública. Inevitavelmente, você construirá e reconstruirá muitas vezes a própria teoria da organização pública. Todas as três abordagens teóricas descritas anteriormente podem – e devem – fazer parte desse processo. Precisamos, no entanto, estar cientes das formas como o conhecimento pode estar relacionado com nossa prática profissional e das suposições que podemos fazer involuntariamente sobre aquele relacionamento, porque a forma como você constrói suas teorias pessoais, as opções que escolher e as relações que desenvolver guiarão suas ações em seu trabalho cotidiano nas organizações públicas. Suas teorias proporcionarão o contexto e um rumo para suas ações. Você desenvolverá uma perspectiva e, ao fazê-la, conseguirá dar sentido ao seu trabalho. O processo contínuo de construção de sua própria teoria da organização pública estará entre as tarefas mais importantes e, possivelmente, mais sutis de sua carreira.

Importância da teoria para os profissionais*

Obviamente, a importância da teoria, que acentuamos aqui, é algo que os profissionais reflexivos sempre reconheceram. Enquanto trabalhávamos neste livro, por exemplo, inúmeras pessoas proeminentes no campo da administração pública visitaram nosso *campus* com o objetivo de travar debates com nossos professores e alunos. Entre eles, estiveram aqui o diretor regional da Repartição Federal de Gestão de Pessoal, o prefeito executivo da cidade de San Antonio, o diretor do Conselho dos Governos Estaduais e o diretor de orçamento do Estado de Missouri. Em cada um desses casos, mesmo sem muita instigação por parte dos professores, esses profissionais enfatizaram a importância da teoria para a formação dos administradores públicos. Eles pareciam dizer que as técnicas básicas de administração têm apenas importância transitória. O que resiste em seu trabalho é o contexto, ou seja, o senso de propósito que a teoria proporciona. A diferença entre um bom gestor e um gestor extraordinário não está em sua habilidade técnica, mas no senso – que se pode derivar somente por meio da reflexão atenta, por meio da teoria – que ele tem de si mesmo e de suas circunstâncias.

> A diferença entre um bom gestor e um gestor extraordinário repousa não em sua aptidão técnica, mas no senso que ele tem de si mesmo e de suas circunstâncias – um senso que pode ser derivado somente por meio de uma reflexão atenta.

Isso levanta uma questão importante. Uma vez que a visão da formulação de teorias descrita aqui enfatiza a natureza pessoal deste processo, precisamos considerar as qualidades e experiências pessoais únicas daqueles com quem interagimos, à medida que exploramos e damos significado às teorias e pesquisas acadêmicas formais. Pessoas diferentes podem exigir ou responder a teorias e abordagens diferentes, dependendo do papel ou perspectiva organizacional. Considere, por exemplo, que muitos professores envolvidos em ministrar aulas para estudantes que trabalham e estudantes ainda sem experiência profissional, em programas de mestrado em administração pública, também reconheceram a im-

---

* Uma parte deste capítulo foi adaptada de Thomas J. Catlaw, "The Death of The Practitioner", *Administrative Theory & Praxis*, v. 28, p. 190-207.

portância da teoria para os profissionais. Eles relatam, muitas vezes com certa surpresa, que os estudantes já empregados (profissionais) se interessam muito mais por teoria do que os estudantes que ainda não trabalham. Embora se pudesse imaginar que os estudantes recém-formados em cursos de graduação tivessem maior inclinação para a academia e que os profissionais envolvidos no trabalho dos órgãos públicos estivessem mais interessados em técnica, parece que acontece exatamente o contrário. Nossa própria explicação para isso é que os estudantes ainda sem experiência profissional alimentam a ideia de que a vida administrativa gira em torno de habilidades técnicas ou operacionais práticas. Porém, os estudantes já empregados percebem que tais habilidades são apenas o começo e que as questões realmente difíceis têm a ver com o contexto da administração.

O ponto mais geral, porém, é que é importante explorar – e ajudar uns aos outros a explorarem – a interseção única entre nós mesmos e nosso contexto organizacional, e desenvolver teorias relevantes que ajudem a compreender aquele relacionamento para que ações significativas e eficazes sejam possíveis. Infelizmente, esta questão – da interseção da pessoa e o contexto– é frequentemente obscurecida pela forma genérica, positivista na qual falamos sobre "prática" ou "praticante" (CATLAW, 2006). Por exemplo, não só os estudantes de programas de pós-graduação em administração pública (ou MBA) diferem por sua fase de desenvolvimento (preparação e treinamento ou atuação e serviço), mas ocupam uma grande variedade de posições (linha de frente, média gerência, executivo) em diversas agências e programas (e agora, cada vez mais, em organizações públicas, privadas e não governamentais). Isso também complica uma definição simples do que constitui um conhecimento útil e prático.

Com relação a isso, em Making Social Science Matter, Bent Flyvbjerg (2001, p. 9-24) mostra outra forma na qual o relacionamento entre teoria e prática é mais complicado que parece. Com base no modelo de aprendizado de Hubert e Stephen Dreyfus, ele mostra que há cinco níveis gerais no processo de aprendizado humano: (1) novato; (2) iniciante avançado; (3) ator competente; (4) ator proficiente; e (5) perito. Em cada processo, níveis e formas de competência qualitativamente diferentes estão envolvidos. Quando somos aprendizes novatos, por exemplo, aprendemos por meio da aquisição de fatos e regras gerais. Mas à medida que ganhamos mais experiência, logo percebemos que é muito complicado ter uma regra para cada situação que encontramos. Por isso, olhamos não só para os fatos e regras, mas também para nossa própria experiência e a daquelas pessoas ao nosso redor para tomarmos decisões. As pessoas que são "peritas" são normalmente pressionadas a reconstruir o porquê reagiram ou decidiram da forma que fizeram. Seu processo analítico é "rápido, intuitivo, holístico, interpretativo e visual" (p. 14). Podemos ver que o conhecimento positivista pode ser relevante para os três primeiros estágios do aprendizado, por isso é importante para estudantes em preparação. Entretanto, outras formas de conhecimento – como as formas interpretativas e críticas – podem ser requeridas para atender as necessidades de atores competentes em serviço e peritos. Diferentes necessidades de aprendizado exigem formas diferentes de saber, dependendo do contexto organizacional de uma pessoa.

As categorias de identidades e como elas são expressadas com relação a um contexto também são importantes. Isto é, "competência" não é simplesmente uma capacidade possuída por determinado ator genérico em um contexto. "Competência", de alguma forma como a "aptidão física" discutida no Capítulo 7, é uma função de um determinado contexto, suas demandas, e das outras pessoas com quem trabalhamos. Um exemplo concreto aborda o papel do gênero nas organizações. Sabemos que, em geral, as competências das mulheres em posições de liderança são percebidas de forma diferente daquelas dos homens. O conhecimento prático e a ação para as mulheres podem (mas não precisam sempre) ter uma "cara" diferente. Certos trechos da teoria podem ser práticos para as mulheres, mas não tanto para os homens.

Tudo isso para dizer, simplesmente, que não há, apesar de tudo, uma "forma melhor" de construir uma teoria pessoal da organização pública. Do ponto de vista dos profissionais, no entanto, o problema não é se nos preocupamos com a teoria, mas como localizar ou construir teorias que forneçam diretrizes úteis para ação com base em nossa situação organizacional, nosso nível de competência, e nossa identidade e experiência pessoais. Isso sugere que o desenvolvimento de abordagens mais eficazes para a construção de teoria depende da capacidade dos profissionais e teóricos para a autorreflexão e o aprendizado constante.

Aprendizado pessoal e formulação de teoria

Esta abordagem não reduz a importância da teoria, mas sugere um problema em nossos esforços passados para o desenvolvimento das teorias da organização pública. No modelo tradicional ou convencional de teoria e prática, teorias são desenvolvidas independentemente da prática e, em seguida, transmitidas aos profissionais que procuram aplicá-las de qualquer forma que pareçam adequadas. O profissional não é parte do processo de construção da teoria; o teórico não é parte do trabalho da organização. Em nossa visão, o remédio está em uma abordagem pessoal para a construção de teorias de ação que incluam na discussão os indivíduos e suas situações específicas.

Deixe-nos ilustrar isto com base em nossa própria experiência, e nossa própria prática cotidiana. Não sentamos em nossas casas à noite e pensamos sobre onde nossa teoria errou. Pensamos sobre nossa prática e tentamos compreendê-la. Pensamos sobre, digamos, uma falha em entender o ponto de vista de um chefe de departamento específico ou nossa exasperação diante de decisões arbitrárias de um comitê administrativo. Quando pensamos sobre nossa prática e as experiências particulares daquele dia, sempre as vemos em retrospectiva. Uma vez que nossa preocupação é com a ação no futuro, tais pensamentos são necessariamente limitadores. Afinal de contas, sabemos que a mesma situação exata nunca será repetida exatamente da mesma forma. Ao mesmo tempo, sabemos que situações semelhantes poderão e deverão ocorrer. Consequentemente, se pudermos nos afastar da experiência imediata do dia para refletir e generalizar sobre o futuro, seríamos atendidos com mais eficácia. Se pudermos analisar nossas experiências, compará-las com aquelas dos outros, e olhar para a pesquisa existente (incluindo a pesquisa teórica existente) para orientação, então podemos ser capazes de desenvolver uma perspectiva que orientará de forma satisfatória nossas ações no futuro.

Colocando tudo o que foi dito até aqui em termos mais formais, parece que a teoria e a prática estão juntas no processo de aprendizagem pessoal. Enquanto os indivíduos vivem e trabalham em organizações públicas, enquanto leem e procuram se informar sobre o trabalho dos outros nessas organizações, eles constroem um corpo de experiências extremamente valioso para a prática. No entanto, antes que este corpo de materiais seja alvo de análise, reflexão e generalização ou transformação em teoria, ele não é realmente útil para a ação. Construir teoria é aprender uma nova maneira de ver o mundo; na verdade, é construir uma nova realidade para nossa vida e nosso trabalho. O processo de construção teórica é um processo de aprendizagem. Portanto, toda abordagem à ação em organizações públicas tem que incluir não somente uma teoria das organizações, mas também uma teoria da aprendizagem.

Para superar as limitações desses esforços, sugiro que redirecionemos o nosso pensar, concebendo nosso esforço como um esforço de construção de teorias de organização pública – não de teorias de administração governamental – e buscando teorias de ação que contrabalancem nosso interesse pelas questões organizacionais com o nosso aprendizado individual e a qualidade dos relacionamentos interpessoais. Examinemos cada um desses tópicos em termos de nossas experiências administrativas e em termos de novas abordagens para a construção teórica que possam vir a informar essas experiências.

Em busca de teorias da organização pública

Permita-nos compartilhar com vocês algumas de nossas preocupações como administradores. Como você deve ter percebido ao ler este livro, quando consideramos um papel administrativo, a noção de responsabilidade democrática fica latente em nossas mentes. No entanto, essa não é a noção prescrita pelas teorias tradicionais de *accountability* legislativa. Ao contrário, ela sugere que há incontáveis maneiras com que, na condição de administradores, possamos responder às necessidades e aos anseios daqueles com quem trabalhamos. A teoria da responsabilidade democrática que postulamos excede em muito a que ofereceram, na maioria, os teóricos de administração pública do passado. Não estamos certos de qual poderia ser esta alternativa, mas sabemos que ela tem que reconhecer nosso papel como alguém que reage, interpreta, expressa e até evoca o interesse público. Ela reconhece que as organizações públicas constituem uma espécie diferente de organização, porque elas expressam valores públicos, não privados.

Com frequência, também nos perguntamos como ocorre a mudança, como lido com a mudança e se chegamos de fato a reconhecê-la sempre. Perdemos rapidamente a confiança nas teorias que prescrevem curas para problemas administrativos, pois reconhecemos que o que são problemas para os administradores são prerrogativas, e até mesmo satisfações, para outras pessoas. Por exemplo, temos um problema com determinado diretor em nossa organização. Mas trata-se de um problema dele ou nosso? De qualquer forma, acreditamos que o problema não pode ser resolvido simplesmente por um exercício de controle da nossa parte; pelo contrário, para ser duradoura e eficaz, nossa resposta tem que ser comunicativa e voltada ao consenso. Ela tem que tornar possível a ação.

Conexão entre valores e ações

Nossa preocupação tanto com a responsabilidade quanto com a mudança é influenciada pelo compromisso com os processos e procedimentos democráticos. Mas este compromisso teórico não pode estar dissociado das considerações psicológicas necessárias a realizá-lo. É muito difícil para os gestores em nossa sociedade agir de acordo com processos democráticos de equidade e participação. Em especial em matérias que envolvem alguma tensão interpessoal, uma abordagem democrática à administração expõe o indivíduo e suas vulnerabilidades em público. Para fazer isso, os gestores têm que possuir alto grau de segurança pessoal, bem como firme compreensão de sua posição pessoal e de seus propósitos. Cada qual tem que ter um tipo muito pessoal de teoria.

Associar os compromissos de valor que sustentamos às ações que exercemos nas organizações públicas sugere que necessitamos não somente de maior precisão, mas também de maior flexibilidade, nas estruturas por cujo intermédio atuamos. Esse ponto nos remete de volta às pressuposições restritivas (discutidas no Capítulo 1) sob as quais o estudo das organizações públicas funcionou no passado – de que a administração pública é administração governamental e de que ela está envolvida principalmente com grandes estruturas hierárquicas. Observamos que essas ideias não apenas limitaram a gama ou variedade de arranjos ou *designs* organizacionais estudados pelos teóricos de organização pública, mas também põem em dúvida se esse estudo poderia pretender de fato possuir alguma coerência teórica.

A questão pode ser vista em termos tanto da herança política quanto da herança intelectual da administração pública. Em minha visão, a teoria da administração pública foi limitada em sua consideração das questões políticas por uma dicotomia explícita ou implícita entre política e administração. A ideia é que as decisões políticas guiarão o trabalho dos órgãos administrativos e que a *accountability* moral deve ser concebida somente em termos hierárquicos – em termos da responsividade dos órgãos públicos aos funcionários eleitos. Especialmente na medida em que se contentaram em definir a administração pública como uma administração governamental, os teóricos guardaram vestígios da dicotomia entre política e administração e a visão limitada de governo democrático que ela contém ou pressupõe. Como discutimos no Capítulo 7, até mesmo desenvolvimentos importantes na governança de rede são limitados neste sentido. O problema se torna ainda maior quando é visto em termos da herança intelectual da teoria de administração pública. Os membros das organizações públicas exercem impacto direto sobre as vidas dos indivíduos, não somente enquanto executam ordens vindas de cima, mas também enquanto atuam por conta própria na busca dos propósitos públicos. Além disso, o crescimento das organizações públicas significou que elas atingem seus membros e clientes simplesmente em virtude de seu tamanho, complexidade e impessoalidade. A base moral peculiar à organização pública, portanto, não está contida na relação hierárquica entre os órgãos públicos e os legislativos, mas tem que ser enfrentada diretamente.

Essa questão foi analisada por George Frederickson, que tenta esclarecer melhor o que se entende pelo termo *público* na administração pública. Frederickson (1991) sugere que, em geral, o termo *público* significa coisas diferentes, dependendo do ponto de vista. A perspectiva pluralista vê o público como grupos de interesse, o economista vê o público como consumidores, e assim por diante. No que tange ao campo da administração pública, Frederickson sugere que uma teoria do público deve incorporar várias dimensões de uma governança democrática efetiva e responsável. Primeiro, essa teoria não deve se preocupar com indivíduos ou grupos, mas com a noção do *interesse público*, em especial nos termos como a ideia é definida na constituição. Em segundo lugar, a noção do *público* na administração pública deve refletir o cidadão virtuoso, informado e envolvido no trabalho da política ou na comunidade política. Em terceiro lugar, uma teoria do público deve incorporar a noção da *responsividade* até mesmo a indivíduos e grupos que não costumam expressar de maneira incisiva seus interesses próprios. Finalmente, e na mesma linha, o administrador deve ser benevolente. "Em vez de simplesmente facilitar a busca do autointeresse, o administrador público lutará continuamente, em conjunto com os representantes eleitos e os cidadãos, para encontrar e articular o interesse geral ou comum e para fazer o governo perseguir este interesse" (p. 415-416).

Vimos que a ciência política como disciplina não encampa ou abarca toda a variedade de interesses dos membros das organizações públicas e, particularmente, não dá atenção plena aos assuntos organizacionais e de gestão. Também observamos que o campo da análise organizacional é limitado, por não compreender adequadamente o contexto moral da organização pública. Alguns estudiosos chegaram a argumentar que a administração pública é uma profissão que jamais poderá alcançar um significado teórico, mas que poderá sempre recorrer a empréstimos ou importações de outras disciplinas – o que significa apenas que as teorias jamais corresponderão exatamente à prática.

Gestão da mudança em busca de valores públicos

Toda disciplina, tanto em sentido acadêmico como no sentido prático, é formada pela possibilidade de coerência teórica num determinado campo. É possível agora desenvolver essa coerência no estudo das organizações públicas compreendendo seus membros como gestores de mudança na busca de valores societários publicamente definidos. Essa definição sugere que se integrem as perspectivas proporcionadas pela ciência política e pela análise organizacional (bem como de outras disciplinas que contribuem para o estudo) pelo reconhecimento da importância dos processos de mudança nos contextos organizacionais e da responsabilidade dos gestores em lidarem efetivamente com tais processos. Ao mesmo tempo, sugere o papel importante que têm os integrantes das organizações públicas ao influenciarem a vida pública e sua responsabilidade de gerenciarem esse impacto de modo consistente com os padrões democráticos.

A definição de nosso estudo dessa maneira nos permite, obviamente, abarcar os interesses tradicionais da teoria da administração pública, mas também sugerir que a administração pública seja considerada parte do estudo mais amplo da organização pública. As teorias de organização pública descritas neste livro foram desenvolvidas dentro da tradição norte-americana da teoria de administração pública. Mas esses trabalhos sugerem implicações para a sociedade organizacional mais ampla em que vivemos. Na medida em que as organizações grandes e complexas dominam a paisagem social e política, cabe-nos perguntar se todas essas organizações devem ser governadas de modo a serem mantidos nossos compromissos com a liberdade, a justiça e a igualdade. Então, a pergunta já não será mais "como devemos encarar as operações dos órgãos do governo?", mas sim "de que modo as organizações de todo tipo podem se tornar mais públicas, mais democráticas e mais capazes de expressar os valores de nossa sociedade?".

> Como tornar as organizações de todo tipo mais públicas, mais democráticas e mais aptas a expressar os valores de nossa sociedade?

Certamente, aspectos fundamentais da política pública estão hoje sendo decididos ou seriamente influenciados pelas assim chamadas corporações privadas. Muitas dessas organizações privadas excedem muito, em tamanho e complexidade, os governos de outros países e os governos de nosso passado. As organizações modernas – sejam elas governamentais ou não governamentais – exercem um impacto enorme nas vidas pessoais dos indivíduos em nossa sociedade. Como a nação-estado se transformou, de muitas maneiras, em um conglomerado – uma corporação amplamente diversificada –, a relação entre Estado e cidadão ou entre organização e cliente está se tornando muito estreita. Essa tendência sugere que todas as organizações devam ser avaliadas em vista de quão públicas são. Nesse esforço, a teoria da administração pública, em especial as teorias da administração democrática, poderiam se tornar um modelo para a teoria das organizações em geral.

Esse ponto de vista sugere diretamente que houve alguma coisa a que os teóricos da administração pública do passado muitas vezes resistiram: que as organizações públicas deveriam agir, por definição, de acordo com procedimentos democráticos e perseguir resultados democráticos. Se nos comprometemos com a expressão de valores societários publicamente definidos, não podemos deixar por nada menos que isso. Embora esse trabalho tenha sido, de tempos em tempos, deixado de lado, na corrida pela ciência e pela técnica, ele continua sendo muito importante para o campo das organizações públicas atuais, porque é o que melhor expressa o compromisso moral de nossa disciplina. E é do compromisso moral implícito na ação humana que os profissionais jamais podem fugir.

Novo papel para os teóricos

Enfatizamos o papel dos profissionais enquanto teóricos por causa do nosso papel como administradores. Mas acreditamos também que, em certo sentido, também somos teóricos. Como, então, vemos o nosso papel e o papel dos outros teóricos na construção das teorias das organizações? Obviamente, não sentimos que os teóricos devam gastar todo o seu tempo e energia resolvendo relações supostamente causais que podem ou não falar aos problemas ou questões além de sua área de estudo específica. Os teóricos precisam voltar sua atenção para os problemas reais, dos quais o mais premente talvez seja o problema de entender como as organizações públicas podem trabalhar em favor de uma sociedade democrática.

A pesquisa acadêmica tem papel importante a exercer na construção de uma base sólida para o estudo das organizações públicas. Muito desta pesquisa, claramente, não é dirigido aos profissionais, nem precisa ser. Antes que qualquer impacto seja sentido no mundo prático, torna-se necessário examinar certas questões complicadas e meticulosas, coletar evidências e discutir muito. Este é um papel próprio dos acadêmicos e até mesmo dos teóricos – um papel que os profissionais não precisam temer ou desacreditar. Os profissionais não devem querer – e, em geral, de fato não querem – que os teóricos sejam exatamente iguais a eles, ou que vejam o mundo como eles o veem. Eles querem que os teóricos tenham uma visão mais ampla, ou pelo menos vejam o mundo de um ângulo diferente. Em nossa visão, o problema começa quando presumimos que uma única "teoria" ou perspectiva sobre a "prática" tem o monopólio do conhecimento útil e nos fechamos a outras possibilidades (ver CATLAW, 2013; RAADSCHELDERS, 2011; RICCUCCI, 2010). Ninguém ou nenhuma teoria captura a complexidade do mundo, e uma pessoa ou teoria excepcional que de fato não pode nos ensinar algo.

Conclusão

As organizações públicas enfrentam atualmente uma crise de legitimidade. Os cidadãos estão questionando a eficácia de nossas instituições e as intenções de seus inquilinos. Eles sentem que as visões dos funcionários públicos não são consistentes com as próprias expectativas. Os cortes de gastos, os *deficits* governamentais e as frequentes denúncias de escândalos são ilustrativos desta crise. Tais condições demandam uma resposta ao mesmo tempo teórica e prática.

Muitos profissionais hoje vivenciam falta de ânimo, frustração e esgotamento – em parte, devido à falta de um desenvolvimento teórico. Como ensinou Freud, os indivíduos podem atuar com base em suposições ocultas que talvez não correspondam, até certo ponto, ao mundo como ele se apresenta. Resultam daí sintomas ou desconfortos que o terapeuta pode usar como indícios para recuperar parte da história de vida do indivíduo, permitindo-lhe, assim, que tenha uma vida mais plena e mais congruente. De modo semelhante, Marx argumentou que as sociedades adotam padrões de crença contraprodutivos, ideologias que dissimulam a opressão real sob a qual as pessoas vivem. Por exemplo, embora os membros das organizações burocráticas possam viver sob condições de alienação, eles talvez reconheçam apenas vagamente o que se lhes sucede. Pode ser que eles vivenciem sua alienação na forma de uma vaga sensação de desconforto, uma sensação sintomática de um quadro mal orientado para a ação.

> Tanto os profissionais quanto os teóricos devem aprender continuamente, para que todos reconheçam sua responsabilidade mútua pela melhor e mais plena expressão dos nossos valores democráticos.

Os indivíduos ou grupos sociais talvez venham a reconhecer a insuficiência das teorias nas quais baseiam suas ações ao se empenharem em entender o quadro maior em relação ao qual esses sintomas ou desconfortos apresentam indícios. As pessoas precisam de um contexto no qual para ver as coisas de modo mais complexo e crítico, para ver as coisas em um contexto mais amplo – e, portanto, ver as coisas de um modo diferente. Na psicanálise, cabe ao terapeuta o papel de ajudar nesse esforço. Na teoria social crítica, incumbe ao teórico o papel de ajudar a construir o arcabouço teórico. O papel do teórico das organizações públicas é ajudar o ator a construir uma teoria sobre a qual se possa basear uma ação (práxis) nova e libertadora, facilitadora e comunicativa.

Finalmente, o nosso interesse mútuo, quer enquanto administradores ou enquanto teóricos, é desenvolver abordagens para nosso trabalho que nos permitam enxergar a prática como a confrontamos diariamente, e vê-la em perspectiva. A teoria não reflete simplesmente a vida, ela também a projeta. Uma boa teoria faz mais do que apenas analisar, mas também sintetiza uma variedade de elementos e olha para o futuro. Ao prever ou planejar o futuro, temos que levar em conta tanto fatos quanto valores. O futuro exige que façamos escolhas, que constantemente mudemos e nos adaptemos a novas circunstâncias. O futuro exige que aprendamos e busquemos criar contextos nos quais podemos fazer isso.

De Waldo e Barnard aprendemos que é necessário ter inteligência e compaixão nas organizações públicas; agora, tendo terminado nosso estudo, podemos compreender, de forma mais completa, as suas recomendações. Waldo, o defensor da inteligência, devotou o trabalho de sua vida à busca de uma teoria de administração democrática; Barnard, o advogado da compaixão, argumentou em favor de uma compreensão da mudança não meramente como controle, mas também como comunicação e consenso. A administração democrática, sonho de Waldo, parece mais distante agora do que jamais esteve no passado. Atualmente, a linguagem da produtividade e da eficiência parece prevalecer sobre a linguagem da democracia e da solicitude, do cuidado. Mas, como sabemos agora, a viabilidade de longo prazo das instituições públicas – na verdade, a simples sobrevivência da própria democracia – exige uma teoria de governança democrática que inclua a administração democrática. Ao mesmo tempo, a esperança por um "sentido da organização", apelo de Barnard, também parece fora de alcance. A hierarquia, a estrutura e o comando são fortes – talvez particularmente fortes porque os tomamos como dados, certos, inquestionáveis e, muitas vezes, não os reconhecemos pelo que são.

Waldo e Barnard tentaram resolver este dilema sublinhando a integridade moral de alguns poucos administradores influentes. Talvez se possa tirar uma lição maior: a de que as organizações públicas existem somente em estado de tensão, em estado de desenvolvimento; portanto, os indivíduos têm que estar continuamente aprendendo tanto para que a vida seja envolvente quanto para se envolverem no trabalho da vida pública. Esse esforço – em que teoria e prática estariam tão estreitamente integradas quanto aprendizagem e ação – demandaria não apenas que os profissionais pensem como teóricos e vice-versa, mas também, e de forma mais importante, que todos reconheçam sua responsabilidade mútua para com a melhor e a mais plena expressão dos nossos valores democráticos.

Questões para debate

1. Que conexão existe entre valores e ação?
2. De que modo ideias teóricas afetam a prática administrativa?

Casos

1. James Butler gosta muito do modelo racional de administração; Cindy Lewis se identifica mais com a fenomenologia ou teoria crítica. Que diferenças você esperaria em suas abordagens à administração?

2. Jane Patrick mal concluiu seu mestrado em administração pública e já começou a trabalhar em um importante órgão público federal. Mas ela não quer parar de estudar. Como pode ela desenvolver uma estratégia para continuar aprendendo sobre administração pública e política pública?

Referências

BEVIR, Mark. *Democratic governance*. Princeton, NJ: Princeton University Press, 2010.

BOZEMAN, Barry. *All organizations are public: bridging public and private organization theories*. São Francisco: Jossey-Bass, 1987.

BUSS, Terry F.; REDBURN, F. Stevens; GUO, Kristina. (orgs.) *Modernizing democracy*. Armonk: M. E. Sharpe, 2006.

CATLAW, Thomas J. "The death of the practitioner", *Administrative Theory & Praxis*, v. 28, p. 89-120, 2006a.

CATLAW, Thomas J. "Performance anxieties: shifting public administration from the relevant to the real", *Administrative Theory & Praxis*, v. 28, p. 89-120, 2006b.

CATLAW, Thomas J. "What's the use in being practical?", *Administrative Theory & Praxis*, v. 30, p. 515-529, 2008.

CATLAW, Thomas J. "Beyond methodological Taylorism? Pluralism, research, and the study of public administration", *Journal of Public Administration Research & Theory*, v. 23, p. 758-766, 2013.

COOK, S. D. Noam; WAGENAAR, Hendrik. "Navigating the eternally unfolding present: toward an epistemology of practice", *American Review of Public Administration*, v. 42, p. 3-38, 2012.

CUNNINGHAM, Robert; WESCHLER, Louis. "Theory and the public administration student/practitioner", *Public Administration Review*, v. 62, p. 104-111, 2002.

DENHARDT, Robert B. "Experiential learning in public administration", *Journal of Public Affairs Education*, v. , p. 149-151, 1997.

DENHARDT, Robert B. "The big questions of public administration education", *Public Administration Review*, v. 61, p. 526-534, 2001.

DENHARDT, Robert B.; DENHARDT, Janet V. *Public administration:* an action orientation. 6. ed. Belmont: Cengage Wadsworth, 2009.

FARAZMAND, Ali; PINKOWSKI, Jack. (orgs.) *Handbook of globalization, governance and public administration*. Boca Raton: CRC Press, 2007.

FLYVBJERG, Bent. *Making social science matter: why social inquiry fails and how it can succeed again*. Trad. de S. Sampson. Cambridge, U.K.: Cambridge University Press, 2001.

FREDERICKSON, H. George. "Toward a theory of the public for public administration", *Administration and Society*, v. 22, p. 395-417, fev. 1991.

FREDRICKSON, H. George. (org.) *Bureaucracies, public administration and public policy*. Armonk: M. E. Sharpe, 1993.

HARRIS, Peter. *Foundations of public administration*. Hong Kong: Hong Kong University Press, 1991.

HILL, Carolyn; LYNN Jr., Laurence E. *Public management*. Washington, DC: CQ Press, 2009.

HOFSTEDE, Geert; HOFSTEDE, Gert Jan. *Cultures and organizations*. 2. ed. Nova York: McGraw-Hill, 2005.

HUMMEL, Ralph. "Practice illuminating theory", *Administrative Theory & Praxis*, v. 20, p. 150-158, 1996.

KEE, James Edwin; NEWCOMER, Kathryin E. *Transforming public and nonprofit organizations*. Vienna: Management Concepts, 2008.

KETTL, Donald F. *The next government of the United States*. 1. ed. Nova York: Norton, 2009.

KING, Cheryl Simrell; ZANETTI, Lisa A. *Transformational public service*. Armonk: M. E. Sharpe, 2005.

McSWITE, O. C. "Theory competency for MPA-educated practitioners", *Public Administration Quarterly*, v. 61, p. 111-115, 2001.

MILLER, Hugh T.; KING, Cheryl S. "Practical theory", *American Review of Public Administration*, v. 28, p. 43-60, 1998.

MORAN, Dermot. *Introduction to phenomenology*. Nova York: Routledge, 2000.

ORR, Kevin; BENNETT, Mike. "Public administration scholarship and the politics of co-producing academic-practitioner research", *Public Administration Review*, v. 72, p. 487-495, 2012.

PESCH, Udo. *The predicament of publicness*. Delft, the Netherlands: Eburon, 2005.

RAADSCHELDERS, Joseph C. N. *Government*. Armonk: M. E. Sharpe, 2003.

RAADSCHELDERS, Jos C. N. *Public administration: the interdisciplinary study of government*. Nova York: Oxford University Press, 2011.

RAFFEL, Jeffrey A.; LEISINK, Peter; MIDDLEBROOKS, Anthony E. (orgs.) *Public sector leadership*. Cheltenham: Edward Elgar, 2009.

RHODES, R. A. W. *Understanding governance*. Buckingham: Open University Press, 1997.

RICCUCCI, Norma M. *Public administration: traditions of inquiry and philosophies of knowledge*. Washington, DC: Georgetown University Press, 2010.

SCHWARTZ-SHEA, Pergrine; YANOW, Dvora (Eds.). *Interpretation and method: empirical research methods and the interpretive turn*. 2. ed. Armonk, NY: M.E. Sharpe, 2013.

SHAFRITZ, Jay M.; HYDE, Albert C. *Classics of public administration*. 6. ed. Belmont: Thomson Wadsworth, 2007.

THAI, Khi V.; RHAM, Dianne; COGGBURN, Jerrell D. (orgs.) *Handbook of globalization and the environment*. Boca Raton: CRC Press, 2007.

UNITED NATIONS, Divison for Public Administration and Development Management. *Public administration and democratic governance*. Nova York: United Nations, 2007.

WEINTRAUB, Jeffrey. The Theory and politics of the public/private distinction. In: WEINTRAUB, J.; KUMAR, K. (Eds.). *Public and private in thought and practice*. Chicago: University of Chicago Press, 1997. p. 1-42.

WHITE, Jay D. *Taking language seriously: the narrative foundations of public administration research*. Washington, DC: Georgetown University Press, 1999.

YANOW, Dvora. Thinking interpretative: philosophical presuppositions and the human sciences. In: YANOW, Dvora; SCHWARTZ-SHEA, Peregrine (Eds.). *Interpretation and method: empirical research methods and the Interpretative Turn*. Armonk, NY: M. E. Sharpe, 2006. p. 5-26.

Apêndice
O diário do administrador

Uma das maiores dificuldades enfrentadas pelos estudiosos e profissionais que desejam ampliar seu entendimento das organizações públicas é o aparente fosso que separa a teoria e a prática no campo. O que, em princípio, parece fazer sentido, na prática nem sempre parece funcionar; as teorias criadas pelos acadêmicos, muitas vezes, pouco se parecem com o mundo real do administrador público. O diário do administrador, apresentado a seguir, é um artifício ou expediente prático para ajudar o leitor a fazer a conexão entre teoria e prática nas organizações públicas. Ao fazer anotações cuidadosas em seu diário, o leitor será capaz de integrar, por um lado, as teorias do indivíduo e da organização e, por outro, as formas como ele pensa, sente e age em situações administrativas.

O diário do administrador baseia-se no método que sugere que a aprendizagem mais significativa sobre administração é aquela que se funda na experiência do indivíduo. Quer sejamos estudiosos ou profissionais, todos temos uma variedade de experiências que, se usadas de forma construtiva, podem contribuir para o nosso entendimento da vida organizacional. Atuamos em papéis administrativos; lemos e discutimos teorias de dinâmica organizacional; estudamos e analisamos estudos de caso; engajamo-nos em simulações e outras atividades de treinamento; inventamos novas ideias e até mesmo fantasias sobre as possibilidades de uma ação pública efetiva. Ao refletirmos ativamente sobre as nossas experiências e ao fazermos generalizações a partir delas, podemos aprender lições importantes sobre como as organizações funcionam e como os indivíduos atuam nos ambientes organizacionais.

O diário do administrador requer que foquemos a nossa atenção não nas tarefas imediatas sobre as quais estamos debruçados (embora estas sejam importantes e sirvam de base para a aprendizagem), mas nos processos humanos essenciais que dão sustentação à ação. Dizemos que as coisas que fazemos são as tarefas e os modos como as fazemos são os processos. Por exemplo, falar sobre a monitoração das verbas para a assistência social é descrever uma tarefa; já a relação do administrador com os beneficiários da assistência social é um processo. De maneira semelhante, falar sobre uma pessoa envolvida em aprendizagem é descrever uma tarefa; dizer que essa aprendizagem é ativa ou passiva é descrever um processo pessoal. É importante observar que, segundo os administradores, as questões de processo são as que duram por um período mais longo. Embora as tarefas em que nos engajamos mudem de um dia para o outro, continuamos a nos confrontar sempre com as mesmas questões (de comunicação, motivação, poder e autoridade, e assim por diante). As lições mais importantes que podemos aprender, portanto, são as que dizem respeito aos processos organizacionais que são comuns a muitas situações diferentes.

Por exemplo, um autor assinalou que há seis processos organizacionais básicos que dão sustentação às ações dos indivíduos e das organizações, a saber: comunicação, liderança e autoridade, papéis e funções dos membros, normas grupais e crescimento do grupo, dinâmica entre os grupos e tomada de decisão. Outra caracterização dos processos humanos se concentra nos modos de conhecer (como adquirimos conhecimento), nos modos de decidir (como fazemos escolhas com base no conhecimento que temos) e nos modos de agir (que passos ou comportamentos específicos empregamos para executar nossas decisões). Seja como for, o diário do administrador assume a posição de que a melhor maneira de se conseguir entender a dinâmica da atividade organizacional será pela atenção aos processos organizacionais.

Se sugerimos que a aprendizagem se intensifica na proporção em que começamos a fazer generalizações sobre nossa experiência imediata e passamos de uma preocupação com tarefas para uma preocupação com processos, podemos ver o tipo de padrão de aprendizagem que emerge. A maioria de nós começa com o que fazemos no dia a dia; estamos ocupados com nossa experiência imediata relacionada a determinada tarefa. Mas pode ocorrer uma aprendizagem substancial quando passamos para o domínio da generalização dos processos. Aqui, podemos estabelecer conexões entre os dados gerados por nossa experiência e as teorias ou generalizações que podem ajudar a explicar esta experiência. Por consequência, na medida em que tratamos de tarefas futuras, fá-lo-emos com mais fundamento; nossa experiência foi esclarecida tanto por nossa reflexão como por nossa generalização, permitindo-nos agir com mais eficácia.

É evidente que, nas organizações públicas, as pessoas muitas vezes ficam tão assoberbadas pela pressão dos eventos imediatos que sua concentração se fixa no setor da experiência dominado pela tarefa. Elas estão preocupadas com o cumprimento de prazos, com a participação em reuniões, com a negociação de várias posições e assim por diante, havendo pouco tempo para se envolverem em reflexão e no tipo de aprendizagem bem fundamentada que a reflexão pode propiciar. Naturalmente, aprende-se alguma coisa nessas situações, mas, segundo sugere o diário do administrador, faremos uso muito mais eficaz de nossa experiência se reservarmos um tempo para explorar explicitamente os processos subjacentes a nossas experiências diárias.

De maneira semelhante, precisamos nos envolver como personalidades integrais no processo de aprender com nossas experiências. Considerando que, em um sentido real, nós somos o que aprendemos, temos que associar nossa aprendizagem aos recônditos mais íntimos de nossas personalidades, lidando com questões tanto do coração quanto da razão. Temos que nos preocupar não apenas com o que pensamos, mas também com o que sentimos; não só com o que fazemos, mas também com quem somos. Por essa razão, o diário do administrador nos estimula a considerar todos os aspectos que nos dizem respeito, quando se trata do processo de aprendizagem; ele sugere que o nosso entendimento da vida organizacional é guiado tanto por nossa experiência interior como por nossa experiência exterior.

Formato do diário

O diário do administrador nos dá uma forma prática de transcender a situação imediata e de nos envolver numa aprendizagem mais extensiva ao permitir que vejamos cada experiência do ponto de vista de quatro perspectivas diferentes. Como trabalhar no diário? Antes de começar, devemos criar um estado de ânimo sereno e favorável para, em seguida, passar a fazer anotações naquela seção que nos parece a mais adequada à experiência que estamos retratando. Inicialmente, anotamos os nossos pensamentos de acordo com os interesses dessa seção, e daí passamos para outra seção e comentamos a mesma ideia ou evento do ponto de vista dessa outra seção e assim por diante. Enquanto continuamos a trabalhar de forma intercambiável nas várias seções, começamos a estabelecer conexões entre os sentidos que acalentamos e as ações que empreendemos. À medida que temos consciência do fluxo de nossas atividades, aparecem novas formas de intensificar nossa aprendizagem e podemos explorar as possibilidades que elas reservam para nossas vidas.

O diário consiste de quatro seções principais e um adendo, brevemente descritos a seguir. Vários exemplos de registros ou anotações aparecem no final dessa discussão.

Seção I: Experiência exterior

A primeira seção do Diário do Administrador é usada para registrar as nossas experiências diárias relacionadas às organizações públicas. Essas experiências podem incluir o trabalho administrativo atual em que estamos envolvidos, estudos de caso, simulações, outras atividades de treinamento ou simplesmente nossas próprias impressões. Nesta seção, registramos brevemente uma experiência particular, de modo que ela possa nos dar base para posterior reflexão e generalização. A descrição da experiência não precisa ser longa ou detalhada; devemos registrar apenas a informação que seja suficiente para nos lembrar do incidente, quando voltarmos a essa seção mais tarde. Importa, porém, que tentemos ser tão objetivos quanto possível no registro exato do que aconteceu e resistamos à tentação de querer avaliar imediatamente nossa experiência. Nesta seção, uma maneira prática de proceder é assumir a perspectiva de um terceiro ator interessado, isto é, tomar a posição de um repórter, de um espectador externo ou alheio à experiência, que escreva a respeito dela a partir desta posição, sem se envolver nem julgar. A chave para o nosso trabalho nesta seção do diário é ser claro, conciso e não avaliativo.

Entre as questões que podem ser respondidas nesta seção incluem-se as seguintes:

- Quais foram as circunstâncias que cercaram a experiência?
- Quem foram as pessoas envolvidas?
- Quando ou em que período ela aconteceu?
- O que eu fiz ou que ações empreendi ou realizei nesta situação?
- O que terceiros deixaram transparecer a respeito deles mesmos?
- Estou sendo inteiramente honesto e totalmente factual em meu relato do que aconteceu?

Seção II: Reflexões e generalizações (sobre experiência exterior)

Nesta seção, procuramos ganhar um entendimento mais profundo da dinâmica da situação que descrevemos, tentando encontrar indícios ou pistas para entendê-la em seus níveis individual, grupal e organizacional. Enquanto refletimos sobre a experiência, podemos imaginar conexões entre esta e outras experiências e descobrir que podemos começar a fazer generalizações de nossas experiências imediatas em termos de lições mais amplas. De modo semelhante, podemos constatar que conhecemos um importante material teórico que nos ajudaria a compreender a experiência. Em todo caso, tendo refletido sobre a experiência, procuramos extrair as lições mais amplas e duradouras para as quais esta experiência serve de fundamento.

Entre as questões relevantes para esta seção, incluem-se as seguintes:

- Que processos humanos estavam em operação nesta situação?
- Como a experiência se relacionou com as seis dimensões do processo organizacional, ou com as maneiras de aprender, decidir e agir?
- Que comentário provoca ou desperta a experiência em relação a cada uma dessas dimensões?
- Com base nesta experiência, que conselho geral eu poderia dar sobre o funcionamento dos processos organizacionais?
- Que material teórico achei recentemente que nos ajudaria a explicar esta situação?
- Onde eu poderia encontrar outras explicações?
- A que pessoas eu poderia recorrer como fonte de informação para uma aprendizagem permanente sobre este tipo de evento?

Seção III: Experiência interior

Na Seção I, que trata da experiência exterior, adotamos o ponto de vista de uma terceira pessoa interessada, de um repórter, para proporcionar um relato objetivo de nossa experiência; nesta seção, assumimos uma posição de primeira pessoa e procuramos fazer um relato totalmente subjetivo. Perguntamos como a experiência nos afetou – em termos emocionais, físicos, intelectuais e espirituais. Cabe registrar aqui os aspectos de nossa vida interior que foram ativados pela experiência. Podemos, por exemplo, ter vivenciado prazer ou sofrimento, algum súbito afluxo de energia ou certa depressão, podemos ter descoberto um novo *insight* ou descartado uma lição anterior.

Entre as questões que talvez queiramos responder aqui, temos as seguintes:

- Como me sinto em relação ao que está acontecendo?
- Quais são minhas emoções mais fortes?
- Qual é minha condição física neste momento?
- Aconteceram mudanças durante a experiência?
- Sinto estresse ou sensação de alívio?
- Estou tenso ou tranquilo?
- Sinto-me intelectualmente vivo e ativo ou estou aceitando as coisas de forma um pouco passiva?
- Qual é o sentimento estético deste momento?
- Esta experiência está de algum modo transcendendo o fluxo ordinário dos eventos e assumindo um caráter espiritual?

Seção IV: Reflexões e generalizações (sobre a experiência interior)

Esta seção de reflexões e generalizações novamente permite-nos ir mais fundo em nossa experiência e estabelecer conexões entre a experiência imediata e uma visão mais ampla. Aqui, talvez desejássemos responder a perguntas do tipo:

- Como minha experiência interior neste momento se compara com as experiências de outros momentos?
- O que significam as emoções que estou vivenciando neste momento?

- Como estas emoções se comparam às que experimentei em situações parecidas?
- De maneira similar, neste momento, o que consigo compreender de minha atual experiência física, intelectual ou espiritual?
- Como esta experiência se relaciona com experiências semelhantes?
- Que parte da minha experiência interior se destaca mais?
- É esta a parte que, na maioria das vezes, prevalece, ou estou ressaltando uma parte de minha experiência à qual, em geral, dou pouca ou nenhuma importância?
- Que fontes externas podem me ajudar a compreender minha experiência interior neste momento?
- Que poesia, música ou literatura oferecem *insight*?
- Quais são as implicações de minha experiência para o futuro?

Seção V: Adendo (período de crescimento)

Embora a maior parte de nosso trabalho diário ou semanal envolva as quatro seções principais do diário descritas até aqui, em alguns pontos vamos querer dar um passo atrás e olhar de modo mais amplo para o desenvolvimento de nossa aprendizagem sobre administração. O adendo proporciona um espaço para registrar esta visão. Uma maneira de começar a trabalhar no adendo é descrever o período particular de desenvolvimento pessoal e profissional em que nos encontramos no presente momento. Este período pode ser longo e durar vários anos, como no caso de alguém que chega a um novo emprego e aprende continuamente sobre a nova organização, ou pode ter a duração de apenas uns poucos dias ou mesmo horas, como ocorre no caso de uma sessão de treinamento. De todo modo, deixe que o período se autodefina. Pense num evento que marque o início do período (por exemplo, a matrícula num programa de mestrado em administração pública) ou sua conclusão (defesa da dissertação de mestrado). Registre este período no adendo e em seguida descreva-o em detalhes, usando como guia as seguintes perguntas:

- Em que fase de minha vida e de meu trabalho encontro-me neste momento?
- Que circunstâncias cercam atualmente minha aprendizagem?
- Quais são os eventos que marcam o início e podem marcar o fim desse período?

- Que padrões básicos têm marcado minha experiência durante o período decorrido até agora? (Se você já está no diário por algum tempo, as quatro seções principais proporcionarão dados importantes para ajudá-lo a responder a estas e outras questões.)
- O que eu estive fazendo?
- O que aprendi?
- Quais são meus planos e expectativas para o restante do período?
- De que modo eles afetaram minha aprendizagem?
- Como me sinto em relação ao meu trabalho durante esse período?
- Em termos de meu próprio desenvolvimento pessoal, o que mais espero desse período?

O autor do diário em ação

Para trabalhar de forma mais efetiva no diário do administrador, temos que encontrar uma hora e local com pouca ou nenhuma probabilidade de sermos perturbados. Começamos nosso trabalho sentando-nos em silêncio e deixando que nossos pensamentos fluam livremente sobre os eventos do dia. No início, até por causa do ritmo agitado da vida administrativa, provavelmente veremos nossas mentes correndo de um evento para outro de maneira tresloucada, sem coerência. No entanto, à medida que começamos a descansar e serenar nossas mentes, os pensamentos fluirão em ritmo mais natural. Sentir-nos-emos mais confortáveis com nossas reflexões e mais capazes de compreender os processos mais profundos de nossas experiências. Logo começaremos a dar foco em um único evento ou ideia que gostaríamos de usar como ponto de partida para nosso trabalho no diário do administrador. Voltaremos à seção pertinente do diário e começaremos a registrar nossos pensamentos, não nos preocupando com estilo literário, mas simplesmente escrevendo tudo o que vem à mente.

Naturalmente, muitas fontes vão nos proporcionar pontos de entrada para o nosso trabalho no diário. É evidente que as experiências concretas que tivemos enquanto membros ou clientes destes grupos terão extrema importância para o nosso entendimento das organizações públicas. Mas podem ser igualmente importantes as experiências que ocorrem fora das organizações, desde que envolvam processos humanos que acontecem dentro delas (como comunicação, tomada de decisão e outros semelhantes). Finalmente, estudos de caso, simulações ou mesmo situações imaginárias podem abrir caminhos para o diário. Em cada um desses casos, provavelmente será mais conveniente começar nosso trabalho com as "experiências exteriores", descritas na Seção I, e em seguida passar, por ordem sequencial, para as outras três seções.

Mas este procedimento não é, de forma alguma, a única maneira de se trabalhar no diário. Depois de ler algum artigo particular ou de realizar um debate específico sobre teoria organizacional, poderíamos fazer anotações em alguma das seções dedicadas às reflexões e generalizações (Seções II e IV). Depois de observar o material teórico, podemos passar para as seções de experiência (I e III), indagando em cada caso como a teoria explica ou ajuda a interpretar as experiências passadas que tivemos ou as experiências futuras que planejamos ter. De maneira similar, poderíamos nos forçar, por forte experiência emocional, a iniciar com uma anotação na seção das experiências interiores do diário, que em seguida poderia ser elaborada em detalhe em cada uma das demais seções. Em todo caso, o trânsito contínuo entre as seções do diário é essencial para se descobrir o padrão do nosso trabalho. Deveríamos, portanto, dar título a cada uma das anotações, de modo que nos permitisse fazer referências cruzadas com as anotações feitas nas outras seções.

O objetivo do diário do administrador é dar base para a construção de conexões entre os eventos e as reflexões que são parte de nossa aprendizagem e do nosso desenvolvimento pessoal. Por essa razão, vamos perceber que as seções do diário não são, de forma alguma, discretas. Haverá diversas superposições, e a localização "própria" de uma anotação ou ponto particular talvez não seja absolutamente clara. De maneira similar, talvez achemos, inicialmente, que as próprias observações pessoais revelem muito pouco sobre nossa aprendizagem e nos sintamos desanimados em relação ao nosso trabalho. Em ambos os casos, porém, devemos nos lembrar de que os resultados mais importantes de nossa atividade de "cronistas" aparecerão na medida em que começarmos a desenvolver informações suficientes para estabelecer um senso de continuidade em nosso desenvolvimento. Depois de trabalhar por algum tempo no diário, poderemos reler as várias anotações e descobrir problemas ou temas recorrentes que, por sua vez, podem ser usados como anotações iniciadoras de outros trabalhos no diário.

O propósito do diário é ajudar a conectar teoria e prática com vistas ao nosso entendimento das organizações públicas. As seções principais do diário exigem que vejamos as experiências sob ângulos diferentes, encarando-as, portanto, não apenas da forma mais completa, mas também de uma maneira que nos permita integrá-las em nossa própria aprendizagem. Ao trabalharmos em base contínua nas várias seções do diário, descobriremos que a nossa aprendizagem sobre organizações tem um padrão muito particular e que podemos de fato influenciar o curso de nosso próprio aprendizado. Na medida em que nos tornamos mais eficazes em nossa aprendizagem, seremos premiados tanto pelo trabalho que fazemos como pelo prazer que obtemos desse trabalho.

Exemplos de anotações no diário

Os seguintes registros ou anotações no diário referem-se à experiência de um estudante de pós-graduação em administração pública, matriculado na disciplina Teoria e Comportamento Organizacional. Observe que a experiência básica não precisa ser a de um estudante, como nesse exemplo, mas poderia envolver seu trabalho em qualquer tipo de grupo ou organização de que faça parte.

Experiência exterior (Registro n. 1)

Em uma de minhas disciplinas, foi feita uma prova de meio de semestre e a classe foi informada de que a receberia de volta com a avaliação na próxima aula. Nesse ínterim, um dos alunos teve um encontro pessoal com o professor e ficou sabendo o conceito que obtivera na prova. Na entrevista, o professor também adiantou, de forma espontânea, que todos os alunos que fizeram a prova obtiveram nota A, à exceção de apenas um. O aluno atendido pelo professor passou essa informação a várias pessoas e, imediatamente, começaram a se espalhar rumores e especulações sobre quem poderia ser o aluno infeliz que não obtivera nota A.

Tendo ouvido a informação diretamente do aluno que estivera com o professor, eu também espalhei a notícia. Todo mundo, inclusive eu, estava preocupado com a possibilidade de ser o aluno da nota B.

Reflexões e observações sobre a experiência exterior (Registro n. 1)

A experiência de ansiedade produzida na classe pela revelação de que um aluno não obtivera A na prova envolveu muitos níveis do processo administrativo, ressaltando-se como mais importantes a comunicação e as normas de grupo. O professor errou por violar a norma de revelar todos os conceitos da classe ao mesmo tempo. No entanto, a revelação do conceito de um indivíduo não teria sido tão equivocada se ele não tivesse revelado também que todos os alunos da turma, menos um, tinham recebido conceito A. Mas o aluno, em parte, também teve culpa, porque poderia ter mantido a informação para si e devia ter pensado no impacto negativo que a revelação poderia causar. Os fatores mencionados – da violação das normas pelo professor e das comunicações envolvidas – são muito importantes, já que situações semelhantes aparecem em toda e qualquer organização. Deve-se frisar o quanto é importante para o administrador analisar as implicações de suas ações e comunicações. Nesse caso, talvez o professor estivesse fazendo um gesto pessoal de confiança e amizade para com o estudante e talvez tenha esperado que este honrasse a confiança. Tal gesto, no entanto, não foi compreendido pelo estudante, que fez um mau juízo ao contar tudo à classe.

Este incidente também tem a ver com as teorias de Maslow sobre motivação. Por exemplo, o que motivou, inicialmente, o professor a fazer o que fez? E o que motivou o estudante a reagir da maneira como fez? Maslow afirma que as pessoas têm certas necessidades básicas e que essas, quando não satisfeitas, motivam comportamento. O mais provável é que o professor estivesse dando satisfação às necessidades sociais, que incluem amizade e sentido de grupo. O estudante provavelmente estava satisfazendo "necessidades do ego", ao deixar a classe saber que o professor confiara nele e em mais ninguém; ele esperava com isso elevar seu prestígio e *status*. A classe estava motivada a especular e a se preocupar por causa das necessidades estremecidas de segurança e autorrealização. De novo, deve-se levar em conta a consciência do efeito potencial que têm as ações e as comunicações de alguém. Deve-se também observar que a reação da classe reflete a instabilidade de uma organização (no caso, do curso de pós-graduação), que coloca pressão indevida sobre seus membros, impondo-lhes padrões de desempenho que vão além do razoável. Essa pressão causa instabilidade, insegurança e insatisfação em relação à organização.

Experiência interior (Registro n. 1)

Pessoalmente, senti-me perturbado pelo fato de o estudante ter-me falado sobre os conceitos da prova. Assim como todos a quem ele contou, também supus que poderia ser eu o aluno do conceito B. Isso me causou grande ansiedade. Eu estava furioso com o professor por ele ter revelado ao aluno o seu conceito, quando eu ainda não conhecia o meu, e também estava indignado por ele lhe ter confidenciado os conceitos dos alunos de toda a turma. Em retrospectiva, senti-me envergonhado por ter participado da disseminação dos rumores; se tivesse que passar por isso de novo, não me envolveria. O nervosismo sobre o conceito (que eu teria de esperar por quatro dias para verificar) deixou-me muito tenso emocionalmente, e meus músculos também ficaram tensos enquanto não consegui saber se era ou não o aluno abandonado pela sorte.

Reflexões e observações sobre a experiência interior (Registro n. 1)

Com frequência, fico tenso em situações de incerteza. A insegurança de não saber como me saí em uma prova, mesmo quando as chances estão a meu favor, me deixa muito aflito. Muitas vezes também reajo com sentimento de raiva diante do que sinto ser um juízo equivocado ou incompetência da parte de outros indivíduos. Procuro fazer um esforço consciente para ser mais tolerante com os erros humanos de julgamento. Em termos intelectuais, há muitos anos tenho consciência plena da importância de uma comunicação clara. Tento sempre esclarecer qualquer sentido profundo ou oculto que julgo importante e que não está sendo percebido. Os estudos de Maslow e Jung sobre psicologia seriam úteis para entender por que e como os indivíduos são motivados a agir como agem e para avaliar a importância de elucidar sentidos profundos ou invisíveis. Nunca é demais ressaltar a importância que tem a consciência desses fatores para um administrador.

Índice onomástico

A
Abel, Charles Frederick, 258
Adams, Guy, 241
Addams, Jane, 104
Agranoff, Robert, 295-296
Alkadry, Mohamad G., 198, 246, 300
Allison, Graham T., 21, 131-133
Appleby, Paul H., 25, 75, 79, 183, 190-191, 196
Arendt, Hannah, 270, 298
Argyris, Chris, 148, 154-159, 160-162, 165, 177, 207, 259
Aristigueta, Maria P., 127-128

B
Bailey, Stephen K., 191, 194
Balfour, Danny, 50, 60, 241-242
Bang, Henrik, 294
Bardach, Eugene, 207-208, 297
Barnard, Chester, 1, 24, 124, 149-152, 330-331
Barzelay, Michael, 218, 223

Baumgarter, Frank R., 197
Bensel, Richard F., 67
Bernstein, Richard, 243, 253
Bertelli, Anthony M., 193
Blake, Robert, 152, 177
Bogason, Peter, 293
Borzel, Tanja, 295
Boston, Jonathan, 220
Boukaert, Geert, 218
Box, Richard, 244, 253, 258, 280
Bozeman, Barry, 21
Brodkin, Evelyn, 224
Brown, Lawrence D., 206-207, 217
Bryson, John, 280
Burnier, DeLysa, 275

C
Caldwell, Lynton, 66
Carnavale, David, 284
Catlaw, Thomas, 5, 128, 182, 195, 246, 258, 270-272, 277, 298-300, 320-321, 329

Chapin, Linda W., 281-282
Chapman, Jeffrey, 182
Checkland, Peter, 142
Christensen, Robert K., 297
Cleveland, Frederick A., 78-79
Cleveland, Harlan, 176
Cooper, Terry, 193, 285
Crenson, Matthew A., 170
Crosby, Barbara C., 280, 293
Crothers, Lane, 284-285
Crow, Michael M., 141
Cyert, Richard, 132

D
Dahl, Robert A., 115, 117-118, 122, 144, 240
David, Charles R., 258
deLeon, Peter, 209-210, 223, 281
Denhardt, Janet V., 258, 260, 275-282, 284-286, 288
Denhardt, Robert B., 28, 159, 213, 223, 240, 275, 278, 284-286
Dickson, William, 151
Dilulio, John J., 218
DiMaggio, Paul, 140
Dimock, Marshall E., 76, 78, 98, 191
Dryzek, John S., 299
Dye, Thomas, 184

E
Eagan, Jennifer, 275, 277
Easton, David, 185
Eddy, William, 165
Eggers, William D., 292, 294-295

Eikenberry, Angela M., 275

F
Farazmand, Ali, 65
Farmbry, Kyle, 276-277
Farmer, John David, 261, 263, 266-268
Fay, Brian, 260
Feldman, Martha S., 210
Ferguson, Kathy, 273-274, 276
Finer, Herman, 190, 195-196, 268
Flyvbjerg, Bent, 321
Follet, Mary Parker, 102-104
Forester, John, 258
Fox, Charles J., 261, 264-266
Frederickson, H. George, 140, 171, 173, 326
Freud, Sigmund, 33, 49-50, 52-57, 60-62, 247, 277, 329
Friedman, Milton, 245
Friedrich, Carl, 190, 195, 268

G
Gaebler, Ted, 222
Gaus, John, 190
Gerrits, Lasse, 142
Giddens, Anthony, 44
Gladden, Edgar. N., 65
Goldsmith, Stephen, 292, 294-295
Golembiewski, Robert T., 148, 160-166, 177, 215
Goodnow, Frank, 67, 71-72, 75-76, 205
Gray, Barbara, 297
Gulick, Luther, 73-74, 91-99, 111, 115, 134

H

Habermas, Jürgen, 253-258
Hajer, Maarten A., 294
Hamilton, Alexander, 65-67, 105, 214
Harding, Nancy, 278
Harmon, Michael M., 3, 77-78, 250-252, 272
Hart, David K., 173-174, 240
Harvey, David, 217
Heclo, Hugh, 197
Heffen, Oscar van, 294
Hegel, G.W.F., 34-35
Held, David, 217
Hill, Michael, 204
Hondeghem, Annie, 160
Hood, Christopher, 217, 219
Horkheimer, Max, 122, 253-254
Hummel, Ralph P., 59-60, 314
Hupe, Peter, 204
Husserl, Edmund, 247-248, 313-314
Hutchinson, Janet R., 275

I

Ingraham, Patricia W., 293
Ingram, Helen, 209, 226

J

Jacobs, Lawrence R., 217
Jay, Marin, 253
Jefferson, Thomas, 65-66, 105
Jones, Bryan D., 197
Jones, Lawrence R., 293
Jordan, Gregory M., 195
Jun, Jong S., 237, 259

K

Kaboolian, Linda, 218
Kahn, Robert, 142
Kamensky, John, 220
Katz, Daniel, 142
Kaufman, Herbert, 137-139, 141, 185, 204
Kearns, Kevin, 218
Kenis, Patrick, 294
Kettl, Donald F., 217-218, 224
Khademian, Anne M., 210
Kickert, Walter J.M., 294
King, Cheryl, 258, 280, 320
Kingsley, J. Donald, 197
Kirkhart, Larry, 172, 176
Klijn, Erik-Hans, 294
Koliba, Christopher, 142-143
Kooiman, Jan, 294
Koppenjan, Joop F.M., 294
Kuhn, Thomas, 166, 250

L

Lane, Jan-Erik, 218, 225
LaPorte, Todd, 169, 173
Larimer, Christopher W., 184, 201, 208
Larson, John Lauritz, 67
Lasswell, Harold, 184
Learmouth, Mark, 278
Lee, Yong., S., 192, 278
Lerner, Daniel, 184
Levitan, David M., 102, 104
Light, Paul Charles, 218
Lindblom, Charles E., 128-131, 133, 144, 240

Long, Norton, 183
Lowi, Theodore, 197, 201-204, 207, 209
Luke, Jeffrey, 284
Lynn, Laurence E., 193, 219, 224, 293
Lyotard, Jean-François, 264

M
Madison, James, 193, 214
March, James A., 119
March, James G., 132, 140, 271
Marcuse, Herbert, 47-48, 254, 256
Marcussen, Martin, 292
Marin, Bernd, 294
Marini, Frank, 168
Marx, Karl, 33-42, 48-49, 55-57, 60-62, 83-84, 102, 247, 291, 330
Maslow, Abraham, 243, 345-346
Maynard-Moody, Steve, 285
Mayntz, Renate, 294
McCarthy, Thomas J., 263
McCurdy, Howard, 71, 101
McDermott, Rose, 216
McGinn, Kathy, 275
McGregor, Douglas, 152-153, 177
McGuire, Michael, 295
McLellan, David, 36-38
McSwite, O.C., 261, 268-269, 283
Meadows, Donatella H., 142
Meek, Jack W., 142-143
Meier, Kenneth J., 208-209
Meltsner, Arnold J., 211
Metcalf, Henry O., 102
Miller, Hugh T., 209, 261, 264-266, 313
Miller, John H., 143

Milward, H. Brinton, 218, 292, 294
Mintzberg, Henry, 222
Mitchell, Melanie, 142
Mommsen, Wolfgang J., 48
Mooney, James, 89
Mooney Nickel, Patricia, 258, 275
Moran, Dermot, 314
Mosher, Frederick C., 191, 195
Mouton, Jane, 152, 177
Moynihan, Donald, 141, 143, 160
Musheno, Michael, 285
Mussari, Riccardo, 178, 293

N
Nalbandian, John, 28
Nelissen, Nicolaas Johannes Maria, 293
North, Douglass C., 140
Novak, William J., 67

O
O'Leary, Rosemary, 194-196, 296
Olsen, Johan P., 140, 294
Osborne, David, 222
Ostrom, Elinor, 211-216
Ostrom, Vincent, 66, 140, 219, 227
O'Toole, Laurence J., 208-209

P
Page, Scott E., 143
Panke, Diana, 295
Peck, Jamie, 217
Perkins, Jan, 275
Perry, James L., 160, 296-297
Peters, B. Guy, 218, 293-294

Pierre, Jon, 294
Pink, Daniel, 159-160
Pollit, Christopher, 218-219, 293
Powell, Walter W., 140
Pranger, Robert J., 255
Pressman, Jeffrey, 205-207, 209
Provan, Keith G., 292, 294

R
Raadschelders, Jos C. N., 18, 64-65, 329
Rainey, Hal R., 21
Ramos, Alberto Guerreiro, 238
Rawlings, Kelly Campbell, 272, 299-300
Rawls, John, 173-174, 192, 251
Redford, Emmett S., 187-189
Reiley, Alan C., 89
Rhodes, Roderick A.W., 294
Riccucci, Norma M., 329
Rice, A. Kenneth, 53
Richardson, George P., 142
Roethlisberger, Fritz, 151
Rohr, John, 192
Rosenbloom, David, 101, 198
Rourke, Francis E., 185-186

S
Sabatier, Paul, 197, 201
Saetran, Harald, 204
Sandel, Michael, 279
Schedler, Kuon, 293
Schneider, Anne Larson, 209, 226
Schön, Donald, 158, 259
Schwartz-Shea, Peregrine, 209, 314
Scioli, Frank P., 210

Sclar, Elliot D., 217, 225
Scott, W. Richard, 140
Scott, William, 240
Selznick, Philip, 135-137, 139, 185, 204
Sementelli, Arthur J., 207, 258
Shangraw, Richard F., 141
Simon, Herbert A., 21, 77, 85, 113-128, 131-134, 141, 144, 211-212, 236
Skowronek, Stephen, 67
Smith, Adam, 36
Smith, Kevin B., 140, 184, 144201, 208
Smithburg, Donald W., 77, 113, 119, 124
Sorensen, Eva, 292, 294-295, 298
Spicer, Michael W., 262, 269-270
Stene, Edwin O., 86-87
Stillman, Richard J., 21
Stivers, Camilla, 99-100, 102, 270, 274, 280
Stone, Deborah, 209
Stout, Margaret, 102
Svara, James, 77, 193

T
Taylor, Frederick W., 81-84, 122, 134, 313
Terry, Larry, 284
Thayer, Frederick, 175-176
Thomas, John Clayton, 280
Thomassen, Jacques J.A., 294
Thompson, James D., 21, 87, 120, 124, 134, 138-141
Thompson, Victor A., 77, 113
Thomson, Ann Marie, 296-297

Torfing, Jacob, 292, 294-295, 298
Tschirhart, Mary, 297
Tucker, Robert C., 36-37, 39, 55

U
Urwick, Lyndall, 102, 115, 134

V
Van Slyke, David M., 225
Van Wart, Montgomery, 283-284
Vigoda-Gador, Eran, 297
Vinzant, Janet, 284-285
von Braun, Wernher, 242

W
Wagenaar, Hendrick, 294
Waldo, Dwight, 1, 23, 63-64, 69, 80, 84, 87-88, 95, 99-101, 104, 168, 235, 330-331
Wamsley, Gary, 172, 282
Weber, Max, 33, 41-48, 55-56, 60-62, 97, 102, 134, 235, 247, 254-255, 258, 263, 267, 313
Weible, Christopher, 197

White, Leonard D., 65, 67, 74-75, 85-86, 89-91, 95, 97, 111
White, Orion, 173, 237, 268, 300, 315
Whyte, William, 240
Wildavsky, Aaron, 205-207, 209
Williamson, Oliver, 140
Willoughby, W.F., 71-73, 75-78, 85-86, 91-92, 95, 111, 144, 173
Willoughby, W. W., 72
Wilson, Woodrow, 21, 63, 68-70, 78, 80, 104, 211, 235, 276
Witt, Matthew, 276
Wolf, James E., 282
Wood, Donna, 297

Y
Yanow, Dvora, 209, 277, 314-315
Yong S. Lee, 192

Z
Zanetti, Lisa, 258, 280
Zavatarro, Staci M., 263
Zia, Asim, 142-143
Zucker, Lynne G., 140

Índice temático

A

Abordagem ascética, 43
Abordagem das relações humanas, 148-149, 151-154
Abordagem genérica da administração, 113-114
Ação racional-intencional, 253-255
Accountability, 26, 90, 217, 223, 236, 250-252, 268, 287, 258-289, 295, 298, 324-325
Ações
    conexão de valores e, 325-327
    interpretação das, de outros, 57
Acumulação de capital, 96
Administração
    abordagem genérica da, 113-114
    democrática, 100-104, 213-216, 235-237
    modelo racional de, 111-146
    política e, 168-169
    provérbios de, 114-115
    pública, sinônimo de governo, 25-26
    teoria geral de, 19-22
    ver também Organizações (instituições); Dicotomia de política e administração
Administração democrática, 100-104, 213-215, 235-237
Administração do governo, 24-26
    ver também Administração pública
Administração pública
    ciência aplicada à, 85-87
    como profissão, 23-24
    crise de legitimidade na, 235-236, 271
    crise intelectual na, 211-216
    e governo, 19, 25-26
    em busca do conhecimento, 3-16
    estudo da, 67
    legitimidade na, 267-268
    no novo serviço público, 280-283
    organizações privadas e, 19-22
    política pública e, 73-75
    pós-tradicional, 261-278

redefinição do campo da, 25-26
teoria da, 17-24
ver também Administração; Nova administração pública
visão institucional da, 76
Administração pública pós-tradicional, 261-278
Administradores
caráter de, 189-190
como atores políticos, 75
discrição de, 73, 251
educação profissional de, 191
esboço, do novo serviço público, 286-290
ver também Gestores
Administradores públicos. *Ver* Administradores
Alienação, Marx sobre, 37-40
Alteridade, 268
Ambiente, controle do, 56-57
Amplitude de controle, 115
Análise crítica, de organizações públicas, 258-261
Análise organizacional, 19-24
abordagem de sistema aberto para, 135
Análise participativa de políticas, 281
Análise política, 181-183, 186, 200-204, 281
métodos para, 209-210
Antítese, 35-36
Aprendizagem
de ciclo duplo, 161-162
de ciclo único, 161-162

organizacional, 156, 328-329
pessoal, 285-325, 317
Ver também Aquisição do conhecimento
Aprendizagem de ciclo duplo, 161-162
Aprendizagem de ciclo único, 161-162
Aprendizagem organizacional, 157, 328-329
Aprendizagem pessoal, 328-329
construção teórica e, 320-322
Em busca do conhecimento, 3-16, 242-246
Associação civil, 258-259
Autocracia, 80-81, 95
Autointeresse, 219-220, 279-280
Autonomia, 54-55, 125-126
Autonomia individual, 54-55, 125-126
Autoridade, 24, 150
aceitação de, 123-125
carismática, 45-46, 48-49
legal, 45-46
legitimidade da, 45
tradicional, 45
Weber sobre, 46-49
Autoridade carismática, 45-49
Autoridade legal, 45-47
Autoridade tradicional, 45
Autorrealização, 238, 243
Autorreferencial, 262

B

Barganha política, 132-133
Bem comum, 279-280
Bens privados, 213-214

Bens públicos, 213-214
Burguesia, 38-39
Burocracia, 1-2
   base técnica da, 257
   expansão da, 46-49
   hierarquia da, 25, 259-261
   linguagem e, 58
   papel da, na produção de política pública, 74-75, 185-187
   processo governamental e, 19
   redefinição do papel da, 257-258
   representativa, 197-198
   responsividade da, 185-187
   supervisão e controle da, 197
   tipo ideal, 45-47
   ver também Organizações públicas
   Weber sobre, 4348
Burocracia de tipo ideal, 45-47
Burocracia representativa, 197-198

C
Cadeia hierárquica de comando, 88-89
Calvinismo, 41-42
Câmara de vereadores, 71-72
Capitalismo, 201
   Dahl sobre, 119
   Marx sobre, 37-38, 39-41
   Weber sobre, 41, 47-49
Capital social, 280
Caráter burocrático, 189-190
Centralização, 89-96, 204-205
Centralização legislativa, 72
Cidadania, 279-280, 286-289
Cidadania democrática, 279-280

Cidadãos
   relação entre governo e, 221-223, 279-280, 280-282
   responsividade aos, 26
Ciência, 22, 237
   definição de, 23-24, 237
   do comportamento humano, 111-113
Ciência política, 86, 111-113, 184-185
Ciências comportamentais, 114, 157
Cientista social, valores do, 42-43
Cientistas políticos, visão de política pública dos, 184-185
Civilização, impacto da, 54-55
Coerção, 202-203
Coerção governamental, 202-204
Colaboração, 294-296
Comportamento, 57-58
   ciência do, 111-113
   cooperativo, 150
   individual, 122-124
   pressupostos sobre, 153-154
   qualidade não racional do, 117-119
Comportamento cooperativo, 150-152
Comportamento humano. *Ver* Comportamento
Comportamento individual, 122-124
Comunicação
   relações hierárquicas e, 259
   restabelecimento sem distorção da, 256-257
Comunidade, 279-281
Comunismo, 35-36, 38
Condado de Orange, Florida, 281

Condições de trabalho, produtividade
    e, 151
Confiança e dimensão de reciprocidade,
    da colaboração, 296
Conhecimento
    crítico, 58
    disseminação do, 172
    usos do, social, 56-59
Conhecimento crítico, 59
Consciência, 248
Constituição dos EUA, 73
    interpretação da, 191-194
Consultor externo, 160-161
Controle
    do ambiente, 56-57
    gerencial, 162-164
    social, 202
Controle gerencial, 162-164
Controle social, 201
Cooptação, 136
Crescimento individual, 155-156
Crise de identidade, 235
Crise intelectual, Ostrom sobre, 210-215

D
Democracia, 67, 270
    autocracia e, 94
    extensão da, 67
    papel das organizações públicas na,
        80-81
    valores da, 119
Democratização, 27
Denunciantes, 194
Departamentalização, 92

Descentralização, 163-164
Descentralização administrativa, 62
Desconstrução, 252, 257
Desenvolvimento individual, 39-40
Desenvolvimento Organizacional (DO),
    139, 155-157, 166
    no setor público, 158-164
Design, 124
Deslocamento, 50-51
Despersonalização, 34
Desterritorialização, 257
Dêutero-aprendizagem, 161
Dever, 194
Dever público, 194
Diário do Administrador, 335-345
    exemplos de registros no, 334-335
    fazendo anotações no, 332-344
    formato do, 337-342
Dicotomia de política e administração,
    70-80, 183, 275
    crítica da, 183
    influência persistente da, 75-79
    modelo racional e, 239
    nova administração pública e, 165
    técnica da gestão de negócios e, 78-80
    tomada de decisão e, 125
Dimensão da administração
    de colaboração, 296
Dimensão da autonomia
    de colaboração, 296
Dimensão de governança, de colaboração, 296
Dimensão de mutualidade, da colaboração, 296

Discurso autêntico, 266
Discurso político, 261
Disputa Ostrom-Golembiewski, 214
Divisão do trabalho, 36, 37, 92-95

E
Economia de mercado, 326
Economia política, 209
Efeitos transbordantes, 214
Eficácia, 187
    da implementação de política pública, 204-209
    na política pública, 200-204
Eficiência
    abordagens científicas para a, 83
    administrativa, 69, 115-116, 211
    como medida de sucesso, 97-100
    como valor, 100, 119, 172
    dos órgãos do governo, 13, 26
    Gulick sobre, 92-93
    qualidade não racional do comportamento humano, 117-119
    vs equidade, 172-173
    Willoughby sobre, 91-92
Ego, 50-51
Eleitorado, 73
Emoção, 238
Empreendedorismo, 287
Empregados, alienação dos, 38-40
Emprego governamental, 2
Encontros face-a-face, 250
Engajamento cívico, 279-281
Enunciados instrumentais, 57
Enunciados interpretativos, 57

Envolvimento do cidadão, 196
Epifenomenalismo, 260
Equidade social, 172-173
Equidade, *vs* eficiência, 172-173
Equilíbrio, 193
Eros, 55
Escola de Frankfurt, 253
Escolha, 126-127
Esfera pública, redução da, 255-257
Estatismo, 202
Estrutura organizacional, 86-90
Estudos de administração, 76
Estudos de ética, 191-195
Ethos do discurso, 266
Ética
    administrativa, 193
    Ver também Moralidade; Valor(es)
Ética administrativa, 191-195
Ética judeo-cristã, 162
Ética protestante, 44, 96
Executivo
    chefe do, 91-95
    função do, 149
Executivo central, 91-95
Executivo municipal, 71
Executivo unificado, 65-66
Existencialismo, 173
Experiência subjetiva, 244-245
Experiência vivida, 263
Experimentos de Hawthorne, 150-152
Externalidades, 213

F
Fatores ambientais, 137

Fatores econômicos, na implementação de política pública, 208-209
Fatos, *vs* valores, 120, 170-172
Federalist papers, 65
Fenomenologia, 172, 247-253
Fixação, 50-51
Formação de reação, 50-51
Formulação de políticas, 125-133
    análise incremental para, 128-131
Fundacionalismo, 261

G

Gerencialismo, 218-219
Gestão
    abordagem de relações humanas da, 140-149, 151-154
    abordagens científicas para a, 79-85
    crescimento individual e, 154-155
    estilo educativo de, 259
    moral, 161
    sistema colaborativo consensual de, 164-165
    ver também Nova gestão pública
Gestão administrativa
    abordagem wilsoniana de negócio à, 68-70
    estrutura organizacional e, 86-90
Gestão científica, 68, 78-85, 220
Gestão da qualidade total, 220
Gestão de mudança, 327
Gestão de negócios, 68, 77-79, 86-88
    abordagem de relações humanas, 148-149
    governo e, 216
Gestão moral, 162

Gestores
    empreendedores, 222-223
    habilidades necessárias aos, 156
    papel dos, 161-162
    responsabilidades dos, 289
    restrições sobre, 192
    ver também Administradores
Gestor público, 27-29
Governança
    definição de, 291
    participante, 291
    rede democrática, 290-296
Governança democrática, 100-104
Governança democrática em rede, 290-296
Governança em rede, 290-296
Governança participante, 291
Governo
    administração pública e governo, 19
    como *holding company*, 94
    descentralizado, 66-68
    de terceiro ator, 290
    empreendedor, 222-223
    envolvimento do cidadão no, 199
    expansão do, 201
    função do, 202
    Hamilton e Jefferson sobre o, 65-66
    modelo de mercado do, 218-221, 222, 267
    modelo do negócio para, 221
    poderes (ramos) do, 66, 71-72
    reinvenção do, 216-226
    relação entre cidadãos e, 221, 278-282, 279-282
    visão formalista do, 71

voltado para o consumidor, 221-224
Governo catalisador, 217
Governo competitivo, 217
Governo da elite, 204
Governo descentralizado, 217
Governo de terceiros, 290
Governo empreendedor, 221-223
Governo empresarial, 221-223
Governo local
    forma de câmara-administrador do, 71
    responsabilidades do, 72
Governo movido por missão, 217
Governo orientado para o mercado, 218, 220, 221-224
Governo orientado para resultados, 217
Governo preventivo, 218
Governo próprio da comunidade, 217
Governo voltado ao consumidor, 217, 219, 222-225

H
Hierarquia
    nas organizações burocráticas, 258
    vs participação, 174-175
Hiperrealidade, 263
Hipótese, 86
História
    visão de Hegel da, 31
    visão de Marx da, 33
Holding company, 94
Homem administrativo, 122, 125, 182
Homem econômico, 125
Homens da razão, 269

Horda original, 52-54
Humanismo organizacional, 139-171
    temas no, 148-154
Humanismo. *Ver* Humanismo organizacional

I
Id, 50-51
Ideias, desenvolvimento de, 31
Ignorância, véu de, 174
Imaginação, 268
Implementação de políticas, 204-209
Inconsciente, Freud sobre, 49-51
Individualismo metodológico, 212
Indivíduo
    como participante ativo, 141
    liberdade do, *vs* controle gerencial, 162-163
    motivações do, 144
    relação entre organização e, 156-161
    tomador de decisão, 212
Induzimentos-contribuições, 119
Informação, 124
    ver também Conhecimento
Instinto de morte, 55
Instinto de vida, 55
Instrumentalismo, 59, 210
Integração, 79-95
Intencionalidade, 247
Intenções, interpretando as dos outros, 57
Interação simbólica, 253-254
Interesse público, 274, 286, 326
Interpretação reflexiva, 267

Intuição, 239
Inversão moral, 240

J
Justiça como noção de *fairness*, 173

L
Liberalismo, 201-202
Liberalismo do grupo-de-interesse, 201-202
Liberdade
    do indivíduo, 163-165
    limites, da pessoal, 40
Liderança, 90, 136, 156
    dêutero, 161-162
    estudos feministas de, 273-274
    no novo serviço público, 283-284
Liderança catalisadora, 283
Liderança executiva, 90
Líderes
    carismáticos, 48
    relação entre grupo e, 52-54
Limitações, 58
Linguagem, 59
    da teoria da administração pública, 265-266
    pós-modernismo e, 261-263

M
Mecanismos de defesa, 50-51
Metadiscursos, 271
Metáfora do 'jogo praticado pelas pessoas', 207
Metavalores, 164-167

Método incremental, 126-128
Modelo consociado, 173-174
Modelo de ciência positiva, 243-245, 246-247, 328-330
Modelo do ator racional, 129
Modelo do processo organizacional, 129-130
Modelo econômico, 125
Modelo governamental da política, 130
Modelo militar, 89
Modelo racional, 111-147, 139, 328
    aquisição do conhecimento no, 242-245
    crítica do, 235-244
    linguagem do, 122
Modelos
    de máquina, 96
    de mercado, 218-221, 270
    de negócio, 68-70
    de tomada de decisão, 128-130
    econômicos, 125
    militares, 88
    modelo racional de organização, 111-16
    papel dos, 17-19
Modernismo, 270-271
Modo educativo, 261
Moralidade, 162-164
    democrática, 188-189
    ver também Valor(es)
Moralidade democrática, 188-189
Motivação, 149, 150
Movimento comunitariano, 277
Movimento da análise política, 210

Movimento da Carta dos Cidadãos, 220
Mudança organizacional, 158, 164-167
Multiplicidade, 271
Mundo da vida, 247
Mundo intersubjetivamente compreensível, 248

N
National Performance Review (Avaliação do Desempenho Nacional), 218, 221
Neotribalismo, 264
New Deal (Novo Acordo), 94
Nova administração pública, 147, 165-175
  agenda da, 170
  ênfase em política pública na, 181-333
  equidade e, 172-173
  participação e, 174-176
Nova gestão pública, 78, 215-224, 270
  limitações da, 221-226
  princípios da, 218
Nova Zelândia, nova gestão pública na, 216
Novo serviço público, 18, 261-266
  administração pública no, 280-283
  liderança no, 283-284
  princípios do, 286-290

O
Objetividade, 44
Organização administrativa da rede, 268
Organização industrial, 37

Organização (processo)
  burocrática, 45-47
  modelo racional de, 111-146
Organizações complexas, 24-26
  estratégias para estudo de, 134-135
  padrões morais de, 24-26
Organizações formais, 149
Organizações informais, 149-151
Organizações (instituições)
  complexas, 24-25, 134
  definição de, 25
  formais, 150
  informais, 149-151
  personalidade e, 154-158
  relação do indivíduo com, 54
  teorias das, 24-27
Organizações privadas, administração pública e, 19-22
Organizações públicas, 1-32
  análise crítica das, 256-261
  conhecimento sobre, 2-17
  crescimento das, 1
  papel das, na democracia, 76-78
  processo político e, 181-184
  teoria políticas das, 62-111
  teorias das, 3, 17-24
  valores das, 62
Órgãos do governo
  eficiência e, 13, 26
  integração dos, 91
  papel de produção de política pública dos, 186-188
  papel dos, na produção de política pública, 202-204

propósito dos, 25
Órgãos. *Ver* órgãos do governo

P
Paradigma ativo-social, 249-251
Participação do cidadão, 210, 289
　governo voltado ao consumidor e, 222-224
　hierarquia e, 174-176
Participação, hierarquia *vs*, 174-176
Participação pública, 199-200
Pensamento burocrático, 102-104
Personalidade, 154-158
Perspectiva de Minnowbrook, 167
Perspectiva positivista, 120, 163, 170
Perspectivas, restritivas, 58-59
Perversão administrativa, 241
Pesquisa científica, 113, 170
Pluralismo, 202
Pobres, envolvimento dos, em programas contra pobreza, 199
Poder
　concentração de, 93-95
　nas burocracias, 256-260
Poder administrativo, 74
Poder executivo, 64-65, 74, 76, 92
Poder judiciário, 74
Poder legislativo, 74, 91-92, 202-203
Política (*Policy*). *Ver* Política pública
Política (*Politics*)
　administração e, 167-169
　implementação de política pública e, 207-209
　simbólica, 264

Política pública, 18
　administração pública e, 182-236
　desenvolvimento da orientação, 184-188
　discrepâncias entre ações empreendidas e, 137
　eficácia na, 200-204
　estudo da, 182-186
　formação e execução da, 182-184, 206-210
　implementação da, 204-209
　interação da administração e, 73-75
　perspectiva da ciência política sobre, 185-186
　responsividade na, 188-190
　ver também Análise política
Políticas constitutivas, 203
Políticas distributivas, 203
Política simbólica, 264
Políticas redistributivas, 203
Políticas regulatórias, 203
POSDCORB (planejamento, organização, staffing, direção, coordenação, relatórios e orçamentação), 94
Posição original, 173
Positivismo lógico, 112, 116
Pós-modernismo, 261-265
　aplicações na administração pública, 265-272
Práxis, 41, 332
Prestação do serviço, eficiência na, 3
Princípio escalar, 90
Princípio funcional, 90
Princípios, 85

Problemas sociais, 185
Processos dialéticos, 35-37
Produção
    Marx sobre, 38-40
    princípios científicas aplicados à, 81-82
    sistemas de, 36-39
Produção de política pública
    Papel dos órgãos do governo na, 202-204
    processo de, 75
Produtividade, condições de trabalho e, 150
Profissionais
    como teóricos, 317-322
    importância da teoria para os, 318-320
Profissionais, influência crescente dos, 190-205
Programa 'Citizens First!', 281-282
Projeção, 50-51
Proletariado, 37
Propriedade privada, 36
Psicanálise, 256
Psicologia, de grupo, 51-54
Psicologia de grupo, 51-54
Psicoterapia, 49-51

R
Racionalidade, 59, 124, 201
    conceito de, 121-125
    instrumental, 238, 252-254
    limitada, 127
    pressupostos da, 215

Racionalidade instrumental, 238
Racionalidade limitada, 127
Racionalismo econômico, 211, 215
Racionalização, 199, 240, 253-256, 267
    da teoria social, 43-45
    por Weber, 47
Razão
    crítica da instrumental, 252-256
    desenvolvimento da, 31
    pós-modernismo e, 272-273
    visão restrita da humana, 237-243
Razão humana, visão restrita da, 236-242
Razão instrumental, crítica da, 252-259
Redes de gestão pública, 289
Redes governadas por organização líder, 288
Regressão, 50-51
Relações sociais, democratização das, 261
Representação, 271
Repressão, 50-51, 258
Responsabilidade, 195
    administrativa, 251-252
    democrática, 91, 95
    dos cientistas, 169
    moral, 122, 149-150
    nos órgãos públicos, 189-190
    objetiva *vs* subjetiva, 190
    padrões de, 189
    pessoal, 251
    política, 195
    subjetiva, 195-196
Responsabilidade administrativa, 251-252

Responsabilidade democrática, 91, 95
Responsabilidade gerencial, 193
Responsabilidade moral, 122, 149-150, 196
Responsabilidade objetiva, 189-191
Responsabilidade pessoal, 251
Responsabilidade política, 196
Responsabilidade subjetiva, 190-192
  limitações da, 194-196
Responsividade
  eficácia e, 186-187
  envolvimento do cidadão e, 197
  na política pública, 188-190
  nova gestão púbica e, 218
Restrições culturais, 54-55

S
Satisfatório (*Satisficing*), 119, 127
Sentido, 248-249
Sentido subjetivo, 248-249
Separação dos poderes, 71-72
Serviço ao consumidor, 222-224
Serviço Nacional de Florestas, 137
Serviço público, 283
  dedicação ao, 285
  legitimidade do, 257
  na linha de frente, 284
  no nível da rua, 284
  qualidades necessárias para, 189-190
  valores do, 289
  valorizando, 286-288
Serviço. *Ver* Novo serviço público
Servidores públicos da linha de frente, 284

Síntese, de ideias, 32
Sistemas abertos, *vs* sistemas fechados, 133-143
Sistemas escolares, envolvimento do cidadão em, 197
Sistemas fechados *vs* sistemas abertos, 133-143
Soberania popular, 271
Socialismo, 36
Sociedade
  indivíduo e, 56
  racionalização da, 201, 240, 253-254
Sociedade civil, 278-279
Sociologia, Weber sobre, 43
Suborganizações, 139
Superego, 50-51
Suprema Corte, 193
Supremo Tribunal Federal, 193

T
Tânatos, 55
Tennessee Valley Authority, 135
Teoria administrativa
  de Hamilton, 66-67
  de Jefferson, 67
  de Simon, 115-117
  de Wilson, 68-70
  governança democrática e, 100-104
  linhas comuns na, 236-237
  primórdios da, 68-70
  ver também Teorias
Teoria comportamental da firma, 133
Teoria constitucional, 193

Teoria da ação, 246-252
Teoria da escolha pública, 211-215, 221
Teoria democrática, 25
Teoria do discurso
    pós-modernismo e, 265-272
Teoria feminista, 270-274
Teoria modernista, 266
Teoria política, 18, 23, 27, 62-111
Teorias
    ceticismo sobre, 16
    construção e desenvolvimento de, 17-27, 290-295, 299
    da organização pública, 324-327
    de organizações complexas, 24-26
    discurso, 265-272
    e prática, 2-14, 41, 210, 244-246, 321
    esposadas, 161-162
    fios condutores entre, 236
    formais, 14-17
    importância das, 318-320
    papel dos modelos e, 17-18
    políticas, 22, 24-25, 62-111
    redefinição do campo e, 25-28
    ver também teorias específicas
Teorias-em-uso, 161-162
Teorias esposadas, 161-162
Teoria social, 32-61
    como estímulo para ação, 41
    de Freud, 49-54
    de Marx, 35-40
    de Weber, 41-48
    racionalização da, 43-45
    teoria da ação, 246-252

Teoria social crítica, 252-261, 328-331
Teoria social interpretativa, 246-252, 328-331
Teoria X e Teoria Y, 151-155
Teóricos, 15-16, 30
    novo papel para os, 330
Tese, 32
Tipos ideais, 45
Tomada de decisão, 122
    método incremental de, 128-130
    modelo do ator racional de, 128, 131
    modelos de, 130-132
    participação na, 174-176, 188
    processo de, 26, 125-128
    sistemas fechados *vs* abertos e, 132-139
Trabalhadores. *Ver* Empregados
Trabalho
    alienação dos trabalhadores em relação ao, 38-39
    divisão do, 37, 92-95
TVA. *Ver* Tennessee Valley Authority

U

Unidade de comando, 91, 93-94, 115
Uso do Diário, 335-346

V

Valor(es)
    aceitação de, societários, 209
    ações e, 325-327
    comportamento humano e, 113
    democráticos, 282-283

do regime, 193
do serviço público, 289
eficiência como, 100, 117-120, 172
judeo-cristãos, 162
meta, 165-167
na administração pública, 117
organizacionais, 124
vs fatos, 120, 169-171
Valores culturais, 44
Valores democráticos, 282-283
Valores do regime, 192-193
Valores societários, 27, 62
Verdades universais, 266
Véu de ignorância, 174
Viés, do cientista, 169
Visão dominante, 57-59

Z
Zona de aceitação, 119, 123-125

Anexo
Questionários*

Capítulo 1

1. Por causa do sério impacto que as organizações públicas exercem sobre nossa vida, Waldo recomenda que usemos inteligência e perspicácia para falar sobre administração. Por que ele nos faz esta recomendação?
2. A suposta organização impessoal, burocrática e fria, é o pano de fundo de um mundo muito pessoal, em que também se busca qualidade de vida. Por que se faz esta ressalva?
3. Muitas pessoas têm opiniões bem críticas e negativas sobre as burocracias públicas. Elas têm razão? Não há gente interessada e competente trabalhando em organizações públicas? Como é o seu mundo?
4. Para Denhardt, "as questões de aquisição do conhecimento estão no coração da administração". Por que a busca do conhecimento é tão vital para o administrador?
5. Por meio de que formas você vem adquirindo conhecimentos na vida? E de que modo você pode e pensa adquiri-los em seu trabalho atual ou futuro?
6. De que forma nossas observações e avaliações pessoais sobre organizações públicas constituem teorias implícitas sobre essas organizações?
7. O que significa a afirmação de Denhardt: "No campo da ação, teoria e prática são uma coisa só"? Por que muita gente pensa exatamente o contrário?

*. Este anexo foi elaborado por Francisco G. Heidemann, tradutor técnico da 1ª edição desta obra.

8. Para sermos capazes de integrar teoria e prática na ação, precisamos primeiro ter um entendimento adequado ou próprio das organizações públicas. Por quê?
9. No caso do estagiário Ken (caso A), que relação se pode observar entre seu modo de pensar e suas ações?
10. O que nos ensina acima de tudo o caso do empréstimo habitacional (caso B)? O que podemos aprender com as posturas de seus dois protagonistas principais (John e Carol)? Por que as duas perspectivas (eficiência e responsividade) são imprescindíveis numa organização de trabalho, sobretudo pública?
11. Por que nossas posturas pessoais influenciam tanto o que vemos? Até que ponto somos escravos de nossos pensamentos (ideias inflexíveis)? Em termos razoáveis e sensatos, como podemos interpretar as ações de John (caso B)?
12. Segundo Denhardt, "se desejamos refinar nossas habilidades de dar respostas com inteligência e compaixão às situações que enfrentamos nas organizações públicas, temos que ter mais cuidado com as teorias implícitas que esposamos". Por quê?
13. Que relações se pode estabelecer entre as perspectivas pessoais (ou teorias implícitas) e as teorias explícitas dos pesquisadores acadêmicos? Que vantagens você pode ter, para o entendimento das organizações públicas, com o estudo das teorias formais, enquanto marcos de referência do conhecimento administrativo?
14. Com que argumentos se pode sustentar a seguinte afirmação de nosso livro-texto: "As teorias têm capacidade de nos ajudar a ver o mundo com mais clareza e de agir nele com mais eficácia"?
15. Por que devemos ser um tanto céticos diante das teorias da organização pública? De que modo as teorias refletem em geral os compromissos mais amplos de uma determinada cultura?
16. Diante de uma teoria e das decisões feitas para fundamentá-la, devemos sempre nos perguntar, em termos de linguagem, o que se diz, o que se deixa de dizer e o que mais se deve dizer. Por quê?
17. Qual é a promessa da teoria da administração pública? Por que hoje é possível cumprir esta promessa?

18. Com relação ao escopo da administração pública, quais são as três grandes orientações caracterizadas e defendidas pelos estudiosos do campo?
19. Por que as disciplinas acadêmicas da ciência política e da análise organizacional são insatisfatórias para o administrador público?
20. Que tipo de organizações tem sido alvo predominante dos estudos no campo da administração? De que modo as definições do termo *organização*, por exemplo, refletem as tendências dominantes observadas?
21. Que percepções os funcionários públicos em geral dão a conhecer, quando indagados sobre as diferenças que veem entre seu trabalho em órgãos públicos e o trabalho que é realizado em empresas privadas? No que isso é relacionado, se for, com o grau de democratização dos processos de gestão das organizações?
22. Que características deve ter a abordagem que buscamos para superar as limitações das definições anteriores de administração pública?
23. "A administração pública se preocupa com a gestão de processos de mudança que visam alcançar os valores societários publicamente definidos". De que forma este interesse da administração pública supera as prescrições da teoria democrática e da teoria das organizações?

Capítulo 2

1. Para Hegel, as circunstâncias existentes, vistas como etapas transitórias na evolução da liberdade, devem ser removidas, para se garantir a expansão continuada da razão e da liberdade. Por que o presente nos afasta da tarefa de expandir a liberdade?
2. De acordo com Marx, "toda a história é a história da luta de classes". De uma perspectiva dialética, como os sistemas econômicos evoluíram, ou se espera que evoluam, a partir da tensão entre eles?
3. Quando as tarefas de produção começam a ser divididas entre vários trabalhadores e começa a haver especialização, surge a possibilidade de haver relações de classe. O controle dos meios de produção e o controle da disseminação do conhecimento na sociedade produzem que tipos de efeitos para a classe dominante e para a classe dos trabalhadores?

4. Segundo Marx, o capitalismo se baseia numa relação instável entre duas classes: os proprietários, ou *burguesia*, e os trabalhadores, ou *proletariado*. Como essa instabilidade de relações daria condições favoráveis para a derrubada do sistema capitalista e a implantação do sistema comunista?
5. De acordo com o movimento dialético dos processos econômicos, as forças de produção parecem exigir um modo de organização sempre mais opressivo e complexo, em que os indivíduos sofrem alienação e despersonalização cada vez maiores. Em que consiste o capitalismo burocrático em que teria se inspirado este modo de organização?
6. O capitalismo burocrático cria condições tais que a nossa alienação do trabalho, de nós mesmos e dos outros se torna inevitável. Como acontecem estes três tipos de alienação, segundo Marx?
7. Para Marx, a teoria social tem a função de estimular a ação, por intermédio da práxis. Em que consiste, mais especificamente, a tarefa da teoria social, segundo Marx?
8. Weber reconheceu que a mudança social poderia ser impulsionada por outras forças, além das econômicas (invocadas por Marx), como, por exemplo, as da tradição ou da crença. Com base em que brecha, ou mecanismo de escape, poder-se-ia explicar o observado desenvolvimento sem paralelo do capitalismo entre os protestantes calvinistas, segundo a análise de Weber?
9. Embora a ciência nos possa dizer *o que é*, o que existe (fatos), ou que métodos provavelmente são mais eficientes para se alcançar certo objetivo, ela não pode nos dizer *o que deve ser* (valores), ou qual deve ser um certo objetivo a ser perseguido. Como, porém, os valores exercem influência sobre a ciência social?
10. O tipo ideal é uma abstração e elaboração de um conjunto particular de elementos cuja combinação, ou composição, permite oferecer ou revelar um significado cultural especial. Em que sentido ele contém uma "explicação e interpretação de um aspecto significativo da realidade social"?
11. Segundo que critérios operam os funcionários de uma organização burocrática, na visão de Weber? Quais são as vantagens e as desvantagens do modelo de organização burocrática para se avaliar o mundo das organizações reais?
12. Por que a organização de tipo burocrático parece ser tão atrativa a tanta gente que se preocupa com formas de organização?

13. Weber era a favor do tipo burocrático de organização ou apenas fazia uma advertência sobre os efeitos inevitáveis da burocratização que tomava conta da sociedade? Quais são as principais implicações de uma ou outra posição?
14. Segundo Freud, "o grupo é extraordinariamente crédulo e aberto a influências; ele não tem capacidade de crítica". Que vantagens ou riscos pode o indivíduo esperar de seu envolvimento com um grupo organizacional?
15. Os indivíduos usam as organizações para alcançar fins predefinidos, mas também para servir como fontes de satisfação de necessidades e para prover-lhes senso de segurança num mundo de incertezas. Que papel exercem as organizações de trabalho em favor do desenvolvimento de seus membros, segundo os estudos da psicologia de grupo de Freud?
16. Nas palavras de Freud, "boa parte das lutas da humanidade gira em torno da tarefa única de encontrar uma acomodação vantajosa (...) entre este desejo de autonomia do indivíduo e as cobranças culturais do grupo". Que estratégias de convívio ou convivência você pensa usar em sua vida profissional?

Capítulo 3

1. Que posições defendiam, respectivamente, os federalistas Hamilton e Jefferson em relação ao poder de discrição concedido ao executivo no governo e por quê?
2. Em sua opinião, o que é pior: um sistema descentralizado de governos, como o das administrações locais nos Estados Unidos do século XIX, que lá propiciou a "prática política da pilhagem de cargos públicos", ou um sistema centralizado de governo como o do Brasil, que pode produzir o mesmo efeito?
3. Segundo W. Wilson, "o campo da administração é um campo de negócios" e para melhorar a eficiência dos governos é preciso buscar inspiração nos modelos de gestão de negócios. Que trunfo tinha na época o mundo dos negócios a ponto de influenciar tanto o pensamento de Wilson em seu estudo da administração pública?
4. De acordo com Wilson, "a administração está fora da esfera própria da política. As questões administrativas não são questões políticas. Embora a política determine as tarefas da administração, não se deve tolerar que ela manipule seus cargos". Você justificaria a proposição de Wilson nos termos em que ele o fez? Se não, que posição você assumiria?

5. Você acredita que, no mundo real da administração pública, o papel da formulação de políticas públicas cabe exclusivamente aos órgãos legislativos de governo, ao passo que o papel da execução das políticas assim decididas cabe exclusivamente aos órgãos executivos? Fundamente sua resposta.
6. O que Gulick quis dizer com a declaração: "Todo ato (do empregado público) é uma teia inconsútil de discrição e ação"?
7. De que formas o administrador público se revela um ator político de peso a influenciar a formulação das políticas públicas?
8. Quais são as três razões para explicar a persistente influência da dicotomia entre política e administração, na opinião de Denhardt?
9. Para Denhardt, os primeiros autores de administração pública foram ingênuos em seu entendimento da ciência, mas seus sucessores e críticos não ficaram atrás. Por que teriam eles sido ingênuos, segundo Denhardt?
10. Em termos de ciência da gestão, o que é *the one best way*, de Taylor? Na visão de Denhardt, Taylor era cientificamente ingênuo? Por quê?
11. Que novo papel coube aos gerentes a partir da revolução da gestão científica? Qual foi a novidade?
12. Em que consistia a advertência feita por Waldo em 1948 em relação à nova ciência da eficiência administrativa?
13. Quais foram os dois grandes tópicos que os estudiosos de administração pública descobriram quando resolveram saber o que o campo da gestão de negócios lhes poderia ensinar?
14. Quais são os quatro princípios abstratos que recomendavam, no início da década de 1930, em suas consultorias gerenciais, os ex-executivos da General Motors, James Mooney e Alan Reiley?
15. White observou que o movimento de centralização no executivo nacional, em prejuízo dos níveis locais e estaduais de governo, foi uma das repercussões dos estudos de Mooney e Reiley sobre a estrutura organizacional nas empresas privadas. Que riscos viu White para uma sociedade democrática neste movimento de centralização do poder no executivo central e que argumentos arrolou contra ele?
16. Que vantagens e desvantagens observou White no interesse pela integração, isto é, no interesse pela concentração do poder administrativo exclusivamente no órgão executivo dos diversos níveis de governo?

17. Quais são os quatro critérios pelos quais se pode organizar ou dividir o trabalho (princípios de departamentalização), segundo Gulick, e o que representa seu acrônimo POSDCORB para o papel do executivo?
18. Que filosofia parecia alimentar os estudiosos da administração pública que se interessavam pelos tópicos de gestão administrativa, em especial pelas estruturas administrativas dos órgãos executivos?
19. Para os integrantes do governo, "a satisfação das necessidades da comunidade política é o teste último de todas as suas atividades". Qual é o propósito desta afirmação de Dimock (1936)? O que ele pensa a respeito do uso do critério da eficiência para avaliar organizações públicas?
20. Em que consiste a teoria política das organizações públicas, segundo Waldo, e que sérias implicações ele via nela para uma sociedade democrática?

Capítulo 4

1. Para garantir ainda mais a objetividade do estudo do comportamento humano, prescreveu-se certa abordagem à pesquisa científica. Em que consiste esta abordagem particular?
2. No início, o estudo da administração era um amálgama de constatações de quatro campos de conhecimento. Quais eram eles e que contribuições vieram de cada um deles para compor o campo da administração?
3. Simon caracterizou os princípios de administração de Gulick, Urwick e outros autores como provérbios. Sobre quais princípios Simon mirou seu ataque? E qual era seu argumento geral contra estes princípios?
4. Para Simon e os primeiros estudiosos de administração, a eficiência era um critério neutro e imparcial para julgar ações administrativas. Que relação via Dahl entre eficiência e valor no campo da administração?
5. Nas discussões sobre administração, o que é *bom* e o que é *mau*, segundo Simon?
6. Por quais razões, de acordo com Simon, "o indivíduo racional é e deve ser um indivíduo organizado e institucionalizado"? O que significa isso?
7. Quanto à decisão de permanecer como membro de uma organização, Simon escreveu: "pode-se presumir que cada membro irá permanecer na organização

enquanto a satisfação (ou utilidade) que ele obtiver (...) for maior do que a satisfação que ele obteria em caso de demitir-se". O que Simon quer dizer com isso?
8. Para Simon, quem é o "homem administrativo" e que racionalidade o governa?
9. Ao contrário do homem econômico, o homem administrativo procura antes satisfazer (descobrir soluções satisfatórias) do que maximizar os resultados de um curso de ação, diz Simon. Que significa isso para o administrador público?
10. Em que consistem os métodos de formulação de decisões descritos por Lindblom como método racional-sinóptico e método das sucessivas comparações limitadas (também conhecido como método incremental)?
11. Qual é o critério de uma boa política, segundo a perspectiva do método incremental de tomada de decisão de Lindblom?
12. Quais são as salvaguardas contra erro contidas no método incremental de formulação de políticas públicas, segundo Lindblom?
13. Segundo garante Allison, os analistas de política externa, na maioria, se valem de um modelo racional para analisar a formulação de decisões. Para que ponto importante pretende Denhardt atrair a atenção com esta observação a respeito da perspectiva de Allison?
14. A que objetivo principal serve a estratégia de sistema fechado, apresentada por Thompson, para analisar organizações complexas, e que abordagens teóricas clássicas de administração se enquadram na categoria de sistemas fechados?
15. Por um lado, as organizações são criadas como instrumentos para alcançar certos fins; por outro, de acordo com Selznick, elas logo assumem características que contrariam o interesse da racionalidade e da eficiência. Como estas constatações refletem a estratégia do sistema aberto de análise organizacional?
16. Que necessidades básicas a organização deve satisfazer para garantir sua estabilidade e autopreservação?
17. De que modo o mecanismo da cooptação pode contribuir para a preservação ou a sobrevivência das organizações em seu ambiente e que implicações ele traz para o papel do líder organizacional?
18. Que técnicas de integração organizacional, ou de combate a tendências desagregadoras, podem ser usadas, segundo descobriu Kaufman em seu estudo sobre os guardas florestais do Serviço Nacional de Florestas de seu país?

19. A que níveis organizacionais se aplicam com propriedade as estratégias de sistema aberto e de sistema fechado de Thompson?

Capítulo 5

1. Para Barnard, os estudos organizacionais sempre implicam uma determinada visão de pessoa humana. Quais são as duas visões caracterizadas por Barnard e por que ele diz que não se deve reconciliá-las?
2. Como responsável pela sustentação da organização, de que forma o executivo organizacional deve entender sua autoridade, para lograr a cooperação de seus empregados em favor da realização da tarefa organizacional?
3. Considerando-se a natureza dialética da cooperação humana, qual deve ser a função do executivo, segundo recomenda Barnard?
4. Os pesquisadores de Hawthorne esperavam que a produtividade do trabalhador variasse na mesma proporção em que fossem variadas as condições externas de influência, como, por exemplo, a iluminação. Por que, nos grupos experimentais, a produtividade continuava a aumentar, mesmo que as condições externas fossem desfavoráveis?
5. Quais são os pressupostos básicos sobre o comportamento humano do administrador em que se baseia e confia a Teoria X de McGregor?
6. Visto que a Teoria X negligenciava as necessidades sociais e de amor próprio dos indivíduos, McGregor elaborou um novo conjunto de pressupostos sobre o comportamento humano que inspirasse uma administração mais salutar. Quais são os pressupostos da Teoria Y?
7. Segundo Argyris, uma abordagem mais sadia para a administração e o trabalhador começaria com um entendimento das propensões dos indivíduos para o crescimento e o desenvolvimento. Em seguida, se tentaria fundir estas inclinações individuais com as demandas da organização. Que habilidades espera-se do executivo eficaz na tarefa de integrar estas demandas antagônicas?
8. Para evitar que os trabalhadores exerçam resistência ou desenvolvam comportamento de dependência na organização, Argyris recomenda três tarefas básicas ao consultor externo, responsável por apoiar a aprendizagem pessoal e organizacional de seu cliente. Quais são elas?

9. Para Golembiewski, uma "sensibilidade moral pode estar associada a um produto satisfatório e à satisfação do empregado". Segundo ele, quais são os cinco valores ligados à vida econômica, que também refletem a ética judaico-cristã?
10. Golembiewski introduz a questão da moralidade nas organizações postulando que em estruturas organizacionais descentralizadas os indivíduos teriam maior latitude moral. Denhardt tem certeza disso? Por quê?
11. O que é a abordagem de laboratório para mudança pessoal e organizacional proposta por Golembiewski e que "metavalores" operariam no processo como princípios orientadores para o consultor externo e para a organização?
12. Como explicar que a nova administração pública (NAP) era explicitamente normativa em seu interesse central, se os seus paladinos não eram antipositivistas ou anticientíficos, como afirma Frederickson?
13. Que fundamentos têm os "novos administracionistas públicos" (NAPs) para suspeitar que muitos esforços destinados a envolver grupos de clientes em assuntos de órgãos públicos podem ser apenas tentativas de cooptá-los e não de envolvê-los de forma honesta e genuína no processo de tomada de decisão das repartições?

Capítulo 6

1. A perspectiva política confirma que os membros dos órgãos públicos exercem papel importante na formulação da política pública, que a influência deles é grandemente sentida no planejamento das políticas e dos programas e que eles continuam a modelar as políticas por suas atividades de implementação. Por que é difícil justificar a dicotomia entre política e administração, segundo esta visão?
2. Em relação à dicotomia entre política e administração, que posição defendiam em diferentes épocas Appleby e Norton? Eles concordavam com esta dicotomia, separação ou distinção? E que papel defendiam para a burocracia pública?
3. Segundo Rourke, quais são os três fatores decisivos para que um órgão público influencie os resultados das políticas públicas?
4. Na visão de Redford, sobre quais questões-chave repousa a moralidade democrática? E quais são as (cinco) formas que o ideal da participação universal pode assumir?

5. Em contraposição à questão anterior, quais são os pressupostos que marcam as organizações grandes e complexas que tanto dominam a sociedade moderna? Que questões de moralidade democrática eles permitem levantar?
6. Quais são as características ou qualidades pessoais que Appleby, Bailey e Dimock esperam ou cobram do administrador público responsável?
7. Que diferença há entre responsabilidade objetiva e responsabilidade subjetiva e no que esta distinção está relacionada à influência independente cada vez maior dos profissionais no governo?
8. Segundo Rohr, os burocratas têm a obrigação ética de apoiar os valores do regime criados e sustentados pela Constituição, já que juraram cumpri-la. Que implicações práticas estão contidas nesta tese?
9. De acordo com Svara (2007), o dever público enquanto expressão do interesse público está no centro do entendimento da ética administrativa. O que deve significar esse dever público, segundo Svara?
10. Que ganhos em criatividade e inovação podem auferir as organizações de seus "membros rebeldes", segundo O'Leary (2006), e de que maneira podem seus dirigentes lidar melhor com os casos de membros excêntricos?
11. Na concepção de Lowi, que trunfo representaram os conceitos de administração e organização para os grupos de interesse enquanto cofundadores de uma nova filosofia pública?
12. Que (três) problemas principais prenuncia Denhardt para o caso de o método da análise de políticas públicas (*policy analysis*) vir a alcançar o *status* de modelo ou de teoria das organizações públicas?
13. Em que consiste a economia da *public choice* e quais são suas (três) principais características descritas no livro-texto?
14. Qual é o valor alegado da competição para a administração pública, na visão dos defensores da nova gestão pública, e qual é a crença básica que sustenta o modelo de mercado governamental?
15. Em que consiste o compromisso gerencialista do "governo voltado para o consumidor" e quais as principais dificuldades suscitadas pela noção do "serviço ao consumidor" no plano da administração pública?
16. O que é um "governo empreendedor" para Osborne e Gaebler e por que o lado "sombra" da figura do empreendedor suscita preocupação?

Capítulo 7

1. Diante do problema de identidade ou da crise de legitimidade, que estaria afetando a administração pública, Denhardt propõe que, na verdade, há uma concordância considerável em torno do rumo próprio do campo. Que posições teóricas dão base a este acordo e qual seria o resultado, segundo Denhardt?
2. A maior parte dos estudiosos de administração pública parece concordar com os interesses básicos do modelo racional de administração. Como as posições teóricas de Simon, da escola de relações humanas e dos analistas políticos refletem a teoria dominante de administração pública?
3. Uma limitação importante do modelo racional de administração é que ele se baseia numa visão limitada e restritiva da razão humana. Que tipos de problemas este reducionismo da razão humana pode causar?
4. Quais são as premissas básicas do modelo de ciência positiva e que tipos de críticas podem ser feitas a esta abordagem de aquisição de conhecimento?
5. A teoria dominante de administração pública consegue proporcionar aos profissionais tudo o que eles querem dela? Que limitações os profissionais de administração pública apontam na teoria que lhes diz respeito?
6. Na abordagem fenomenológica ao conhecimento, o que significa e implica o paradigma ativo-social de Harmon?
7. No contexto da responsabilidade administrativa, o que significa a posição de Harmon, segundo a qual há uma tensão entre *accountability* e discrição que cobra uma contínua "negociação de sentido"?
8. Em que se distinguem os conceitos de ação racional-intencional e de interação comunicativa ou simbólica, segundo Habermas?
9. Com a delimitação da esfera pública, já não é mais necessário que o campo da política se preocupe com a estrutura normativa (valores) da sociedade, com a relação da sociedade com a "boa vida" e assim por diante. O que Denhardt quer dizer com esta conclusão?
10. Para reinterpretar a administração pública, deve-se levar em conta pelo menos duas dimensões importantes dela, segundo Jun (2006). Quais são elas e em que consistem?

11. O que pretende Fay com sua "abordagem educativa" ou "estilo educativo de gestão"?
12. Em que consistem os quatro 'interesses' que poderiam orientar a reconstrução "pós-tradicional" da teoria de administração pública, segundo Farmer?
13. Que lições se pode tirar dos estudos pós-modernos sobre administração pública, sobretudo em relação ao conceito de racionalidade, tão caro à visão tradicional?
14. Em que aspectos os estudos de gênero contribuem para o estudante entender melhor a natureza dos fenômenos da administração pública?
15. Que relações você verifica entre o conceito de cidadania baseado no autointeresse e o baseado no interesse público mais amplo?
16. Por que o declínio do capital social em um país pode estar associado à deterioração de sua governança democrática?
17. Quais são as três mudanças que, segundo King, Stivers e outras autoras, ajudariam os administradores públicos a colocar novo foco nos cidadãos e na cidadania?
18. Defina e ilustre os sete princípios-chave do novo serviço público, distinguindo-os um a um das respectivas posições advogadas pela nova gestão pública:
    - Servir cidadãos, não consumidores.
    - Perseguir o interesse público.
    - Dar mais valor à cidadania e ao serviço público do que ao empreendedorismo.
    - Pensar estrategicamente, agir democraticamente.
    - Reconhecer que a *accountability* não é simples.
    - Servir em vez de dirigir.
    - Dar valor às pessoas, não apenas à produtividade.
19. Em que sentido o conceito de governança representa um avanço para a teoria e a prática da administração pública?
20. Quais são e em que consistem as três formas de governança em rede identificadas por Provan e Kenis (2008)?
21. Em que termos você analisa a definição de rede de governança elaborada por Sorensen e Torfing (2008)?
22. Quais são as qualidades individuais necessárias aos gestores de uma rede de governança bem-sucedida, segundo Goldsmith e Eggers (2004)?

23. Que tipos de redes foram descobertas por Agranoff (2007), com base nos propósitos a que elas se propõem a servir?
24. Quais são as cinco dimensões da colaboração necessárias a toda e qualquer rede de governança democrática, segundo Thomson e Perry (2006)?

Capítulo 8

1. É possível dar respostas sempre previsíveis ou iguais para questões que parecem tão contrárias umas às outras quanto política e administração, eficiência e responsividade, fato e valor, autonomia e responsabilidade, teoria e prática?
2. Qual é a diferença entre um bom administrador e um administrador extraordinário?
3. Por que os estudantes já empregados (ao contrário dos que ainda não têm experiência) acham que as habilidades técnicas ou operacionais práticas são apenas o começo da vida administrativa?
4. O que o administrador profissional espera das teorias de administração e de organizações públicas?
5. Por que o casamento entre teoria e prática no campo das organizações seria imperfeito ou inadequado?
6. Toda abordagem da ação em organizações públicas deve envolver não apenas uma teoria de organizações, mas também uma teoria de aprendizagem. O que Denhardt quer dizer com essa afirmação?
7. O que significa a palavra *público* no campo da administração pública, segundo Frederickson?
8. Por que o administrador público deveria fazer questão de responder à pergunta: "Como fazer para que as organizações de todo tipo sejam mais públicas, mais democráticas e mais capazes de expressar os valores de nossa sociedade?".
9. Interprete a Tabela 8.1.
10. Segundo conclui Denhardt, a maior lição a ser aprendida é que as organizações públicas existem apenas em estado de tensão, em estado de desenvolvimento. Que implicação contém esta afirmação para a vida prática em organizações públicas?